Tatjana Lackner

ie
ommunikationsgesellschaft

ckners Labor

lage 2014

rian standards + publishing

DIE SCHULE DES SPRECHENS

Impressum

ISBN 978-3-85402-300-5
1. Auflage, Stand 2014 05 01
Auch als e-Pub verfügbar: ISBN 978-3-85402-301-2

AUSTRIAN STANDARDS PLUS PUBLISHING
1020 Wien, Heinestraße 38
T   +43 1 213 00-300
F   +43 1 213 00-818
E   sales@austrian-standards.at
www.austrian-standards.at/fachliteratur

LEKTORAT UND PROJEKTBETREUUNG
Gertraud Reznicek
COVERGESTALTUNG
Dechant - Grafische Arbeiten und Grundlayout
COVER – FOTOCREDIT
©koya979 - Fotolia.com
GRAFIK
Pjotr Design - Graphic Studio
SATZ
Alexander Mang
DRUCK
Hans Jentzsch & Co GmbH, 1210 Wien

Vorwort

Knapp 300 Milliarden E-Mails werden jeden Tag versandt. Millionen Besprechungen finden statt. Überall auf der Welt wird permanent geredet. Sprache zentriert unser Leben. Viele Gesellschaftsformen hat die Menschheit in den letzten Jahrtausenden durchlebt. Kommuniziert haben wir immer: in der Höhle ebenso wie in Stämmen, in Diktaturen, in Monarchien, in Ständesystemen oder heute in unserer Demokratie, der modernen „Mediendiktatur".

Als Leser blicken Sie mit diesem Buch in ein spannendes rhetorisches Kaleidoskop und entdecken viele Farben, Schauplätze und verbale Strategien. Wie auf einem bunten Jahrmarkt können Sie das kommunikative Treiben an den unterschiedlichen Verkaufsständen unserer Sprache betrachten. Schließlich garantiert Ihnen das Buch auf wenigen Seiten völlig verschiedene Aspekte unserer verbalen Beziehungen zueinander. Als ich begann, dieses Buch zu schreiben, spuckte alleine Google für das Wort „Kommunikation" 59.500.000 Ergebnisse nach nur 0,25 Sekunden aus. Jetzt, da Sie diese Zeilen lesen, hat sich die Anzahl bereits um zigtausende Einträge verändert. Bei den vielen elektronischen Recherchekilometern und Expertengesprächen bin ich selbst oft für Wochen in Themenlandschaften versunken und an ganz anderen Stellen – als von mir intendiert – wieder aufgetaucht. Obwohl dies bereits mein viertes Buch ist und ich mit dem Prozess des Schreibens vertraut bin, war es noch nie so hart für mich, ein Projekt abzuschließen. Viele beeindruckende und teilweise skurrile Schauplätze unserer Kommunikation habe ich noch entdeckt, über die ich Ihnen berichten wollte. Es hat über zwei Jahre gedauert, bis ich abgegeben und akzeptiert habe: Die Kommunikationsgesellschaft ist jede Sekunde in Bewegung, wie Millionen kleinster Moleküle ist sie nie ganz zu fassen.

1) Wie war's

Zu Beginn des Buches erfahren Sie: Welche Gesellschaftstrends haben unsere Sprache geprägt? Für manche Menschen ist der eigene Dialektanteil in ihrer Hochsprachebesonders im Berufsleben störend. Sie bekommen aufgezeigt, wo die eigenen biografischen Sprachunsicherheiten ihren Ursprung haben. Sprachpuristen und Gegner der heutigen Anglizismen erhalten ebenfalls Denkfutter und ein Lerngeschenk aus der Geschichte: denn sie haben mit den Bewahrern der deutschen Sprache vor einigen hundert Jahren viel gemeinsam. Damals sprach die Welt Französisch.

2) Wie wird's

Im zweiten Teil des Buches geht es weniger darum, Trends zu erahnen, als vielmehr bewusst zu machen, was sich bereits für uns alles erlebbar verändert hat. So scheint beispielsweise der explosionsartige Anstieg von stattfinden-den Hearings im Assessmentbereich die Antwort auf moderne Castingshows im Business zu sein. Jugend mag auf dem Arbeitsmarkt Kapital sein, doch vor dem Hintergrund, dass die Menschen mit 60 Jahren noch gut 30 Jahre vor sich haben, verändern sich auch die Ansprüche und damit das Kommunikations-verhalten. Altern hat Konjunktur! Es geht nicht mehr darum, wann Sie in Pen-sion gehen, sondern vielmehr, was Sie dann noch vorhaben. Im Kernberuf ist man mit 70 Jahren alt, als Politiker oder Berater nicht unbedingt. Altersskom-munikation findet demnach nicht nur in der Seniorenresidenz statt. Wer sich nur inner-generationell austauscht, bleibt selten jung. Über den Themen-Tel-lerrand der eigenen Generation zu blicken bereichert. Früher bedeutete die Familie oder Berufsgruppe den Horizont – im Alter kann es dann leicht die eigene Generation werden. Denken und Reden funktioniert jedoch über die Grenzen hinweg – dank der Kommunikationsgesellschaft!

3) Was lerne ich?

Die symbolisch angezeigten Querverweise im Text bieten Ihnen wert-volle und erprobte Übungen im Praxisteil.

Wenn Ihnen bei Besprechungen und in Diskursen gelegentlich die Argumente ausgehen – dann schafft das Glossar Abhilfe: Neue Argumentationsarten von A bis Z finden Sie hier ebenso wie Redefiguren. Exemplarische Beispiele helfen beim Üben! Vor kniffligen Redesituationen können Sie im Bedarfsfall nachschlagen und sich aufrüsten. So bestimmen Sie, welchen Coaching-Tipp Sie ausprobieren möchten und Ihr Lesefluss geht zwischen den Kapiteln nie verloren. Wer täglich reden muss und an seinen Worten gemessen wird, der kümmert sich lieber selbst um sein gelungenes Eigenmarketing.

Die letzten Kapitel rund um Wertewandel, Lebenskonzepte und ökonomisierte Meinungen legen Zeugnis darüber ab, womit ich mich aktuell in meiner Ar-beit gedanklich am liebsten befasse. Stärker zwischen *SEIN* und *HABEN* zu unterscheiden ist die Herausforderung in der Kommunikationsgesellschaft für jeden Einzelnen. Meine Kunden wünschen sich von mir in jeder Trainings-stunde praxisnahe Werkzeuge UND gedankliche Inspiration. Es geht dabei schon lange nicht mehr darum, anderen zu zeigen, was man *hat* (Diploma, Statussymbole, Kinder, Häuser etc), sondern stärker herauszuarbeiten, *wer* man *ist*.

Von Beginn an dachte ich beim Schreiben
an Frauen UND Männer. Machmal sogar an Kinder.
Gefahren und Chancen warten in der
Kommunikationsgesellschaft auch auf Buben UND Mädchen.

Inhalt

INHALT

KAPITEL 1

Ihre Biografie ist hörbar

1

Ihre Biografie ist hörbar

Sprache ist erworben, nicht erlernt. Niemand hat als Kind Vokabeln in der Muttersprache gebüffelt. Die erste Sprachentwicklung[1] wird durch unsere Herkunftsfamilie geprägt. In welches Wortklima wir hineingeboren sind, kann ein Leben lang entscheidend für unsere Rhetorik sein. War unsere Meinung daheim gefragt? Wurde zu Hause Dialekt gesprochen? Waren unsere ersten sprachlichen Bezugspersonen ältere Menschen? Gerade wenn Kinder bei den Großeltern oder bereits reiferen Eltern aufwachsen, wählen sie gänzlich andere Worte und Redewendungen, als Kinder aus Jungfamilien. Eltern, die selber gerade mal 20 Jahre älter sind, als ihr Fortpflanz – also gemeinsam mit ihren Kindern erwachsen werden – sind sprachlich fast derselben Generation zugehörig. Oft stecken Frühgebärende in der gleichen Sprachentwicklung wie ihre brabbelnden Babys, obwohl sie im Gegensatz zu ihnen schon lange reden können und im Vergleich zu den Zwergen viele Sprachphasen weiter sind.

Erst in der zweiten Sprachentwicklung wechseln die Identifikationsikonen. Neue Bezugspersonen betreten das Parkett und der sprachliche Einfluss-kreis eines jungen Menschen wächst ebenso wie sein Wortschatz und sein Horizont. Bei vielen sind die ersten Schritte im Berufsleben sogar akustisch wahrnehmbar. Jemand, der gerade sein Jus-Studium abschließt, um in einer Kanzlei zu beginnen, verwendet neben den brachenüblichen Fachtermini auch sonst andere Worte als früher im Elternhaus. Das ist in der Abnabelung für die alten Bezugspersonen nicht immer einfach, denn die Zurückgelasse-nen hören nun auch selbst, dass sie mit der aktuellen Entwicklung des jungen Menschen kaum mehr zu tun haben.

Manche Eltern können sich über ihre Kinder freuen, weil sie neue Erfahrun-gen und hörbar Fortschritte machen. Andere Eltern hingegen packt der ei-gene Minderwertigkeitskomplex und sie treten mit den Jugendlichen, also den – aus dem Hause strebenden – Kindern, sogar in Wettstreit. Ein Lied von diesen Verbal-Switches, dem Ziehen und Zerren an der eigenen Identität, können „ehemalige Kinder" aus ländlichen Gebieten singen. Mehr als 50 %

---

1   Unter Sprachentwicklung sind hier nicht die logopädischen Sprachphasen im Kindesalter gemeint, wann Babies welche Laute bilden oder Kleinkinder welche Buchstaben aussprechen können. Hier geht es um das persönliche Sprachentwicklungsstadium eines erwachsenen Menschen. Tatjana Lackner erstellt Stimm- & Spachmuster seit 1994 in der Kaderschmiede für Kommunikations-Pro-filings. Nach mehr als 66.000 Einzeltrainings ist die Methode der persönlichen Sprachentwick-lung tausendfach erprobt. In der Schule des Sprechens wird – ausgehend vom individuellen Sprachentwicklungsstadium des Kunden – an Atem- und Sprechtechnik, Modulation und Stimmbil-dung gearbeitet, bevor mit der rhetorischen Strategie und Vortragsdramaturgie gestartet wird. Diese ganzheitliche Methode wurde mehrfach ausgezeichnet.

der österreichischen Bevölkerung lebt in ländlichen Regionen – das ist mehr als in vielen anderen EU-Ländern. Bei diesem hohen Provinzanteil ist sprachliche Irritation vorprogrammiert. Im Zuge eines Lebens gehören wir ganz unterschiedlichen Sprachgemeinschaften[2] an.

Fazit:

Stimme und Sprache verraten uns. Biografie ist damit hörbar. Diese Mittel der eigenen Selbstwirksamkeit zu entdecken, kann jeder persönlich in die Hand nehmen. Klar ist: größere Wirkung führt zu vergrößerter Einflussnahme. Wer gehört wird, hat schließlich mehr Gestaltungskraft. Gute Stimmbildung hebt den Selbstwert.

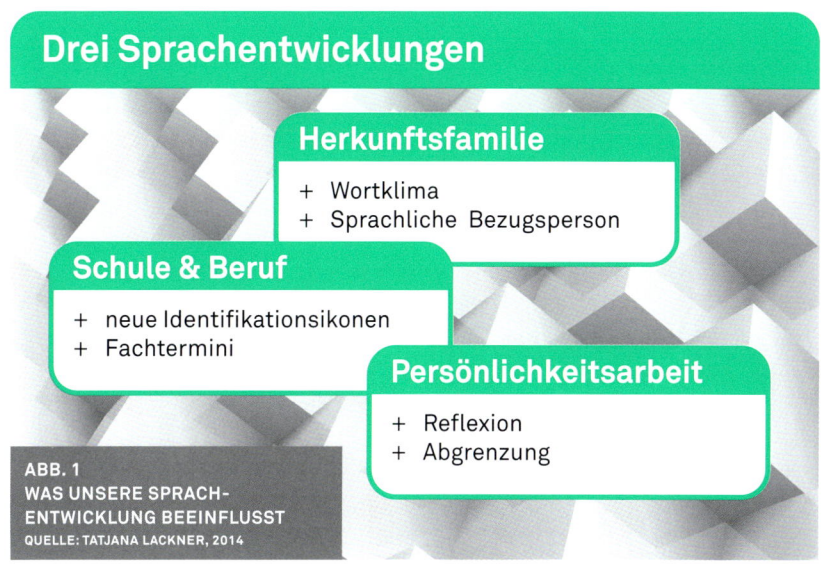

Drei Sprachentwicklungen

Herkunftsfamilie
+ Wortklima
+ Sprachliche Bezugsperson

Schule & Beruf
+ neue Identifikationsikonen
+ Fachtermini

Persönlichkeitsarbeit
+ Reflexion
+ Abgrenzung

ABB. 1
WAS UNSERE SPRACH-
ENTWICKLUNG BEEINFLUSST
QUELLE: TATJANA LACKNER, 2014

---

2   Vgl. http://www.uni-protokolle.de/Lexikon/Sprachgemeinschaft.html, Stand 01/14
     Sprachgemeinschaft wird in der Sprachwissenschaft bzw. Linguistik als die gemeinsame Sprache einer bestimmten Gruppe bezeichnet. So kann auch in einer relativ kleinen Gruppe eine ganz individuelle Sprache erfunden, weiterentwickelt und gepflegt werden (Soziolekt). Auch geographisch gesehen können sich innerhalb eines kleinen Gebietes mehrere verschiedene Sprachgemeinschaften (Dialekte) finden, deren gemeinsame Sprache z. B. eine geregelte Hochsprache ist. Voraussetzung für die Verständigung innerhalb der Sprachgemeinschaft ist die gemeinsam verwendete Struktur eines lebendigen Zeichensystems, das in seiner Bedeutung und Grammatik allen Kommunizierenden bekannt ist.

KAPITEL 2

Haben es Dialektsprecher schwerer?

2
Haben es Dialektsprecher schwerer?

Unsere Herkunftssprache ist Teil unserer Identität. Nichts ist davon zu halten, wenn sich Menschen ihren Dialekt abgewöhnen wollen, er gehört zu ihnen, wie der Landstrich aus dem sie kommen und sollte schon alleine ihres Seelenfriedens wegen ebenso gepflegt werden. Kaum lockt junge Menschen Studium oder Berufsausbildung in die Ballungszentren, beginnt für viele eine innere Zerrissenheit, die jahrelang dauern kann und auch sprachlicher Natur ist. Diese Stadt-Land-Problematik in ihrer Sprache macht manchen kräftig zu schaffen. Die einen genieren sich im urbanen Raum für ihren Lokalkolorit, der die ländliche Örtlichkeit verrät, aus der sie stammen. Nicht jeder ist stolz auf seine Sprachfärbung aus der Region und die ist auch nicht in allen Situationen des neuen Lebens passend. Die anderen haben das Problem eher beim Heimkommen – zurück in die ländliche Idylle. Wehe sie sprechen hier am Land Hochsprache, dann hält man sie für sprachliche Verräter und Stadtmenschen, die hörbar „großkopfert" geworden sind und wahrscheinlich neuerdings meinen, etwas Besseres zu sein. Viele empfinden die sprachliche Abnabelung schmerzhafter als die pubertäre Phase in den Jahren zuvor.

Es sind nun nicht mehr die Kraftausdrücke oder Gesprächsbockigkeiten, die von den Altvorderen kritisiert werden, sondern die eigene neue Identität, die mit *„Geh, was redest denn so geschwollen"* oder *„Bei uns daham kannst so bleiben, wie Du bist"* quittiert werden. Wenn Sprache oder Gedanken Menschen trennen, macht das kein gutes Gefühl. Es kann Jahre dauern, bis Eltern den Stolz über die Entfaltung und Neuorientierung des Kindes verlautbaren lassen. Oft sind sie es, die nun bockig sind und sich durch das Beharren auf alte (Sprach)Muster disqualifizieren. Aber auch dieses Blatt wendet sich wieder: spätestens wenn das Studium beendet ist, der PhD oder ein anderer akademischer Titel die Familie adelt und der Verdienst stimmt. Dann verstummt langsam auch das Genörgel und die Hickhacks werden weniger. Bei den Enkelkindern sind diese Großeltern dann sogar wieder stolz, wie *„Fein, wie die Kleine spricht."* und *„Der Bub hat gar keine Spur eines Dialekts".*

Es wäre demnach viel einfacher, früher zu begreifen, dass wir alle weitgehend zweisprachig leben: für das „ländliche Daheim" muss die Mundart her und fürs bebaute Gebiet die gebundene Mediensprache. Niemand will nach seiner Firmenpräsentation gefragt werden: *„Sagen Sie, aus welchem Kuhdorf kommen Sie denn?"* Man muss Sprache auch switchen können. Interessant ist und in den letzten Jahren verstärkt zu beobachten, dass die Stadteltern es sind, die das Stadt-Land-Problem für ihre Kinder erneut produzieren. Die Sprach-Spirale dreht sich diesmal aus der Gegenrichtung: Zuerst wird im Ballungszentrum gewohnt und gearbeitet, sobald jedoch Kinder unterwegs sind, ziehen junge Eltern gerne in ländlichere Gebiete – *„Das Kind soll schließlich gesund und im Grünen aufwachsen."* Dort steigt nicht nur die Lebensqualität, sondern sinkt manchmal auch das Sprachniveau[3].

Auch wenn einzelne Mundarten laut Experten[4] durch die Verstädterung sanft auf dem Rückzug sind, so wird das Kind im örtlichen Kindergarten dennoch mit einer anderen Sprachkultur konfrontiert, als manchen Eltern lieb ist. Sobald die „neuen Landkinder", der „zugereiste" Nachwuchs der ehemaligen „Stadteltern", größer werden, beginnt ein umgekehrter Kreislauf. Ihre Eltern empfinden die Sprache ihrer Kinder zu wenig elegant und weitgehend ungeführt. Sie kritisieren neben Slangformulierungen auch das einfältige Sprachverhalten. *„Bitte rede ordentlicher!"*, *„Du machst Fallfehler, Dich versteht man kaum mehr."* Manche Kinder sind möglicherweise tatsächlich – durch die Umgebung – in ihrer ersten Sprachentwicklung rhetorisch weniger gefördert, aber was viel schlimmer ist: sie sind nicht einmal daran interessiert, sprachelegant zu klingen. Erst viel später – im Zuge ihres eigenen Erwachsenwerdens – stellen sie dann selbst fest, dass gute Artikulation und tadellose Grammatik wesentlich sind für die selbstbewusste verbale Performance und ihre Karrierechancen im Beruf. Das Thema Kommunikation rückt daher erst in ihrer zweiten Sprachentwicklung näher ins Zentrum ihrer Aufmerksamkeit – dann nämlich, wenn sie weg sind von den ehemals nörgelnden Eltern.

Fazit:
Mundart *und* Hochsprache pflegen – nicht eines anstelle des anderen!

---

3   Sinnbezogene Stimm-Modulation und richtige Atem- und Sprechtechnik sind die Grundvoraussetzung für niveauvolles Sprechen. Wer die Gestaltungsmittel der Sprache beherrscht, richtig gesetzte Zäsuren, Sinnbögen, Betonung und die Gliederung des Gesprochenen, der unterscheidet sich von Schnelltextern, Nuschlern und anderen unkulinarischen Rednern. Im Medienzeitalter ist gut sitzende Stimme Kapital. Dazu müssen jedoch sowohl die Ober-, als auch Untertöne gelungen abgemischt sein. Monotone Sprechweise begeistert niemanden, deshalb sind Stimmvolumen und Modulation der freien Rede enorm wichtig.
4   Vgl. http://derstandard.at/1392686425506/Wissenschafterin-sieht-Sprachwandel-in-Innsbruck, Stand 03/14 und vgl. http://www.hna.de/nachrichten/niedersachsen/dialekt-rueckzug-suednie-dersachsen-sprechen-beste-deutsch-1295770.html, Stand 03/14

KAPITEL 3

Sprache verrät, wie Sie ticken

3
Sprache verrät, wie Sie ticken

Die dritte Sprachentwicklung – in die nicht jeder Mensch vorstößt – bietet Raum für die Persönlichkeitsentwicklung des eigenen Ich. Hier angekommen gilt zu klären, wofür wir durch unsere bewusst gewählte Worte stehen und wovon wir uns abgrenzen möchten. Wer sich Wortbedeutungen bewusst macht, der verändert auch seine Denkweise und erst durch Reflexion kultiviert er seine Sprache. Ein Vorstand, der im Interview betont, dass *„er bis zur Vergasung an einem Problem arbeiten ließ"*, ist in der dritten Sprachentwicklung hörbar noch nicht angekommen. Dabei geht es nicht alleine um die bereits überstrapazierten NS-Ausdrücke.

Vielmehr geht es darum, dass unsere Sprache sensibler geworden ist und wir im 3. Jahrtausend bedachter kommunizieren. Beides spielt eine Rolle – was wir inhaltlich sagen und ob wir semantisch gleichzeitig jemanden bekleckern. In der Medizin spricht z. B. heute eben niemand mehr von Mongolismus, sondern von Down-Syndrom oder Trisomie 21.

Auch ein Blick auf die Speisekarte zeigt uns, dass sich die Zeiten geändert haben. Mit Mohrenküssen, Negerbrot und Zigeunerschnitzel waren wir zwar kulinarisch immer vorne mit dabei – in der Wortwahl jedoch noch unbewusst.

Das hat vor einigen Jahren Eskimo[5] beispielsweise zur Kenntnis nehmen müssen. Der Unilever-Konzern wollte mit dem Slogan: *„I will mohr"* die Eiskreation Mohr im Hemd bewerben. Nach scharfer Kritik vom österreichischen Markt ist das Produkt ausgelaufen. Traditionsgerichte umbenennen wird mancherorts postuliert. *„Schaumspeise mit Migrationshintergrund"* oder *„Afroamerikaner-Köpfe"* sind jedoch konnotativ und für viele semantisch sicher kein großer Wurf. Unfreiwillige Komik im Titel der angepriesenen Sortimentspolitik findet sich an jeder zweiten Ecke. Wer Lamm- oder Chicken-Kebap bestellt, weiß, was er bekommt, beim *„Kinder-Kebap"* lohnt es sich nachzufragen.

Nicht immer garantieren alte Begriffe neue Perspektiven! Grob gesagt: diffamierende Vergleiche und stereotype Redewendungen sind heute verzichtbar. Produkt-Neuheiten werden deshalb lieber zeitgemäß und sprachsensibel getauft.

Die Gender-Diskussion spaltete die Nation besonders beim neuen Text für die Österreichische Bundeshymne: *„Heimat bist Du großer Töchter und Söhne"*

---

5   Vgl. http://derstandard.at/1246542755878/Eskimo-Werbung-regt-auf-I-will-mohr-Werberat-prueft, Stand 01/14

ist literarisch für viele ein Unding. „*Heimat bist Du großer Kinder*" wäre mit adaptiertem Folgereim wahrscheinlich hübscher gewesen. Wenn jedoch andernorts eine Agenturchefin behauptet, dass sie „*jeden Tag ihren Mann steht*", dann hat sie noch nicht wirklich zu Ende gedacht, welche Stilblüte sie von sich gibt. Wünschenswert statt „Binnen-I" und Hauptwortdopplungen ist Inhalte so zu formulieren, dass Menschen sich persönlich angesprochen fühlen. Männer und Frauen erreichen Kernbotschaften am besten in der „Du"- oder „Sie"-Zone.

Sprache ist das wichtigste Instrument unserer Intelligenz und direkter Ausdruck jeder Persönlichkeit. Doch aneinandergereihte Worte allein formen noch keine Kommunikation. Was macht also den Unterschied? Es sind die Bedeutungen, die hinter den Worten stecken. Sie spielen eine wesentliche Rolle beim geführten Selbstausdruck. Das Credo lautet: „Wort – Wert – Wahrheit!". Jedes Wort hat einen bestimmten Wert und dahinter verbirgt sich eine sprachliche Wahrheit.

Matthias Horx, Zukunfts- und Trendforscher, belegte das jüngst mit einem Beispiel[6]: „*Wir sagen im Deutschen zum Beispiel Ausbildung. AUS-BILDUNG. Klingt harmlos, ist aber im Zeitalter des lebenslangen Lernens ein mentales (Denk-)Hindernis par excellence. Wer in Zukunft AUSGEBILDET ist, wird es sehr schwer haben.*" Häufig verraten unsere Worte, was wir denken. „*Sprache ist die Kleidung der Gedanken*" – mit diesem Satz hatte schon in der Mitte des 18. Jahrhunderts der englische Gelehrte Samuel Johnson völlig recht. Der dicke Mann mit dem grimmigen Blick, der sein Leben mit Worte sammeln verbrachte, verfasste das berühmte „Dictionary of English Language". Als akribischer Lexikograph verzeichnete Johnson schon damals 42.773 Wörter. Es ist klar, dass ohne Worte niemals diese Fülle an Ideen entstanden wäre, die unsere Köpfe so unique macht. Sowohl unsere Visionen als auch unsere Sprache haben sogar den Planeten verlassen, um aus dem All mit den Erdmenschen zu kommunizieren. Wenn man zurückblättert im Geschichtsbuch der menschlichen Sprache – ausgehend von der High-Tech-Kommunikation heute – an den Ursprung, dann ist die Anzahl der zurückgelegten Kilometer, gesprochener Silben, unterschiedlicher Sprachentwicklungen, Kommunikationsvorlieben und gesellschaftlich-verbalen Mode-Erscheinungen wirklich beachtlich. Mit dem Ausspruch: „*Zwischen der Erfindung von Pfeil und Bogen und der Internationalen Raumstation vergingen nur 12.000 Jahre*"[7], bringt der US-Anthropologie-Professor Stanley Ambrose von der University of Illinois die menschliche Leistung auf den Punkt.

---

6   Vgl. http://www.experto.de/b2b/unternehmen-maerkte/trends/zukunftsforscher-matthias-horx-ueber-sprachentwicklung-in-unserer-zeit-woerter-fuer-die-zukunft.html, Stand: 01/14
7   Vgl. http://diepresse.com/home/diverse/literatur/239088/Welt-ohne-Welten, Stand 03/14

Fazit:

Gedanken sind frei und unsere Sprache macht sie sichtbar. Ideen und Vorstellungen nehmen sprichwörtlich Gestalt an, sobald wir darüber reden. Das unterscheidet uns in erster Linie von Tieren. Zudem können wir uns das Gesprochene sogar merken.

KAPITEL 4

Sprache im Spiegel der Zeit

4

Sprache im Spiegel der Zeit

Digitales Verhalten hat unser Denken weiter beeinflusst und damit unsere Arbeitsweise: Wer Informationen braucht, googelt und hat on demand gewünschte Ergebnisse. Dafür muss man dank Internet, Laptop, iPad & Co nicht einmal das Bett verlassen, geschweige denn ins Büro gehen. Niemand braucht mehr ein Verkehrsmittel besteigen, um in die Bibliothek zu kommen, sondern kann überall recherchieren. Ad hoc verschafft sich der Interessierte Überblick und nährt prompt seinen Wissensdurst. Wir alle arbeiten an mehreren Projekten gleichzeitig – per Mausklick. Gerade YouTube ist ein wahrer Segen für Journalisten, Wissenschaftler und Intellektuelle, die wenig übrig haben für überfüllte Hörsäle oder stickige Vortragsräume mit schlechter Akustik. Jeder kann sich ganze Vorlesungen, Interviews oder Experten-Gesprächsrunden zu seinen Themen ansehen. Diese gestreamten Inhalte werden leichter und präziser exzerpiert, wenn wir Passagen auf Knopfdruck noch einmal abspielen können. Notizen oder Artikel sind schließlich gerade für den wissenschaftlichen Arbeitsprozess nur dann brauchbar, wenn sie korrekt zitiert werden und der Inhalt gelungen übermittelt wird. Die Quellen richtig anzugeben ist selbst für Doktoranden nicht immer einfach. Wesentliche Kernbestandteile vollständig herauszufiltern will geübt sein.

Jedes Video konsumieren wir in einer Lautstärke und zu einem Zeitpunkt unserer Wahl. Jederzeit können wir unterbrechen, wenn wir Fragen, die online auftauchen, verarbeiten oder vertiefen möchten. Wir pausieren, wenn wir müde sind und versäumen nichts vom Gesagten. Gerade für Denkarbeiter sind Wissensportale dieser Art ein enormer Gewinn. Alleine in der Recherche für dieses Buch habe ich nicht nur Studien und Texte gelesen, sondern Professoren unterschiedlicher Universitäten und Experten auf der ganzen Welt über YouTube gelauscht, nach Zusammenhängen geforscht sowie Interviews und TV-Diskussionen gesehen. All das ohne logistischen Aufwand, Reisekosten oder Zutrittsgebühren – wann und wo ich wollte.

Monochron oder Polychron – wie sprechen Sie?

Interkulturelle Überschneidungen und Verschiedenheiten beeinflussen uns in unserer Kommunikationsweise. Wer heute mit CEE-Ländern oder Asiaten verhandelt, weiß, dass unsere mitteleuropäisch monochrone Korrektheit auf wenig Gegenliebe trifft.

Was sind die signifikanten Unterschiede der beiden Zeitkonzepte, Arbeitsweisen und Kommunikationsstile?

Monochron

Arbeitsverhalten
+ Zeit ist linear
+ step by step
+ rational
+ zielorientiert (SMART)
+ Tätigkeit
+ Struktur
+ Management

Kommunikationsstil
+ Orientierung an Themen
+ Funktion
+ explizit
+ simpel
+ gehen über Regeln
  an eine Sache heran
+ Menschen folgen
  Ideen / der Sache)

Polychron

Arbeitsverhalten
+ Zeit ist zirkulär
+ chaotisch
+ emotional
+ Vision
+ Beziehung
+ Netzwerk
+ Leadership

Kommunikationsstil
+ Verwendung von Bildern
  und Metaphern
+ Rolle
+ implizit
+ komplex
+ gehen über Erleben
  an eine Sache heran
+ Menschen folgen Menschen

ABB. 2
WAS BEDEUTET MONOCHRON
VERSUS POLYCHRON
QUELLE: TATJANA LACKNER, 2013

Zeit ist eine Kulturdimension, die wir ebenfalls hörbar im Rededuktus und Wortschatz tragen: *„Wie spät ist es?", „Hast Du kurz Zeit?", „Dafür ist mir die Zeit zu schade!"* Monochrone Kulturen (Nordeuropa, Deutschland, Japan, USA) erledigen Aufgaben nach dem Motto: *„Eins nach dem anderen".* Wir stellen uns an, bis wir *„an der Reihe sind". „Der Nächste bitte!"* Diese Schritt-für-Schritt-Effizienz[8] kennzeichnet die Arbeitskultur in Industrie-Nationen. Arbeitsabläufe müssen organisiert werden, anders wären die Fertigungsprozesse in der nötigen Geschwindigkeit und Dichte nicht erledigbar. Das bedeutet auch, dass wir gelernt haben, mit dem Faktor Zeit akkurat umzugehen – was nicht auf der Meeting-Agenda steht, wird auch nicht behandelt. Punktum. Dafür wird der Besprechungsplan schon vorher ausgesandt, damit alle genau wissen, was sie erwartet. Überraschungen schätzt niemand. Es ist unpopulär, Themen zu behandeln, die nicht angekündigt sind. Mit diesem monochronen Bewusstsein arbeiten wir und damit fahren wir auch in den Urlaub.

---

8   Vgl. http://www.successacross.com, Kulturdimenension: „Zeit – ein Schlüsselelement des menschlichen Daseins" Stand 01/14

Wenn der deutsche Buchhalter Maier auf Jamaika landet und sich gleich am ersten Tag über das Flackerlicht auf der Terrasse seiner Ferienvilla beschwert, dann wird er – im Epizentrum der Mañana-Mentalität angekommen – um Punkt halb acht alleine beim vereinbarten Treffpunkt warten. Polychrone Kulturen, wie die Reggae-Karibikinsel beispielsweise, haben Zeit. Südländer zu sein, bedeutet zwar nicht zwingend, nachlässig zu arbeiten, aber Zeit ist eine flexible Größe und die kulturelle Prägung setzt Pünktlichkeit nicht mit Tugendhaftigkeit gleich. Ein Termin um 10.00 Uhr ist im Süden ein temporär dehnbarer Begriff, der um 9.30 Uhr beginnt und mittags endet. Bei uns gilt es als respektlos und beleidigend, den präzise vereinbarten Termin nicht einzuhalten und jemand anderem die „Zeit zu stehlen", indem man ihn warten lässt. Sogar Gotthold Ephraim Lessing war schon überzeugt davon: *„Der beste Beweis einer guten Erziehung ist Pünktlichkeit"*. Der große Aufklärer und Dramatiker lebte in Sachsen. Ungefähr zur gleichen Zeit war die Auffassung in einem ganz anderen Erdteil bereits ähnlich. Thomas Chandler Haliburton war kanadischer Schriftsteller und davon überzeugt: *„Pünktlichkeit ist die Seele des Geschäfts"*. In unseren heutigen Breiten kann es sogar zum Politikum werden, wenn der öffentliche Verkehr, Flüge oder Eisenbahn immer wieder um nur wenige Minuten zu spät kommen. Der Unterschied zwischen poly- und monochron ist genauso groß wie zwischen Zeitspanne und Zeitpunkt! Der Kommunikationsstil unterscheidet die Kulturen ein weiteres Mal. In polychronen Ländern folgen Menschen anderen Menschen, weil sie sich mit ihnen identifizieren. Che Guevara hätte es schwer gehabt, mittels Power-Point-Präsentation monochrone Anhänger für die kubanische Revolution zu finden. In unserer Welt halten sich Menschen an Ideen und die ernannten Instanzen. Regeln bestimmen das Zusammensein, nicht die gemeinsamen Erlebnisse. Deutsche und Österreicher orientieren sich klischeekorrekt an Themen, während Südamerikaner beispielsweise viel stärker in Bildern und Metaphern reden und denken. Auch hat sich die körpersprachliche Distanz ganz unterschiedlich etabliert: Im deutschen Sprachraum empfinden Gesprächspartner einen Meter Distanz zwischen einander als angenehm. *„Je näher man gerade dem Deutschen kommt, desto zurückhaltender wird er"*, sagt Georg Schaphoff[9], gebürtiger Bolivianer und Führungskräftetrainer in Deutschland. Südamerikaner hingegen lieben Berührungen, Nähe und Körperkontakt. Das wird bei uns oft als zu „touchy-feely" empfunden.

Auch die 40 Zentimeter[10], die Bolivianer beispielsweise als Wohlfühlabstand einhalten, sind uns schnell zu distanzlos. In der polychronen lateinamerika-

---

9   Georg Schaphoff, Gründer der Wantana Group International in Nürtingen,
     Vgl. http://www.business-podium.com/boards/arbeiten-im-ausland/3791-leben-arbeiten-sue-damerika.html, Stand 03/14
10   Vgl. http://www.business-podium.com/boards/arbeiten-im-ausland/3791-leben-arbeiten-sueda-merika.html, Stand 01/14

nischen Welt wirkt das Zauberwort „American Time" Wunder, wenn erbetene Pünktlichkeit gefragt ist. „Das Leben befindet sich im Fluss. Zeit ist eine weiche Einheit, die an äußere Umstände angepasst wird."[11]

Wie überall gibt es Mischtypen und das ist auch gut so. Der verstorbene Anthropologe Edward T. Hall[12] gilt als Begründer der interkulturellen Kommunikation. In seinem Buch „The dance of life – the other dimension of time" stellte er diese unterschiedlichen Kulturdimensionen erstmals vor.

Viele Gesellschaftsformen haben die Menschen in den letzten Jahrtausenden durchlebt und viele Kulturen prägten unsere Sprache, ob das auch umgekehrt so war – darüber herrscht bei den Linguisten Uneinigkeit. Kommuniziert wurde über all die Jahre ständig: in der Höhle ebenso wie in Stämmen, in Diktaturen, in Monarchien, im Ständesystem oder heute in unserer Demokratie, der modernen „Mediendiktatur". Alles zu erfassen und zu katalogisieren, wie wir Menschen unsere Lebenskonzepte im Laufe der Zeit gestalteten und damit direkten Einfluss auf unsere Sprache nahmen, würde viele Bücher füllen.

Die Kernfrage der Soziolinguistik[13] lässt sich in einem Satz zusammenfassen: „Wer spricht welche Sprache wie, wann, mit wem, unter welchen sozialen Umständen und mit welchen Absichten und Konsequenzen?"[14] Der amerikanische Sprachsoziologe Joshua Fishman[15] hat sich mit dem Werk „Soziologie der Sprache" schon 1975 einen Namen gemacht. Er ist davon überzeugt, *„dass Sprache nicht losgelöst von Bedingungen, Gesellschaftsstrukturen und deren Wandel gesehen werden darf."*

Wörter haben über die Jahre auch ihre Semantik verändert. Sprache ist demnach ständig im Fluss. Einige haben ihrer Transformation zu verdanken, dass sie aktuell noch in unserem Wortschatz vertreten sind. „Krass" beispielsweise hieß früher „extrem". Heute bedeutet es auch „toll".

Wenn meine Studenten anerkennend sagen, *„Dein Unterricht ist echt krass!"* passiert es mir immer wieder, dass ich erschrocken nachfrage: *„Wo war*

---

11   Vgl. http://creacitydeutsch.wordpress.com/tag/sudamerika/, Stand 03/14
12   Vgl. http://www.edwardthall.com/, Stand 01/14
13   Übrigens gibt es, analog dem Fall der Psycholinguistik, auch in der Soziolinguistik eine korrespondierende Subdisziplin der Soziologie, eben die Sprachsoziologie. Der Unterschied zwischen Soziolinguistik und Sprachsoziologie besteht jedoch eher in ihrer disziplinären Zuordnung als in ihren Erkenntniszielen und Methoden.
      Vgl. http://www.christianlehmann.eu/ling/elements/index.html?http://www.christianlehmann.eu/ling/elements/sozio.html, Stand 03/14
14   Vgl. http://www.christianlehmann.eu/ling/elements/index.html?http://www.christianlehmann.eu/ling/elements/sozio.html, Stand 01/14
15   Vgl. http://www.joshuaafishman.com/, Stand 01/14

ich Dir zu streng?" und mich damit altersmäßig genauso oute, als hätte ich mein Geburtsjahr verraten. Ein anderes Beispiel ist „toll". Es stand früher für „verrückt". Vor Tollwut und Tollkirschen wurde allgemein gewarnt, da man annahm, dass sie Menschen irre machen. *„Seid Ihr toll?"* hieß noch im Mittelalter so viel wie *„Sind Sie verrückt geworden?".* Ähnlich verhält es sich mit dem englischen Wort *„awesome",* das einst *„furchterregend"* hieß und heute für *„toll"* steht.

Joshua Fishman machte bereits in den 1970er-Jahren deutlich, dass eine Wechselbeziehung besteht zwischen sprachlichen Handlungen und sozialer Wirklichkeit. Auch heute noch sind seine Erkenntnisse im Fachkreis umstritten[16]. Dabei erscheint eine Wechselbeziehung zwischen Sozialwandel und Sprachwandel logisch.

Im sehr großzügigen Zeitraffer stellt sich das für uns so dar: Parallel zur Jäger- und Sammlergesellschaft vor rund 20.000 Jahren entwickelte sich die Weidegesellschaft, von der man annimmt, dass sie sich vor 12.000 Jahren etablierte – zeitgleich mit der Agrargesellschaft. Das bedeutet, dass wir Menschen uns damals wohl auch schon in einer Ursprache unterhalten haben.

Dieser sogenannten Protosprache verdanken wir unseren verbalen Ursprung, der laut Evolutionsforscher Quentin Atkinson[17] in Afrika[18] liegt. Interessant ist, dass sich das Bild der geschichtlichen Sprachentwicklung in unserer eigenen Biografie widerspiegelt, denn die Sprache der Menschen entwickelte sich nur weiter, wenn sie ihren Urstamm verließen und variantenreicher wurden. Die so entstandene Vielfalt ist wirklich beeindruckend: Es existieren rund um den Globus geschätzte 7.000 Sprachen und beinahe unüberschaubar viele Dialekte. Beängstigend ist jedoch ebenso die Prognose der Gesellschaft für bedrohte Sprachen (GbS)[19]: Innerhalb der nächsten Dekade wird ein Drittel der weltweit gesprochenen Sprachen aussterben. Die New York Times[20] recherchierte, dass alle zwei Wochen eine Sprache unwiederbringlich verloren geht.

Der Linguist K. David Harrison ist Autor des Buches *„When Languages Die: The Extinction of the World's Languages and the Erosion of Human Knowledge".* Der engagierte Sprachwissenschaftler ist davon überzeugt, dass die Globalisie-

---

16 Vgl. http://www.phil-fak.uni-duesseldorf.de/fileadmin/Redaktion/Institute/Sozialwissenschaften/BF/Lehre/WiSe0809/VL/8_sprache_und_gesellschaft.pdf, Stand 01/14
Vgl. Joshua Fishman, „Advances in the Sociology of Language", Volume I, Bacis Concepts. Theorie and Problems: Alternative Approaches. Mouton, The Haque, Paris 1971
17 Vgl. Quentin Atkinson, „Phonemic Diversity Supports a Serial Founder Effect Model of Language Expansion from Africa", Science, 2011, Vol. 332(6027), pp. 346-349
18 Vgl. http://www.h-age.net/aktuelles/500-wenn-linguistik-evolution-trifft-wo-liegt-der-ursprung-der-menschlichen-sprache.html, Stand 01/14
19 Vgl. http://www.uni-koeln.de/gbs/, Stand 03/14
20 Vgl. http://www.nytimes.com/2007/09/23/weekinreview/23word.html, Stand 01/14

rung verantwortlich zeichnet für viele dieser verloren gegangenen Sprachen in unserer Welt. Er hat sich deshalb zur Aufgabe gemacht, „Talking Dictonaries" von gefährdeten Sprachen anzulegen. Einige dieser dokumentierten Audio-Files werden nur noch von einer handvoll Menschen verstanden. Wie sie sprechen, kann man sich auf seiner Homepage[21] anhören.

Das US-Projekt „Enduring Voices"[22] hat fünf Gefahrenherde ausgemacht, wo das Sprachsterben besonders schnell verläuft:

- **I) Nördliches & zentrales Australien:** fast alle 153 *aboriginal languages* sind gefährdet.

- **II) Zentrales Südamerika:** große Sprachvielfalt, jedoch kaum dokumentiertes Wissen

- **III) Nördliche Pazifikküste, USA/Kanada:** Dominanz des Englischem führt zum Verlust von 54 Eingeborenensprachen.

- **IV) Östliches & zentrales Sibirien:** Staatliche Institutionen forcieren Russisch. Minderheitensprachen sterben sukzessive aus.

- **V) Südwesten der USA & Asien:** 40 autochthone Dialekte in Oklahoma, Texas & New Mexico. Weitere Brennpunkte des Sprachensterbens sind China und Japan.

Die BBC berichtete von der Entdeckung dreier Muttersprachler des vermeintlich ausgestorbenen nepalesischen Kusunda. Ein Treffen wurde arrangiert. Da die drei an verschiedenen Orten lebten, konnte eine Frau erstmals seit 1940 wieder ihre Muttersprache sprechen.[23]

Fazit:
Mit dem Sterben einer Sprache verschwinden nicht nur Laute und Klänge, sondern viele Rituale, sprachliche Bilder, menschliche Geisteshaltungen und damit ein Stück Kultur.

---

21   Vgl. http://travel.nationalgeographic.com/travel/enduring-voices/talking-dictionaries/, Stand 01/14
22   Vgl. http://travel.nationalgeographic.com/travel/enduring-voices/, Stand 01/14
23   Vgl. Ben Schott, „Schotts Sammelsurium 2009", Bloomsbury 2008

KAPITEL 5

Reden: Stadt, Land und im Fluß

Reden: Stadt, Land und im Fluß

Irgendwann waren wir Menschen dann sesshaft, konnten Besitzgüter zusammenhalten, uns austauschen und einander vor lauernden Gefahren warnen. Aus den moderneren Agrargesellschaften, in denen die meisten in der Landwirtschaft beschäftigt waren, ist zunächst die vorindustrielle Gesellschaft entstanden. Noch bis in die Hälfte des 18. Jahrhunderts hinein lebten alleine in Deutschland 90 % der Gesamtbevölkerung auf dem Land und arbeiteten auch dort. Nur 10 % wohnten in Städten und widmeten sich teils haupt-, teils nebenberuflich handwerklichen, kaufmännischen, militärischen oder behördlichen Tätigkeiten. Selbst heute sind immer noch 43,8 % der Weltbevölkerung Bauern[24].

Gerade am Weg zur Industriellen Revolution wurde die hierarchische Ständeordnung sehr streng genommen. Natürlich hatte Sprache in einer Zeit, in der noch nicht zwischen sozialen Schichten gewechselt werden durfte, eine völlig andere Abgrenzungsfunktion als heute. Wenn man in eine Schicht hineingeboren war, so wurde durch die geltende Rechtssatzung auch daran festgehalten. Ein Wechsel zwischen den Schichten war in der ständischen Ordnung so gut wie unmöglich. Weder der persönliche Entschluss des Einzelnen noch seine Leistung oder die Ausbildung konnten daran rütteln. Logischerweise wurde in der damaligen Gesellschaft – einer Abstammungsgesellschaft – im Gegensatz zur heutigen Leistungsgesellschaft völlig anders kommuniziert. Das alte Sprichwort: *„Wie einer ist geboren, so wird er geschoren"* stimmt für uns heute nicht mehr.

Ein gutes Beispiel dafür, wie standesgemäße Kommunikation unterwandert wurde, ist der „Wiener Schmäh". Dieser kommt nicht von Schmähung, sondern bezeichnet einen spritzigen Witz und erlaubt die scherzhafte öffentliche Bloßstellung. Gerade das Zeremoniell am Kaiserlichen Hof war streng geregelt und definierte genau, wer in welchem Zusammenhang das Wort an den Kaiser oder seine Vertreter richten durfte. Die Schmährede bedeutete den geduldeten Ausnahmezustand. Man durfte straffrei sprechen. Das führte zur Unterwanderung der Kommunikations-Etikette. So gesehen war der Schmäh ein mächtiges Steuerungselement: Wahrheiten und Tagesthemen wurden clever verpackt und die hohen Herren liebevoll geneckt. Straffreies Sprechen war schließlich noch keine Selbstverständlichkeit. Eine freche Rede, die außerhalb des Hofes unter Standesgleichen zur sofortigen Duellierung und

---

24 Quelle: Büro des Bundesministers für Land- und Forstwirtschaft, Umwelt- und Wasserwirtschaft, Stand 02/14

zum Tod eines Sprechers geführt hätte und standesübergreifend undenkbar gewesen wäre, diente beim Wiener Schmäh (bis heute) zur Aufhebung und gleichzeitig der Zementierung von sozialen Unterschieden. Heute noch kann man in Wien erleben, wie Taxifahrer oder Kaffeehaus-Ober mit der Dame aus besserem Hause „Schmäh führen". Deutsche, die Wien bereisen, halten das für den Wiener Charme, weil sie gar nicht merken, dass sie „getrollt" werden. Die harmlose Beleidigung ist in Wien eine gefährliche Form der Unterhaltung. Dennoch: es bleibt eine Kunst, „Schmäh führen zu können". Diese gesellschaftsschicht-übergreifende Trollkommunikation gilt als Tugend, besonders bei der kulturellen Elite. „Schmähstad zu sterben" bedeutet nämlich eine Blamage. Image- und Gesichtsverlust, hervorgebracht durch mangelnde Schlagfertigkeit, sind nicht angenehm. Bis heute legt jemand nicht nur durch seine Bildung, sondern auch durch seine Redegewandtheit Zeugnis darüber ab, ob er auf allen sozialen Parketten auftreten kann – in der Provinz, in der Großstadt, in Loosdorf und in Los Angeles.

Über die Jahre wurde dann in Fabriken gearbeitet und die Verstädterung nahm stark zu. Der sprachliche Gap zwischen Land- und Stadtbevölkerung ist bis heute geblieben. Die Komplexität der Arbeitskommunikation wuchs dagegen weiter und die Bürokratisierung hat ebenfalls sprachliche Spuren hinterlassen. Bekannte Redewendungen wie *„Der Amtsschimmel wiehert"* sind Belege dafür. Der Soziologe Max Weber war davon überzeugt, dass Bürokratie vor Willkürakten der Herrschenden schützt und nicht jeder Fall neu gelöst werden musste, da es klare Vorschriften und Reglements gab. Die ersten Wucherungen kamen ins System durch viele Anordnungen, Vorschriften und Gesetze. Bis heute sind wir mit Bürokratieabbau und Transparenz von Behörden beschäftigt. Dennoch waren Max Webers wirtschaftstheoretische und historische Betrachtungen wichtig für die damalige Zeit. Er hatte auch völlig recht mit Analysen wie *„Die Kirche hat mit Hilfe ihrer Buß- und Beichtordnung das mittelalterliche Europa domestiziert."*[25]

Generell werden Gesellschaften[26] unter anderem danach kategorisiert, wie sie wirtschaftlich hauptsächlich produzieren. Die Art der Beschäftigung von Erwerbstätigen kann in drei Kategorien eingeteilt werden: in den primären Sektor, bei dem es um die Landwirtschaft geht, in den sekundären Sektor, die Industrie und den tertiären Sektor, der die Dienstleistungen umfasst. In Deutschland und Österreich arbeitet seit Ende der 1970er-Jahre der Großteil der Erwerbstätigen im tertiären Sektor, also der Dienstleistungsgesellschaft. Vor 30 bis 40 Jahren gehörten noch fast alle westlichen Industriestaaten zur Industriegesellschaft. Neben dem wachsenden Dienstleistungssektor

---

25 Vgl. http://gutezitate.com/zitat/229055, Stand 03/14
26 Vgl. http://www.gesellschafteninfo.de/, Stand 01/14

hat sich auch die Wissensgesellschaft zu einem quartären Sektor geformt, in der plötzlich wieder ganz neue Skills und sprachliche Fähigkeiten in den Vordergrund rücken. Wer als Berater, Rechtsanwalt oder IT-Spezialist nicht die Sprache seiner Kunden spricht, der wird sich wirtschaftlich nicht lange behaupten. Sogar einen Quintärsektor hat man gefunden: Darunter versteht man die Entsorgungswirtschaft, aber auch die Tourismus- und Wellnessindustrie. Rhetorische Fitness verlangt auch dieses wirtschaftliche Segment. Immer geht es um Probleme benennen, Lösungen verkaufen und Angebote in klare Worte gießen. Chancengleichheit erlebt heute nur, wer folgende Sprachfertigkeiten[27] als Minimum beherrscht:

- das korrekte Beantworten von Fragen durch einen vollständigen Satz
- die richtige Verwendung von Negationen, Fällen und Steigerungsformen
- korrekter Gebrauch bestimmter Präpositionen
- die richtige Anwendung von wenn/dann-Beziehungen
- die Kenntnis über Vokale und Konsonanten
- die Bildung von einfachen Reimen
- situations- und positionsadäquater Sprachgebrauch
- nachvollziehbare Argumente und Schlussfolgerungen

Fazit:
Egal, ob wir die Globalisierung preisen oder verdammen – wir werden sie nicht mehr los. Die fortschreitende weltweite Urbanisierung hat auch unser Kommunikationsverhalten regional beeinflusst. Sprache ist das Tor zur Chancengleichheit! Das gilt nicht nur für Migranten, sondern auch für Muttersprachler.

---

27 Vgl. http://www.phil-fak.uni-duesseldorf.de/fileadmin/Redaktion/Institute/Sozialwissenschaften/BF/Lehre/WiSe0809/VL/8_sprache_und_gesellschaft.pdf, Stand 01/14

KAPITEL 6

Fremdwörter bereichern unseren Wortschatz

Fremdwörter bereichern unseren Wortschatz

„Der welcher eine fremde Sprache wenig spricht,
hat mehr Freude daran als der, welcher sie gut spricht.
Das Vergnügen ist bei den Halbwissenden."
(Friedrich Nietzsche)[28]

Auf der einen Seite sind Fremdwörter eine Bereicherung für unseren Wortschatz, auf der anderen Seite ist die fortschreitende Globalisierung auch daran schuld, dass viele Sprachen aussterben. Jede Zeit hat durch die Jahrtausende nicht nur sichtbare, sondern auch hörbare Spuren in unserer Art zu reden hinterlassen. Gelernte Linguisten befassen sich mit all diesen Aspekten der Sprachwissenschaft und historischen Veränderungen. Dort kann man auch erfahren, dass sich Latein im ersten bis sechsten Jahrhundert vor Christus beispielsweise durch Lehnwörter im germanischen Sprachgebrauch breit machte. Bei Medizin, Fenster oder Pelz denkt jedoch niemand mehr an die Römer. Bis zur Antike war Latein vor allem die Sprache der Wissenschaft. Auch heute noch ist das Latinum – besonders in Österreich – Voraussetzung für viele Studienrichtungen: Die Spanne reicht hier von Ägyptologie, Anglistik, Arabistik, Deutsche Philologie, Human-, Zahnmedizin- und Veterinärmedizin über Griechisch, Italienisch, Judaistik, Keltologie und ist bei Numismatik, Philosophie, Pharmazie oder Vergleichender Literaturwissenschaften noch lange nicht zu Ende.

„Reden Sie Deutsch leserlich!"

Die ersten Fremdwörter kamen aus dem Lateinischen ins Deutsche. Das römische Reich beherrschte schließlich weite Teile Europas. Im Barock galt es nahezu als unfein, sich in der Muttersprache auszudrücken. Die Welt sprach damals: Französisch! Besonders unter den Gelehrten und dem Adel galt das als très chic. Bis Russland hatte sich dieser Trend verbreitet: Katharina die Große, einst gebürtige deutsche Prinzessin, hat als Zarin in St. Petersburg Französisch zur Hofsprache erklärt. Wie heute, so gab es auch damals schon Sprachpuristen, die nicht einsehen wollten, dass Sprache etwas Lebendiges ist und sich ständig wandelt.

---

28 Vgl. Friedrich Nietzsche, http://www.zeno.org/Philosophie/M/Nietzsche,+Friedrich/Menschliches,+Allzumenschliches/Erster+Band/Neuntes+Hauptst%C3%BCck.+Der+Mensch+mit+sich+allein/554.+Halbwissen, Stand 01/14

Dieser frankophilen Welle massiv entgegen arbeitete Philipp von Zesen.[29] Er gilt als erster Berufsschriftsteller und der Erhalt der Deutschen Sprache lag ihm so sehr am Herzen, dass er 1642 in Hamburg die „Deutsch-Zunfft" gründete. Seine Vereinigung versuchte die deutsche Sprache zu bewahren und vor sämtlichen fremden Einflüssen und Worten zu schützen. Von Zesen, der auch unter dem Pseudonym Ritterhold von Blauen auftrat, war grundsätzlich ein genialer Worterfinder – viele davon halten wir heute noch für „urdeutsch", dabei entspringen sie seiner Fantasie. Er ersann deutsche Übersetzungen als Alternative zu den ihm verhassten Fremdwörtern. Vieles, was die heutigen Verfechter der deutschen Worte und Gegner der Anglizismen verteidigen, gehört dem geistigen Urheberrecht dieses Mannes und gab es vorher gar nicht. Philipp von Zesen hat auch das Synonym „Rechtschreibung" erfunden, weil ihm das griechische Wort „Orthografie" auf die Nerven ging.

Von Zesen setzte durch — Veraltete Fremdworte

Anschrift — Adresse

Grundstein — Fundament

Letzter Wille — Testament

Sterblichkeit — Mortalität

Bücherei — Bibliothek

Weltall — Universum

Beistrich — Komma

Leidenschaft — Passion

Kreislauf — Zirkulation

ABB. 3
PHILIPP VON ZESEN
KREATIONEN, DIE WIR
HEUTE NOCH VERWENDEN
QUELLE: TATJANA LACKNER

Andere seiner vorgeschlagenen Wortkreationen und Fremdwort-Verdeutschungen waren weniger erfolgreich und haben sich nicht durchgesetzt. Niemand wollte zur Pistole „Meuchelpuffer" sagen und auch der „Jungfernzwinger" schien den Menschen kein gelungener Ersatz für das Wort Kloster zu sein. Die folgende Auswahl seiner Synonyme überzeugte ebenfalls nicht:

---

29   Vgl. http://www.wasistwas.de/aktuelles/artikel/link//05d3ea3267/article/philipp-von-zesen-und-die-deutsche-sprache.html, Stand 01/14 bzw. vgl. http://www.spiegel.de/kultur/gesellschaft/0,1518,742873,00.html, Stand 01/14

Fremdwort geblieben — Von Zesen hatte Pech

Parodie — Spottnachbildung

Fenster — Tagleuchter

Elektrizität — Blitzfeuererregung

Anatom — Entgliederer

Harem — Weiberhof

Pyramide — Spitzgebäude

Papst — Erzvater

Ironie — Schalksernst

querulieren — klägeln

ABB. 4
PHILIPP VON ZESEN
HATTE PECH
QUELLE: TATJANA LACKNER

> *„Deutsch ist die Sprache derer, die zwar deutsch fühlen,*
> *aber nicht Deutsch können.*
> *(Karl Kraus)*

Um der ewigen Frage *„Warum sagen die das nicht auf Deutsch"* sanft entgegen zu wirken, sei angemerkt: Sprache bleibt nur modern, wenn sie lebendig sein darf und sich verändert. Philipp von Zesen, der ruhelose Verdeutscher, hat schon damals dieses Faktum übersehen. Wilhelm von Humboldt, Staatsmann und einflussreicher deutscher Gelehrter, brachte es später auf den Punkt: *„Geschriebene und gesprochene Sprache ist ein Medium des Denkens und der Weltauffassung schlechthin."*[30] Nachdem sich auch die Welt ändert, verändern sich unsere Denk- und Sprachmuster. Er war sich auch sicher:*„Das Wesen des Denkens besteht im Reflektieren, d.h. im Unterscheiden des Denkenden von dem Gedachten."*[31]

Der Fremdwortanteil im Deutschen ist heute nicht höher als vor vielen Jahrzehnten, auch wenn uns das nicht so vorkommt. Sprachexperten schätzen ihn auf 20 Prozent[32]. Auf der einen Seite kommen täglich sechs neue Begriffe dazu: Früher gab es schließlich noch keinen Babyblues, Heizpilz oder eine Poolnudel, Fanmeile und Sammelklage. Demgegenüber warnt das Lexi-

---

30 Vgl. Wilhelm von Humboldt: Grundzüge des allgemeinen Sprachtypus. Philo, Berlin 2004
31 Vgl. http://www.blutner.de/philos/Texte/humboldt.html, Stand 03/14
32 Vgl. GEO 11/12, Verstehen Sie Deutsch, S. 138, Johanna Romberg

kon der bedrohten Wörter davor, dass wir demnächst 600 Begriffe verlieren werden, weil sie niemand mehr verwendet. Darunter finden sich: anheischig, Lichtspielhaus, tirilieren, Leibesübungen oder poussieren.

Schreib, wie Duden und sprich wie Siebs!

Überhaupt ist das, was wir heute Hochdeutsch nennen, erst im Mittelalter entstanden. Die vielen Beamten, Händler, Kaufleute aus den verschiedenen Fürstentümern hätten gar keine Chance gehabt, miteinander zu kommunizieren. Sie haben sich oft gar nicht verstanden. Ein Sprachkompromiss musste her. Aus diesem entwickelte sich nach und nach eine Kultursprache, die als Norm akzeptiert wurde. Erst im 19. Jahrhundert wurde klar, dass es auch fester Regeln bedarf für: Aussprache, Grammatik und Rechtschreibung. Hier kamen erstmals Konrad Duden und Theodor Siebs ins Spiel: Der eine verfasste 1880 das „Vollständige[s] Orthografische[s] Wörterbuch der deutschen Sprache", der andere legte 1898 die „Deutsche Bühnenaussprache" vor, die Bibel für Sprecher. Sogar heute noch finden die nach Siebs geregelten Wörter unter Berufssprechern und Schauspielern Anwendung.

Duden hatte sicher weniger zu tun, da man bereits im 18. Jahrhundert einigermaßen einheitlich schrieb. Im Vergleich zu seiner Recht*schreibung* war für Siebs die Recht*lautung* hingegen ein größerer Brocken Arbeit. Schließlich redete jeder noch so, wie ihm der Schnabel gewachsen war. Der Kaiser berlinerte, der Sachsenkönig sächselte[33], heimatliche Idiome und tiefste Dialekte hatten nichts zu tun mit unserem heutigen mild gefärbten Hochdeutsch. Viele Wörter wurden schlicht nach Siebs geregelt und folgten nicht immer der Aussprachlogik. Ihm war wichtig, dass in Schulen und in der Wirtschaft sprachliche Einheit geschaffen wurde. Er erkannte auch, dass ihm die Schauspieler bei der Verbreitung gute Zerstäuber sein würden. So sollte „Faust" in Bayern nicht mehr länger anders klingen als in Hessen. Das rief erstmals im Bühnengeschäft die Position des Intendanten auf den Plan – eine Funktion, die wir auch in der modernen Theatergeschichte noch besetzen.

Insgesamt können wir uns aber nicht beschweren, die deutsche Sprache gilt als variantenreichste Europas. Mit 300.000 bis 500.000 Begriffen sitzen wir laut den Sprachforschern auf einen großen Schatz an Wörtern[34]. Der Durchschnitts-Jugendliche verfügt angeblich über 12.000 Wörter. In Relation zu einem normalen Kaufhaus mit rund 60.000 gelisteten Markenartikel klingt das nicht so viel. Vergleicht man den 15-Jährigen gar mit Sprachgenies, wie Goethe, dann hat er noch verbales Potenzial. Alleine Goethes Wörterbuch[35]

---

33 Vgl. http://www.welt.de/kultur/article108785736/Dieser-Mann-versiebte-das-Deutsche.html, Stand 01/14
34 Vgl. http://www.duden.de/sprachwissen/sprachratgeber/zum-umfang-des-deutschen-wortschatzes, Stand 01/14
35 Vgl. http://www1.uni-hamburg.de/goethe-woerterbuch/goethe_wortschatz.html, Stand 01/14

verzeichnet knapp 90.000 Wörter. Im Alltag hingegen kommen manche mit nur 400 bis 800 Begriffen durch. Das ist auch bei einfachen Boulevardzeitungen der Schnitt: 1500 unterschiedliche Wörter lesen wir in der „Bild"-Zeitung, das Dreifache davon bieten uns Qualitätsblätter.

Lerne Englisch, nicht Denglisch!

Der französische Bestsellerautor Frédéric Beigbeder[36], das Enfant Terrible der Grande Nation, hatte schon vor über zehn Jahren in seinem legendären Roman „39,90" erkannt: *„Warum beherrschen die Amerikaner die Welt? Weil sie die Kommunikation beherrschen!"* Seine Einschätzung stimmt. Immerhin 7 der 10 größten Medienkonzerne weltweit kommen aus den USA und nehmen dementsprechend Einfluss darauf, was wir denken.[37]

Widerstände gegen Spracheinflüsse aus anderen Ländern gab es schon früher. Jedem ist heute jedoch auch klar: ein Kind, das multilingual aufwächst hat enorme Vorteile in einer auf Kommunikation fokussierten Welt. Diesen gesellschaftlichen Druck spüren natürlich auch jene, die über keine zweite oder dritte lebende Fremdsprache verfügen. Um sich dennoch als polyglott auszuweisen, wird neusprachlich gemogelt. Der Udo Jürgens Song *„Alles ist so easy"*[38] beschreibt diese pseudo-kosmopolitische Attitüde virtuos:

Alles Ist So Easy, Songtext (2011, im Auszug):
Wir reden nicht – wir talken, Wir gehen nicht – wir walken,
Wir tanzen nicht – wir moven, Wir zappeln nicht – wir grooven,
Wir handeln nicht – wir dealen, Wir fühlen nicht – wir feelen,
Wir plaudern nicht – wir chatten, Wir fliegen nicht – wir jetten,
Wir kaufen nicht – wir shoppen, Wir halten nicht – wir stoppen,
Wir gestalten nicht – wir stylen, Wir lächeln nicht – wir smilen,
Wir verlieren nicht – wir losen, Wir nutzen nicht – wir usen,
Wir entspannen uns nicht – wir chillen, Wir töten nicht – wir killen …

Rechtschreibung und Sprache dürfen sich verändern. Beide sind nicht in Stein gemeißelt. Wie Samenkörner weht der Wind neue Begriffe auf unsere Sprachfelder und aus der Erde erblühen völlig außergewöhnliche Wortkreationen. Komisch wird es jedoch dort, wo sich englische Begriffe im Deutschen einbürgern, die in der Exportsprache gar keinen Sinn mehr ergeben. „Handy" ist das populärste Beispiel. Kein Amerikaner versteht bekanntlich diese Form von

---

36 Der französische Schriftsteller und Kritiker Frédéric Beigbeder ist Jahrgang 1965. Er arbeitete zehn Jahre in einer Werbeagentur. Seine Erfahrungen aus diesem Job bilden die Grundlage zu seinem Roman *Neununddreißigneunzig* (2001), der ihn über die Grenzen Frankreichs hinaus bekannt machte und der mittlerweile auch verfilmt wurde. Für sein Buch *Ein französischer Roman* wurde er 2009 mit dem französischen Literaturpreis Prix Renaudot ausgezeichnet. Beigbeder lebt in Paris.
37 Vgl. http://www.mediadb.eu/rankings/intl-medienkonzerne-2012.html, Stand 02/14
38 Udo Jürgens, Album: „Der ganz normale Wahnsinn", Ariola, Sony Music, 2011

Denglisch. Denn er greift zum „mobile" oder „cell phone", wenn es läutet. Der Scheinanglizismus „handy" würde über dem Teich maximal die Assoziation „praktisch" auslösen.

Genauso verhält es sich mit dem Wort „Beamer". Schon einige deutsche Präsentatoren haben im englischen Konferenzraum feststellen müssen, dass niemand weiß, wonach sie fragen, wenn sie einen lichtstarken „Beamer" verlangen. Der heißt dort, für deutsche Ohren völlig unenglisch: „projector".

Obwohl die Worte „Beauty Farm" und „Fitness Center" für uns nach süffigem Englisch klingen, gehen schönheitsbewusste Amerikanerinnen in den „spa" und in den „gym". Jemand, der die Sammelkrankheit hat und Unrat hortet, heißt nur bei uns „Messie", in der Übersetzung ist es ein „pack rat", der am Krankheitsbild „compulsive hoarding" leidet.

Es ist schön, wenn deutsche Unternehmen für internationale Besucher einen „Service Point" einrichten. In Amerika erhält man Auskünfte jedoch am „Information Desk" oder „Info-Counter". Während wir uns über Werbe-„Spots" im Hauptabendprogramm, der „Primetime", ärgern, geht es amerikanischen Zusehern ähnlich mit „commercials". „Spots" sind im Englischen nämlich maximal Flecken, Pickel oder im TV-Jargon Richtscheinwerfer.

Wer von seiner Interrail-Erfahrung berichten möchte und sich als „Tramper" outet, wird kritische Blicke ernten. Der „Tramp" ist im Englischen ein Vagabund oder Obdachloser. „Hitchhiking" ist das gesuchte Wort für Autostoppen. Liebhaber von alten Autos haben die Gesprächserfahrung wahrscheinlich schon gemacht, dass sie nicht über „Oldtimer" sprechen, weil damit maximal ein Alteingesessener gemeint ist, sondern dass die englischen Kollegen mobile Raritäten als „vintage cars" bezeichnen. Es hat sich bei uns im Business eingebürgert, dass wir für „kontrollieren" das Wort „checken" verwenden. Darum fertigen wir auch „Check-Lists" an und arbeiten mit Ergebnis- oder Stichprobenkontrollen. Im Englischen heißt „checken" jedoch lediglich „verstehen", also „understand". Sprachlich delikat wird es jedoch dann, wenn diese Scheinanglizismen flächendeckend für korrekte englische Ausdrücke gehalten werden. „Kicken" bedeutet „treten" auf Deutsch, aber „to play football" auf Englisch. Deshalb musste der Originalfilmtitel „Bend it like Beckham" mit „Kick it like Beckham" ins „Deutsche" übersetzt werden.

Besonders krass gehen die Bedeutungen auch beim Begriff „Public Viewing" auseinander: Bei uns ist dies die Information, dass öffentlich ferngesehen werden kann. Bei Länderspielen während der WM ist das beispielsweise immer wieder vor Lokalen zu lesen. Das würde im Englischen Irritationen auslösen – bedeutet es dort die „Aufstellung eines aufgebahrten Leichnams". Die

Lokalbetreiber, die ihren Gästen gemeinsames Fernsehen als „TV watching in public" übersetzt haben, lagen hingegen richtig.

Sprich Englisch, nicht „Denglisch"!

Handy
„praktisch"
MOBILE

Beamer
vgl. „Strahl"
PROJECTOR

Spot
„Pickel"
COMMERCIAL

ABB. 5
ENGLISCH,
NICHT DENGLISCH
QUELLE: TATJANA LACKNER

Jeff Crowder[39], einer meiner US-Trainer, hat für deutsche Muttersprachler, die gut Englisch lernen wollen, ein wertvolles Buch geschrieben, das auf typische Verwechslungen zwischen den beiden Sprachen aufbaut. Er hat es mir vor wenigen Tagen geschenkt und ich liebe es, die „falschen Freunde" aus dem Deutschen im Englischen aufzuspüren.

Die Anglizismen lassen sich in drei Kategorien unterteilen:

1. **Scheinanglizismen**, die es im Englischen gar nicht gibt
   z. B. Handy, Beamer, Oldtimer, …

2. aus dem Englischen **korrekt** übernommene Wörter und syntaktische Wendungen
   z. B. „Der Flug ist gecancelt worden", E-Mail, Laptop, Underwear …

3. Falsche Freunde – **populäre Übersetzungsfehler**
   z. B.
   engl. „become" = werden (nicht dt. bekommen)
   engl. „gift" = Geschenk, Talent (nicht dt. Gift)
   engl. „eventually" = schließlich, letztendlich (nicht dt. vielleicht)
   engl. „brave" = tapfer, mutig (nicht dt. brav)

---

39 Vgl. Jeff Crowder, „The English Drillbook for German Speakers", http://www.englishdrillbook.com/, Stand 02/14

ÜBUNG 1

Im Praxisteil finden Sie 45 „False Friends".
Diese „falschen Freunde" klingen zwar ähnlich, führen aber zu
Missverständnissen und Scheinanglizismen. Testen Sie sich selbst!
→ Seite 305

Auch wenn wir im Deutschen das Gefühl haben, von englischen Vokabeln
überschwemmt worden zu sein, gibt es diese Befürchtungen auch auf der
anderen Seite des Atlantiks. Gerade der Zweite Weltkrieg hat dazu geführt,
dass viele „Germish"-Vokabeln[40] ins amerikanische Englisch eingedrungen
sind. Gelegentlich kommen sogar noch neue dazu, wie „fahrvergnuegen" oder
„bremsstrahlung". Sogar bei den Franzosen finden sich einige deutsche Sou-
venirs in ihrer so stolz klingenden Sprache: „le leitmotif" und „le waldsterben"
sind jüngere Beispiele. Dafür singt die britische Labour Party ihre Parteihymne
„The Red Flag" zur Melodie vom schlesischen Volkslied „O Tannenbaum"[41].

Deutsche Wörter im Englischen

concertmeister — diesel — reich — dirndl — das ist gut — schnauzer (Hunderasse) — fest (z.B. beer fest) — kitsch — schnitzel — waldsterben — lebkuchen — doberman pintscher — rottweiler — nazi — spritz spritzer — coffee-klatsch klatch — rollmops — muesli — leberwurst liverwurst — kindergarten — doppelganger — lager beer — fahrvergnuegen — lebensraum — schnapps — knackwurst — waldmeister

ABB. 6
DEUTSCHE WÖRTER
IN DER ENGLISCHEN
SPRACHE

40   Vgl. http://www.spiegel.de/kultur/zwiebelfisch/0,1518,295157,00.html, Stand 01/14
41   Vgl. Neon Unnützes Wissen, Heyne Verlag, 2013, Nr 18, 19

ÜBUNG 4

Im Praxisteil finden Sie noch weitere Germanismen in der englischen Sprache.
→ Seite 311

Sprechen Sie „Ösi"?

Austriazismen sind eine schöne Form der Sprachvarietät. Sie bringen neben viel Flair aus der Donaumonarchie auch den Vorteil, dass Bundesdeutsche uns nicht immer verstehen können. Woher sollen sie auch wissen, dass „der Hosensack" nichts Anzügliches ist, sondern „die Hosentasche" beschreibt. Für die Ohren des einen sind oft die Ausdrücke des anderen eigenwillig. Dennoch ist es peinlich, wenn man beim Profi der Aussprache – dem Berufssprecher beispielsweise – oder auch bei einem Schauspieler den Schweizer oder Österreicher heraushört. In den 1970er-Jahren galt sogar in Schulen die Devise „Lernziel: Hochdeutsch"! Es ist wohl auch nötig, dass sich ein so großes sprachliches Einzugsgebiet auf eine Standardsprache einigt.

Neben der Bundesrepublik, die bereits deutlich mehr als 80 Millionen Menschen fasst, wird schließlich nicht nur in der Schweiz und in Österreich Deutsch gesprochen. Auch in Liechtenstein, Luxemburg, Südtirol, Ostbelgien, im Elsass und in Lothringen können wir einander auf Hochdeutsch verstehen. Wir alle haben die gleiche Literatursprache und dasselbe Schriftdeutsch. Deutsch ist demnach auch die meistgesprochene Muttersprache innerhalb der Europäischen Union und findet sich unter den zehn meistgesprochenen Sprachen der Welt im 21. Jahrhundert. Als Weltsprache oder internationale Verkehrssprache wird eine natürliche Sprache bezeichnet, die als Handelssprache weit über ihr ursprüngliches Sprachgebiet hinaus Bedeutung erlangt hat. (vgl. Abb. 7)

Immer wieder in der Geschichte haben Staaten ihre Bürger unterdrückt – auch sprachlich. Nicht überall war Linguizid (geplanter Sprachmord) die Folge, aber Länderbeispiele und deren Bestrebungen, Homogenität selbst durch repressive Mittel durchzusetzen, gibt es genug. Prof. Dr. Martin Haspelmath[42] vom Max-Planck-Institut für evolutionäre Anthropologie in Leipzig hat den „The World Atlas of Language Structures" herausgegeben und nennt konkrete Beispiele:

---

42   Vgl. http://www.uni-leipzig.de/~muellerg/su/haspelmath.pdf, Stand 01/14

Im vorrevolutionären Russland war es verboten Litauisch zu sprechen. Im Nazi-Deutschland war das Sorbische untersagt und in der Türkei galt noch vor wenigen Jahren das Verbot, Kurdisch zu sprechen. Die Franzosen begingen früher Sprachmord am Bretonischen. Die US-Amerikaner machten nach der Annexion von Hawaii 1898 klar, dass die Einheimischen ihre Sprache besser vergessen, analog der sogenannten „Indianerkriege". Australien und Tasmanien verbindet ebenfalls eine dunkle Sprachgeschichte miteinander.

SPRACHE	MUTTERSPRACHE (in Mio.)	SPRECHER WELTWEIT (in Mio.)
Englisch	375	1.500
Chinesisch	982	1.100
Hindi	460	650
Spanisch	330	420
Französisch	79	370
Arabisch	206	300
Russisch	165	275
Portugiesisch	216	235
Bengali	215	233
Deutsch	105	185
Japanisch	127	128
Koreanisch	78	78

ABB. 7
RANGLISTE DER WELTSPRACHEN[43]

Ein anderer Aspekt, dem sich Prof. Haspelmath widmet, ist die geografische Verteilung sprachlicher Merkmale auf der Welt. Warum stellen wir in vielen Teilen Mitteleuropas das Adjektiv vor das Subjekt – beispielsweise bei „gelbe Rose"? Wogegen Südamerika, Asien aber auch Frankreich eine Subjekt-Adjektiv Stellung bevorzugt: „rose jaune". Was haben Sprachen nun gemeinsam?

- Alle Sprachen haben Wörter und Sätze, die zuerst einmal aus bedeutungslosen Lauten und Gesten gebildet wurden

- Alle haben Frageausdrücke (Wer? Was?) und Verneinungsformen (nicht)

- Sie haben Ausdrücke für „oben" und „unten"

- Alle Sprachen/ Kulturen haben Namen

---

43 Vgl. http://linguistix-de.weebly.com/1/post/2013/04/magazin-w-wie-weltsprachen-de.html, Stand 01/14

Nicht alle haben:

- Personalpronomina
- Tempusunterscheidungen (Gegenwart/Zukunft, Gegenwart/Vergangenheit)
- Zahlwörter (stattdessen: „ein Paar", „mehrere", „alle")
- Ausdrücke für „und", „oder", „rechts/links", „vor/hinter"
- Pluralbildung am Substantiv

Auch das „richtige Deutsch" ist heiß umstritten. Während die Süddeutschen das Gefühl haben, dass norddeutsche Begriffe öfter im Duden geführt werden als beispielsweise bayrische, haben Österreicher häufig den Eindruck, vom „germanischen Imperialismus" auf allen Kanälen überschwemmt zu werden und fürchten um die eigene Sprachidentität. In allen drei D-A-CH-Ländern gibt es sprachliche Eigenarten und Varietäten.

Wolf Schneider, gefürchteter Sprachkritiker, bekam 2011 den Henri-Nannen-Preis verliehen. Er gilt als einer der größten sachkundigen Kritiker des „Duden". Auch er wünscht sich Deutsch ohne Anglizismen. Schneiders Wunsch wird unerfüllt bleiben. Seinem Appell, dem Duden mit Vorsicht zu begegnen und sich nicht auf ihn als einzige Instanz zu verlassen, sei allerdings den Menschen geraten. Schneider Skepsis ist leichter verständlich, wenn wir uns ansehen, wie es ein Wort in den Duden schafft? Genügend Menschen müssen einen bestimmten Grammatikfehler nur oft genug wiederholen und sie werden ihn bald im Duden wiederfinden. Schneiders Kritik an der Dudenredaktion: *„Man möge wieder das Richtige registrieren, nicht das Übliche. Denn die ihn benutzen, würden das Richtige suchen; stattdessen aber das Übliche finden."* [44]

Österreichisches Deutsch wird häufig als Austriazismus übersetzt, Schweizer Sprachbesonderheiten fasst man unter Helvetismus zusammen und bundesdeutsche Ausdrücke, wie „bohnern", „Apfelsine" oder „Bundestag" werden Teutonismus genannt. Viel öfter verwenden Schweizer und Österreicher dieselben Begriffe. Der Bundesrepublikaner ist es, der mit manchen „Piefkeausdrücken" verwirrt. Aber auch im Österreichischen verstecken sich hinter manchen hochdeutschen Worten Doppelbedeutungen, die besonders dem Lieblingsnachbarn situativ erklärt werden müssen:

---

44   Vgl. Dr. Ankowitschs kleines Konversations-Lexikon, Eichborn, September 2004.

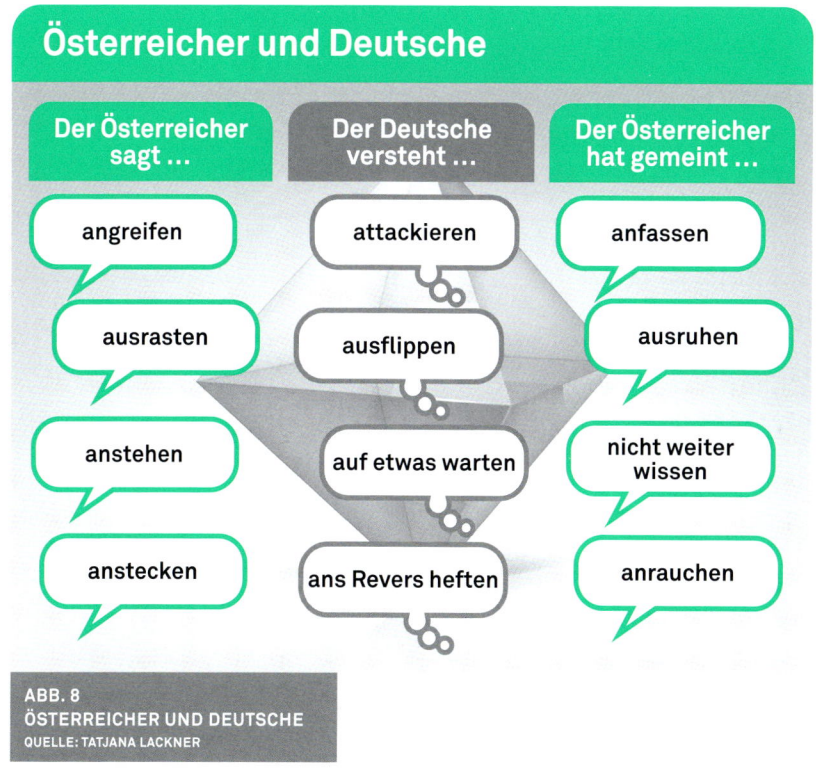

ABB. 8
ÖSTERREICHER UND DEUTSCHE
QUELLE: TATJANA LACKNER

Fazit:

Sprache unterliegt ständigem Wandel, sie lässt sich nicht einmal grammatikalisch in ein unveränderbares Korsett zwingen. Die englischen Einflüssen heute sind ebenso bereichernd wie die französische Hofsprache vor 300 Jahren. Die aktuelle Angst vor Anglizismen und anderen sprachlichen Überfremdungen ist nur eine Momentaufnahme.

KAPITEL 7

Industrie 4.0 – veränderte Kommunikation

7

Industrie 4.0 – veränderte Kommunikation

Revolutionen verändern das Mindset. In der Industriegesellschaft war ein guter Arbeiter jemand, der das Fließband bedienen konnte oder dessen Muskelkraft Zeitersparnis bedeutete, weil er Aufgaben schneller erledigen konnte als der Schmächtige neben ihm. Für den Durchschnittsarbeiter war es früher weniger wichtig, Meetings zu leiten oder bildreich zu präsentieren. Damals ging es darum, kraftvoll zupacken. Die Devise war: *„Nicht reden, sondern machen!"* Das ist mittlerweile überholt. Angestellte erledigen heute einen deutlich höheren Prozentsatz ihrer Arbeitsleistung in Kommunikationssituationen als durch ihre körperliche Einsatzkraft: am Telefon, in Präsentationen, via M@il, Skype, in der Video-Konferenz oder in Besprechungen.

Gesellschaftliche Entwicklungen können wir auch an der Freizeitgestaltung ablesen. Unterhaltung suchten die Menschen in jeder Epoche. Im vorindustriellen Zeitalter waren es die „Bretter, die die Welt bedeuteten"[45]. So entstand das Volkstheater für die unadelige Bevölkerung in dem es ungehobelter und schlichter zuging im Gegensatz zum Hoftheater. In der industriellen Revolution ging man dann ins Lichttheater. Vom Stummfilm zum Tonfilm war es dann nur ein kleiner Sprung. Bis zum digitalen Kino in 3-D dauerte es wieder eine Weile. Heute streamen wir via Beamer und beschallen selbst unsere Wohnzimmer mit Dolby Surround Sound.

Am Beginn der digitalen Wissensgesellschaft zogen dann Computerspiele die Menschen in ihren Bann. Daraus entwickelte sich ein Geschäft, das sich längst nicht nur um Teenager kümmert. Weltweit verbringen laut den Experten Menschen immerhin 3 Milliarden Stunden pro Woche im Netz mit Spielen[46].

Heute in der Kommunikationsgesellschaft suchen wir nach Feierabend Ablenkung auf völlig unterschiedlichen Bühnen. Diese mediale Konvergenz findet sowohl technisch, als auch inhaltlich in der gegenseitigen Beinflussung von audio- und visuellen Medien statt. Am Handy wird Radio gehört, am Computer sehen wir fern oder betrachten Fotos – daneben telefonieren wir via Internet. Wir gehen beispielsweise mit Freunden ins Kino oder Theater, danach geben wir auf Facebook eine Kritik ab, während im Fernsehen noch Spätnachrichten laufen und auf dem iPad ein Quizduell-Partner auf unseren nächsten Spielzug wartet. Medien verschwimmen heute. Prof. Gundolf Freyermuth, deutsch-amerikanischer Medienwissenschaftler und Publizist, ist Direktor des Cologne Game Lab, einem Institut an der Fachhochschule in Köln. Er ist sicher *„Der Film*

---

45 Die Formulierung wurde 1803 von Friedrich Schiller in dem Gedicht „An die Freunde" geprägt.
46 Vgl. http://www.3sat.de/mediathek/?mode=play&obj=41362, Stand 03/14

war sofort das Medium, das dem Theater sein Publikum abspenstig machte, weil es die Erfahrung der Industrialisierung in die Freizeit verlängerte. Ähnliches leisten jetzt digitale Spiele. Sie entsprechen digitaler Wissensarbeit."[47] Medien sind immer ein Spiegel der Zeit. Auch unsere Gesellschaft hat eine Lebensgeschichte. Die behandelten Themen auf der Leinwand oder in der Literatur geben viel gesellschaftsbiografisches Preis. Wir können nachlesen, wie die Jahre der Unterdrückung in der ersten industriellen Revolution besonders Frauen und Kinder zu Opfern gemacht haben. Alle mussten damals arbeiten, damit die Familie überleben konnte. Die Literatur zu jener Zeit legt Zeugnis ab über Armut, Krankheit, Depression und Kinderarbeit Ende des 18. Jahrhunderts.[48]

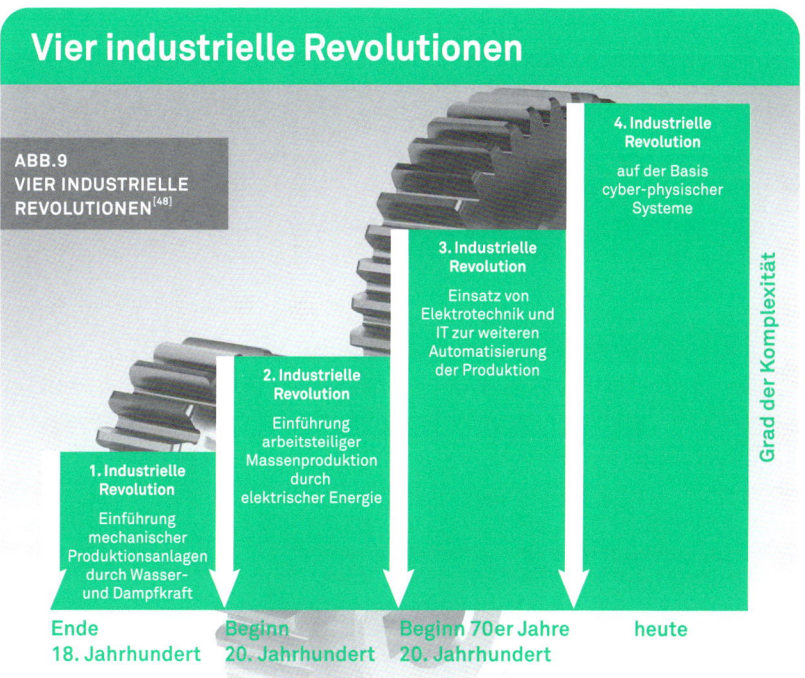

Von diesen unterschiedlichen menschlichen Schicksalen erzählen die Schriftsteller dieser harten Zeit: im englischen Gesellschaftsroman „Oliver Twist" beschreibt Charles Dickens die Kinderarbeit, Gerhart Hauptmanns „Die Weber" erzählen von den schlesischen Weberaufständen und der Unterdrückung bzw. Ausbeutung des deutschen Proletariates. Victor Hugo hielt in Frankreich mit „Die Elenden" den Finger auf die Wunde der unteren Bevölke-

---

47   Vgl. http://www.3sat.de/mediathek/?mode=play&obj=41362, Stand 01/14
48   Vgl. http://www.konstruktion.de/topstory/die-vierte-industrielle-revolution-wird-kommen/, Stand 01/14

rungsschichten. Der Begriff „Pauperismus"[49] wurde geprägt und beschreibt die Schere zwischen dem Ständestaat und der Frühindustrialisierung. Die Massenarmut führte zu Epidemien, Kriminalität und gesellschaftlichen Problemen in gehobener Größenordnung.

In der zweiten industriellen Revolution am Beginn des 20. Jahrhunderts sticht besonders ein Mann heraus, der die Welt nicht nur auf den Kopf, sondern vor allem auf Räder stellte: der hagere Maschinenbauer aus Michigan, Henry Ford. Er legte einst den Grundstein für die amerikanische Konsumgesellschaft. Seine Aussprüche und Geisteshaltungen sind bis heute umstritten. Für die damalige Zeit waren sie sicher visionär: *„Weil Denken die schwerste aller Arbeiten ist, die es gibt, beschäftigen sich auch nur wenige damit"*[50]. Heute versteht man unter Fordismus den Beginn der industriellen Warenproduktion. 100.000 Arbeiter bauten 10.000 Fords vom „Model T" an nur einem Tag. Damit schaffte er nicht nur eine beispiellose Selfmade-Karriere vom Bauernjungen zum Wirtschaftstycoon, sondern mit seiner „Rouge Plant" auch eine der größten Fabriken überhaupt in der Welt. An Fords Fließbändern standen Iren neben Polen und Deutschen. Als erster amerikanischer Industrieller stellte er – bei gleichem Lohn – Afroamerikaner ein, was damals ebenfalls die Gemüter erhitzte.

Eine gigantische Maschinerie entstand in Detroit und tausende Arbeiter kamen aus dem ganzen Land, um sich in der Ford Company zu bewerben. Seine Vision war einfach: Jeder Amerikaner soll sich ein Auto leisten können, auch die eigenen Mitarbeiter.[51] Ford zahlte seinen Arbeitern im Durchschnitt dreimal mehr als marktüblich war. Fords Vermächtnis hat die Welt radikal verändert. Mittlerweile rollen eine Milliarde Autos über Millionen Straßen weltweit. Mobilität ist an ihre Grenzen gestoßen.

Die Postmoderne brachte eine Trendwende in der Arbeitskommunikation, da die Komplexität der Tätigkeiten enorm zunahm und immer noch weiter zunimmt. Neuartige Informations- und Kommunikationstechnologien (IKT) durchdringen inzwischen alle Lebens- und Arbeitsbereiche.[52] Noch befinden wir uns in der dritten industriellen Revolution, die in den 1970ern begonnen

---

49 Lat. *pauper* bedeutet: arm, allgemein wird unter „Pauperismus" verstanden: die strukturell bedingte, längerfristige Armut weiter Teile der Bevölkerung zur Zeit der Frühindustrialisierung.

50 Vgl. http://www.zitate-online.de/literaturzitate/allgemein/19909/weil-denken-die-schwerste-arbeit-ist-die.html, Stand 01/14

51 Vgl. http://www.ardmediathek.de/das-erste/reportage-dokumentation/autolegenden-2-henry-ford?documentId=7302752, Stand 01/14

52 Vgl. http://www.konstruktion.de/topstory/die-vierte-industrielle-revolution-wird-kommen/, Stand 01/14

hat. IKT-Experten sind sich einig: in Zukunft wird es nur noch SmartFactories[53] geben.

Aus dem deutschen Forschungszentrum für künstliche Intelligenz (DFKI)[54] wird bestätigt: *„Die Zeiten in denen das Fabrikpersonal bei erhöhter Nachfrage erst umrüsten und dann langsam hochfahren musste, sind vorbei."* Die Massenproduktion und der Fortschrittsglaube waren nicht nur Eingriffe in Wirtschaft und Politik, sondern lösten auch in der Gesellschaft und der geistigen Elite neue Trends aus. Nicht alle empfanden den Beginn der Konsumgesellschaft als Segen. Philosophen und Schriftsteller, wie Aldous Huxleys, übten schon früh Systemkritik. Huxleys Buch *„Schöne neue Welt"* beschreibt eine dystopische Gesellschaft, die auf dem Fordismus von damals aufbaut. Sein Roman erschien bereits 1932 und wirkt heute aktueller denn je. Huxleys Zukunft hat schon begonnen: Er schreibt von einer Welt, in der es nach einem globalen Finanz- und Wirtschaftscrash zum Krieg mit Massenvernichtungswaffen kommt. Kurze Jahre der Barbarei folgen, bis die „glückliche Gesellschaft" gezüchtet wird. Seine Utopie geht davon aus, dass die Bürger überhaupt keine Möglichkeit haben, sich Gedanken zu machen über ihr selbst gewähltes Glück. Stattdessen ist es für den Staat leichter, dumme Menschen dumm zu halten, in dem man sie gleich von vornherein biologisch programmiert. Die verabreichte Glücksdroge „Soma" soll dann nur noch bei Unfällen oder körperlichen Unpässlichkeiten[55] helfen, alle bei Laune zu halten. Sinnentleert glücklich sein und stets gute Miene machen ist Programm. Man schreibt das Jahr 632 n.F. – die Zeitangabe „n.F." zieht sich durch das gesamte Buch und steht für: „nach Henry Ford".

Huxleys Science-Fiction-Roman erzählt von einem totalitären Staat samt kastenartigem Prinzip, in dem Sex schon unter kleinen Kindern als Vergnügen und Glücksquell erwünscht ist, Liebe und Gefühle sind hingegen absolut verpönt. Die natürliche Fortpflanzung gilt in Huxleys Utopia generell als ekelerregend und primitiv. Embryonen werden deshalb manipuliert und Kleinkinder mental indoktriniert. Man lässt sich lieber nicht mehr von der Genetik überraschen, sondern programmiert und züchtet, was in der jeweiligen Kaste der Gesellschaft benötigt wird. Es gibt ganz verschiedene Kasten: von Alpha-Plus, für Führungsaufgaben bis Epsilon-Minus, dem Typus, der sich nur für mindere Tätigkeiten eignet. Huxleys *„Schöne neue Welt"* erinnert einer-

---

53 Alleine 2013 arbeiteten 26 Mitglieder und 12 Sponsoren gemeinsam daran, das Projekt SmartFactory[KL] sowie das Kernthema der 4. Industriellen Revolution voranzubringen. In diesen Forschung- und Entwicklungsprojekten werden intelligente Lösungen gesucht, aus denen dann marktfähige Produkte werden.
    Vgl. http://www.smartfactory-kl.de/, Stand 01/14
54 Vgl. Dr. Jochen Schlick, DFKI, Konstruktion.de, Hüthig Verlag, Artikel: „Die vierte Revolution wird kommen" vom 10.5.2012, und vgl. http://www.konstruktion.de/topstory/die-vierte-industrielle-revolution-wird-kommen/, Stand 01/14
55 Vgl. http://www.joachimschummer.net/books/glueck-und-ethik/pieper.pdf, Stand 01/14

seits an unsere heutige TV-Werbung, in der es ebenfalls sehr ästhetisch und steril zugeht: Baby-Urin und Regelblut werden grundsätzlich blau dargestellt, das wirkt reiner. Mütter mit perfekten Figuren erledigen spielend ihren Designer-Haushalt, die Elite-Erziehung des Fortpflanzes und nehmen Managementaufgaben wahr. Dabei lächeln sie so verführerisch, dass der Nachbar sich beherrschen muss – und ernten Anerkennung und Respekt aus der eigenen Familie. Kernbotschaft: Der Kauf von bestimmten Waren macht glücklich! Die Werbestunden im Fernsehen sind unzählbar, die Plakatwände der Städte sind so groß wie mehrere Fußballfelder und die wöchentlich erscheinenden Anzeigen-Kataloge, die sich als Zeitschriften tarnen, bedecken spielend die Fläche ganz Europas.[56] Andererseits prahlen Genetiker damit, was heute schon alles realisierbar ist, um jedem sein Idealbaby zu produzieren. Wären da nicht die lästigen moralischen Bedenken mancher Ethik-Bremser. Huxley war einst belächelte Science-Fiction – heute ist vieles längst Realität.

Dabei hat die Industrie 4.0 gerade erst begonnen. Der Startschuss zur digitalen Revolution lag im Jahr 1958. Kaum jemand kennt den Auslöser heute noch: Jack Kilby. Das Labortagebuch aus dieser Zeit bei Texas Instruments beweist seine Idee: Transistoren, Widerstände und Kondensatoren zu einem Bauteil zusammenzufügen. Mit der Patentnummer US 3.138.743 legte er 1959 den Grundstein für die Elektronik, gemeinsam mit Robert Noyce. Beide sind Wegbereiter der ersten integrierten Schaltung. Im Jahr 2000 wurde Kilby dafür der Nobelpreis verliehen. Seine Erfindung gilt als Schlüssel aller Chips, die uns das Tor zur vierten industriellen Revolution aufgesperrt haben. Die Medienwolken über uns haben sich seither deutlich verdichtet.

Wie war es für einen Studenten 1960? Wenige Termine, kaum Verpflichtungen dafür viele Live-Begegnungen aus dem sozialen Netzwerk. 2014 sieht das Studentenleben anders aus: vieles ist reglementiert, die Zentralmatura hat man bestanden, interessante Fächerkombinationen sind – nicht zuletzt durch den Bologna-Prozess – gefallen. Oft muss nebenher gearbeitet werden, damit die Gebühren fürs Studium finanzierbar sind. Zudem dauert es jeden Tag einige Zeit, um alle virtuellen Beziehungen gepflegt, Aufgaben erledigt und M@ils verschickt zu haben. Schon für den Studienantritt ist der Wettbewerb dichter geworden: Eignungstests, Aufnahmeverfahren und Wartelisten.

---

56 Vgl. http://www.formundzweck.de/de/zeitschrift-formzweck/formzweck-16/inhalt/oliviero-toscani-die-werbung-ist-ein-laechelndes-aas.html, Stand 01/14

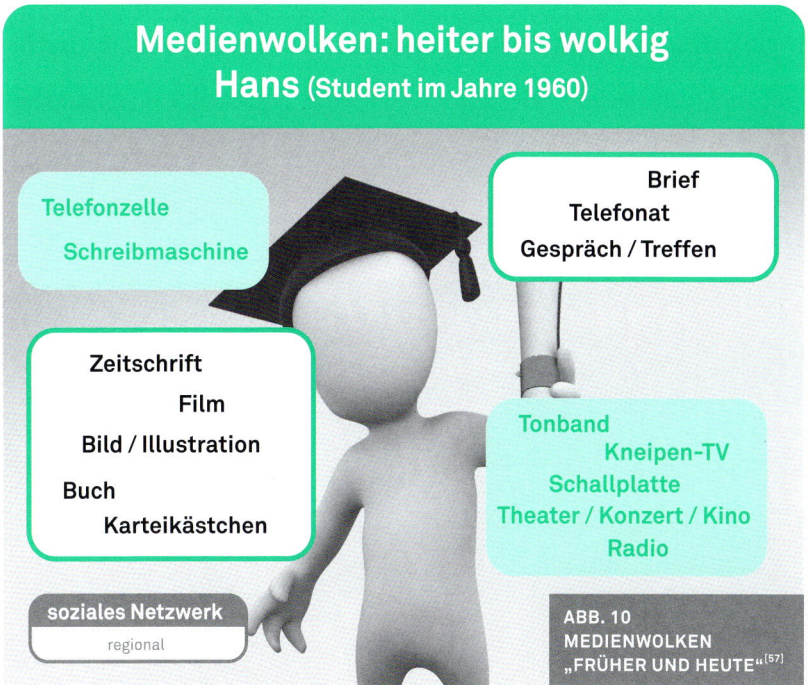

ABB. 10
MEDIENWOLKEN
„FRÜHER UND HEUTE"[57]

Die Uni im Internet

Im universitären Alltag wird der virtuelle Aufwand bestimmt nicht weniger: Regelmäßige Intranet-Abfrage zu Klausurnoten, Credits, Prüfungsterminen und Hausarbeiten ersparen maximal Wegzeit. Die neue Lebensphase beginnt mit viel Bürokratie und Online-Verpflichtungen. Überall sprießen neue „MOOCs" („Massive Open Online Courses") aus dem Boden der Universitäten. Was ist ein MOOC?[58] – Eine Online-Vorlesungen oder das digitale Seminar an einer Hochschule. Der Vorteil für berufsbegleitendes Lernen: definiertes Start- bzw. Enddatum samt den nötigen Kursmodule, die wöchentlich mit ihren Inhalten (Video-Lectures, Theorie-Skripte, Hausaufgaben oder Tests) für den Lerner freigeschaltet werden. Teilnehmer entscheiden selbst, wann sie das bereitgestellte Material bearbeiten möchten. Auch in Österreich rüsten Universitäten auf multimediale Beiträge und Online-Plattformen um. Unter www.imoox.at (gesprochen: „I mog's") kann sich der Interessierte informieren, um sowohl gratis als auch berufsbegleitend zu lernen. Harvard, Stanford und das MIT bieten schon seit Jahren kostenfreie Kurse im Internet an.[59] Interessanterweise sind es nicht die technikversierten 20-Jährigen, die keine Lust mehr auf überfüllte Hörsäle

---

57   Vgl. http://kommunikation2020.blogspot.co.at/2010/08/zukunftsprognosen-und-die-geschichte.
html, Stand: 01/14
58   Vgl. http://www.opencourseworld.de/pages/landingpage.jsf, Stand 02/14
59   Vgl. Wirtschaftsblatt vom 21.1.2014, Seite 18, „Graz verlegt die Uni ins Internet", Stefan Mey

haben, die diese Form der universitären Weiterbildung nutzen. Es sind die 40-
bis 50-Jährigen. Von ihnen schließt sogar gut die Hälfte mit einem Zertifikat ab.

Wir leben in Zeiten von „Permanent Beta": Dieser Begriff kommt aus der Soft-
warebranche und ähnelt der Idee „work in progress" oder „life under construc-
tion". Eine Beta-Version hat noch Fehler und ihr Entwicklungsprozess ist nicht
abgeschlossen. Ständig entwickeln wir uns weiter und auch die Medienwolken
über uns verdichten sich zunehmend:

Medienwolken: grau und bedeckt
Mia (Studentin im Jahre 2030)

Musik-Streaming Buch
Konzert Theater
Web-Show / Radio

virtueller
Privatassistent
ID Tracking Filter

Gespräch / Treffen
Text / Video /
Audio Chat
Holo Treffen
Gedanken Chat

Augmented Reality
AI Dozent Film Web-Magazin
Hörbuch Bild / Illustration
Web-News Social Media
App E-Book Virtual Reality

virtueller
Monitoring Agent
digitale Netzwerke
Web Profile Agent

Biosensoren
Nano-Com-Interface
Erlebnisrekorder

soziales Netzwerk
regional - national - international

ABB. 11
VISION MEDIEN-
REALITÄT 2030[60]

Fazit:
Industrie 4.0 hat unsere Lebensumstände, aber auch die Art, wie wir kommunizieren, studieren und denken verändert. Technischen Analphabetismus
kann sich heute niemand mehr leisten. Ein Studium ohne Computer oder iPad
ist kaum noch zu organisieren. Die Art, wie wir durch die neuen Medien denken gelernt haben, beeinflusst auch unsere Sprache.

60 Vgl. http://kommunikation2020.blogspot.co.at/2013/10/kommunikation-2030.html, Stand 01/14

KAPITEL 8

Digitale Welt macht Analoge einsam

8

Digitale Welt macht Analoge einsam

Durch die technischen Innovationen im digitalen Sektor breitet sich mobile Kommunikation weltweit aus. Die Informationssuche des Menschen hat sich durch das Internet bereits grundlegend verändert und legt durch den mobilen Traffic noch einen Zahn zu. Der aktuelle Trend heißt: Digital Living. Eine Spaltung zwischen den Generationen durch unterschiedliches technologisches Know-how attestiert unserer Gesellschaft der Kommunikationswissenschaftler Johann Günther. In seinem Buch unterscheidet er digitale „Eingeborene, Immigranten und Heimatlose".[61]

Wodurch unterscheiden sich die Digital Natives von den Digital Immigrants? Wer vor 1980 geboren wurde, kann nur ein digitaler Einwanderer sein. Dieser Mensch liest wahrscheinlich noch lieber Zeitungen als Blogs. Als Kind war er vielleicht in einer öffentlichen Bücherei eingeschrieben oder hat sich in der Uni-Bibliothek regelmäßig Bücher geliehen. Ein digitaler Eingeborener dagegen hat wesentlich öfter online in einer Enzyklopädie nachgeschlagen. Nein, nicht in der Encyclopaedia Britannica, sondern wahrscheinlich suchte er auf Wikipedia. Während bei den Älteren die Meinung der Masse als dumpf gilt und grundsätzlich zu hinterfragen ist, glauben die Jüngeren an eine kollektive Intelligenz. Sie denken, dass die große Menge einzelner Individuen wohl öfter richtig liegt.

Die Webgeneration „Generation X" ist damit aufgewachsen, dass Musikstücke, Filme, Serien und Videos „downgeloaded" werden können. Der erste Gedanke bei einem verheißungsvollen neuen Musiktitel führt diese jungen Menschen nicht in den CD-Laden, sondern in den iTunes Store.

Man trifft sich heute auch nicht mehr auf dem Dorfplatz oder im Pfarrhof. Der moderne Jugendtreff sind Web 2.0-Plattformen: Das waren zu Beginn My Space, StudiVZ, später Facebook, aber auch Twitter und Co. Der erste Tweet erreichte die Welt am 21. März 2006 mit der frohen Kunde „just setting up my twttr"[62]. Das erste E-Book war übrigens 1971 die amerikanische Unabhängigkeitserklärung.[63]

Für die meist ergrauten Digital Immigrants ist der PC noch ein kaltes Gerät, ein Arbeitsapparat, dessen Anwendung mühsam erlernt werden musste. Für die Jüngeren ist es eine soziale Maschine, auf der man während des TV-Kon-

---

61   Vgl. http://sciencev1.orf.at/news/149480.html, Stand 01/14

62   Vgl. http://www.tagesanzeiger.ch/digital/mobil/Das-war-der-erste-Tweet/story/26130358, Stand 01/14

63   Vgl. Neon Unnützes Wissen, Heyne Verlag, 2013, Nr 579

sums auch online sein kann. Nichts ist vom Credo der Altvorderen zu halten, wonach konzentriert Arbeiten stets getrennt von Genießen oder Unterhaltung laufen muss. Warum auch? Multitasking agieren, Zappen und lieber SMS oder WhatsApp senden als telefonieren wurde den Jungen in die Wiege gelegt. Sie vertrauen Leserkritiken im Netz oder Kundenbewertungen auf Amazon lieber als der klassischen Mundpropaganda. Während die reiferen Immigrants sich sorgen um Datenschutz, verunreinigte Informationsquellen und Konsequenzen rund um uns „gläserne Menschen", haben die chattenden Natives wenig Probleme, Privatleben und Arbeitsleben zu verschmelzen. Die Generation X misstraut dafür den traditionellen Wissensautoritäten und denkt in flacheren Hierarchien, nicht in strukturellen Organigrammen. Sie haben selten Probleme, online persönliche Details preiszugeben.

Wer vor 1980 geboren wurde, hat noch eine Welt vorgefunden ohne Handy, Internet, MP3-Player, 3D-Konsolen- und Computerspiele. Das ist in Bezug auf Digital Divide[64] problematisch, denn es macht die heute 40- bis 50-Jährigen zu „Digital Homeless": Sie sind die Gruppe, die am ehesten den Anschluss an neue Technologien verliert. Am stärksten eingebunden in Beruf und Privatleben, oft mit verantwortungsvollen Posten ausgestattet, haben sie am wenigsten Zeit und Energie, sich mit der Handhabung neuer Technologien auseinanderzusetzen. Hier entsteht auch ein großes Missverständnis zwischen den Generationen zum Thema: inhaltsrelevanter Bildung versus oberflächliche Anwenderkompetenz.

Beispiel:

Ein Papi, 44 Jahre alt, kniet bewundernd vorm eigenen Fortpflanz, dem kleinen Manfred. Alles nur, weil der Vierjährige flotter die Oberfläche seines iPhones bedienen kann als er selbst: *„Der Kleine beherrscht jedes digitale Gerät in der Wohnung schneller als ich. Es ist ein Wahnsinn, was die Kinder heute schon alles wissen. So gescheit waren wir noch nicht."* Dieser Irrtum wird sich durch die gesamte Erziehung schleppen! „Wissen" hat wenig mit Userflexibilität zu

---

64   Digital divide: eine „digitale Spaltung", die zu einer Wissenskluft führen kann. Unter dieser digitalen Polarisierung versteht man laut Dr. Simon-Martin Neumair, Wirtschaftsautor im Gabler Lexikon, den Unterschied zwischen Industrieländern und Entwicklungsländern in der Nutzung und dem Zugang zur digitalen, internationalen Kommunikationsinfrastruktur. Die Menschen, die das Internet nutzen, machen gerade einmal ein gutes Viertel der Weltbevölkerung aus. Dabei fällt der Bevölkerungsanteil mit Zugang zum Internet regional extrem unterschiedlich aus: Während in Afrika nur 13 Prozent der Bevölkerung über einen Internetzugang verfügen, sind es in Nordamerika fast 80 Prozent (bezogen auf das Jahr 2012). Die Ursachen für diese globale Wissens- und Informationskluft liegen in den mangelnden technischen Voraussetzungen für Internetanschlüsse in den Entwicklungsländern, die in einer häufig nicht gegebenen Stromversorgung mit zahlreichen Ausfällen in den Städten sowie dem oft gänzlichen Fehlen von Elektrizität in ländlichen Räumen sowie der geringen Anzahl von Telefonanschlüssen, insbesondere auf dem Land, zum Ausdruck kommen. Die – gemessen am Einkommensniveau der Entwicklungsländer – hohen Kosten für Hardware, Internetanschluss sowie Telefongebühren, aber auch mangelnde Lese- und Schreibkenntnisse tragen ihr weiteres dazu bei. Vgl. http://wirtschaftslexikon.gabler.de/Definition/digital-divide.html, Stand 03/14

tun. Über Technologie, Filterung, Nutzungsgefahren und Co „weiß" Manfred natürlich gar nichts und das wird sich möglicherweise in seinem weiteren digitalen Leben auch nicht ändern. Ja, er ist heute schon flinker am Nintendo als sein Vater. Das Supermario-Rennen gewinnt er auch. Die Oberfläche bedienen; Tastenkombinationen drücken und Einstellungen finden kann er wirklich gut. Das bejubeln Oma, Opa und die Eltern. Was gleichzeitig jedoch passiert, ist, dass Manfred mit dem Gefühl aufwächst, er wäre bereits ein „digitaler Pro", der alleine aufgrund seines Jahrganges ein ganz Schlauer ist. Dabei können selbst Schimpansen[65] Apple-Oberflächen bedienen, das alleine wäre noch kein Kompliment für Klein-Manfred. Immerhin 89 Prozent aller Kinder zwischen zwei und fünf Jahren können eine Computer-Maus bedienen. Sich die Schuhe zu binden beherrschen in diesem Alter nur elf Prozent[66].

Die erste digitale Kluft besteht also zwischen den Menschen, die aus dem analogen Zeitalter kommen und denen, die Digital Natives sind. Die nächste digitale Kluft ist vorprogrammiert: erwachsene Manfreds, die zwar schon als Kinder gefeierte schnelle Oberflächenwischer waren, werden verlieren im Vergleich zu denen ihrer Generation, die sich auch Gedanken gemacht haben, die unter die Benutzeroberfläche reichen.

Die digitale Erziehung wird stärker in die Tiefe gehen müssen – und das ganz analog. Zum Beispiel durch gute Gespräche im Informatik-Unterricht! Schließlich sind viele Bereiche des täglichen Lebens betroffen:

- Zeitdieb „Internet" versus sozialer Jetlag

- neue Form des Leistungsdrucks Online

- Konzentrationsprobleme und Realitätsflucht

- Live-Kommunikationsverhalten ändert sich zunehmend

- Kollektive Intelligenz schwächt die persönliche Identitätsbildung

Völlig neue Süchte sind mit den digitalen Veränderungen verbunden. Jennie Carrol, eine australische Forscherin, hat zahlreiche Krankheitsbilder bei Teenagern entdeckt. Sie berichtet, dass sich alleine in Australien die Anzahl der SMS seit 2008 verdoppelt hat. Beim Koma-Texten werden Unmengen an sinnentleerten SMS verschickt, um das Selbstwertgefühl zu stützen. Textaphrenie beschreibt hingegen das Gefühl, eine Nachricht erhalten zu haben, obwohl man nichts bekommen hat. Unter dem post-textischen Stress-Syndrom leiden Menschen, die rund um sich gar nichts mehr wahrnehmen, weil sie nur noch Augen für den Daumen und das Display haben. Unfälle sind häufig die Folge.[67]

---

65 Vgl. http://itunes.apple.com/at/app/affentest/id364929426?mt=8, Stand 01/14
66 Vgl. Neon Unnützes Wissen, Heyne Verlag, 2013, Nr 861
67 Vgl. http://www.oe24.at/gesund/SMS-Sucht-krank-Textaphrenie/883439, Stand 01/14

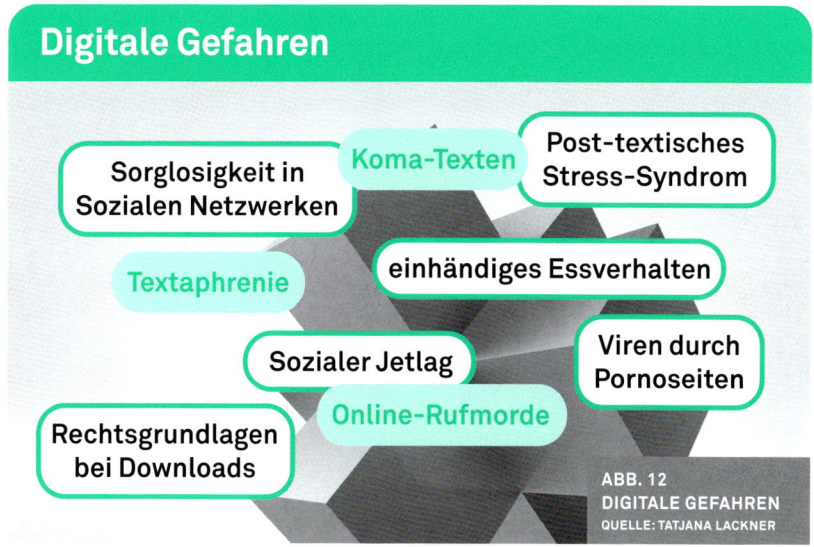

**ABB. 12
DIGITALE GEFAHREN
QUELLE: TATJANA LACKNER**

Gefahren lauern auch auf Menschen mit „digitaler DNA": Die heutigen Digital Natives sind Sandwichkinder zwischen ihren Homeless-Eltern und noch wenig transparenten Gesetzen oder Strukturen im Netz. Wer profitiert schon von Eltern, die Anwenderversiertheit am Computer mit Intellektualität verwechseln? Oder solchen, die nicht erkennen, dass Egoshooter-Spiele pfeilgerade auf die Seele zielen. Der deutsche Psychiater, Psychologe und Hirnforscher Manfred Spitzer redet gar von „Digitaler Demenz". Genau die lauert angeblich auf uns durch TV, Internet und Computerspiele – so seine umstrittene These. Ob analoge Ignoranz gegenüber digitaler Abstinenz weiterhilft ist allerdings die andere Frage – denn was würde passieren im Falle einer „Digital Darkness", wenn das Internet zusammenbricht und der digitalen Welt das Licht ausgeht?

Es ist durchaus nicht so, dass sich das gar niemand wünscht. Das Hackernetzwerk „Anonymous" arbeitet beispielsweise fieberhaft daran, das Netz lahmzulegen in der „Operation Global Blackout"[68], um weltweit gegen Urheberrechtsverletzungen zu protestieren.

So unwahrscheinlich ein Internet-GAU auch scheint, die IT-Experten der Welt können ihn nicht ausschließen. John L. Casti, amerikanischer Mathematiker und Risikoforscher, warnte bereits 2012 vor der hohen Komplexität unserer Welt in seinem Buch „Der plötzliche Kollaps von allem". Er befasst sich seit Jahren damit, wie man sogenannte „X-Events", Katastrophen und extreme Ereignisse, umgehen kann. Viele Unternehmen sind ohne Internet nicht wirtschaftstaug-

---

68   Vgl. http://www.welt.de/print/die_welt/wissen/article13907729/Wird-das-Internet-zusammenbrechen.html, Stand 01/14

lich. Die Ursache dieser Anfälligkeit sieht Casti in einer historischen Komplexitätslücke des Internets: *„Das derzeitige System soll mit einer Architektur der 1970er Jahre die Bedürfnisse des 21. Jahrhunderts befriedigen."*[69]

Sollten die Menschen dann stattdessen zum Handy greifen, so ist als Teil des Kaskadeneffektes eine Telefonie-Apokalypse die nächste logische Folge. Von Silvester her wissen wir: bei sprunghaft ansteigender Belastung brechen die Funknetzkapazitäten im Nu weg. Menschenleben wären gefährdet, da weder Apotheken, Versorgungseinrichtungen noch Hilfsdienste erreicht werden könnten.

Immerhin 45 % alle Inder haben ein Mobiltelefon, aber nur 31 % Zugang zu einer Toilette. Stille Orte sind Luxus geworden. Schließlich gibt es selbst auf dem Mount Everest 3G-Empfang.[70] Das allererste YouTube-Video hieß „Me at the zoo" und zeigte den Mitbegründer Jawed Karim vor dem Elefantengehege im Zoo von San Diego. Am 23. April 2005 wurde erstmals auf YouTube hochgeladen.

Als Rhetorikerin versucht man Zusammenhänge gerne in Relation zu setzen, um Vergleiche anzustellen oder unverhältnismäßige Zustände aufzuspüren. Die maximale Länge eines Klingeltones beispielsweise beträgt 40 Sekunden. Auf der anderen Seite bringt sich alle 40 Sekunden weltweit ein Mensch um. Stille für immer. Beides: Fakten unserer Zeit. Kommunizieren wir nun zu viel oder zu wenig? Ist es außen zu laut und in unserem Inneren zu leise?

Wir haben ein riesiges Angebot, permanent im Austausch mit anderen zu stehen durch Facebook, Twitter, WhatsApp, Skype und laufend neu entstehenden Foren, die genau in dieser Minute erfunden werden.

All das ist Arbeit fürs Ego, nicht für die Seele. Digitale Präsenz kann bereichern und gleichzeitig auslaugen. Wer nichts mehr zu tauschen hat, fühlt sich schneller wertlos. Immer seltener treten Menschen in Kontakt mit ihrer inneren Welt. Sie orientieren sich nur am und im „Außen". Dort findet aber nur der eine Teil des Lebens statt. Der andere betrifft die Seelenarbeit und gehört ebenfalls zu den Hygienefaktoren gelungener Kommunikation mit sich selbst. Im Theater heißt das Genre „Innerer Monolog". Auf Facebook kann man sich keine Gedanken machen. Dort kann man nur „schreibspeiben", aber nicht „hirnen". Menschen nehmen sich lieber ihre Gedanken mit aufs Sofa anstatt die Zeitung, das iPad oder die Fernbedienung. Kommunikation mit sich selbst kann bereichern und – völlig unesoterisch – vor allem „innen" reinigen. Lieber mal tief durchatmen und pusten, statt posten.

---

69   Vgl. http://www.badische-zeitung.de/literatur-rezensionen/wenn-das-system-auf-einmal-zusammenbricht--69090715.html, Stand 01/14
70   Vgl. Neon Unnützes Wissen, Heyne Verlag, 2013, Nr 53, 47

Die voranschreitende Technologisierung bringt darüber hinaus neue Gefahren mit sich, allen voran den „digitalen Rufmord". Das Internet ist der größte Gratis-verlag der Welt. Jeder Idiot kann hier publizieren, jeder Amateur-Filmemacher kann hier eine Öffentlichkeit erreichen, obwohl er wahrscheinlich nicht einmal ein Kriterium für die Nominierung zur „Goldenen Himbeere" erfüllen würde. Selbst um diesen wenig schmeichelhaften Gegen-Oscar verliehen zu bekommen, muss ein Regisseur mehr können, als nur die Reinigungskassette abzugeben. Viele peinliche Home-Videos, die selbstsicher ins Netz gestellt werden, sind dauerhafte Belege der amateurhaft verfilmten Selbstdarstellung. Die Peinigung am digitalen Pranger folgt oft in der Sekunde. Mut zum Dilettantismus und schlechter Geschmack wird mit Rufschädigung belohnt. Talkshow-Opfer waren gestern, heute findet die mediale Hinrichtung auf einem anderen Schirm statt. Über Jahre kleben die digitalen Sünden im Netz der Google-Giftspinne und warten darauf, entdeckt zu werden. Mobbing tut weh, ist peinlich und wird lange konserviert. Das alles ausgerechnet in einer digitalen Welt, in der man über ein tadelloses Online-Profil verfügen sollte und gemocht werden will. Gerade bei jungen Damen gewinnt man auf Facebook beispielsweise den Eindruck, dass sie mehr Kleidung bräuchten und vor allem einen Duden! Viele lassen ahnen, wie kaputt ihr „Ich" bereits ist. Bloß – wer ist das „Ich" überhaupt? Schlauer wird man wieder mal bei Richard David Precht[71], mit ihm habe ich mich im Rahmen des 17. Philosophicum Lech unterhalten. Er gab dort ein fulminantes Ich-Konzert und unterschied gleich acht verschiedene „Ichs"[72]:

1. Das sicher primitivste sei das Körper-Ich: „Ich weiß, das ist mein Arm."

2. Beim Verortungs-Ich geht es um die Raum/Zeitstelle: „Wo bin ich gerade?"

3. Das perspektivische Ich in mir weiß beispielsweise: „Ich schaue auf ein Haus."

4. Mein Ich als Erlebnissubjekt weiß: „Ich bin nicht der andere."

5. Unser Autorenschafts-Ich erkennt eigene Taten oder Worte.

6. Das autobiografische Ich ist vor allem an unsere Sprache gebunden.

7. Mein selbstreflexives Ich bringt mich zum Nachdenken über mich selbst. Dadurch kann ich mich auch selbst befragen.

8. Das moralische Ich bietet mir die Möglichkeit, mich selbst zu beurteilen.

Precht war wichtig, zu betonen, dass sich grundsätzlich die unterschiedlichen Ichs immer erst in Performanz zeigen – zum Beispiel auf YouTube.

---

71 Vgl. Philosophicum Lech, „Ich. Der Einzelne in seinen Netzen", Zsolnay Verlag 2014 und vgl. http://www.youtube.com/watch?v=NqnbXQ6fr98, Stand 03/14
Richard David Precht, „Wer bin ich – und wenn ja, wie viele ?", Goldmann, München 2007
72 Vgl. http://www.oe24.at/gesund/SMS-Sucht-krank-Textaphrenie/883439, Stand 01/14

Dem gegenüber gibt es aber auch viele Profiteure und gelungene Erfolgsstories aus dem Internet. Den Hip-Hop-Künstler Mac Miller beispielsweise, der in einer Woche 144.000 Alben verkaufte, ohne Vertrag mit einem Platten-Label, dafür mit cleveren Mitteilungen auf Twitter. Die mediale Verbreitung ist für Cyberzyniker schlimmer als eine Pandemie oder die Pest. Da sind auch kritikresistente Regierungen machtlos, wie Anti-Putin-Lieder auf YouTube beweisen. Politische Antagonisten konnte man zwar – sofern auf eigenem Territorium auffindbar – einsperren, die Popularität durch Millionen von Online-Klicks war jedoch nicht verhinderbar und zumindest im Falle der Pussy Riots folgte schließlich die Befreiung.

Sogar die Angst, telefonisch nicht erreichbar zu sein, hat mittlerweile einen Namen: Nomophobie. Alleine in Großbritannien waren 2012 laut einer Studie 66 Prozent der Handybenutzer davon betroffen.[73]

Ein Handelsunternehmen ohne Homepage entspricht einem Geschäft, das sieben Tage die Woche geschlossen hat. Viele Firmen rüsten daher schon wieder um – auf mobile Webseiten. Der Vorteil für die Kunden: sie müssen nicht mehr mühevoll über das Display wischen, um die Adresse oder Telefonnummer zu finden. Professionelle Firmenauftritte am Handy gehören ebenfalls zu den Corporate Communications Agenden.

Wie „Smart" sind wir?

Unser Smartphone scheint zwischen den Generationen eine wichtige Lücke gefüllt zu haben. Diese Brückenfunktion war essenziell. Viele ehemalige Digital Homeless verwenden das Handy mittlerweile zum Window Shopping. Sie sehen sich Angebote, Preise und Produkte mobil an. Gekauft wird dagegen noch auf dem Desktop. Das Smartphone wird schon in kurzer Zeit zum zentralen Lebensorganizer. Damit werden wir unsere Heizung ferngesteuert regulieren, das Auto vorwärmen und es wird die Bankomatkarte ersetzen. Heute schon dient das „schlaue Telefon" als digitale Einkaufsmöglichkeit, mit Laserpointer – und Chip ausgestattet – lassen sich bereits Türen öffnen, im Supermarkt über Funk bezahlen, Fahrkarten kaufen, Parkscheine verlängern und vieles mehr. „Smart" ist heute nicht nur eine Automarke, sondern der Eingang in Hi-Tech-Städte mit intelligenten Lösungen. Viele neue Arbeitsplätze bietet diese Smart-Cities für Programmierer, Verkehrs-Experten und App-Entwickler. Dort kann man nämlich gleich via App einen Parkplatz finden und die Stadt spart Strom, weil sich die Straßenbeleuchtung nur im Bedarfsfall einschaltet.[74] Das „Smart Grid" ist heute schon im Einsatz: ein intelligentes Stromnetz, das nicht mehr zentral ge-

73 Vgl. http://www.securenvoy.com/blog/2012/02/16/66-of-the-population-suffer-from-nomophobia-the-fear-of-being-without-their-phone/, Stand 01/14
74 Vgl. Wirtschaftsblatt vom 24.1.2014, „Neue Jobs durch clevere Geräte", Stefan Meyer, S. 26, Stand 01/14

steuert wird, sondern durch die voranschreitende Kommunikationstechnologie Ressourcen spart und Energie speichert, weil immer mehr Kleinerzeuger mit Verbrauchern verbunden werden. Ein Hausbesitzer kann durch seine Solarzellen am Dach dabei auch selbst zum Stromerzeuger werden. An sonnenstarken Tagen wird mehr Strom ins Netz gespeist als benötigt wird. Die Energiespeicherung hilft Geld zu sparen, da man auf Vorrat Strom verfügbar hat für jene Tage an denen der erzeugte Strom nicht ausgereicht hätte. Der Umstieg auf erneuerbare Energien stellt unser Stromnetz jedoch vor neue Herausforderungen.[75]

Auch unsere Haushaltsgeräte werden sich in Zukunft abstimmen und kosteneffizienter laufen. In Ihrem Haus bestellt der Kühlschrank dann Milch nach, wenn sie ausgeht und Ihr Auto fährt selbständig in die Werkstatt zum Service. Alles Science-Fiction? Nein, bereits 2013 waren mehr Geräte online als User und bis 2050 erwarten Experten 50 Milliarden „smarte Geräte". Diese Entwicklung heißt „Internet of Things"[76]: darunter versteht man das systemische Zusammenspiel aus Informationen und Daten zur Koordination unserer Bedürfnisse. Diese systematische Vernetzung nimmt weltweit zu. Unmerklich werden wir Menschen „unterstützt", weil sich unsere Daten im Hintergrund mit anderen verknüpfen.

Ein Tag könnte also beispielsweise damit beginnen, dass der Wecker zur richtigen Zeit läutet, weil er sich mit dem Terminkalender abgestimmt hat, nicht weil wir ihn händisch am Vorabend gestellt haben. Der erste Tagestermin ist alles, was wir vorgeben müssen. Der Rest koordiniert sich datentechnisch wie von Geisterhand. Der Wecker stimmt sich mit der Zugverbindung online ab und „weiß" uns aus dem Bett läuten muss. Eine halbe Stunde vor diesem „smarten Weckruf" würde die Heizung im Badezimmer anspringen, damit wir wohlige Wärme hätten beim Duschen, wogegen in der Nacht Strom automatisch gespart wird. Die Enteisung des Autos bzw. der Windschutzscheibe würde automatisch rechtzeitig erledigt sein, ohne dass wir dafür früher das Haus verlassen müssten, um selbst Hand anzulegen. Auf dem Weg zum Bahnhof informiert uns eine Ansage im Auto darüber, ob der Zug Verspätung hat und wir uns damit nicht hetzen müssen.

Städte wie Stockholm, Amsterdam, Kopenhagen, aber auch Wien, liegen im Ranking um Spitzenplätze einer Smart-City ganz vorne. Was kann alles technologisch „smart" organisiert sein? Die Spanne reicht von Energie, Mobilität und Infrastruktur bis hin zur Stadtverwaltung, dem Transportwesen, Gebäudemanagement und vielem mehr.

---

75   Vgl. http://www.youtube.com/watch?v=iyvAwd4p6ds, Stand 03/14
76   Vgl. http://www.youtube.com/watch?v=sfEbMV295Kk, Stand 03/14

Doppelleben in Social Media

Die Geschichte von Social Media ist noch relativ jung, dennoch hat sich auf dem Zeitstrahl bereits unglaublich viel getan. Gerade im recht neuen Feld von „Social Media" sind in den letzten Jahren unzählige Lehrgänge rund um Unternehmenskommunikation Web 2.0 wie Pilze aus dem Boden geschossen. Nicht alle Seminare dieser Art sind genießbar – manche schimmeln inhaltlich schon nach kurzer Zeit.

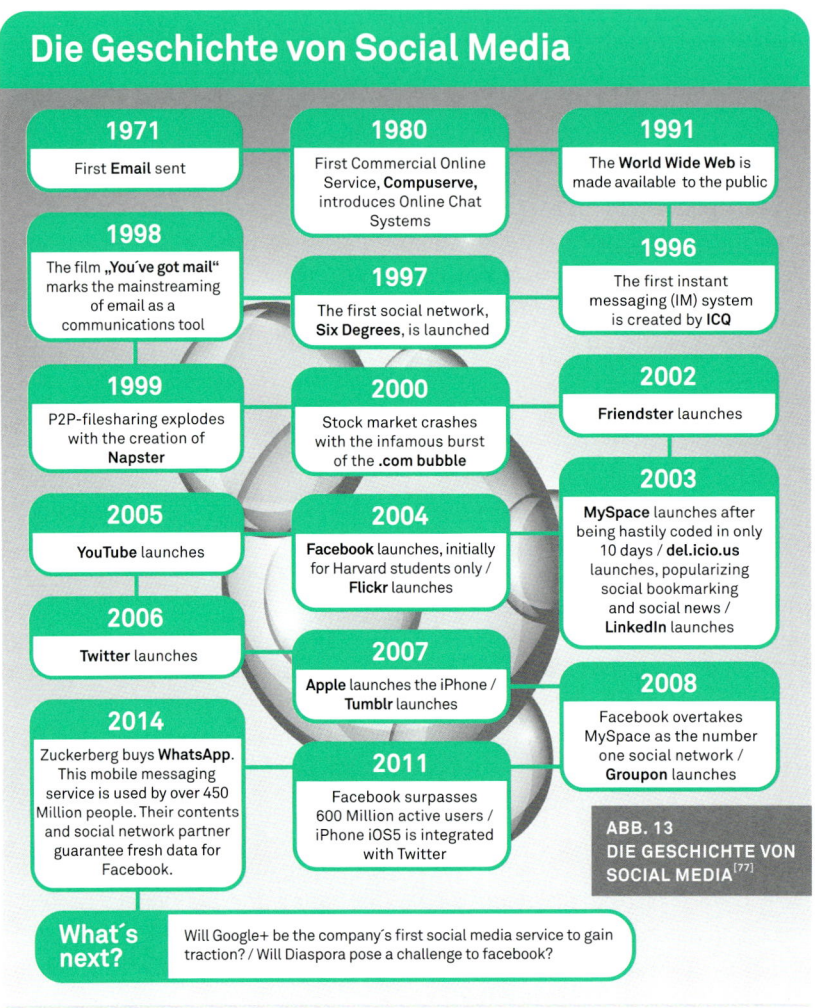

Die Geschichte von Social Media

1971
First **Email** sent

1980
First Commercial Online Service, **Compuserve,** introduces Online Chat Systems

1991
The **World Wide Web** is made available to the public

1998
The film „**You´ve got mail**" marks the mainstreaming of email as a communications tool

1997
The first social network, **Six Degrees**, is launched

1996
The first instant messaging (IM) system is created by **ICQ**

1999
P2P-filesharing explodes with the creation of **Napster**

2000
Stock market crashes with the infamous burst of the **.com bubble**

2002
Friendster launches

2005
YouTube launches

2004
Facebook launches, initially for Harvard students only / **Flickr** launches

2003
MySpace launches after being hastily coded in only 10 days / **del.icio.us** launches, popularizing social bookmarking and social news / **LinkedIn** launches

2006
Twitter launches

2007
Apple launches the iPhone / **Tumblr** launches

2008
Facebook overtakes MySpace as the number one social network / **Groupon** launches

2014
Zuckerberg buys **WhatsApp**. This mobile messaging service is used by over 450 Million people. Their contents and social network partner guarantee fresh data for Facebook.

2011
Facebook surpasses 600 Million active users / iPhone iOS5 is integrated with Twitter

ABB. 13 DIE GESCHICHTE VON SOCIAL MEDIA[77]

What´s next?
Will Google+ be the company´s first social media service to gain traction? / Will Diaspora pose a challenge to facebook?

---

77 Vgl. http://www.tenthwave.com/blog/social-media-a-history-infographic/, Stand 01/14

1971 wurde die erste E-M@il versandt. Heute gibt es weltweit zweieinhalb Milliarden Internet-User. Dabei wird schon längst nicht mehr nur geschrieben, sondern online telefoniert, Video-gechattet und lokal „eingecheckt". Das hat nichts mit dem Koffer am Flughafen zu tun, sondern mit Plattformen wie beispielsweise: „Foursquare", „Google+" oder „Pinterest".[78] Die User geben via Smartphone ihren aktuellen Aufenthaltsort bekannt und „checken ein" im Restaurant, in der Shoppingmall, am Campus, in der Kult-Bar oder sogar dem Klo ihrer Wahl. Auch diese Location, in der man gerade Lebenszeit verbringt, kann dann wieder online bewertet werden – viele tun das beispielsweise auf „Yelp".[79] Vom saubersten Lokus in der Stadt über die beliebteste Bildungseinrichtung bis hin zum angesagten Top-Event der Woche. Alles erfährt der eingeloggte User durch das Prinzip „No share, no fun!"

Dass Google mehr ist als nur die kunterbunte, freundliche Firma in der jeder Arbeitsplatz wie im Hollywoodfilm anmutet, hat uns High-Tech-Experte Gerald Reischl schon 2008 in seinem Buch „Die Google Falle" geschildert. Bereits damals warnte er vor dem eifrigsten Datensammler der Welt. Für viele war das „Google-Bashing". Google wolle – laut Reischl – zum größten Händler und Archivar von Informationen werden und den Werbemarkt dominieren. Zudem dränge der Konzern ins Telekom-Business und in die Genforschung. „Die Google-Falle" zeigte auch auf, welche Versäumnisse Europa gemacht hat und warum sich hier das Problembewusstsein rascher entwickeln sollte. Vor dem Hintergrund des NSA-Skandals fünf Jahre später sehen viele in den kritischen Stimmen von einst nicht mehr bloß Schlechtmacherei. Jetzt wissen es alle: Google sammelt Daten, ohne dass die Anwender davon Wind bekommen. Erfasst wird jeder, sobald er ein elektronisches Gerät bedient. Alleine unser Handy verrät uns auf Schritt und Tritt und wir werden „getrackt". Navigationssysteme in unserem Auto geben neben unseren Aufenthalts- und Zielorten auch fleißig Auskunft über unser Fahrverhalten, über unsere Verkehrssünden und übermitteln diese Daten weiter an Versicherungskonzerne und andere zahlende Kunden. Die Qualität der Daten bereiten den Ingenieuren und IT-Profis noch Kopfzerbrechen, aber auch hier wird geforscht. Viele Menschen sind sich nicht darüber bewusst, welche Informationen Konzerne bereits besitzen. Nur die ganz Dummen stehen ihrer eigenen Privatsphäre ignorant gegenüber und lassen Sätze vom Stapel wie *Was soll es bei mir schon zu finden geben? Mir ist das doch völlig egal – sollen sie mich halt überwachen.*" Spätestens beim nächsten Kreditantrag wäre es dann doch wieder gut, eine Privatsphäre gehabt zu haben und vom Bankbeamten nicht bis auf

---

78   Vgl. https://de.foursquare.com, Stand 01/14 und vgl. http://pinterest.com/, Stand 01/14
   Vgl. https://plus.google.com/up/start/?continue=https://plus.google.com/&type=st&gpcaz=e2968255, Stand 01/14
   „einchecken" hier: seinen Aufenthaltsort bekannt geben
79   Vgl. http://www.yelp.at, Stand 01/14

die Knochen durchleuchtet zu werden. Wie wir uns schützen? Recht magere Tipps bietet beispielsweise die Stiftung Warentest[80]:

- Internetaktivitäten auf unterschiedliche Dienste verteilen

- Wer Google treu bleibt, soll den Browser so einstellen, dass er Cookies blockiert. Nachteil: Wer allerdings Cookies grundsätzlich blockiert, muss sich darauf einstellen, dass das Surfen mitunter mühsamer wird. Mit Hilfe von Cookies „merkt" sich beispielsweise Amazon Ihre Vorlieben.

Robert Seeger junior ist gelernter Kunsthistoriker und Social Media Consultant. Er weiß Skurriles zu berichten in seinen Vorträgen und Workshops, davon konnte ich mich selbst überzeugen: *„Alleine in Österreich haben 80.000 Haustiere auf Facebook ein Profil. Alle 9 Sekunden meldet sich jemand weltweit zu einem Seitensprung an – auf den dafür vorgesehenen Plattformen. Social Network hat etwas geschafft, was bisher noch niemandem gelungen ist: es hat mehr User als die Online-Porno-Industrie."* Zum gelungenen Eigenmarketing gehört nach Ansicht des Experten eben ein gutes Profil. Der schriftliche Sprachstil verrät dabei viel über den Besitzer.

Nicht jedes Unternehmen muss auf Facebook vertreten sein. Für viele macht es gar keinen Sinn, da sie in Branchen arbeiten, die wenig „Fans" haben werden. Die Spanne reicht vom Zahnarzt bis zur örtlichen Bestattung. Schließlich werden nicht alle Patienten des erstgenannten die tolle Wurzelbehandlung „liken" und die bekennende Fangemeinde wird im zweiten Fall entsprechend klein bleiben. Das überwältigende Empfehlungsmarketing ist nach dem Begräbnis schließlich nicht zu erwarten. Interessant ist auch, dass sich viele alterieren über den „gläsernen Menschen": Der Staat röntgt mittlerweile am Flughafen und auch die Exekutive wird laufend übergriffiger. Andererseits geben manche Menschen ganz freiwillig preis, wo sie zuletzt auf Firmenkosten Party gemacht haben.

Viele Beziehungen sind genau an diesen pikanten Details gescheitert, weil Mann eben doch nicht dort war, wo er Frau gegenüber behauptet hat. Andererseits profitieren tausende Beziehungen durch Online-Dienste. Alleine in den USA kommt, laut Robert Seeger junior, mittlerweile jede achte Ehe durch Social Networks zustande. Die Diskrepanz zwischen „seine Ruhe haben wollen" und „dabei sein zu müssen" ist groß. Zudem sind manche User nur digital redselig, analog wird es im Gespräch mit ihnen schnell holprig, einsilbig und schlichtweg fad.

---

80   Vgl. http://www.test.de/Soziale-Netzwerke-Datenschutz-oft-mangelhaft-1854798-0/, Stand 03/14 und http://www.focus.de/digital/internet/google/tid-25081/umstellung-zum-1-maerz-google-weiss-alles-ueber-seine-nutzer-wie-sich-google-nutzer-schuetzen-koennen_aid_715949.html, Stand 03/14

Facebook spart Echtzeit

Eine Milliarde Menschen haben Mark Elliot Zuckerberg zum bislang jüngsten Selfmade-Milliardär gemacht. Wäre Facebook ein Land, dann hätte es mit einer Milliarde Einwohnern bereits so viele „Bürger" wie China.

Dort selbst aktiv ein Profil zu bewirtschaften, Gedanken zu säen und zeitnahes Feedback als Ernte zu bekommen ist durchaus befriedigend. Wenn sich auch andere interessieren für das eigene Leben und Anteil nehmen am bebilderten Tagebuch schafft das Verbindungen und hinterlässt ein gutes Gefühl. Oft wollen nicht einmal die eigenen Eltern so genau wissen, wie der Urlaub heuer war oder was am neuen Kinofilm gefallen hat und warum die aktuellen Lebensthemen auf die Seele schlagen. Der größte Benefit bei Facebook beispielsweise ist, dass wir Lebenszeit sparen. Wir erhalten schnell Rückmeldung zu unseren augenblicklich relevanten Themen und verlieren kaum Zeit, da wir all diese Menschen, mit denen wir „befreundet" sind, nicht erst persönlich treffen müssen. Wir brauchen uns im Smalltalk-Modus nicht erst höflich nach deren Kindern erkundigen oder im dialogischen Austausch die detailverliebte Urlaubsschilderung der anderen ertragen. Persönliche Auseinandersetzung ist schließlich nicht immer nur erfüllend. Es kann auch verlorene Lebenszeit bedeuten, wenn „*Frau Maier gar nicht mehr aufhört zu erzählen*". Im Internet setzen Sie lieber ein positives Signal. Sie „liken" das Foto der Meiers in Bibione oder eine andere Aktivität in deren Chronik. All das kostet Sie maximal zwei Lebensminute. Der Grillabend hingegen hätte live einige Stunden gekostet und inspirierenden Gedankennektar nicht immer garantiert. Komfortabel ist außerdem, dass wir uns zu einem Zeitpunkt unserer Wahl mit „Freunden" auseinandersetzen können. Wie oft hat man gar keine Lust auf „die Müllers", aber die stehen eben heute auf dem Plan und ausgemacht ist ausgemacht. Auch hier ist Facebook perfekt. Den Müllers ist schließlich nur wichtig, dass wir ihre Fotos von der Bergtour betrachten, wann ist nebensächlich. Lieber sucht man sich doch aus, wann man Fotos anschaut und kommentiert gerne mit anerkennenden Worten, was gefällt.

Das Bedürfnis nach Privatsphäre ist laut Social Media Berater Seeger[81] sogar jünger, als die meisten denken. „*Früher im Dorf wusste beim Bewerbungsgespräch auch jeder, ob der Bewerbervater fremd geht und die Mutter des Lehrlings Alkoholikerin ist*". Im Netz leben alle ebenso öffentlich wie einst im Dorf. Das ist gerade auf Facebook nicht immer ungefährlich. Bei 1000 Milliarden Seitenaufrufen führt das virtuelle Gesichtsbuch nicht nur die Statistik an, sondern lockt auch kriminelle Mausklicker – ungewollt – in die eigenen vier Wände. Wer unbedingt meint, allen vom bevorstehenden dreiwöchigen Urlaub berichten zu müssen, darf sich nicht wundern, wenn sich die online-kundigen

---

81   Vgl. http://robert-seeger.biz/, Stand 03/14

Einbrecherbanden über so viel Kooperation freuen und die Zusammenarbeit mit den Hausbesitzern sehr „liken". In England haben bereits *pool parties* von Jugendlichen Furore gemacht: der Infokanal war dabei stets Facebook. Ein Youngster mit wohlbetuchten Eltern, Haus und Pool protzt mit seinem bevorstehenden Karibikurlaub und die Zuhausegebliebenen machen nach seiner Abreise im Garten der Urlauberfamilie Party. Die Fotos vom Gelage neben den Verwüstungsspuren im Garten können die Heimkehrer dann auch wieder online bestätigen mit: „Gefällt mir" – in Ermangelung eines „Gefällt mir nicht"-Buttons.

Man kann nur staunen, wie die virtuelle Welt uns ganz reale Probleme beschert. Gerade Facebook wäre nicht, was es heute ist, ohne Gratisspiele wie „FarmVille". Da erscheint im blauen Rahmen der Facebookseite die Werbung für ein Browserspiel, das von Facebook betrieben wird und 850 Millionen Usern Gratiseintritt gewährt. Der „Gamer" soll beispielsweise einen virtuellen Bauernhof versorgen, Hühner züchten, Gemüse anpflanzen und sich täglich einloggen, um die virtuelle Ernte einfahren zu dürfen. Das Spielergebnis kann er dann mit seinen Facebook-Freunden teilen und sich gratulieren lassen. Diese positive Psychologie[82] erzeugt schnelle Befriedigung und lässt erwachsene Menschen „Monster World", „Brain Buddies", „Mafia Wars", „CastleVille" oder „Café World" spielen. Nicht jeder kennt solche Social Games, aber sie erfreuen sich großer Beliebtheit und bedienen einen Millionenmarkt.

Fazit:
Die Kommunikationsgesellschaft ertrinkt in Worten und der Möglichkeit, sich rund um die Uhr auszutauschen. Heute regiert der homo ludens.[83] Interaktion, Spiel und Spaß zieht sich durch alle Alters- und Zielgruppen der Bevölkerung. Die Daumenhoch-Community hat offenbar noch kein Icon für „dislike" entwickelt. Gute Laune gehört zum – oberflächlichen – Social Media Programm. Huxley lässt grüßen!

---

82 Vgl. http://www.zeit.de/2012/07/Social-Games, Stand 01/14
83 homo ludens (lat.): der spielende Mensch

KAPITEL 9

Unsere Kommunikation 2030

9
Unsere Kommunikation 2030

Gerade das Jahr 2030 als Benchmark heranzuziehen für Trends in der Kommunikation vor dem Hintergrund der demografischen Entwicklung, bietet sich aus mehreren Gründen an: Zum einen ist es weit genug weg, um sanft ein Gefühl von Science-Fiction auszulösen. Zum anderen feiert die erste Generation des Babybooms – 1946 geboren – zwischen 2026 und 2030 ihren 80. bzw. 90. Geburtstag. Es müssen dann also ganz real die meisten Alten versorgt werden und die Frage ist von wem.

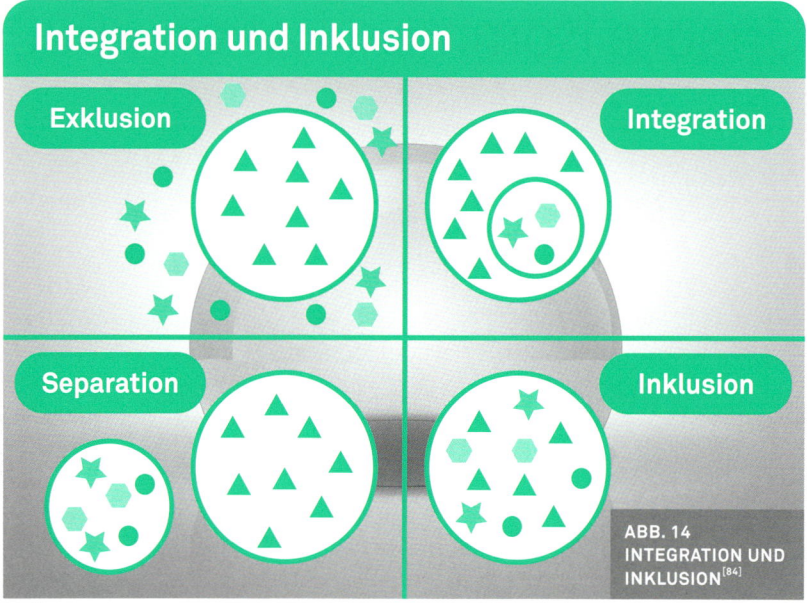

ABB. 14
INTEGRATION UND
INKLUSION[84]

Von den heutigen Schulkonzepten zum Thema Migration, Einbindung von Behinderten und unterschiedlich Geförderten kann man auch auf demografiepolitischer Ebene einiges lernen. Experten halten die Inklusion pädagogisch stets für die beste Form. Durch die gezielte Vermischung von jung und alt beugt man der Senioren-Ghettoisierung vor. Beim exklusiven Modell hingegen würden unsere Alten an den Rand der Gesellschaft gedrängt, was nicht nur die örtlichen, sondern auch die thematischen Gräben zwischen den Generationen vertiefen würde. Separation hilft der späteren Integration und kann als Übergangsmodus sinnvoll sein. Zürcher Landgemeinden bei-

---

84   Vgl. http://paedagogik-news.stangl.eu/500/integration-und-inklusion, Stand 01/14

spielsweise schicken ausländische Schüler separat in eine Privatschule.[85] Bevor diese ausländischen Kinder zu Verlierern des Integrationsprozesses werden, weil sie wegen mangelnder Deutschkenntnisse dem Unterricht eben nicht folgen können, ist eine separate Förderung sinnvoll. Zuerst werden lernschwache, aber auch verhaltensauffällige Schüler aus dem Klassenverband genommen und getrennt von den anderen unterrichtet, bevor sie später um Vielfaches erfolgreicher integriert werden. Bei den Senioren lässt sich dieses Konzept jedoch nicht kopieren. Wir können unsere Alten wohl kaum wegsperren, auch wenn sie uns in einer auf Jugend fokussierten Welt schmerzlich die eigene Vergänglichkeit vorleben. Integration entspricht dem heutigen Status quo: Wir haben unsere Seniorenresidenzen und Geriatriezentren überall angesiedelt und nicht in eigene Stadtviertel verbannt.

Altenpflege wurde in den letzten Jahren noch stärker zur Ausländerarbeit. Beim Anhalten dieses Trends wird sich auch in der Kommunikation einiges verschieben. Bislang sind die östlichen Nachbarn Nutznießer von deutschsprechenden Senioren. Die Jugend Afrikas klopft laut an die europäischen Türen. Durch die Kolonialisierung wurde Französisch nach Afrika gebracht und damit in vielen Regionen zur offiziellen Amtssprache. Nun könnte es von dort zu uns zurückfluten. Wer bis ins hohe Alter französisch spricht, wird sich mit seiner afrikanischen Pflegerin eines Tages vielleicht besser unterhalten können als viele Senioren heute mit ihren slowakischen oder bulgarischen Helfern.

Entwicklungsländer als Zukunftsmarkt

„Die Vernetzung der Welt" ist der Titel des Buches von Eric Schmidt, jenem Mann, der Google zu einem Weltunternehmen gemacht hat, und Jared Cohen, dem ehemaligen Berater von Hillary Clinton oder Condoleeza Rice. Heute ist er Chef der Denkfabrik Google im Beraterteam von Barack Obama. Das Autorenduo erfreut sich einer prominenten Leserschaft, die marketingwirksam Rezensionen verfasst und nicht mit Lob geizt. Unter ihnen finden sich Bill Clinton, Henry A. Kissinger und Madeleine Albright. Mehr als 650 Millionen Mobiltelefone sind laut den beiden Experten in Afrika heute in Betrieb. Die meisten davon haben noch keinen Internetzugang[86]. Die Technologisierung wird besonders armen Regionen oder geografisch isolierten Gebieten völlig neue wirtschaftliche Chancen einräumen. Sowohl Google als auch Facebook wollen für noch unerschlossene Gegenden sogar den Himmel erobern und mit Drohnentechnologie fünf Milliarden Menschen aus Entwicklungsländern ans Internet anbinden. Warum? Um User zu generieren. Diese technische

---

85   Vgl. http://www.kindgerechte-schule.ch/v_912/docs13/ta_080213_separation_hilft_integration. pdf, Stand 01/14

86   Vgl. Erich Schmidt, Jared Cohen, „Die Vernetzung der Welt", Rowohlt 2013

Revolution nimmt gerade erst ihren Anfang und wird viele Menschen in ein völlig neues Zeitalter führen. Auf Knopfdruck in der eigenen Sprache alle Informationen der Welt verfügbar zu haben, wird nicht nur in Afrika und Asien, sondern überall auf der Welt zu mehr Mobilität und Mündigkeit führen. Selbst Analphabeten werden durch konsumierbare Podcasts oder Videos Marktpreise und die für sie relevanten Informationen oder Bildungsmöglichkeiten erhalten. Was bei uns in den Industrieländern mehrere Jahrzehnte gedauert hat, wird in den Entwicklungsländern über Nacht stattfinden. Ob neben den Vorteilen für die Internet-Neuzugänge auch Probleme auftauchen, bleibt abzuwarten. Schließlich hat mit dem Fall der Berliner Mauer schon ein verhältnismäßig kleines Event – gemessen an der involvierten Personenanzahl – zu einem Kommunikationsschock zwischen Ost- und Westdeutschland geführt. Mentalitätskonflikte brauchen vor allem Zeit, um behoben werden zu können. Diese Zeit wird den ärmsten Regionen der Welt fehlen. Wie die tausendfache Konzentration des Berliner Phänomens muss es sich für den Massai anfühlen, die ersten Schritte im Netz zu wandern und eine völlig andere Welt zu entdecken. Per Mausklick werden uralte sprachliche und geografische Grenzen niedergerissen.

Demografie-Coaching gesucht

Wird Europa das Altersheim der Welt? Im Zuge der demografischen Entwicklung werden sich die Lebensthemen in unserer Gesellschaft anders verteilen. Heute sinkt die Zahl der Menschen zwischen 15 und 60 Jahren bereits stetig, dem gegenüber werden die über 60-Jährigen dafür beständig mehr. Schon im Jahr 2010 hat dieser Bevölkerungsanteil 23,1 % ausgemacht. 2020 werden es 26,2 % sein und für 2050 erwarten die Statistiker 34,5 %.[87]

Zudem verlängern sich die gesunden Lebensjahre und der von Trendforscher Matthias Horx[88] beschriebene „Downaging-Prozess" führt zu einer Verjüngung des Sozialverhaltens und damit zur technologisierten Kommunikation, bei der alle online sind.

Die rüstige Kreuzfahrtgesellschaft, die sich mit 60 Jahren heute beschwingt aufs Schiff begibt, wird sich morgen allerdings wundern. Was, wenn auch sie wirklich 90 Jahre alt werden? Wie dann den langen Lebensabend gestalten und finanzieren? Das Freizeitangebot lockt die Silberrücken wie kleine Kinder. Bereits die ersten Ruhestandsjahre verschlingen viel Geld, da man die „guten Jahre" noch kräftig auskosten möchte. Die staatliche Pension versüßt uns den Lebensabend bestimmt nicht bis zum unbekannten Lichtausmachen.

---

87   Vgl. http://www.jungeindustrie.at/dokumente/17/2012%2006%2005%20Work%202030%20and%
      20beyond_Zukunft%20der%20Arbeit%20Zukunft%20mit%20Bildung_ifz_Jl.pdf, Stand 01/14
88   Vgl. http://www.horx.com/Reden/Macht-der-Megatrends.aspx, Stand 01/14

Immer öfter suchen Rentner ihr Altersglück deshalb in günstigeren Ländern. Ärztliche Versorgung wird zwar in der Heimat konsumiert, gelebt und Geld ausgeben wird jedoch in Griechenland, Spanien, Portugal, Frankreich, Ungarn, Kroatien, Thailand etc. Auch diese Form der Altersabwanderung wird die Kommunikation weltweit verändern. In Spanien etwa gibt es heute schon Regionen, in denen nur Deutsch gesprochen wird. Zwar wurden bereits vor Jahrzehnten für die Sommertouristen Speisekarten und Urlauberinformationen auf Deutsch übersetzt, doch die Pensionisten waren der Grund, weshalb auch Ärzte, Immobilienmakler und das Personal von Seniorenresidenzen Deutsch lernten.

Genuss mit 60 Plus

Seminarangebote für Senioren werden beobachtbar mehr. Zielgruppenadäaquate Rhetoriktrainings boomen. Wer in Pension geht, hat zwar seine Wert schaffenden Jahre hinter sich gebracht, aber viel zu erzählen. Deshalb engagieren sich manche ehrenamtlich, halten Reden für wohltätige Zwecke oder suchen die verbale Herausforderung in Debattierklubs. Gerade die Tätigkeit in Ehrenämtern verlangt Senioren immer höhere Sprachfertigkeiten ab. Reife Redner müssen sich um Konzentrationspunkte in ihren Vorträgen bemühen und verlieren sich lieber nicht in Anekdoten. Viele tun sich schwer, für jüngere Zuhörer Beispiele aus deren Erlebnisraum zu finden. Zu lange sind sie vom Puls der Zeit weg oder haben sich sogar bewusst eingeigelt. Leicht bleiben ältere Vortragende gedanklich deshalb nur in ihrer eigenen Wirklichkeit kleben. Mit Vorliebe reden sie vom persönlichen Themenzugang und damit von einer Zeit, die für anwesende Zuhörer maximal historisch relevant ist. In die „DU-Zone" der Zuhörer zu wechseln, fällt im Alter noch schwerer. Wer schon als junger Mensch sprachlich lieber in der eigenen „ICH-Zone" gebadet hat, wird diese Macht der Gewohnheit über die Jahre sogar verstärkt haben und noch lieber von sich erzählen. Um gute Reden zu halten, ist es jedoch essenziell, andere Standpunkte einnehmen zu können und den Blickwinkel zu wechseln. Uns interessiert nur, was uns berührt. Schließlich gibt es Menschen, die alle zehn Sekunden den Fernsehkanal wechseln – warum sollten sie dann Dampfplauderern unbegrenzt lange zuhören?

Auch der Frosch im Hals wird älter

Sprachliche Weiterbildung ist nicht nur für die aktive Berufszeit ein Thema, sondern vor allem auch im Ruhestand. Pensionisten müssen sich immer öfter etwas zur Rente dazu verdienen, um der Altersarmut zu entfliehen. Manche starten sogar völlig neu durch und machen beispielsweise als Berater oder Trainer Karriere. Wieder andere schließen sich einer Partei an und müssen dementsprechend strukturiert und angstfrei reden können. Sie alle wollen nicht zum alten Eisen gehören, sondern das Leben gestalten und lieber das

Gedächtnis, den Wortschatz und den Sprechapparat fit halten. Wem es früher schon an Stimmvolumen und Dynamik gefehlt hat im Rededuktus, der wird erleben, wie sich dieses Manko später verstärkt. Bis etwa zum 35. Lebensjahr lässt sich die menschliche Stimme eine Menge gefallen; dann beginnen häufig die Schwierigkeiten und im Alter bekommt man die Rechnung präsentiert. Einerseits ist der Stimmapparat hochempfindlich, wenn er jahrelang schlecht behandelt wurde, andererseits bleibt er robust, wenn wir ihm die entsprechende Technik beigebracht haben. Eine Stimme, die richtig funktioniert, hält Belastungen stand. Bis zu zwölf Stunden reden ist dann kein Problem.

Von der Altersstimme spricht man, wenn die Muskulatur im Kehlkopf schlaffer wird. Für guten Klang sorgen dabei die Stimmlippen. Doch im Alter kann der Kehlkopf verknöchern, Muskeln und Gewebe werden dünner und weniger elastisch. Auch die Schleimhaut der Stimmlippen wird mit den Jahren nicht geschmeidiger. Dies liegt unter anderem an altersbedingten Hormonumstellungen. Männer bilden mit der Zeit weniger vom Sexualhormon Testosteron. Dadurch bauen Muskeln ab, was dann die Stimmlippen beeinflusst. Bei Frauen macht sich die Hormonumstellung schon in den Wechseljahren und damit früher als bei Männern bemerkbar. Klar ist, dass auch unsere Stimme in die Jahre kommt. Der deutsche Seniorenratgeber empfiehlt deshalb gezieltes Sprechtraining für die Altersstimme, sobald Kraft, Volumen und Lautstärke abnehmen. Manche unserer Kunden berichten, dass ihnen die Stimme immer öfter ganz weg bleibt. Frauen wollen im Alter nicht zu „Quintenschaukeln" werden, die keinen fokussierten Ton mehr halten können. Männer beklagen die „Altherrenstimme" und wollen nicht nur auf einem Ton brummen. Die richtige Atemtechnik bildet beim Stimmtraining einen ganz wesentlichen Grundstein. Schließlich fasst auch die Lunge nicht mehr so viel Luft wie in der Jugend.

Boomender Medienmarkt für Senioren

Wenn die über Sechzigjährigen bald mehr als 30 % ausmachen, dann verändert sich damit auch die audio-visuelle Landschaft unserer Gesellschaft. Das Medienangebot passt sich an die wachsende Senioren-Zielgruppe an. Homepages und Flyer im Print werden größere Schriftarten wählen müssen, obgleich manches heute schon variabel gestaltbar ist – bei ePubs, zum individuellen Lesen auf eReadern oder Tablets. Generell sollten Inhalte für Senioren optisch übersichtlich gestalten werden. Auch medientechnisch befindet sich einiges im Wandel. Bis heute gibt es noch keine TV-Zeitschrift für Senioren. Das wird sich ändern. Schließlich wollen Rentner auch ohne Lupen ihre Fernsehauswahl treffen, und zwar vorgereiht aus den Kanälen, die für sie unterhaltsam und informativ sind. Für reifere Zuseher werden TV-Sendungen deutlich langsamer geschnitten als für Jugendliche. Go-TV, Viva und Nickelodeon fahren Sendungen in schnellerem Tempo als beispielsweise das deutsche Senioren-TV im Internet. Zudem kommen neue Magazine für die Senioren-Zielgruppe auf den Markt, die altersrelevante Themen aufgreifen.

In einer Gesellschaft des langen Lebens gewinnt Seniorenmarketing massiv an Bedeutung. Wer hier richtig kommuniziert, hat die Nase vorne. Die „jungen Alten" interessieren sich für Reisen, Mode, Sport, Freizeit und Gesundheit, nicht Krankheit. Zudem tauchen in der Werbung immer mehr Models ab 60 auf. Reifere Schauspieler freut dieser Trend, da die Theaterrollen ab einem gewissen Alter dünn gesät sind. In den letzten Jahrzehnten wurden Senioren völlig ignoriert, sie hatten weder eigene Testimonials noch waren sie selbst Zielgruppe. Die Werbung präsentiert heute schon vermehrt Seniorenprodukte – das ist erst der Anfang eines durch die Demografie abgesicherten Trends.

Digitale Messies

Wie sieht unser Kommunikationsverhalten in zwanzig Jahren aus? Einige Symptome zeichnen sich bereits ab. Jeden Tag müssen wir entscheiden, welche der vielen elektronischen Nachrichten wir brauchen, noch beantworten, löschen oder ablegen können. In den letzten drei Jahrzehnten sind wir bereits zu autodidaktischen Archivaren riesiger elektronischer Kommunikationsberge geworden. Die Anzahl der Pfade, Files, Fotos und Ordner auf den Rechnern wird immer mehr. Smarte Reinigungsprozesse, Dienstleistungen und Softwarelösungen werden uns diese Arbeit erleichtern. Damit verbunden sind: Datenträgervernichtung und die Entsorgung von Festplatten. Neben den 40 Millionen Tonnen Elektroschrott[89], die laut dem Umweltprogramm der Vereinten Nationen jährlich entstehen, droht uns auch eine digitale Vermüllung. Mit dem „Frühjahrsputz" assoziiert heute noch jeder im eigenen Wohnraum neuen Platz zu schaffen, Altes entsorgen und aufzuräumen. Analoges Sortieren und Reinigen. Dieses Durchputzen wird bald auch elektronisch nötig sein. Digitale Kommunikation ewig aufzubewahren, ist wenig sinnvoll, sich täglich von Newslettern, Kaufangeboten und Eventeinladungen die Zeit stehlen zu lassen ebenso wenig. Kümmern Sie sich deshalb aktiv darum, aus Massenverteilern gestrichen zu werden und gehen Sie selektiv mit Ihren Daten um.

Früher war unser soziales Netzwerk „draußen" am Spielplatz, im Park, am Marktplatz oder im Kaffeehaus. Kinder haben Nachmittage lang im Freien gespielt und darüber völlig die Zeit vergessen. Heute finden wesentliche soziale Kontakte drinnen statt, dort wo WLAN und Wi-Fi garantiert sind. Viele unterschätzten die Beschäftigung mit elektronischen Zeitkillern und vergessen darüber analoge Erfahrungen zu machen. Den Maileingang täglich sauber zu halten, das XING-Profil aktuell oder auf Facebook neue Fotos zu laden, kostet wertvolle Lebensstunden.

---

89 Vgl. http://newsticker.sueddeutsche.de/list/id/1512573, Stand 01/14

Das Internet als Arbeitsamt

Egal, wie sich die digitale Wirtschaft entwickelt – es wird immer leichter, on-line für Jobs die richtigen Mitarbeiter zu finden. Marina Gorbis, Executive Di-rector am Institute for the Future, zeigte auf der Digitalkonferenz Next 2013 in Berlin[90] an der Internetplattform oDesk vor, wie das geht. Ob Software-entwicklung, Webdesign, Übersetzungen, Büroarbeiten: Wer einen Auftrag zu vergeben hat, kann ihn hier ausschreiben. Der Vorteil: Man schaut sich direkt unter den Jobsuchenden aus aller Welt um, die sich online in Schrift und Bild zu Tausenden präsentieren, einschließlich des geforderten Stun-denlohns. Der Nachteil: Viele Probleme entstehen durch diese veränderte digitale Kommunikation sowohl am Arbeitsmarkt als auch in Unternehmen. Lohndumping, ungerechte Einkommen oder verringerte Privatsphäre sind da nur einige Schlagworte. Digitale Probleme entstehen oft rasanter, als sie ana-log gelöst werden können.

Auch bei der Deutschen Telekom schürt die digitale Revolution nicht nur Be-geisterung. Der Datentransfer nimmt ständig zu, das Unternehmen fühlt sich mit der Forderung, für die passende Infrastruktur zu sorgen, allein gelassen. *„Es ist die Rede von 1,3 Zettabyte Datenvolumen, die in einem Jahr übermittelt werden müssen. Das ist eine Zahl mit 20 Nullen. Wer soll dafür zahlen?"*, fragt Telekom-Manager Matthias Schmidt-Pfitzner[91]. *„Der Staat, die Regierung, ich weiß es nicht. Im Moment ist es die Deutsche Telekom und wir müssen uns das Geld irgendwo wieder herholen."*

Jene Unternehmen, die über Medienkompetenz verfügen, werden im Sales-bereich viele Kanäle nützen können. Das bedeutet auch, dass es durch den Ausbau des Mobilen Traffic gerade bei Smartphones einen Wechsel der Mar-ketingstrategien geben wird. Pull-Strategien gewinnen an Bedeutung. User lassen sich nicht mehr so sehr pushen etwas zu kaufen.

Robert Seeger[92] ist davon überzeugt: *„Der teuerste Immobilienort der Welt wird auf dem Display unseres Smartphones zu kaufen sein, nicht mehr in Can-nes oder Kalifornien."*

„Ana_log?" – Digitaler Liebeskummer is on

Was uns bereits verändert hat und auch noch weiter beschäftigen wird, ist der anhaltende Siegeszug digitaler Kommunikation. Früher war es bei Tren-nungen damit getan, die Fotos vom Ex zu zerreißen, seine Briefe zu verbren-

---

90 Vgl. http://www.dw.de/zukunftsvisionen-wohin-steuert-die-digitale-wirtschaft/a-16768114, Stand 01/14
91 Vgl. http://www.dw.de/zukunftsvisionen-wohin-steuert-die-digitale-wirtschaft/a-16768114, Stand 01/14
92 Vgl. http://robert-seeger.biz/vortrag, Stand 01/14

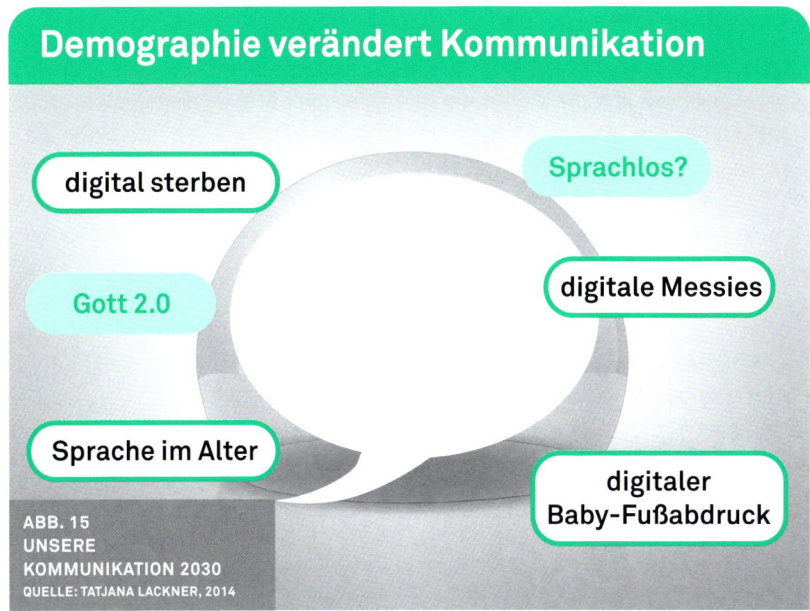

Demographie verändert Kommunikation

digital sterben

Sprachlos?

Gott 2.0

digitale Messies

Sprache im Alter

digitaler Baby-Fußabdruck

**ABB. 15
UNSERE
KOMMUNIKATION 2030**
QUELLE: TATJANA LACKNER, 2014

nen und den gemeinsamen Freundeskreis im Bedarfsfall zu spalten. Wenn im digitalen Zeitalter eine unglückliche Liebe gebrochene Herzen zurück lässt, ist es beinahe unmöglich, nicht auch elektronisch an jeder Ecke an die Trennung erinnert zu werden. Der kalifornische Psychologe Steve Whittaker[93] von der Universität in Santa Cruz ist davon überzeugt, dass *„eine Trennung online zeitraubend und emotional belastend ist"*. Er forderte daher: *„Eine Software sollte automatisch alle Relikte einer Beziehung finden und in sich verbergen, zum Beispiel durch Text- und Gesichtserkennung."* In dieser Pandora-Box[94] wären Daten für bestimmte Zeit gesperrt. Diese Trennungssoftware würde den Liebeskummerkranken unnötige Qualen ersparen. Bei Facebook können nämlich beispielsweise Fotos, auf denen man zwar selbst verknüpft ist, allerdings das Foto nicht eigens eingestellt hat, nicht so einfach gelöscht werden.

Laut dem Psychologen ist eine hohe emotionale Anstrengung nötig, um die Markierung der Fotos und damit die Verknüpfung mit dem eigenen Account zu entfernen. Whittaker arbeitet an der Schnittstelle zwischen Mensch, Computer und Interaktion. Er ist nicht der Einzige, der eine gepflegte Gedächtniskultur der digitalen Medien wünscht und die Forschung in diese Richtung vorantreibt.

93 Vgl. http://www.sueddeutsche.de/digital/soziale-netzwerke-facebook-verstaerkt-liebeskummer-1.1671477, Stand 01/14
94 Vgl. PM Schneller Wissen, Fragen & Antworten, 11/13, „Wozu braucht man eine Pandora-Box?", S. 36

Digitale Baby-DNA

Eine weitere Frage, die sich stellt ist: Wie lernen zukünftige Generationen ihre Muttersprache? Von der Computersoftware im Laufstall? Babyspiele-Software gibt es bereits heute genug. Auch die Avatar-Technologie hat in den letzten Jahren enorm aufgeholt und wird uns noch in Staunen versetzen. Alles, was unsere Gedanken beeinflusst, wirkt direkt weiter auf unsere Sprache. Das Rennen hat längst begonnen: Sprechen Computer unsere Sprache oder wir langsam ihre?

Früher war eines der ersten Dinge, die stolze Eltern von ihren Kleinen gemacht haben, einen Hand- oder Fußabdruck in Gips. Heute verewigen viele ihren Fortpflanz elektronisch. Laut einer Studie des Softwareherstellers AVG[95] werden wir heute bereits mit einem digitalen Fußabdruck geboren. 92 % der unter zweijährigen US-Kinder sind online längst präsent. Von manchen hat man im Netz schon die ersten Ultraschallbilder zu Gesicht bekommen, da hatten sie selbst das Licht der Welt noch gar nicht erblickt. Während das Webprofil eines heute Dreißigjährigen gerade mal 10 – 15 Jahre zurück reicht, sind Zweijährige bereits digital aktiv. Die meisten Eltern wollen die Freude am Heranwachsen der Zwerge mit Freunden und Familie teilen und sind stolz auf den Nachwuchs. AVG-Chef J.R. Smith stellt jedoch schon die Frage: *„Was für einen ‚digitalen Fußabdruck' wollen Sie für Ihre Kinder erstellen, und was werden die in Zukunft von den Informationen halten, die Sie jetzt hochladen?"*[96] Die DNA ist unveränderbar, der digitale Fußabdruck auch?

Großeltern gefährden Enkelkinder

Den Sinn im Leben werden wir bestimmt nicht in der Technik finden, aber der sinnvolle Umgang muss erlernt werden. Wir sollten nicht nur unsere Kinder vor Missbrauch durch soziale Medien schützen, sondern auf der anderen Seite auch die Senioren anweisen, ihre eigenen Enkelkinder nicht zu gefährden. Immer öfter stellt eine Omi wohlmeinend das Foto vom Enkelkind ins Netz und bedenkt nicht, dass es dort für viele Jahre konserviert wird. Was für die Omi gestern herzig, ist für die Klassenkollegen morgen ein gefundenes Fressen. Mobbing hat schon öfters dort begonnen, wo ein Versprecher oder ein ganz drolliges Nacktfoto vom süßen Kleinen Jahre später auftaucht und zur Lachnummer avanciert. Welche Gefahren mit Facebook und Co verbunden sind, müssen auch die Großeltern erst lernen, wollen sie online mitspielen.

---

95   Vgl. http://edition.cnn.com/2010/TECH/social.media/10/07/baby.pictures/index.html?_s=PM:-TECH, Stand 01/14
96   Vgl. http://edition.cnn.com/2010/TECH/social.media/10/07/baby.pictures/index.html?_s=PM:-TECH, Stand 01/14

Per Mausklick aus dem Jenseits

Das letzte was früher von einem Menschen übrig blieb, waren neben den Habseligkeiten und Verpflichtungen seine berühmten „letzten Worte". Historische Promis hatten zum Teil sehr weise Sprüche auf der todesmüden Lippe. Andere hingegen blieben beim letzten O-Ton unspektakulär in Erinnerung, wie das geistig umnachtete Sprachgenie Friedrich Hölderlin. Man hat seine letzte Performance eben nicht immer fest im Griff und bei den letzten Worten nimmt ja auch kaum ein gleich Sterbender an, dass es wirklich die allerletzten sind.

Heute ist das anders. Wir sind digitalisiert über den Tod hinaus, auch wenn wir völlig analog sterben. Was passiert mit unserem digitalen Erbe? „You rest in peace – your data rest in space?" Es war schon makaber, als Facebook einer jungen Dame vorgeschlagen hat, sich mit einem Freund erneut zu verbinden, der ein Jahr zuvor ermordet wurde.[97] Über das Sterben im Netz herrscht eine große Unübersichtlichkeit, sowohl in rechtlicher als auch in ethischer und moralischer Hinsicht.

Wer archiviert unsere virtuellen Freunde, Fotos und Zugänge? Im Interview von SAT1 Regional gibt die Geschäftsführerin der Firma Semno Auskunft über ihre nachgefragte Dienstleistung.[98] Sie ist eine Art „digitale Bestatterin", die sich um das postmortale Datenmanagement der Verstorbenen kümmert. Wenn Hinterbliebene Notebook oder Computer erben, dann kennen sie üblicherweise keine Passwörter, E-Mailkonten oder Benutzerprofile. Sie können sich weder vor Missbrauch und Urheberrechtsverletzungen noch vor laufenden Online-Verträgen ihrer toten Angehörigen schützen. Firma Semno[99] hat hier eine Marktlücke entdeckt. Wenn ein Mensch stirbt, hinterlässt er vielfältige Spuren und verwaiste Verbindungen mit der Außenwelt. Bei Dokumenten in Papierform können die Hinterbliebenen unmittelbar beurteilen, ob und was getan werden muss. Viele kommunizieren vor dem Tod sowohl aktiv als auch interaktiv. Wettanbieter, Spieleplattformen und Multimediadienste freut das. Das Problem? Bei eBay und Facebook beispielsweise sind Mitgliedskonten nicht übertragbar. Passwörter werden nicht herausgegeben. Kommunikation über den Tod hinaus?

Verstorbene werden maximal in den Gedenkzustand gesetzt oder ihre Konten mit viel Glück gesperrt. Das digitale Erbe muss jedoch zuerst sichtbar gemacht werden. Durch die Analyse der Hardware des Verstorbenen können die Erben schließlich entscheiden, was aufbewahrt und was gelöscht werden soll.

---

97 Vgl. http://fm4.orf.at/stories/1666439/, Stand 01/14
98 Vgl. http://www.hannover.sat1regional.de/aktuell.html?&cHash=56c51964d1822326cf9c4786d25
d59b4&tx_ttnews[backPid]=23&tx_ttnews[tt_news]=93669, Stand 01/14
99 Vgl. http://www.semno.de/das-digitale-erbe.html, Stand 01/14

Eine andere Lösung für Todesbewältigung bietet das schwedische Unternehmen My Webwill an. Das „Freemium"[100] Geschäftsmodell hat zwei Stufen: Bei der kostenlosen Basisversion werden alle zuvor definierten Profile in Social Networks gelöscht. Für 30 Dollar jährlich oder 200 Dollar einmalig (Vollprodukt) erhalten Freunde und Kontakte eine letzte Abschiedsnachricht und/oder ein letztes Foto. Mit diesem digitalen Testament kümmert sich die Firma – gegen Entlohnung und Bekanntgabe aller relevanten Passwörter – um unseren digitalen Nachlass. Und verhilft uns dabei sogar zu Tweets aus dem Jenseits.

Digital Legacy[101] heißt die Firma, die Websites für Verstorbene anbietet. Das Besondere: Friedhofsbesucher finden den Zugang zu persönlichen Bildern, Texten oder der Lieblingsmusik des Verstorbenen per QR-Code auf dem Grabstein.

Ein anderes Memorial-Modell liefert Grabsteine mit wetterfesten Flachbildschirmen auf die Friedhöfe.„*Eine Grabplatte mit dem Namen und weiteren digitalen Informationen wird wahrscheinlich mit mehr Interesse und Besinnlichkeit besucht werden. Mit einem Computerprogramm könnten wir zum Beispiel persönliche Erlebnisse, Beruf, Lebensverhältnisse, Gedichte und Bibeltexte viel informativer darstellen, als das mit herkömmlichen Grabsteinen möglich ist. Die Digi-Grabplatte bietet also unbegrenzte Möglichkeiten.*"[102] Wörtlich verspricht das die holländische Firma Digizerk auf ihrer Website. Auf einem Bildschirm winkt eine 84-jährige Omi von ihrer letzten Geburtstagsfeier, auf einem anderen erlebt man einen jungen Mann beim Hochzeitsantrag vor seinem tödlichen Motorradunfall. Nachts herrscht jedoch Sendeverbot auf dem Friedhof, um die letzte Ruhe für alle auch analog zu sichern.

Grüß Gott 2.0

Kommuniziert wird im Web nicht nur miteinander, sondern auch mit ganz „oben". Web-Portale, wie „GodTube.com" oder „Amen.de" laden zum Beten ein. Wer nicht mehr ganz textsicher ist oder die richtige Bitte für den entsprechenden Anlass sucht, der wird auf „beten-Online"[103] fündig. Auf Internetplattformen werden nicht nur Gebetskreise gegründet, sondern man kann sich dort auch gleich die Beichte abnehmen lassen. Delikates über andere Sünder erfährt man auf „Beichthaus.com". Durch „Prayer Agents" kann jeder für seine Wünsche und Liebsten sogar fremdbeten lassen.[104] YouTube-Messen und

100 Vgl. http://www.andersdenken.at/testament-sterben-social-networks/, Stand 01/14

101 Vgl. http://www.faz.net/aktuell/gesellschaft/digitale-grabsteine-unsterblich-im-netz-12274218.html, Stand 01/14

102 Vgl. http://www.digizerk.eu/index.php?option=com_content&task=view&id=20&Itemid=36, Stand 01/14

103 Vgl. http://www.beten-online.de/, Stand 01/14

104 Vgl. http://freizeit.at/4913/beten-2-0-glauben-im-internet/39.096.126, Stand 01/14

Webcams an Pilgerstätten gehören längst zum religiösen Alltag. Der Ruf des Muezzin ist ebenso online abrufbar wie die Mekka-App fürs Handy samt Kompass, damit auch die Himmelsrichtung stimmt bei der göttlichen Anrufung. Natürlich gibt es auch unzählige Jewish Apps[105] für das Smartphone und zwar für alle Altersstufen. Jede Weltreligion ist heute im Netz vertreten.

Die Kommunikationsgesellschaft zeigt hier ihre spirituelle Seite und möchte Gott durch einen Mausklick nahe sein. Während aus den Kirchen die Anhänger analog davon laufen, strömen viele durch das digitale Angebot wieder herein. Darunter finden sich durchaus auch unerwartete ehemalige schwarze Schafe, wie beispielsweise Alice Cooper. Im zivilen Leben war er Schock-Rocker, in seiner Heimatgemeinde leitet er einen Bibelkreis. Wem selbst dieser Kirchengang zu zeitaufwendig ist, der sucht lieber das Web-Gespräch mit Gott. Schließlich ist selbst der heilige Stuhl[106] online erreichbar. Wo der Papst das nächste Mal öffentlich auftritt, erfährt der Interessierte ebenso, wie und wann das christliche Oberhaupt welche Audienzen absolviert. Die meisten davon kann man sich sogar auf Video ansehen. Eine Studie der Universität Coventry ergab, dass Online-Beter im Trend liegen. Wenig erstaunlich auch das Ergebnis[107]: die Menschen beten vorwiegend für die eigenen Bedürfnisse, weniger für Weltfrieden oder die Abschaffung der Hungersnot. Die gesamte spirituelle Industrie treibt völlig neue Blüten im digitalen Zeitalter. Esoteriker haben diesen Markt längst für sich entdeckt. Via SMS bekommen Auszubildende Aufgaben, Kraft oder sogar Engel zugesandt. Video-Fernlehrgänge[108] bilden Interessierte zu Mentaltrainern, Energetikern, Geistheilern und sogar Hypnotiseuren aus.

Im Wartezimmer der Philo-Praxis

Neben zweifelhaften Online-Diploma gibt es aber auch universitäre Ausbildungen[109] und akkreditierte MBA-Lehrgänge via Internet. Immer stärker geht es um den Erwerb von Zusatzqualifizierungen. Lernen hängt eng zusammen mit Denken und das wiederum damit, zu hinterfragen. Der ansteigende Trend zu Philosophie und geisteswissenschaftlichen Disziplinen lässt hoffen. Das erwachte Interesse der Bevölkerung an profunden Fragen ist auf dem Buchmarkt gut abzulesen. Philosophen und Denker führen die Bestsellerlisten an: Konrad Paul Liessmann, Robert Pfaller, Richard David Precht, Michael J. Sandel, Michel Serres, Slavoj Žižek – sie alle profitieren davon. Dabei boomen moderne Veranstaltungen für Denker noch gar nicht so lange. Das Phi-

105 Vgl. http://www.jewishicommunity.com/tag/jewish-apps-for-ipad/, Stand 01/14

106 Vgl. http://www.vatican.va/phome_ge.htm, Stand 01/14

107 Vgl. http://www.jesus.ch/themen/glaube/glaube/215731-onlinebeter_beten_anders.html, Stand 01/14

108 Vgl. http://www.vitalakademie.at/fernstudium-energetiker-tcm, Stand 01/14

109 Vgl. http://www.openuniversity.edu/diplomas, Stand 01/14

losophicum in Lech beispielsweise besteht seit knapp zwanzig Jahren. Das Philosophie-Magazin startete mit dem ersten Heft sogar erst 2011.

Der Mensch versucht wieder Worte und Antworten auf Fragen zu finden, die er sich lange vor dem Farbfernsehen, der Wii-Spielkonsole und den hunderten Kochshows gestellt hat. Seit einigen tausend Jahren beschäftigen uns Überlegungen rund um das „Woher?", „Wohin?" und „Wofür das alles"? Mitten in der vierten industriellen Revolution wird allmählich klar, dass uns weder technische Käufe noch kurzfristige Ersatzbefriedigungen weiter bringen. Wir pendeln permanent zwischen Freiheit und Sicherheit. Der umstrittene slowenische Denker Slavoj Žižek macht uns auch recht wenig Hoffnung: *„Philosophen bieten keine Lösungen an. Wir sind keine Spezialisten."*[110]

Fazit:

Bisher hat der Mensch in der Geschichte seine Probleme stets durch die Technik und den damit verbundenen Fortschritt lösen können. Das wird in Zukunft nicht mehr so laufen. Wir werden langsam auch wieder über das Menschsein Nachdenken müssen. Den Sinn im Leben werden wir dabei nicht in der Technik finden, aber der sinnvolle Umgang damit will gelernt sein. Schließlich dient sie uns zur Unterstützung, Ablenkung oder Unterhaltung. Die damit verbundenen Kommunikationsregeln und das selbstbestimmte Leben stehen jedoch weder in der Bibel noch in irgendeiner Computer-Gebrauchsanweisung. Wir werden der Wurzel unseres Ursprungs doch selbst auf den Grund gehen müssen und nicht Predigern auf den Leim. Ob das unsere Sprache dann erneut verändern wird?

---

110 Vgl. http://www.zeit.de/kultur/2011-08/slavoj-zizek-interview/seite-2, Stand 01/14

KAPITEL 10

Emoticons, Piktogramme und Token

10

Emoticons, Piktogramme und Token

Es geht heute nicht mehr nur darum, dass sich Menschen live austauschen, sondern wie und wo sie online kommunizieren. Alleine im Jahr 2010 wurden laut Pingdom[111] mehr als 107 Billionen E-M@ils versandt. Das sind mehr als 294 Milliarden elektronischer Poststücke pro Tag. Neben den elektronischen Kommunikationsgewohnheiten verändert sich auch unsere Sprache durch den Netzjargon: Emoticons tauchten vermehrt auf. Diese Wortkreuzung aus „Emotion" und „Icon" hatte ursprünglich die Funktion, auch Stimmungen und die Körpersprache in den Redefluss einzubeziehen. Alleine die Wortkreation ist neu, denn Emoticons gab es bereits vor 130 Jahren.

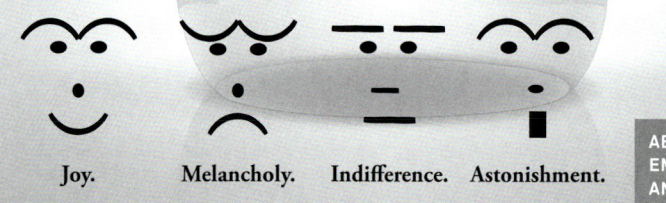

> ### Typographical Art
>
> We wish it to be distincty understood that the letterpress department of this paper is not going to be trampled onby any tyranical crowd of artists in existence. We mean to let the public see that we can lay out, in our own typographical line, all the cartoonists that ever walked. For fear of startling the publicwe will give only a small specimen of the artistic archievements within our grasp, by way of a first instalment. The following are from Studies in Passions and Emotions. No copyright.
>
> Joy. Melancholy. Indifference. Astonishment.
>
> ABB. 16 EMOTICONS ANNO 1881[112]

Alte und neue Smileys ergänzen den Erzähltext und bieten ein Stimmungsbarometer über die Laune des Verfassers. Ironische Botschaften und Wortwitz lassen sich genauso durch augenzwinkernde Männchen darstellen wie Sorge oder Wut durch mimisch verzerrte Gesichter. Satzzeichen bekamen auf diese Weise erstmals eine völlig neue Bedeutung. Jeder weiß, was Doppelpunkt, Bindestrich und Klammer zu heißt: :-)!

Diese Emoticons, Icons und Piktogramme sind elektronische Token, die sogar in die geschriebene Sprache Einzug fanden. Selbst auf handgeschriebenen

---

111 Vgl. http://royal.pingdom.com/2011/01/12/internet-2010-in-numbers/, Stand 01/14
112 Vgl. Puck Magazin, http://goodcomics.comicbookresources.com/2008/10/20/emoticons-from-the-1880s/, Stand 01/14

Post-Its finden sich diese Zeichen „:-)", obwohl die Smileys ursprünglich nur deshalb schräg gestellt wurden, weil man anfangs elektronisch noch kein aufrechtes grinsendes Mondgesicht darstellen konnte. „Form follows function" ist hier überholt und außer Kraft gesetzt. Seitlich geschriebene Smileys wurden sogar wieder zurück in die handgeschriebene Schriftsprache implementiert.

Die US-Talkshowmoderatorin und Schauspielerin Ellen DeGeneres fragte ihr Publikum in einer ihrer Sendungen[113] nach der Sinnhaftigkeit mancher „Emojis". Jeder weiß, dass ein trauriges Gesicht die unglückliche Stimmung des Absenders widerspiegeln soll. Aber was genau sagt ein Speedboat diesbezüglich aus? Welche Gemütslage möchte uns der Texter vermitteln, wenn er einen tropischen Fisch versendet? Oder eine Büroklammer?

Piktogramme sind Vorläufer vieler Sprachen. Heute dienen sie wieder zur Vereinheitlichung. Egal aus welchem Land jemand kommt, welche Bildung er erfahren hat – die kleinen Bildchen sind für jedermann decodierbar. Auch hier hat die Globalisierung Spuren hinterlassen. Internationalisierte Symbole sind ISO zertifiziert (ISO 7001)[114] und müssen interkulturell verständlich sein, wie beispielsweise Verkehrsschilder.

Was sind Token? Gerade in Foren, Chats oder beim Austausch von SMS kommen diese Abkürzungen immer wieder vor. Auf diese Weise sind eine Reihe an Netiquette-Regeln, also elektronische Benimmgesetze, entstanden. Außerdem hat sich eine völlig neue Sprachkultur durch die digitale Kommunikation etabliert. Die wenigsten kennen alle Bedeutungen. Richtiges Decodieren ist dann gefragt – hier eine kleine Sammlung der häufigsten:

---

113 Vgl. http://www.youtube.com/watch?v=Qkd_18BXnaE, Stand 04/14
114 Vgl. ISO 7001 Graphical symbols – Public information symbols

TOKEN	KÜRZEL FÜR ...	BEDEUTUNG
2B|!2B	to be or not to be	Sein oder Nichtsein
2FAST4U	too fast for you	zu schnell für dich
ASAP	as soon as possible	so bald wie möglich
AYOR	at your own risk	auf eigene Gefahr
B4	before	vorher
BIS	back in a second	bin sofort zurück
BOT	back on topic	zurück zum Thema
BTW	by the way	nebenbei bemerkt
CU, CU(L), CU(L8R)	see you (later)	bis später
FYI	for your information	zur Information

ABB. 17
ABKÜRZUNGEN UND IHRE BEDEUTUNGEN[115]

ÜBUNG 2
Wenn Ihnen Token-Erraten Spaß macht, dann blättern Sie in den Praxisteil
→ Seite 308

Fazit:

Piktogramme haben einige Vorteile: sie sind selbsterklärend und ersetzen bildhaft den Buchstabenwald. Token hingegen werden nicht immer richtig verstanden und da liegt meistens das Problem.

---

115 Vgl. http://solidworks.cad.de/dfue_tok.htm, Stand 01/14

KAPITEL 11

Gefährliche Abkürzungen

11

Gefährliche Abkürzungen

Aus dem Lateinischen wird Neologismus übersetzt mit „neues Wort" und beschreibt genau das: Wortkreationen, Begriffsschöpfungen, die es bislang in dieser Form nicht gab, neue Ausdrücke und auch die Zusammensetzung von verschiedenen Worten und Akronyme. Darunter versteht man Abkürzungen, die aus Anfangsbuchstaben hergestellt werden.

Häufig werden solche Kurzwörter verwendet im M@il oder Chatverkehr:

ASAP – as soon as possible (so bald wie möglich)

CU – see you (tschüss, bis dann)

FAQ – frequently asked questions (oft gestellte Fragen und die dazu passenden Antwort)

Auch in Politik und Wissenschaft sind Akronyme heute gang und gäbe. Wir wissen, wofür die Lettern USA stehen oder was NATO (North Atlantic Treaty Organization) bedeutet. Was ist LAN (Local Area Network) im Gegensatz zu WAN (Wide Area Network)? Wofür GAU steht, wissen auch noch viele – wie größter anzunehmender Unfall. Bei manchen Akronymen muss aber sogar der Schlaueste nachdenken, weil die Ursprungsversion viel unbekannter geblieben ist als die Abkürzung. Problem: der Wortschatz wächst, das Wissen sinkt:

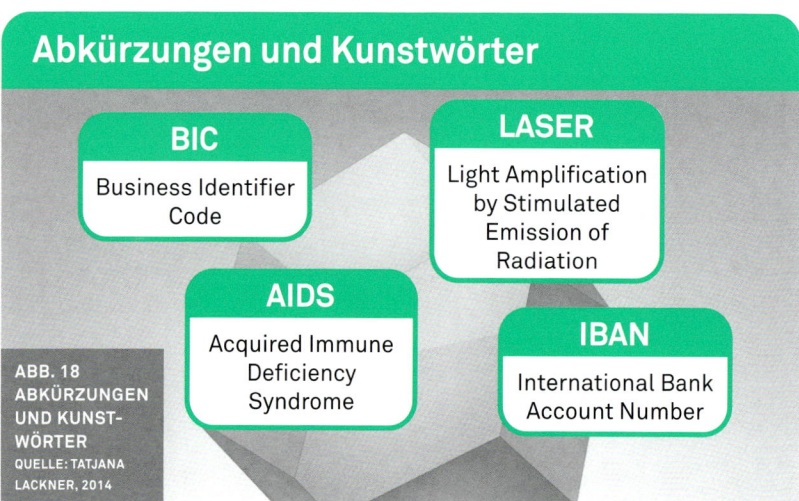

Abkürzungen und Kunstwörter

BIC
Business Identifier Code

LASER
Light Amplification by Stimulated Emission of Radiation

AIDS
Acquired Immune Deficiency Syndrome

IBAN
International Bank Account Number

ABB. 18 ABKÜRZUNGEN UND KUNST-WÖRTER
QUELLE: TATJANA LACKNER, 2014

Nachdem es bald so viele Abkürzungen (Abbreviaturen) gibt wie Worte selbst, wird es immer wichtiger, den dazugehörenden Themenraum genau zu kennen. Menschen verschiedener Berufe haben unterschiedliche Assoziationen zu ein und demselben Begriff. CD heißt für den Musiker „Compact Disc", der Grafiker würde sich eher Gedanken machen über das „Corporate Design". Der Finanzer in der Runde denkt hingegen über das „Certificate of Deposit" nach.

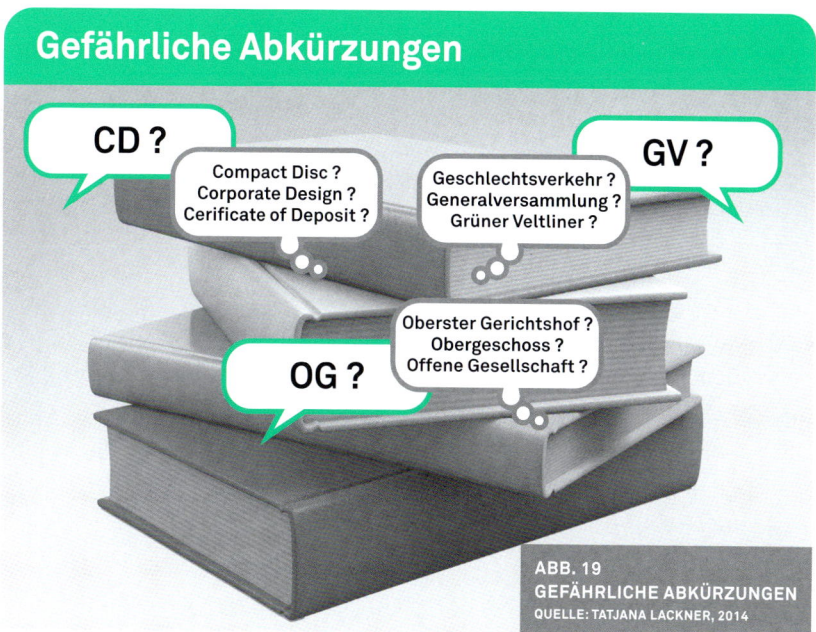

**ABB. 19
GEFÄHRLICHE ABKÜRZUNGEN**
QUELLE: TATJANA LACKNER, 2014

Die einfache Abkürzung OG würde im abendlichen Freundeskreis für noch mehr Verwirrung sorgen: Paul, der Immobilienmakler, versteht darunter „Obergeschoss", sein Freund Kurt, der Jurist, muss schon im eigenen Berufsjargon unterscheiden – geht es nun ums „Obergericht", die „Offene Gesellschaft" oder doch um das „Opiumgesetz". Hermann ist Führungskraft beim Militär und hat seine liebe Mühe aus dem Gesprächskontext zu erkennen: steht OG hier für „Obergefreiter", „Ortsgruppe", „Obergrenze", „Organigramm" oder geht es um das Antioxidationsmittel „Octygallat" – alle fünf Begriffe werden in der Fachliteratur schließlich mit OG abgekürzt.

Auch bei der Verwendung der Abkürzung GV kann es knifflig werden. Der Zusammenhang hilft hoffentlich, unterscheiden zu können zwischen: „Grüner Veltliner", „Geschlechtsverkehr", „Gesellschafterversammlung", „Gigavolt", „Gesamtverzeichnis", „Gebäudeversicherung", „Generalversammlung" oder etwa „Güterverkehr".

Ähnlich verhält es sich mit CEO & Co. Im Zuge der Globalisierung werden die US-amerikanischen Begriffe für die erste Führungsebene (C-Level) immer beliebter. Doch was bedeuten sie? Im Ben Schotts „Sammelsurium Geld und Wirtschaft"[116] wird man schlauer. CEO und CFO kennen die meisten, aber wer sind die anderen? Doppelnennungen erschweren die Zuordnung und bezeichnen häufig völlig unterschiedliche Funktionen.

C bedeutet immer Chief – d. h. Vorstand – für...

CAO Chief Administrative Officer (administrative Leitung), aber auch: Chief Analyst Officer (Datenauswertung)

CLO Chief Learning Officer (Personalentwicklung)

CRO Chief Risk Officer (Risikomanagement), aber auch: Chief Research Officer (Forschung)

CSO Chief Scientific Officer (Forschung), aber auch: Chief Sales Officer (Vertrieb)

CCO Chief Customer Officer (Kundenangelegenheiten), aber auch: Chief Communication Officer (Kommunikation)

CIO Chief Investment Officer (Investitionsgeschäfte), aber auch: Chief Information Officer (Informationstechnik), aber auch: Chairman/Chairperson im Office (in einer internationalen Organisation, z. B. Commonwealth, OSZE etc.)

COO Chief Operation Officer (Personaleinsatz & Ressourcenplanung)

Die moderne Managementsprache ist voll von Akronymen, hinter denen sich ganze Wissenslandschaften und Erkenntnishöhlen verbergen. Auch wenn jemand weiß, was es heißt, Ziele „SMART" zu formulieren, bedeutet das noch lange nicht, dass er diese Eselsbrücke auch in der täglichen Praxis seinen Mitarbeitern gegenüber lebt.

SMART

Specific–Measurable–Accepted– Realistic–Timely

Ziele sind so zu formulieren: konkret, messbar, akzeptiert, realistisch und zeitlich fixiert

KISS

keep it short and simple oder: keep it small and stupid

haltet es einfach und leicht verständlich

Schön, wenn langatmige Präsentatoren wissen, dass es die KISS-Formel schon seit Jahrzehnten gibt. Schade jedoch, dass sie dieses Akronym nicht

---

116 Vgl. Ben Schotts „Sammelsurium Geld und Wirtschaft", Berlin Verlag, 2011

anwenden zum Wohle ihrer Zuhörer. Viele unserer Kunden haben schon von medienrelevanten Akronymen oder solchen aus der Managementliteratur gehört und sie können diese Abkürzungen tadellos in die Langform auflösen oder übersetzen. Zu wissen, was sich hinter einem Akronym versteckt, ist jedoch erst die halbe Miete. Manche winken hier schon ab und sagen: *„Geh bitte, das kenne ich schon seit der Wirtschaftsuni im ersten Semester."* Problem: sie haben es nie geschafft, die Kernidee des Akronyms in die Tat und in ihrem Redefluss umzusetzen.

Die Gefahr von Akronymen liegt darin, dass Menschen sich zwar dumm fühlen, wenn sie als Einziger in der Seminargruppe einen Begriff nicht decodieren können. Die wenigsten scheint es jedoch zu stören, dass sie den Begriff nicht „leben".

In der Kommunikationsgesellschaft geht es schon lange nicht mehr darum, was wir wissen, sondern vielmehr darum, was wir können. Gefährdet sind deshalb die Permanent-Googler und Blackberry-Checker, die zwar wissen, wo sie Informationen herbekommen, aber diese kaum verifizieren und richtig zuordnen können. Es ist wie in der Schulzeit: Selten hat es genützt, die Antworten vom Geschichtstest zu kennen, wenn man mit der gestellten Frage gar nichts anfangen kann und nicht einmal weiß, besitze ich nun die Antworten von Gruppe A oder B. Wer die Fragestellungen nicht versteht, fängt peinlich wenig mit der richtig zuzuordnenden Lösung an.

Gute Beispiele für Kunstwörter, die sich durchgesetzt haben, sind:

KUNSTWORT	WORTINGREDIENZ 1	+	WORTINGREDIENZ 2
Infotainment	Information	+	Entertainment
Moped	Motor	+	Pedal
Informatik	Information	+	Automatik
Pixel	Picture	+	Element

**ABB. 20
KUNSTWORT**
QUELLE: TATJANA LACKNER, 2014

Fazit:
Akronyme und andere Kunstworte bringen einige Gefahren mit sich: Unser Wortschatz wächst zwar über die Jahre. Doch wir müssen aufpassen, dass wir peinliche Verwechslung vermeiden. Zudem kommt, dass man oberflächliches Halbwissen über Abkürzungen in der Wirtschaftssprache beispielsweise gleichsetzt mit profunder Kenntnis über den Aussagewert.

KAPITEL 12

Bildung, nicht Wissen ist Trumpf

12

Bildung, nicht Wissen ist trumpf

In der Kluft zwischen informations-arm und informations-reich wird das Bildungsideal davongeschwemmt. Dabei haben wir allabendlich die Chance auf Halbbildung durch „Wer wird Millionär", Online-Wissenstest, Online-Spiele à la Quizduell und der politischen Debatte um Bildungsreform. Die argentinisch-deutsche Schriftstellerin Esther Vilar hatte recht, als sie sagte: *„Schönheit, Bildung und Wissen kann man kaufen. Intelligenz nicht!"*[117]

Damit sich niemand unter Wert vermarktet, nimmt jeder seine Bildung besser selbst in die Hand. Eltern und Schulorgane hatten in der Kindheit ihre faire Chance. Wer das Ergebnis nicht berauschend findet, muss es ja nicht darauf beruhen lassen. Lesen, Vorträge besuchen und sich mit inspirierenden Menschen austauschen ist nach Lehrabschluss, Matura oder Studium schließlich nicht verboten. Irgendwann stellt sich im Erwachsenenleben unweigerlich die Frage: Wann ist ein Mensch intelligent? „Clever" bedeutet nicht „schlau", „intellektuell" ist kein Äquivalent zu „intelligent" und „gut informiert" hat noch nichts mit „gebildet sein" zu tun. Viele Handbücher wurden zu Bildungsforschung, Bildungstheorien und Entwicklungsansätzen geschrieben. Niklas Luhmann, Verwaltungsjurist, deutscher Soziologe und Gesellschaftstheoretiker hat relevante Erkenntnisse – trotz sperrigem Schreibstil. In seinem Buch *„Bildung und Weiterbildung im Erziehungssystem"* stellte er 1997 zusammen mit Dieter Lenzen klar: *„Erziehung ist eine Zumutung, Bildung ein Angebot.*[118]"

Niklas Luhmann ist auch deshalb für die Kommunikation so wichtig, weil er sein Leben einer Gesellschaftstheorie verschrieben hat, die davon ausgeht, dass ein soziales System wie die Gesellschaft nicht über die Summe ihrer Individuen bestimmt wird, sondern sich aus der Summe aller Kommunikation zusammensetzt.[119]

Robert Spaemann ist Philosoph, der polarisiert ob seiner christlich-konservativen Haltung und seiner Denkansätze[120] wie *„Die öffentlichen Schulen sind nicht daran interessiert, gebildete Menschen hervorzubringen"*. Er ist davon überzeugt, dass *„das Wissen des gebildeten Menschen strukturiert ist"*. Keine gute Nachricht für Chaoten. Wer gescheit ist, spricht zudem eine nuancenreiche, differenzierte Sprache. Fremdes sieht der „gebildete Mensch" zwar

---

117 Esther Vilar, „Der betörende Glanz der Dummheit", Alibri Verlag, 2011
118 Vgl. Niklas Luhmann und Dieter Lenzen, „Bildung und Weiterbildung im Erziehungssystem", Suhrkamp, 1997, S. 7
119 Vgl. Niklas Luhmann „Die Gesellschaft der Gesellschaft", Suhrkamp, 1998, S. 81 f. und S. 125
120 Vgl. http://www.euratio.ch/downloads/Philosophie/Spaemann/Gebildeter%20Mensch_050306.pdf, Stand 01/14

als Bereicherung, doch Spaemann betont, dass sich der gebildete Mensch nicht scheut zu bewerten und dass er Werturteile nicht als subjektive Befindlichkeit sieht – ganz im Gegenteil! Bewertung ist ihm wichtig, um objektive Geltung zu beanspruchen. *„Gebildete Menschen haben im Umgang mit der Welt genügend Unterscheidungsvermögen entwickelt, um sich Qualitätsurteile zuzutrauen. Sie wissen, dass es Kunstwerke gibt, die bedeutender sind als andere, und Menschen, die besser sind als andere."*[121]

Warum ist Bildung so relevant für verbales Charisma und damit gutes Eigenmarketing? Durch den Alltag kommt man schließlich auch ohne über Dinge Bescheid zu wissen. Zum Autofahren, einkaufen und Kinder bekommen braucht man die großen kognitiven Fähigkeiten nicht. Birger Priddat, Ökonom und Philosoph, geht davon aus, dass Wissen heute nichts mehr zu tun hat mit kognitivem Behalten und Auswendiglernen, sondern vielmehr mit Prozesskompetenz. Das Weltwissen verdoppelt sich alle paar Jahre, niemand kann mehr die Flut an Fakten kennen, Themengebiete in die Tiefe recherchieren samt den gesammelten Hintergrundinformationen. All die enzyklopädischen Inhalte parat haben, ist unmöglich. Stattdessen ginge es darum, *„Verstehzusammenhänge im Kopf zu entwickeln."*[122] Alleine beim Streben nach Wissen schult man das Denken!

Beim Wissenserwerb geht es weniger um zeitlose Wahrheiten als vielmehr darum, selbst seine Gedanken und Vernetzungen zu verfeinern. Jemand, der über Zusammenhänge Bescheid weiß, sein assoziatives Denken fit hält und seine Affektlogik hinterfragt, der ist auch als Gesprächspartner ein Quell der Inspiration.

Solch einer ist Prof. Richard Saul Wurman. 1984 gründete er TED Conference aus der sich mittlerweile die weltweit anerkannte Gratisplattform TEDxTalks entwickelte. Eine Webseite, auf der Vortragende kostenfrei für jedermann zu finden sind. Hunderte Redebeiträge werden kurz und meistens gelungen erzählt. Wurman selbst sagt von sich: *„I hate education, but I love learning!"*[123] Der Tausendsassa schrieb mehr als 83 Bücher und erhielt 2012 den „Lifetime Achievement Award for Design". Prof. Wurman erzählt, dass üblicherweise Menschen Bücher schreiben, weil sie Expertise besitzen. Der amerikanische Architekt und Designer schreibt hingegen dann ein Buch, wenn ihn etwas interessiert, er die Thematik jedoch noch nicht versteht. Diese Informationsrecherche vom Ahnungslosen zum Informierten dokumentiert er für seine Leser.

---

121 Vgl. http://www.euratio.ch/downloads/Philosophie/Spaemann/Gebildeter%20Mensch_050306.pdf, Stand 01/14
122 Vgl. AGORA 42, „Ökonomie-Philosophie-Leben", Ausgabe 03/2012, Seite 66-82, von Frank Augustin; Herausgeber: Richard David Precht, Nazim Cetin
123 Vgl. http://www.youtube.com/watch?v=UOHtVgQCWL0, 0:40, Stand 02/14

Von ihm stammt der Begriff „Information Architect", den er auch als Buchtitel verwendet hat. Diese Informationsarchitektur beschäftigt sich mit der Frage, wie Inhalte strukturiert und für den User aufbereitet werden müssen.

Bei allen Assoziationen steht die Vernetzung von bereits bekanntem Wissen mit neuen Informationen im Mittelpunkt. Neuronale Verknüpfungen sind ein ganzes Leben lang möglich. Je mehr Verbindungen geschaffen werden, umso besser funktioniert unser Gedächtnis. Affektlogik betrifft das emotionale Zusammenspiel unseres Denkens und Fühlens: Gute Redner, Verkäufer und Eigenmarketer schaffen genau die Atmosphäre für ihr Gegenüber, die für den Transport der Botschaft optimal ist. Informationen mit Affektfärbung werden besser behalten und leichter aufgenommen. *„Dummheit"*, meint Esther Vilar[124], *„muss im Zeitalter des Computers anders definiert werden als in den Jahrzehnten zuvor"*. Angesichts der Leistungsfähigkeit der elektronischen Rechenmaschinen spricht sie sich dafür aus, Intelligenz als Zusammenspiel von Phantasie und Sensibilität zu verstehen. Dummheit zeichnet sich dann nicht durch mangelnde Rechengewandtheit oder Auffassungsgabe aus, sondern durch fehlende Kreativität, Humorlosigkeit, Gefühlskälte und Rücksichtslosigkeit.

Fazit:
Wissen ist nicht Bildung. Beim Wissenserwerb geht es weniger um zählbare Ergebnisse, sondern vor allem um die Leidenschaft, mehr zu erfahren. Weg von der 08/15-Synapse hin zur Querbeschleunigung! Inspirierend ist der Gesprächspartner, der statt platten Stehsätzen lieber überraschende Gedankengänge bietet – all das in spritziger Erzählsprache. Solange „Bildung" ideologisch diskutiert wird können sich die lahmen Systeme an Schulen und Universitäten nicht ändern. Gebildet ist heute wer assoziativ denken kann und Versteh-Zusammenhänge schafft.

---

124 Vgl. Esther Vilar, „Der betörende Glanz der Dummheit", Alibri Verlag, 2011

KAPITEL 13

Sprachlos in der Kommunikationsgesellschaft

13
Sprachlos in der Kommunikationsgesell- schaft

Blind oder taub zu sein ist sicher ein Schicksalsschlag, doch tausende Menschen mit Behinderung kommunizieren gelungen in völlig neuen Medien und beweisen uns täglich, dass sie nicht von der Welt „abgeschnitten" sind. Wer jedoch seine Sprache verliert – durch einen Schlaganfall oder Unfall beispielsweise –, der erlebt was es heißt, richtig isoliert zu sein. Dabei droht uns mehr oder weniger allen dieser Zustand. Laut Manfred Spitzer schlittern wir in die „digitale Demenz" (vgl. Kapitel 8. Digitale Welt macht Analoge einsam)

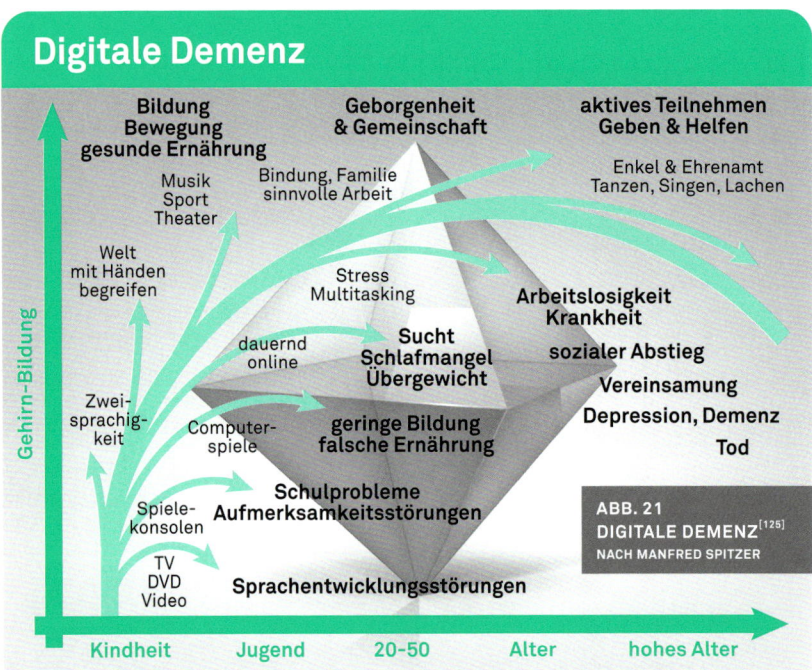

Mit rund 65 Jahren[126] kann der degenerative Prozess des Gehirns beginnen. Sprachabbau bei Demenz ist eine mögliche Folge. Schon 1797 wurde der Be-

---

125 Vgl. http://schulesocialmedia.files.wordpress.com/2012/08/bildschirmfoto-2012-08-22-um-15-13-06.png?w=502, Stand 01/14

126 Vgl. http://www.demenzsprache-hfh.ch/webautor-data/55/Definition-Sprachabbau-bei-Demenz_STR-032011.pdf, Stand 01/14

griff „Demence" vom französischen Psychiater Philippe Pinel[127] eingeführt. Klinische Linguisten[128] beschäftigen sich mit dem Thema der Sprachlosigkeit. Eine Langzeitstudie[129], die an mehreren tausend Probanden durchgeführt wurde, zeigt klar, dass die Gehirnleistung bereits mit 45 Jahren deutlich nachlässt.

Neben dem Denkvermögen und den assoziativen Fähigkeiten wurde auch die Sprachkompetenz gemessen – mit sehr einfachen Aufgaben. Ergebnis: Alles wird im Alter schlechter, bis auf unseren Wortschatz! Das ist tröstlich. Man kann seine Gedanken offenbar bis ins hohe Alter fit halten und vertonen. Demenz steht am Ende eines sehr langen Prozesses, der oft schon 20 bis 30 Jahre zuvor begonnen hat. Eine Heilung von Alzheimer und anderen Formen der Demenz ist bislang nicht in Sicht.[130] Dazu kommt, dass wir nicht alle so privilegiert sind in Krankheit und Alter: wie beispielsweise Ronald Reagan. Er ist in den Neunzigerjahren schwer an Alzheimer erkrankt. Um ihn bei Laune zu halten, schütteten seine FBI-Leute stundenlang welke Blätter in den Pool, die der Altpräsident mit unermüdlicher Energie wieder herausfischte.[131]

Ärzte weisen jedoch darauf hin: Übergewicht, Diabetes, Bluthochdruck und erhöhte Cholesterinwerte im mittleren Lebensalter verschlechtern unseren mentalen Zustand. Die Faustregel gegen den frühzeitigen geistigen Verfall lautet: Was unserem Herzen gut tut, ist auch gut für unser Gehirn.

Fazit:

Wer sich irgendwann nicht mehr mitteilen kann, lebt schlecht. Unsere Gesellschaft ist schließlich auf Sprache zentriert. Mundtot zu sein – in der Kommunikationsgesellschaft – fühlt sich kälter an, als unbekleidet am Nordpol zu stehen.

---

127 Pinel und seine Schüler legten den Grundstein für ein *traitement moral*. Sie erkannten, dass der Umgang mit den Kranken maßgeblich mit deren Heilung in Verbindung stand. Er war der Erste, der in seinen Internierungsanstalten den Verwirrten, Wahnsinnigen, Kriminellen und Kranken die Ketten abgenommen hat. Ob die danach angelegten Zwangsjacken, Hungerkuren und Drehstuhlbehandlungen weniger barbarisch waren, ist zu bezweifeln. Die Drehstuhlbehandlung war eine Foltermethode. Auf ihm wurde der Patient so lange gedreht, bis ihm das Blut aus Mund und Nase lief oder er das Bewusstsein verlor. Das bekannteste Gefängnis der Welt in dieser Zeit und damit die erste „Irrenanstalt" Europas, „der Narrenturm", wurde 1784 von Kaiser Joseph II von Österreich in Wien auf dem Gelände des heutigen AKH errichtet. Heute beherbergt es das pathologisch-anatomische Bundesmuseum Wien. Von seiner Rundbauweise leitet sich der Begriff „Guglhupf" ab.
128 Vgl. http://www.dieuniversitaet-online.at/dossiers/sprachekommunikation.html
129 Vgl. http://www.bmj.com/content/344/bmj.d7622, Stand 01/14
130 Vgl. http://www.spiegel.de/wissenschaft/mensch/0,1518,807512,00.html, Stand 01/14
131 Vgl. Neon Unnützes Wissen, Heyne Verlag, 2013, Nr 1132

KAPITEL 14

Social Networking im Gehirn

14

Social Networking im Gehirn

Sprechen und Denken ist Social Networking im Gehirn. Demenz findet im Hirn statt, Sprache auch! Es lohnt sich, unser Gehirn näher zu betrachten. Ab dem ersten Erdentag kann es schließlich bedeutend mehr, als wir je mit ihm machen werden. Das ist vergleichbar mit den elektronischen Geräten, die wir zu Hause haben: Jede Kamera, jeder Laptop, jedes Handy „kann" mehr, als wir je erforschen oder nutzen werden. Der Neuronen-Speicher unseres Gehirns ist nie voll und auch der Nervenzellen-Akku nie leer. Dennoch schafft auch das stärkste Superbrain auf Erden nicht, das menschliche Gehirn vollständig zu erkunden. Schon gar nicht gelingt es uns Durchschnittsdenkern zu erklären, wie die graue Masse bis ins kleinste Detail funktioniert. Wir können unsere Neuronen zwar täglich benutzen, wir können sie aber bedauerlicher Weise nicht bis in die letzte Synapse verstehen.

Sind wir zu doof, um zu begreifen, wie intelligent wir tatsächlich sind? Einerseits ist der Mensch angeblich zum Mond geflogen und hat sein eigenes menschliches Erbgut entschlüsselt – andererseits befindet sich in unserem Kopf ein neuer Kontinent.[132] Moderne Gehirnforscher ähneln den Neulandentdeckern wie Christoph Kolumbus, Ferdinand Magellan oder Dom Vasco da Gama. Laut dem deutschen Biologen und Hirnforscher Prof. Dr. Dr. Gerhard Roth ist es ein Märchen, wenn behauptet wird, wir nützten unser Gehirn nur zu 10 % und 90 % davon lägen brach. Es ist sogar eher umgekehrt: Weniger begabte Menschen verwenden ihr Gehirn stärker als mutmaßlich schlaue Köpfe. Bildgebende Verfahren zeigen demnach deutlich, dass der Ungebildete mehr Reibung erzeugen muss, um zu verarbeiten. Beim Belesenen geht dieser Prozess schneller.

Prof. Roth ist sich auch sicher, dass die Zahl der fundamentalen neuen Ideen eher begrenzt ist – wenn man die letzten tausend Jahre Revue passieren lässt, wird klar: neue Lebensthemen sind seit den alten Griechen nicht viele dazu gekommen, obgleich doch einige Zeit vergangen ist. Die literarischen Themen und Handlungsmotive haben sich durch die Jahrtausende nicht gänzlich verändert: Liebe, Tod, Eifersucht, Rache, Habgier... – alle gibt es im modernen Regietheater ebenfalls immer noch.

Der israelisch-US-amerikanische Wirtschaftsnobelpreisträger Daniel Kahneman gehört zur Elite der Psychologie. Der 78-Jährige ist auch der einzige, der je einen Nobelpreis für psychologische Forschung erhielt. In einem Interview

---

132 Vgl. http://www.youtube.com/watch?v=oDfN19YRYRw, Stand 01/14

für den „Spiegel"[133] fasst er seine Erkenntnisse aus seinem Buch „*Schnelles Denken, langsames Denken*"[134] zusammen: Unser Gehirn ist zweigeteilt.[135] Im System 1 wohnen unsere Intuition, Gefühle, Emotionen. Es kann nie abgeschaltet werden. Es schläft nie. Im System 2 findet sich unsere Vernunft, logisches Denken, Selbstkontrolle, Intelligenz – wesentliche Faktoren, um festen Regeln folgen zu können. Unser „Bauchhirn" trifft sogar solidere Entscheidungen als unser Kopf. Darüber gibt es im Olymp der Hirnforschung weitgehende Einigkeit. Auch Kahneman deutet immer wieder an, dass es in vielen Bereichen vernünftiger ist, dem Bauchgefühl zu vertrauen. Schnelles Denken ist völlig in Ordnung, wenn es beispielsweise darum geht: „Welches Poster soll ich mir kaufen?" und „Wird es mir auch in einigen Jahren noch gefallen?" Meistens ist der Erstimpuls richtig. Dieser kommt eben „aus dem Bauch". Große Entscheidungen verdienen jedoch genau bedacht zu werden – langsames Denken ist dann angesagt. Er liefert in seinem Buch ein einfaches Beispiel: „*Es ist normalerweise leicht und sogar recht angenehm, spazieren zu gehen und gleichzeitig nachzudenken, aber im Extremfall scheinen diese Aktivitäten um die begrenzten Ressourcen von System 2 zu konkurrieren. Sie können diese Behauptung durch ein einfaches Experiment selbst überprüfen. Während Sie in gemütlichem Tempo mit einem freund spazieren gehen, bitten Sie ihn 23 x 78 im Kopf zu berechnen, und zwar sofort. Er wird höchst wahrscheinlich unvermittelt stehen bleiben.*"[136] Laut dem Experten brauchen wir für das System 2 unsere ganze Energie. Wir können nicht nebenher komplexe Aufgaben lösen.

Kahneman unterscheidet weiters zwischen dem „erinnernden Ich" und dem „erlebenden Ich" und fügt hinzu, dass das „erinnernde Ich" unser Leben bestimmt. Das Gedächtnis[137] schönt und verdichtet im Rückblick. Der Mensch besteht daher aus zwei verschiedenen Ichs: Das erinnernde Ich, das nur die schönen Geschichten speichert, und das erlebende Ich, das auch negative Erlebnisse aktuell erlebt, aber sich nicht langfristig merkt. Der Mensch wird von einem Zuversichtsgenerator angetrieben, der schon früh in der Stammesgeschichte angelegt wurde.

Wenn unser Köpfchen schon so ein Tausendsassa ist, dann stellt sich natürlich, wie bei jedem Star, die Frage: Was können wir von ihm lernen?

Während wir uns außen um Ordnung, Struktur und Hierarchie bemühen – in beinahe allen Bereichen des gesellschaftlichen Lebens – ist das Gehirn da-

133 Vgl. Spiegel-Gespräch mit Daniel Kahneman vom 21.5.2012, Seite 108/109
134 Vgl. Daniel Kahneman, „Thinking fast and slow", Penguin, 2011
135 Vgl. http://www.spiegel.de/international/zeitgeist/interview-with-daniel-kahneman-on-the-pit-falls-of-intuition-and-memory-a-834407.html, Stand 01/14
136 Vgl. Daniel Kahneman, „Schnelles Denken, langsames Denken", S. 55, Pantheon Verlag, 2012
137 Vgl. http://www.rsb4.de/content/view/4528/87/, Stand 01/14

gegen polyzentrisch organisiert, gar nicht dirigistisch. Wie ist unser Gehirn überhaupt aufgebaut? Der kleinste Teil sichert die wichtigsten, weil lebensnotwendigen, Funktionen, ohne dass wir eigens über sie nachdenken müssen. Niemand überlegt sich den nächsten Atemzug bewusst oder muss sich erinnern, wie das mit dem Aufwachen funktioniert. Für unser Überleben ist im Hypothalamus gesorgt. In diesem Areal hat die Steuerungszentrale des vegetativen Nervensystems ihren Sitz und zeichnet verantwortlich für alle lebensbestimmenden Funktionen. Das Kleinhirn[138] regelt unseren Bewegungsablauf und sorgt fürs Gleichgewicht.

Im limbischen System lernen wir schon vor der Geburt[139], was gut oder schlecht ist für uns. Dort wird maßgeblich abgespeichert, wie wir uns emotional in der Welt zurechtfinden. Unsere Emotionen bringen wir laufend in Verbindung mit unserem Sozialverhalten und lernen auf diese Weise ein Leben lang dazu. Wer sich nicht immer wieder auf Neues einlässt, um Erfahrungen zu machen und diese auch bewertet, der wird geistig nicht wachsen. Dabei lebt uns unser Gehirn diese Form der Selbstorganisation sogar erfolgreich vor. Die Devise lautet: „Erkennen – Benennen – Umsetzen!"

Wenn wir denken, wir haben eine Idee, dann kannte unser Gehirn diese Eingabe schon lange vorher. Das Gehirn verbraucht beim bewussten Denkprozess rund 20 % der gesamten Körperenergie. Beim unbewussten Denken schafft es in der Minute rund 11 Millionen Bits, wogegen es beim bewussten Denken nur noch 42 Bits sind. Damit ist bewusstes Denken ein echter Energiefresser. „DUMME" leben hirnökonomischer! Dabei hat Blödheit viele Facetten und meist schon früh begonnen. Dazu muss man weder Sokrates (*„Die Jugend von heute liebt den Luxus, hat schlechte Manieren und verachtet die Autorität"*), noch die Autoren von „*Generation: Doof*"[140], den österreichischen Mikromann, Supernannys und Co bemühen.

Der Münchener Psychologe Hans-Georg Häusel definierte schon im Milleniumsjahr unsere drei Antreiber in seinem Buch „Think Limbic! Die Macht des Unbewussten verstehen und nutzen für Motivation, Marketing, Management"[141]. Die Impulsgeber des limbischen Systems nennt er „Stimulanz", „Dominanz" und „Balance". Demnach sind wir Menschen in unseren Kaufentscheidungen stark davon abhängig, welche Instruktoren in unserem Gehirn am mächtigsten sind. Das Neuromarketing geht von folgender Erkenntnis aus: *„Alles, was keine Emotionen auslöst, ist für das Gehirn*

---

138 Vgl. http://www.3sat.de/nano/diverses/gehirn.html, Stand 01/14
139 Vgl. http://www.youtube.com/watch?v=oDfN19YRYRw, Stand 03/14
140 Vgl. http://www.luebbe.de/Buecher/Sachbuch/Details/Id/978-3-404-60596-5, Stand 01/14
141 Vgl. Dr. Hans-Georg Häusel, „Think limbic! Die Macht des Unbewussten verstehen und nutzen für Motivation, Marketing, Management", Haufe, 2008

wertlos!"[142] Laut den Verkaufspsychologen treffen Menschen rund 70 % ihrer Kaufentscheidungen unbewusst.[143] Unterschieden werden drei Regionen im Gehirn, die für unsere drei Anteile verantwortlich sind:

- **Dominanz** (Macht, Status, Durchsetzung),

- **Stimulanz** (Neugier, Erlebnishunger, Kreativität),

- **Balance** (Sicherheit, Stabilität, Ordnung)

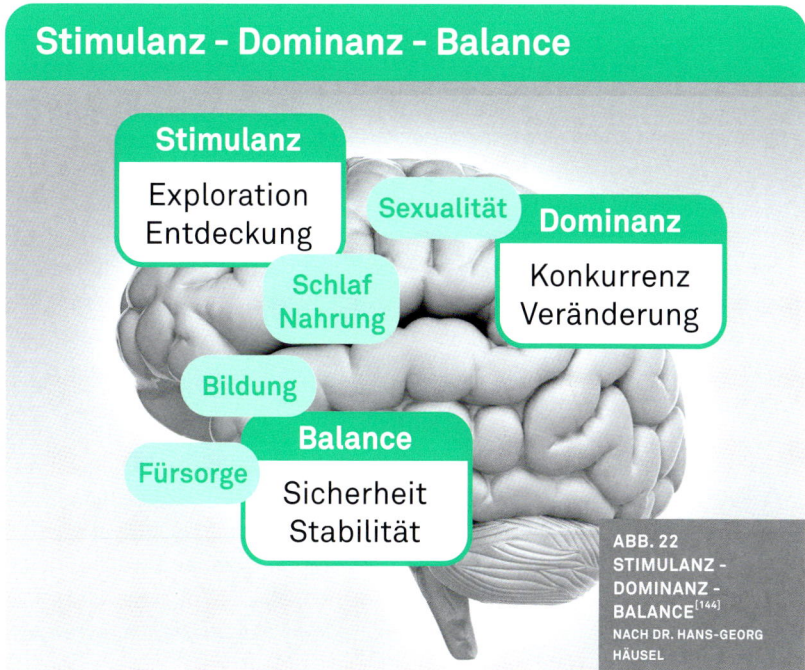

Stimulanz - Dominanz - Balance

Stimulanz
Exploration Entdeckung

Sexualität

Dominanz
Konkurrenz Veränderung

Schlaf Nahrung

Bildung

Balance
Sicherheit Stabilität

Fürsorge

ABB. 22
STIMULANZ -
DOMINANZ -
BALANCE[144]
NACH DR. HANS-GEORG
HÄUSEL

Diese lassen sich nach Häusel wiederum leicht unseren Motivfeldern zuordnen:

- **Kontrolle** (Disziplin, Perfektion, Effizienz, Logik),

- **Revolution** (Regelbruch, Risikobereitschaft, Mut, Abenteuer) und

- **Offenheit** (Toleranz, Fantasie, Flexibilität, Fürsorge)

---

142 Vgl. http://www.format.at/articles/1010/527/264064/die-emotion-kauf-gehirn-basis-marketingstrategien, Stand 03/14

143 Vgl. http://interconnectionconsulting.de/fileadmin/pdf/NMS2009Seminar.pdf, Stand 01/14

144 Vgl. http://www.thinkneuro.de/2011/02/19/motiv-und-emotionssysteme-warum-kauft-der-kunde-was-er-kauft/#!prettyPhoto, Stand 01/14

Grundsätzlich, so behauptet Häusel, lernen unsere Gene sehr langsam. Auch nach 7 Millionen Jahren hätten wir mit dem Schimpansen immer noch 98,9 % genetische Übereinstimmung. Er ist sicher, dass es die letzte kleine Veränderung im Gehirn vor 70.000 Jahren gegeben hat. Seither ist nichts großartig Neues für ihn zu entdecken. An diesem Punkt scheint er Einigkeit mit Hirnforscher Prof. Roth zu haben. Gerne zitiert Häusel auch Allan Snyder, den Direktor des Centre for Mind, der mit seinem Sager Furore gemacht hat: *„Bewusstsein ist wie eine PR-Kampagne unseres Gehirns, sodass wird denken, wir hätten tatsächlich auch etwas zu sagen!"*[145]

Laut Häusel gäbe es bedeutend mehr „Harmonizer" weltweit. Die einfache Faustregel des Psychologen in Sachen Persönlichkeitstypologie für Jedermann lautet: für „balanceorientierte Menschen" sei Fellwärme und Geborgenheit wichtig. Sie hätten zudem ein größeres Sicherheitsbedürfnis. „Stimulanzgetriebene" hingegen seien ständig auf der Suche nach neuen Reizen, Chancen und Perspektiven. „Performer" fühlten sich dafür stärker angezogen von Luxus- und Prestigeobjekten als etwa die „Harmonizer" unter uns. In einem gelungenen Kundengespräch wäre deshalb vom Salespersonal zu eruieren: Welcher Kundentypus sitzt mir gegenüber? Bestimmt ist es auch für das Privatleben brauchbar, sein Gegenüber lesen zu können (vgl. Kapitel 33. Kommunikations-Screening).

Oft verrät die Kommunikation unsere Bedürfnisse. Was dem jeweiligen Käufer wichtig ist und welche Bedürfnisse nachgereiht sind, lässt sich aus dem Gespräch heraushören. Die richtigen „Gates" des Kunden rasch zu erkennen, unterscheidet den guten vom besseren Verkäufer. Niemand wünscht sich schließlich einen Verkäufer, der mehr an seinen eigenen Fragen interessiert ist als an den Antworten des potenziellen Kunden. Nur die eigene Warenpräsentation und Lobhudelei im Fokus des Verkaufsgespräches zu haben, ist sicher wenig kundenorientiert.

Auch im Feld der Kommunikation redet der Unternehmensberater Häusel mit. Selbst ist er ein eher monotoner Sprecher. Laut ihm kommen Männer auf 125 Worte pro Minute und Frauen in der gleichen Zeit auf gemessene 250 Worte[146]. Häusel ist weiters davon überzeugt, dass es so etwas wie eine *limbische Persönlichkeitsstruktur* gibt. Wer wissen möchte, was er für ein „Häusel-Typ" ist, dem empfiehlt er seinen Test[147].

145 Vgl. http://www.arte.tv/guide/de/040347-001/das-automatische-gehirn-1-2, Stand 03/14
146 Vgl. http://de.slideshare.net/post08/emotional-boosting-internetstrategien-aus-sicht-des-gehirns, Stand 03/14
147 Vgl. http://www.intem.de/schnelltest/, Stand 01/14

Wie sieht es nun aus unter unserer Frisur? Die Großhirnrinde bildet den größten Bereich unseres Gehirns – hier wohnt die graue Masse und in ihr mindestens die Hälfte unserer gesamten Nervenzellen. Das faszinierende ist, dass sich diese rund 40 Milliarden Nervenzellen ungefähr eine Trillion[148] mal verknüpfen können. Neurobiologe Roth ist davon überzeugt, dass dieser Speicher praktisch unendlich groß ist und darauf wartet, dass die Welt ihm etwas anbietet oder dass sein eigenes limbisches System ihm Angebote macht. Jeder trägt ein kleines Universum in sich. Dieser Teil unseres Gehirns gibt den Forschern die meisten Rätsel auf und lässt sich am ehesten mit einem Computer vergleichen. Es ist wahrscheinlich wenig sinnvoll, die Leistung unserer grauen Zellen mit elektronischen Speicherzellen gleichzustellen. Aber die moderne Wissenschaft geht sogar davon aus, dass unser Gehirn über 100 Milliarden Nervenzellen besitzt.

ÜBUNG 3
Um einige davon jetzt gleich erlebbar zu machen, wartet im Praxisteil eine kleine interaktive Übung zum Thema „Decodierung" der Sprache auf Sie!
→ Seite 309

Fazit:

Es ist faszinierend: Bereits nach einer Zehntelsekunde wird in uns ein Urteil gefällt, ob wir etwas mögen oder nicht. Dabei ist unser Gehirn biologisch betrachtet nur ein Haufen elektrochemischer Signale, das optisch in Form einer wenig schmucken grauen Badekappe daher kommt.

---

148 Trillion = eine Eins mit 18 Nullen: 1.000.000.000.000.000.000

KAPITEL 15

Nützen Sie die Sprache der Werbung

15

Nützen Sie die Sprache der Werbung

Vor einigen Jahren besuchte mich ein umtriebiger Kommunikationskollege, Medienpsychologe, Autor und Werbekenner zum Kaffeeplausch[149] in meinem Büro: Christian Mikunda. Sein Buch *„Warum wir uns Gefühle kaufen"*[150] verrät, welche sieben Hochgefühle er benennt, nach denen wir Konsumenten gieren: Glory, Joy, Power, Bravour, Desire, Intensity und Chill. Der Entertainment- und Inszenierungsexperte ist davon überzeugt, dass diese Begriffe heute positiv konnotiert sind. Dennoch korrelieren einige davon mit den klassischen sieben Todsünden der Menschheit. Es klingt logisch, dass „Ehre" (Glory) in übersteigerter Form zu Hochmut führen kann und Konsumenten, die vor allem gerne „chillen", einen Hang zur Trägheit entwickeln. „Power" bedeutet Kraft – die aggressive Überhöhung dessen kommt dem Zorn gleich und damit schon wieder einer Todsünde. Der Mediendramaturg beherrscht sein Handwerk. Von Tokio bis Rio hat er Shopping Malls strategisch beraten, auf die optimale Erlebniskultur hin überprüft und Erlebniswelten inszeniert. Der wahrscheinlich interessanteste Satz unseres persönlichen Austausches war: *„Ästhetisches Empfinden ist ein Grundbedürfnis des Menschen. Wir sind damit geboren. Viele haben es leider wieder verloren."* Mich erinnerte sein Sager an einen von Karl Lagerfeld: *„Wer beginnt Jogginghosen zu tragen, hat die Kontrolle über sein Leben verloren."*[151]

Fälschlicherweise verwechseln manche Menschen Inszenierung mit Lüge. Das ist Unsinn! Schon wenn wir einen Tisch decken für jemanden, der uns lieb ist, inszenieren wir. Eigenmarketing hat demnach eine Menge mit gelungener Inszenierung zu tun. Klar muss unterschieden werden zwischen schlechter Selbstdarstellung und charismatischer Performance. Wer aber glaubt, es reiche aus, nur etwas von seiner Sache inhaltlich zu verstehen und deshalb auf die hohe Kunst der Darbietung gänzlich verzichtet, ist sicher naiv. Nein, solides Fachwissen unsüffig gereicht, überzeugt nicht. Dazu ist unser Auge bereits viel zu stark verwöhnt und unser Anspruch an Inszenierung gestiegen. Wir sehen und hören bereits digital, leben jedoch noch analog. Visuelle Illusionen sind dafür ein gutes Beispiel. Natürlich wissen wir, dass sich auf der Kinoleinwand niemand bewegt. Dennoch sind wir nicht von den einzelnen Bildsequenzen hingerissen, sondern vom Film, der vor unseren Augen

149 Vgl. http://diepresse.com/home/leben/mensch/511201/Sonntagsgespraech-mit-Christian-Mikunda, Stand 01/14
150 Vgl. Christian Mikunda, „Warum wir uns Gefühle kaufen: Die 7 Hochgefühle und wie man sie weckt", Econ, 2009
151 Vgl. Talkshow Markus Lanz, ZDF, 19. April 2012, http://de.wikiquote.org/wiki/Karl_Lagerfeld, Stand 01/14

Gestalt annimmt. Obgleich wir wissen, dass etwas eine optische Täuschung ist, funktioniert die Illusion und unser Sehsystem scheint falsche Annahmen zu treffen.

Gefährlich wird es dort, wo wir uns blenden lassen wollen. Wenn sich Politiker für ihre Wahlkampfreden und zur Schärfung des eigenen Profils Rattenfänger aus der Werbung als Berater an Bord holen, dann tun sie das, um sich gegen die Kritiker zu rüsten und sich selbst besser zu verkaufen. Politik als Ware.

In seiner Mockumentary „Bob Roberts" lehrte uns Tim Robbins schon vor zwanzig Jahren, dass Politiker „gemacht" werden, um überhaupt an die Macht zu kommen. Der Kultfilm „Wag the Dog" war noch im alten Millennium ein Pflichtfilm für alle, die hinter die Kulissen des politischen Geschäftes blicken wollten. Was Medienmanipulation im Wahlkampf bewirken kann! Der richtige Song, zugkräftige Promi-Fürsprecher und eine möglichst einfache Botschaft reichen.

„¡No!" des chilenischen Regisseurs Pablo Larraín war nicht zuletzt deshalb für den Auslands-Oscar 2013 nominiert, weil der Film kritisch beleuchtete, wie Werbemaßnahmen die Politik beeinflussen. In diesem Fall zum Vorteil für die Bevölkerung. Der chilenische Diktator Augusto Pinochet ist demnach durch eine Politkampagne entmachtet worden und der Demokratisierungsprozess konnte nach Jahren der Unterdrückung beginnen.

Dieses Phänomen gibt es nicht nur in Amerika oder im Film. Das Rezept wirkt überall auf der Welt: Man nehme Geld in die Hand für politische Marketingmaßnahmen und entzünde ein PR-Feuerwerk samt einfacher Kommunikations-Knallkörpern und warte, dass die Wahllemminge ins Netz rennen.

Auch in Österreich erzählte Matthias Strolz, Spitzenkandidat der Jungpartei Neos[152], mit geschwellter Brust schon in seinem ersten Vorwahlkampf: „*Wir haben Grace Pardy, ehemalige Brandmanagerin von Levi Strauss, Reebok und Coca Cola als Wahlkampfmanagerin gewonnen.*" Viele Wähler schenken ihre Stimme eben lieber einzelnen gut inszenierten Persönlichkeiten. Ihr Kreuz setzen sie seltener dort, wo ideologische oder fachkompetente Lösungen überzeugen. Schließlich ist es leichter, einen Menschen am Bildschirm oder vom Plakat zu beurteilen – nach Sympathie, Gepflegtheit und Sprechfertigkeit –, als sein Programm zu studieren (falls vorhanden). Niemand kann zudem verifizieren, ob die empfohlenen Lösungsansätze der jeweiligen Parteien für die komplexen Problemstellungen in unserem Land wirklich sinnvoll sind. Lieber wollen wir wissen: Wer mag außer mir den Kandidaten? Mit wem sitze ich da

---

152 Vgl. http://kurier.at/politik/inland/neos-im-portraet-wir-sind-eine-neue-volkspartei/7.067.397,
     Stand 03/14

im gleichen Meinungsboot? Zu welchen Leuten bekenne ich mich gerne zugehörig? Den Neos in Österreich war das bewusst. Strolz, ihr Vorsitzender, akquiriert sogar via Facebook und Twitter und analysierte die Erfolgsfaktoren für gelungenes parteipolitisches Kampagnisieren über digitale Kanäle am eigenen Parteibeispiel: *„ohne Social Media wären wir nicht im Parlament."*[153]

Und, oh Wunder! Auch hier ging die Formel auf: die Neos wurden sowohl ins Parlament katapultiert als auch verkaufen sie sich nach außen als *„das größte Start-up Österreichs."*[154]

Die besten Berater, Spin-Doktoren, Kommunikations-Profis und Testimonials an Bord zu haben nützt jedoch nichts, wenn das Boot inhaltlich aus dem letzten Loch pfeift und daher ideologisch einem Schlauchboot gleicht. Selbst die teuren erfolgsverwöhnten Experten müssen dann Schwimmwesten anlegen und hoffen, dass die Luft nicht entweicht, bevor sie von Bord gehen. Nicht mit jedem Schinakel lassen sich die ganz großen Yachtmanöver machen.

Oliviero Toscani, der berühmte Benetton-Fotograf, rechnete in seinem Buch[155] *„Die Werbung ist ein lächelndes Aas"* schon 1998, mit derselben gründlich ab. Er verwendete die Sprache der Werbung jahrzehntelang – in Bild und Wort –, um auf aktuelle Trends und Probleme hinzuweisen: *„Wenn mich die Leute fragen, was denn der Krieg in Ex-Jugoslawien, Aids oder aktuelles Zeitgeschehen mit Pullovern zu tun haben, antworte ich, sie hätten gar nichts miteinander zu tun. Ich mache keine Werbung. Ich verkaufe nicht. Ich versuche nicht, das Publikum zu überreden. Ich nutze die Möglichkeiten, die Wirkungskraft einer unausgeschöpften und verachteten Kunst, nämlich der Werbung. Ich kratze die öffentliche Meinung dort, wo es sie juckt."*[156] Der italienische Starfotograf hat oft verblüfft mit gesellschaftspolitischen Botschaften auf Werbeplakaten für seinen Markenkunden Benetton. Die Art seiner Kommunikation wurde zu allen Zeiten kontroversiell diskutiert. Herausgestochen ist Benetton aus dem Meer der zig tausend Textilanbieter allemal.

In vielen kreativen Disziplinen haben Menschen die Nase vorne, denen es gelingt, uns zu überraschen, weil sie „Out-of-the-box" denken. Meistens sind es Antimainstream-Ttypen, die das Leben von völlig anderen Seiten betrachten, schnell zoomen können und deren Gedanken sich abheben von jenen der Schwadroneure aus der Masse.

---

153 Vgl. http://www.horizont.at/home/detail/matthias-strolz-und-das-groesste-start-up-oesterreichs. html, Stand 03/14

154 Vgl. http://www.horizont.at/home/detail/matthias-strolz-und-das-groesste-start-up-oesterreichs. html, Stand 03/14

155 Vgl. Oliviero Toscani, „Die Werbung ist ein lächelndes Aas", Bollmann Verlag, 1998

156 Vgl. http://nahtschatten.wordpress.com/2011/01/11/benetton-oder-wie-wahr-darf-werbung-sein, Stand 01/14

Zaha Hadid ist als Kult-Architektin Unglaubliches in der Kommunikation zwischen Mensch und Objekt gelungen. Als erste Frau wurde sie 2004 mit der bedeutendste Ehrung in der Architektur ausgezeichnet, dem Pritzker-Architektur-Preis.

In der Literatur ist Frédéric Beigbeder immer ein Garant für staunende Leser. Auch er hat viele Jahre in der Werbung gearbeitet, wurde ihr Opfer und rechnet in jedem Interview mit dem Mainstream ab: *„Widerstand gegen dieses System zu leisten, besteht darin, Bücher zu schreiben. Weil es in Büchern keine Werbung gibt! Wir leben in einer Welt der Bilder, in einer Omnipräsenz des Visuellen. Aber ich glaube, mit Worten kann man die Menschen tiefer berühren, sie eher zum Nachdenken bringen als mit Bildern.“* [157]

„Shooting Star“ in der klassischen Philosophie war in den 1860ern etwa der „freie Denker“ Friedrich Nietzsche, dem gleich nach seinem Studium schon mit 24 Jahren die Professur angeboten wurde. Auch seine Haltung im Leben war definitiv Anti-Mainstream. Das brachte er auch auf die Zeile: *„Wer vom Herkömmlichen abweicht, ist das Opfer des Außergewöhnlichen; wer im Herkömmlichen bleibt, ist der Sklave desselben. Zugrunde gerichtet wird man auf jeden Fall.“* [158]

Bei allen wirkt ein ähnliches Prinzip: Es reicht nicht, jeden Trend mitzumachen, sondern es geht darum, herauszustechen aus dem Meer der plakativen Beteuerungsarien und Marktstandbrüller. „Dabei sein ist alles“ – das gilt vielleicht für Olympia, nicht für die Werbung. Hier bedeutet es den Tod auf Raten.

Fazit:

Die Sprache der Werbung funktioniert! Für unsere Vorträge, Meetings und Bewerbungen können wir von Werbeprofis abschauen. Blicken Sie über den Tellerrand und finden Sie heraus: Wie viel Inszenierung ist für mich nötig, um meinem Eigenmarketing auf die Sprünge zu helfen? Nur wer sich gedanklich aus dem Sumpf des Mainstreams nimmt, kann Frischwasser tanken. In der Politik beispielsweise erleben wir gratis, welche Kommunikations-Manöver nicht funktionieren. Sich von Profis aus Kommunikation und Werbung inspirieren zu lassen und die eigene Dramaturgie beispielsweise für eine Verhandlung oder die nächste wichtige Präsentation vorher durchzudenken, ist wertvoll. Gute Dramaturgen sprechen Emotionen an, verwenden Pausen und schaffen Weitererzählwert.

---

157 Vgl. Interview mit Frédéric Beigbeder: http://www.taz.de/1/archiv/archiv/?dig=2001/05/12/a0127, 03/14 und http://www.freitag.de/autoren/maxi-leinkauf/auf-der-reise, Stand 01/14
158 Vgl. Friedrich Wilhelm Nietzsche, „Menschliches, Allzumenschliches. Ein Buch für freie Geister. Erster Band. Neuntes Hauptstück. Der Mensch mit sich allein", http://www.aphorismen.de/zitat/71884, Stand 01/14

KAPITEL 16

Herz, Hirn, Habits

16

Herz, Hirn, Habits

Sie haben Ihre intuitiven Fähigkeiten von jeher gut trainiert? Sie sprechen bereits die Emotionen Ihres Gegenübers an? Gut! Andere wiederum fangen mit schwammigen Begriffen, wie „innere Stimme", „Bauchgefühl" oder „emotionaler Entscheidung" wenig an. Kein Wunder, es wird einem gar nicht leicht gemacht; freiwillig die richtige Tür ins Reich der Empfindungen zu finden. Die esoterische Fraktion im Management treibt auch hier unglaubliche Blüten. Am Wegrand wuchern Firmen, die ihren Mitarbeitern in Form von Seminaren auch religiös und spirituell zu Leibe rücken wollen, um sie noch besser im betrieblichen Verwertungsprozess ausweiden zu können. Links boomen Management-Voodoo-Kurse für die Chef-Etage, rechts gibt es NLP, für die, bei denen gar nichts mehr geholfen hat. Beliebte Patentlösung für eine 08/15-Entwicklung aus der Positivdenker-Ecke. Auf der anderen Seite der Straße werden gruselige „Super-Business-Krieger" für den Vertrieb ausgebildet, um zu lernen, wie man beim Kunden besser im Gedächtnis bleibt. Woran erinnern wir uns?

Im Gedächtnis behalten wir:

- Farben
- Orte
- Zahlen (nein, kein überfülltes Excel-Sheet!)
- Formen
- alles, das unsere Emotionen anspricht (Geschichten) oder
- wenn etwas unsere Kinderseele berührt.

Der Weitererzählwert basiert auf Erinnerungen und hat tatsächlich nur wenig mit realen Fakten zu tun, er speist sich vor allem aus unseren Emotionen. Der wohl bekannteste Marketing-Gag ist „Nessie", das Ungeheuer von Loch Ness[159]. Wissenschaftler und Experten werden nicht müde zu beteuern, dass seine Existenz wenig glaubwürdig ist und sie beharren auf Falschmeldungen. Der Nessie-Mythos ist jedoch zu einer der wichtigsten Einnahmequellen für den schottischen Tourismus geworden.

Manche suchen noch die Nachfolger von „Bigfoot" und „Yeti" – auch die beiden wurden bekanntlich nie gefunden. Dennoch: Menschen erinnern sich ihrer – obwohl sie nie gesichtet worden sind.

---

159 Vgl. http://blog.provo.at/?p=70, Stand 01/14

Wir sind aber auch empfänglich für gesellschaftliche Tabus und Denkverbote. Zigaretten beispielsweise waren vor dreißig Jahren noch ein Zeichen von Abenteuerlust, Draufgängertum und Coolness. Heute gilt der blaue Dunst als unchic, prollig und die jahrhundertelange gepflegte Rauchkultur ist plötzlich perdu. Dabei boomten Rauchsalons schon vor langer Zeit – besonders im 18. Jahrhundert – und hießen Tabakgenießer aller Disziplinen herzlich willkommen. In elitärer Atmosphäre wurde bei Meerschaumpfeife, Chesterfield, Schnupftabak oder Zigarre politisiert, philosophiert, genetzwerkt und entspannt.

Was passiert, wenn alte Werte mit neuen Emotionen aufgeladen werden, erleben wir auch an anderen gesellschaftlichen Entwicklungen, Statussymbolen und sogar an Spielzeugen.

Durch veränderte Sozialisierung erlangten Pelze völlig neue Bedeutung: am Beginn der jungen Steinzeit wurden Accessoires aus Fellen gemacht. Im 17. und 18. Jahrhundert war die Nachfrage dann überwältigend. Unter Napoleon hatte die Bärenfellmütze als Kopfbedeckung der Grenadiere Hochsaison. Sie galten als Symbol für Männlichkeit, Macht, Status und militärischen Erfolg. Aber nicht nur Männer trugen Tierhaut. Eine Filmdiva ohne Hermelin, Persianer, Chinchilla oder Nerz gab es zu Beginn des letzten Jahrhunderts überhaupt nicht. Egal ob Marlene Dietrich in den 1930ern oder die Taylor in den 1950ern – alle trugen Pelzkolliers, Fellboas und Nerzmäntel. Ausgerechnet im Nationalsozialismus wurde Tier- und Artenschutz großgeschrieben und als wichtiges Propagandathema erhoben. Heute gibt es daher eher eine Anti-Pelz-Stimmung in der westlichen Welt. 2004 wurde der Tierschutz in die EU-Verfassung aufgenommen. Westhollywood hat 2011 erstmals ein Verbot beschlossen, womit der Verkauf von Pelztieren untersagt wird.[160]

Vom Pelz zum Petz: Ein Urzeitkind hätte bestimmt nicht verstanden, warum es Jahrtausende später nicht mehr zum guten Ton gehören soll, sich mit Pelzen zu wärmen. Oft ist Klein-PamPam aus der Urzeit liebevoll und weich in sein Bärenfell gehüllt beim Lagerfeuer wach gelegen, weil das Gebrüll und die Schreie der wilden Tiere – allen voran das der Bären – Angst machend waren.

Bis vor 20.000 Jahren gab es sogar in unserer Gegend noch Höhlenbären, die bis zu drei Meter groß werden konnten. Bestimmt hätte das Urzeitkind es befremdlich gefunden, dass heute viele zivilisierte Kinder ausgerechnet ohne ihre brummenden Bären im Arm *nicht* einschlafen können. Der gefährlichste Feind des Urzeitkindes hat demnach eine steile Karriere gemacht: Spielzeugbären gab es bereits im Mittelalter und sie gehören auch zu den ersten Spielzeugen – neben Puppen –, die „reden lernen" durften.

---

160 Vgl. http://www.manager-magazin.de/lifestyle/mode/0,2828,799246,00.html, Stand 01/14

Der wahrscheinlich älteste[161] „Werbebär" ging 1892 an den Start für die Berner Alpenmilchgesellschaft, die mit der „Bärenmarke" große Erfolge feierte. Sogar als Firmenzeichen wurde das Wappentier des Kantons Bern gewählt. 1902 entwickelte der Neffe von Margarete Steiff den ersten Plüschpetz, der seinen Namen dem amerikanischen Präsidenten „Teddy" Roosevelt verdankt. Steiff-Teddybären sind durch die Amerikaner groß geworden und heute bei Sammlern beliebt.

Kein Wunder, dass schon bald die Werbebranche auf den „tierischen Verführer" aufmerksam wurde. Stand er doch für Gemütlichkeit, gute Laune, Geduld und Zuverlässigkeit. Natürlich hat Meister Petz zudem im Fernsehen und Kino Furore gemacht: Bussi Bär, Yogibär, Petzibär samt Großvater, Balu, der Bär aus dem Dschungelbuch, der Lila Launebär von RTL, Hustinettenbär, Winnie the Pooh und Fozzi Bär[162] – alle knuddelige Kinderlieblinge. In Berlin – wo er ebenfalls Wappentier ist – wurde seine goldene Statuette sogar das Symbol der Auszeichnung für den internationalen Filmpreis „Goldener Bär" der Berlinale.

Emotionen bringen Kundschaft! Natürlich arbeitet die Werbeindustrie deshalb mit kleinen Kindern, niedlichen Tierchen und jeder Menge nackter Haut.

Wenn Basic Instincts ins Out führen

Sex sells! Stimmt. Doch Vorsicht: Zu viel Sex verkauft nicht zwingend besser! Zu viele Emotionen können sogar blind machen. Schon vor zehn Jahren stellen amerikanische Forscher rund um David H. Zald[163] fest, dass erotische Bilder zur einer „Contemporary Blindness" führen. Der Psychologieprofessor von der Vanderbilt University[164] erklärt warum: Zum einen sei die Blickführung von Männern und Frauen völlig unterschiedlich. Bei vielen Männern beispielsweise ziele sie – gerade bei erotischen Anzeigen – an der Markenbotschaft vorbei. Zum anderen führe diese vorübergehende Blindheit zu einer Art „Rubbernecking-Effekt". Eine Erotik- oder Gewaltszene bewirke daher, dass die Rezipienten noch einige Momente „gaffen", in denen sie Werbeinformationen weniger erfolgreich aufnehmen.

In der Werbung haben sich in dem Zusammenhang gleich mehrere Begriffe etabliert, die diesen „Vampir-Effekt" beschreiben. Immer geht es um Aufmerksamkeitsverlust – der kann auch durch Testimonials auftreten, die zwar

---

161 Vgl. http://www.barbara-wahnemuehl.de/pdf/Wissenswertes%20Januar%202008.pdf?PHPSESSID=4iap6nleaco09rlgk44v0jrfv4, Stand 01/14

162 Vgl. http://www.teddybaerenmuseum.de/famous/pooh.html, Stand 01/14

163 Vgl. http://www.youtube.com/watch?v=zJgAjbzjSNk, Stand 02/14

164 Vgl. http://www.psy.vanderbilt.edu/faculty/Zalddh/, Stand 02/14 und http://www.vanderbilt.edu/exploration/stories/rubbernecking.html, Stand 02/14

imagefördend sein mögen, aber nicht zwingend umsatzsteigernd. Humor hat neben Sex und Angst übrigens ähnliche Wirkung.

In den 1980er-Jahren gab es eine preisgekrönte Toyotawerbung: Affen saßen im Spot auf Bäumen und sangen: *„Nichts ist unmöööglich, Toyota!"* Das war zwar spaßig, aber der damals neue Corolla hat sich nicht wirklich besser verkauft. Imagewerbung ist eben keine Produktwerbung. Das ist im Verkaufsgespräch nicht anders. Wer die eigene Firma über den grünen Klee lobt, verkauft deswegen nicht mehr Produkte.

Beim Vampir-Effekt wird Aufmerksamkeit so abgezogen, dass die eigentliche Werbebotschaft ins Erinnerungs-Out katapultiert wird. Werbung ist in diesem Fall schlecht gemacht und die geplante Aktivierung der Markenkommunikation scheitert.

Ein Unternehmen mit negativem Image, das versucht, durch aufdringliche Werbung den Konsumenten positiv umzustimmen, wird mit der nächsten Keule rechnen müssen: dem „Bumerang-Effekt"[165]. Menschen lassen sich nicht gerne korrumpieren und schon gar nicht „gängeln".

Emotionen beherrschen unser Leben. Deshalb ist es wichtig zu wissen: Warum „mögen" wir Dinge überhaupt? Sind uns Vorlieben angeboren und haben wir gelernt, Gefühle zu steuern? Ist es die Umwelt, die uns sagt, was „in Ordnung" ist und was falsch? Sind unsere Gefühle von Kindheitserinnerungen geleitet und geben uns dadurch ein Wohlgefühl?

Dreiklang der Gefühle

Der Dreiklang aus Emotionen, Bedürfnissen und Motivation bietet ein grundlegendes Zusammenspiel für menschliches Handeln. Die Emotionalität gibt oft den Ausschlag für ein unmittelbares Bedürfnis. Wir liegen beispielsweise im Hochsommer am Strand und freuen uns darüber, wie toll das Ambiente ist. Es ist brütend heiß. Durch die erkenntnisgeleitete Funktion „es ist heiß" entsteht ein unmittelbares Bedürfnis „ich bin durstig" und schließlich die Handlungsmotivation „ich geh in fünf Minuten an die Beachbar und trink was!" Das Bedürfnis ist hier und jetzt, die Motivation wirkt im Unterschied dazu auch in die Zukunft.

---

165 Vgl. http://wirtschaftslexikon.gabler.de/Definition/bumerangeffekt.html, Stand 03/14

Dreiklang der Gefühle

Emotionalität

Bedürfnisse

Motivation

ABB. 23
DREIKLANG:
EMOTION –
BEDÜRFNIS –
MOTIVATION[166]

Auf welche Basisemotionen reagieren wir besonders? Jeder meint, sich für den eigenen Partner aus freien Stücken entschieden zu haben. Ein Blick auf die Trennungsbilanz erlaubt die Frage: Warum liegen wir dann so oft daneben? Spielen uns die Emotionen einen Streich?

Der Autor des Buches „*Emotionale Kompetenz – Gehirnforschung und Lebenskunst*"[167], Prof. Seidel, unterscheidet zwischen den primären und sekundären Gefühlen. Basisemotionen liefert unser Unterbewusstsein, dazu gehören: Freude, Hass, Liebe, Ekel, Zorn, Traurigkeit, Vertrauen, Neugierde, Überraschung und Angst.

Die sekundären Gefühle, sogenannte soziale Emotionen, entstehen erst durch Denken. Scham, Verlegenheit, Eifersucht, Schuld, Stolz sind einige davon. Wir spüren jedoch auch Hintergrundemotionen: ist jemand etwa angespannt, müde oder empfindet er Unbehagen? Je nach Emotion reagiert unser Organismus – auch das machen sich die Werber zu Nutze.

166 Vgl. http://personalerblog.com/2012/03/13/es-gibt-keine-unmotivierten-menschen-und-fuhrung-skrafte-sind-auch-nicht-fur-die-motivation-ihrer-mitarbeiter-verantwortlich/, Stand 01/14
167 Vgl. Wolfgang Seidel, „Emotionale Kompetenz – Gehirnforschung und Lebenskunst", Spektrum Akademischer Verlag, 2004

Gefühle bieten wichtige Informationen über Körperzustand, Erinnerungen, Unbewusstes, Umwelt			
SYSTEM	**EMOTION**	**REAKTION**	**BEEINFLUSSBARKEIT**
Bewertungs-system	das mag ich (nicht)	Entscheidungen	erlernt veränderlich
primäre Gefühle	Angst (Gefahr) Wut (Feind)	Aggression Flucht	angeboren
sekundäre Ge-fühle	Organzustand Hunger, Kopfschmerz	Intensität der Aktivität	erlernt beeinflussbar
Erinnerungen, Unbewusstes, Soziales	Zuneigung Fremdenhass Gewissen	Motivationen Rücksichten Aggressivitäten	erlernt beeinflussbar
Stimmungen	ungerichtete Motivation	Lust zum Agieren	von Umständen abhängig steuerbar
angeborene Bedürfnisse	Streben nach ... Gesellschaft, Dominanz, Anerkennung, Sex	vorgegebene Richtung von Aktivität	angeboren Umstände beeinflussbar

ABB. 24 EMOTIONEN[168] NACH PROF. DR. WOLFGANG SEIDEL

Bei all diesen Erkenntnissen rund um die Welt unserer Gefühle müssen wir jedoch deutlich unterscheiden zwischen unseren Bedürfnissen und unseren Emotionen. Jeder hat neben körperlichen Bedürfnissen – nach Nahrung, Schlaf, Sauerstoff und Erholung – auch soziale Forderungen. Der Wunsch nach Anerkennung in der Firma oder Wertschätzung im Familienkreis spielt dabei ebenso eine Rolle wie der Wunsch nach Liebe und Intimität. Es ist uns auch wichtig, in Ruhe leben zu können, ohne dabei viel Risiko in Kauf zu nehmen. Wie viel Schutz bietet unser Zuhause oder die Wohngegend? Sicherheit ist ein zentrales Thema. Viele Familien sind nach dem Hurrikane Katrina Ende August 2005 beispielsweise nicht mehr zurückgezogen nach New Orleans. Zu unsicher erschien besonders Familien mit Kindern die dortige Lebenssituation. Die letzte Kategorie unserer Befindlichkeiten gilt dem Wunsch nach geistigem Wachstum, eigener Gestaltung, Freiheit und anderen Ich-orientierten Entfaltungsmöglichkeiten.

---

168 Vgl. http://www.emotionale-kompetenz-seidel.de/Emotionspsychologie/Emotionen/emotionen.html, Stand 01/14

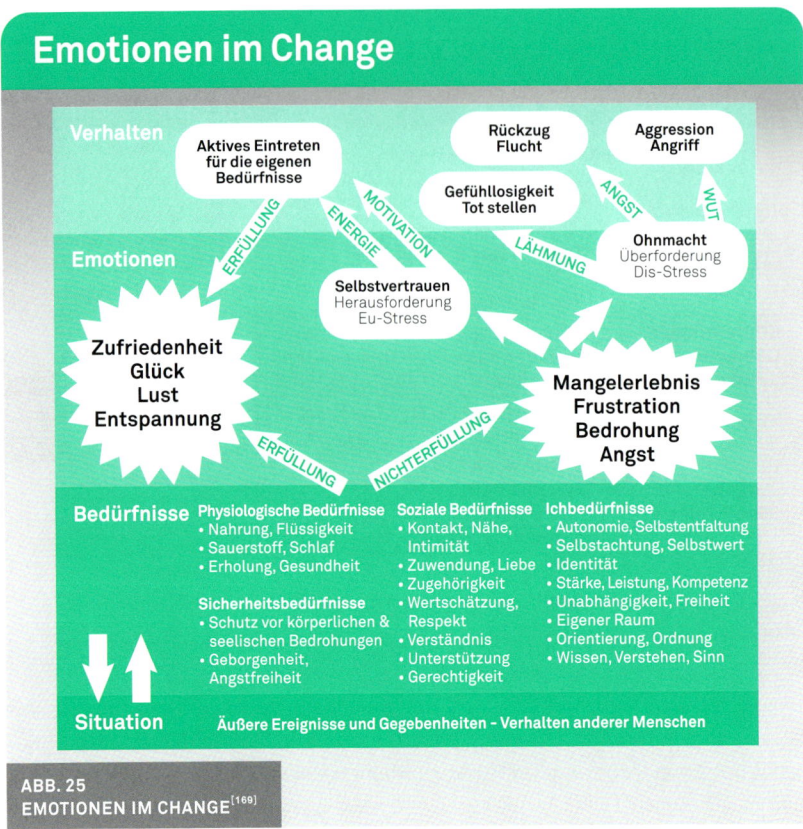

ABB. 25
EMOTIONEN IM CHANGE[169]

Wenn diese essenziellen Bedürfnisse zu kurz kommen, dann kann das zur Frustration führen. Nichterfüllung und häufiges Mangelerlebnis führt zu emotionaler Überforderung und Dis-Stress, dem negativen Stress. Wogegen gemeisterte Herausforderungen das Selbstvertrauen stärken, auch wenn sie manchmal mit Eu-Stress verbunden sind. Auf all diesen Ebenen arbeitet die Werbepsychologie. Es werden Bedürfnis in uns geweckt, die wir gar nicht hätten und uns dann versprochen, dass der Kauf eines Produktes uns bereichert oder Linderung verschafft. Der Sprung vom Bedarf zum Bedürfnis ist dabei ein schmaler Grat. Ein stereotypes Beispiel: Wenn eine Frau in einer Arztpraxis oder im Friseursalon in einem Frauenmagazin blättert, nimmt außen niemand wahr, welche Enttäuschungen und Ängste sie erlebt. Frauengazetten können sensible Menschen depressiv machen. Der Vergleich mit Models, Promis und die journalistisch geschürten Minderwertigkeitsgefühle durch die bewusst inszenierte Themenbehandlung treffen bei vielen Frauen einen wun-

169 Vgl. http://changekommunikation.files.wordpress.com/2009/02/emotionen-im-change.png, Stand 01/14

den Punkt. Depression ist Wut gegen sich selbst. Auslöser kann sein, selbst nicht so wohlgeformt auszusehen wie die Damen der „besseren Gesellschaft". Durch ausgeschlachtete Untreue-Storys der Promi-Frau erleben Leserinnen ihre eigene Scheidungsgeschichte noch einmal. Erinnerungen an ihre Verwundungen kommen wieder hoch. All diese Emotionen rund um Selbstzweifel oder Enttäuschungen finden hinter unserer Fassade statt. Frisör oder Arzt merken davon optisch ebenso wenig wie wir selbst unmittelbar. Wir haben uns ja beim Warten nur mit „leichter Lektüre" abgelenkt. Diese journalistisch seichten Gazetten können einem jedoch kräftig aufs Gemüt schlagen, wenn man seelisch empfindsamer ist. Interessant auch, dass gewisse Filme im Kino nicht unter 16 Jahren freigegeben werden. Aufgeklärte Eltern achten bei der Auswahl des TV-Programms – für ihre Tochter beispielsweise – sogar darauf, welche Sendungen für die Bildung eines gesunden jugendlichen Selbstvertrauens geeignet sind. Sie überlegen sich, welche weiblichen Role-Models dem Nachwuchs in der Phase tiefer Unsicherheit und Selbstfindung die richtigen Ideale vermitteln. Dabei geht es gar nicht um die platte Unterstellung „außen hui und innen pfui". Schließlich ist Kindern beides mitzugeben: innere Werte UND ein gepflegtes Äußeres.

Sagen wir, diese Eltern hätten sogar die 132-seitige Studie der Otto-Brenner-Stiftung gelesen, wonach Medienwissenschaftler Bernd Gäbler[170] vor „hohlen Idolen" wie Klum und Bohlen warnt. Diese Eltern besprechen die falschen Vorbilder mit den Töchtern und versuchen den Konsum von Model- und Castingsshows zu drosseln. Dennoch können sich dieselben jungen Mädchen kiloweise Depressivmacher am Kiosk holen und niemand vermutet damit verbundene seelische Gefahren. Nach außen sind die auch nicht gleich sichtbar.

Wir ziehen im Zuge eines Tages viele Gesichter, hinter denen sich unsere Emotionen verstecken. Manchmal sieht das Gesicht nach außen ganz anders aus als unser Gefühl in uns drinnen. Wer zum Beispiel gerade von einer schlechten Note des eigenen Sprösslings im Meeting via SMS erfährt, wird nicht fluchend lospoltern oder die anderen Meetingteilnehmer damit behelligen. Man wird das Gesicht wahren und weiter zum Thema reden, obgleich einem gleich der Kragen platzt. Natürlich ärgern wir uns über den unfähigen Lehrer samt unserem lernfaulen Kind. Nicht zu vergessen – die verpatzten Sommerferien! Dennoch werden wir keine Miene verziehen.

---

170 Vgl. http://www.otto-brenner-stiftung.de/otto-brenner-stiftung/aktuelles/hohle-idole.html, Stand 03/14

Fazit:

Bieten Sie Ihrem Auditorium mehr als nur eine brav strukturierte Präsentation! Dieser Tipp ist nicht die Anleitung zur Themenverfehlung. Sie sollen sich auch nicht anekdotenreich auf Nebenschauplätzen verheddern. Kümmern Sie sich einfach auch um kritische Aspekte, Insider-Storys und würzige Beispiele, die am Rande des Themas brisant sind.

Die Lockrufe des charismatischen Redners ähneln dabei denen in der Werbung. Rhetorik und Werbung funktionieren ähnlich: beide versuchen Emotionen beim Zuhörer wachzukitzeln. Beide sollen uns berühren und unsere Sinne ansprechen. Zuerst müssen Vorbehalte aus dem Weg geräumt werden. Andere Menschen zu aktivem Verhalten zu bewegen, funktioniert ausschließlich über die Welt der Emotionen und das Unerwartete.

ÜBUNG 5
Die Lockrufe guter Redner üben!
→ Seite 312

KAPITEL 17

Das Abruptions-Geheimnis

Das Abruptions-Geheimnis

Herkunft des Wortes: *Fachausdruck aus der Neurologie*

Bedeutung des Wortes: *sinnvolle Unterbrechung des Erwarteten*

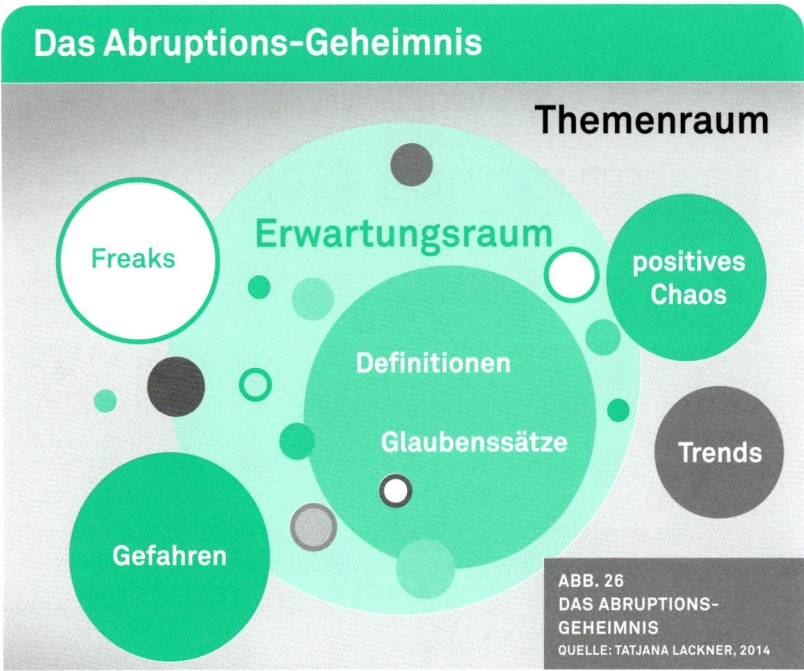

Das Abruptions-Geheimnis

Themenraum

Erwartungsraum

Freaks

positives Chaos

Definitionen

Glaubenssätze

Trends

Gefahren

ABB. 26
DAS ABRUPTIONS-
GEHEIMNIS
QUELLE: TATJANA LACKNER, 2014

Wenn man sein Auditorium, Workshopteilnehmer, Seher, Leser etc. begeistern möchte, beleuchtet man erst einmal einen sehr prinzipiellen Standpunkt: Wir leben in einer ungeheuer schnellen von Reizen überflutenden Welt, in der es sehr schwer geworden ist, den Nachbarn wachzurütteln, zu schockieren bzw. spontan zu begeistern. Dennoch schaffen es gute Redner immer wieder, ihren Zuhörern die Tränen in die Augen zu jagen. Bill Clinton oder Barack Obama waren Testimonials für gelungene Lockrufe guter Redner. Charismatische Redner nutzen das „Abruptions-Geheimnis"!

Am alten chinesischen Sprichwort ist schon etwas dran: *„Was du jeden Tag siehst, wirst du bald nicht mehr sehen."* Optische Täuschungen, Werbeplakate und Bilder arbeiten oft mit diesem Wow-Effekt.

Obwohl der Begriff „Abruption" ursprünglich aus der Gehirnmedizin kommt, vom objektiven Dritten, hat er mittlerweile in der Werbung Aufsehen erregt und ist zum Star geworden. Jeder Redner kann den Wow-Effekt in seiner nächste Präsentation oder Keynote Speech nutzen. Schließlich müssen gerade Redner um ihr Auditorium „werben". Inhalt, Stimme und Sprache, Rede-Performance und die visuellen Hilfsmitteln sind dabei Teil ihrer Show.

Die Neurologen erklären uns, dass Gehirnzellen aufhören zu zünden, wenn die Stimuli nicht verändert werden, aber es ist nicht die pure Präsenz von Stimuli, die eine Reaktion auslöst, sondern der Wechsel im Stimulus. – *Je unerwarteter dieser Wechsel, desto intensiver die Response.* (Mit Response meinen die Neurologen hier einen Lernprozess). Die Schriftstellerin und Lehrerin Gail Godwin sagte einst: „*Lehren ist ein Viertel Vorbereitung und drei Viertel Theater.*"[171]

Ihr Präsentationsthema ist wie ein Garten

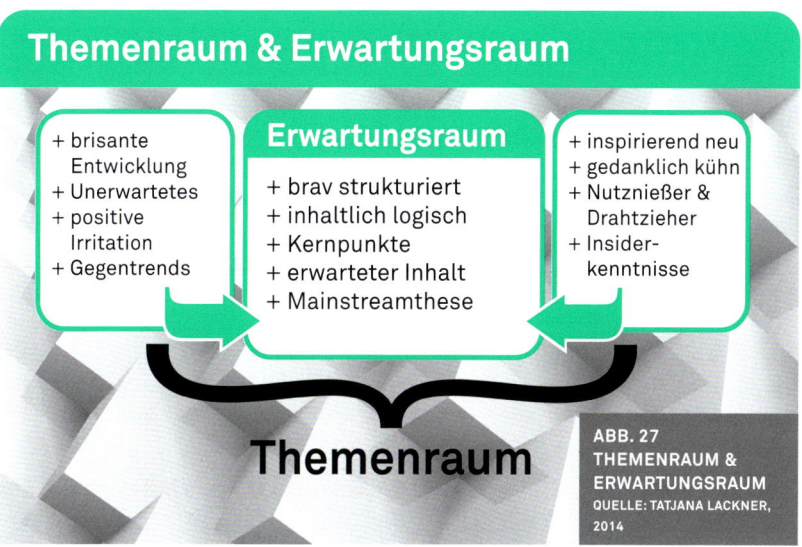

ABB. 27 THEMENRAUM & ERWARTUNGSRAUM
QUELLE: TATJANA LACKNER, 2014

Jede Präsentation findet in einem bestimmten Themenraum statt. Hier sollten Sie zuerst jäten und für Ihr Publikum definieren, wovon inhaltlich die Rede ist und was sie als Unkraut aussparen. Räumen Sie auf mit Glaubenssätzen, den hergebrachten Annahmen, mit denen Ihre Zuhörer gekommen sind. Durch die Themendefinition beugen Sie bereits möglichen Enttäuschungen vor. Zu Ihrem Titel werden schließlich ganz konkrete Inhalte von Ihnen erwartet. Diesem Anspruch werden Sie nur gerecht, wenn Sie Ihr Thema sauber

---

171 Vgl. http://www.quotationspage.com/quotes/Gail_Godwin, Stand 01/14

abgrenzen, definieren und frische Botschaften feilbieten, wie ein Gärtner, der an der Qualität und Reinheit seiner Pflanzen gemessen wird. Ihr Publikum labt sich gerne an den Früchten Ihrer Expertise. Doch überlegen Sie sich darüber hinaus noch einige Leckereien, die Sie als Amuse-Gueule reichen können. Wer nur die zu erwartende Agenda predigt, der frühstückt sein Publikum zwar thematisch linientreu ab. Ovationen wird das aber keine auslösen. Erst dann, wenn gedankliches Frischwasser fließt, haben die Zuhörer das Gefühl, mehr für ihre Lebenszeit zu bekommen, als nur brav präsentierte Keypoints als Fingerfood.

Sprechen Sie beispielsweise auch darüber, welche fremden Äste in Ihren Themengarten hereinragen. Durch welche Motive und Schattenspiele aus benachbarten Branchen wird der Baum Ihrer Erkenntnis ebenfalls beeinflusst? Von welchen inhaltlichen Interdependenzen wissen Sie zu berichten? Wo befürchten Sie Nutznießer, Diebe oder Parasiten, die von den reifen Früchten mitnaschen wollen?

Überlegen Sie, welche fachlichen Trends sich bereits heute abzeichnen. Bestimmt gibt es auch in Ihrer beruflichen Szene Freaks oder Gefahren, über die Sie berichten können.

Fazit:

Der Lerneffekt durch Spannungsaufbau und das Durchbrechen des Herkömmlichen bzw. Bekannten – durch Abruption – ist der eine Weg zu Lernen, die häufige Wiederholung der andere. Beide funktionieren, aber Abruption funktioniert schneller! Denn: Wo das Erwartete nicht eintritt, ja sogar völlig Unerwartetes passiert, reagiert das Gehirn mit einer Explosion unwillkürlicher Aktivität. Die effektive Informations-Weitergabe ist daher auch die Effizientere.

Zwei Aspekte sind allerdings dafür wesentlich, nämlich dass die Lernenden einen Sinn in der Botschaft erkennen bzw. dass diese für sie wichtig ist. Erst wenn der unerwartete Stimulus sinnvoll und wichtig ist, lernt der Organismus! Wir erleben, dass der Mensch unter Stress konservativer und die Trägheit des Gewohnten zum Feind der Kreativität wird.

KAPITEL 18

Storytelling: die Sprache der Bilder siegt!

Storytelling: die Sprache der Bilder siegt!

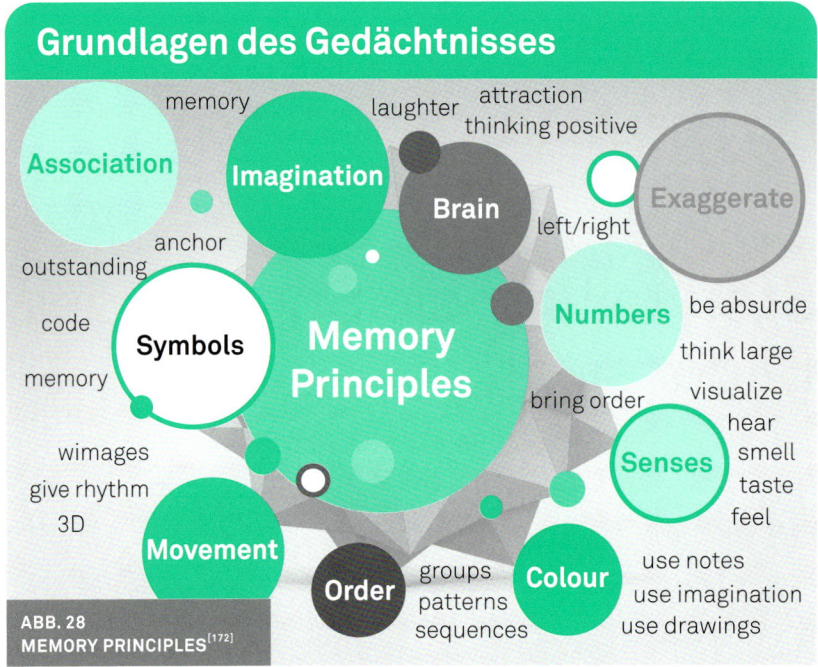

Grundlagen des Gedächtnisses

memory
laughter
attraction
thinking positive

Association
Imagination
Brain
Exaggerate

left/right

anchor

outstanding

code

memory

be absurde

Symbols
Memory Principles
Numbers

think large

visualize

bring order

hear

wimages
give rhythm
3D

Senses
smell
taste
feel

Movement
Order
groups
patterns
sequences
Colour
use notes
use imagination
use drawings

ABB. 28 MEMORY PRINCIPLES[172]

Storytelling ist eine wirksame Erzählmethode. Inhalte werden an die Zuhörer weitergegeben und die wiederum in die erzählte Geschichte eingebunden. Eine der bekanntesten Storytelling-Methoden ist der „Learning-Histories-Ansatz". Dieser wurde Mitte der 1990er-Jahre in den USA entwickelt. Sie gewinnen die Aufmerksamkeit und Konzentration anderer Menschen leichter durch einen Handlungsablauf samt Pointe und Lösung als durch eine nüchterne Ansprache. Auf der Ted-Talk-Website[173] kann man alljährlich die besten Vorträge kostenlos im Netz konsumieren. Alle guten Präsentatoren und Keynote-Speaker haben gemeinsam, dass sie durch handwerklich gelungenes Storytelling punkten. Dabei wird unterschieden zwischen analog und digital. Beide Formen gibt es auch interaktiv. Die analoge Erzählmethode eines Theaterstückes lässt den Zuhörer passiv bleiben. Wohingegen er beim Rollenspiel interaktiv eingebunden ist. Jeder Teilnehmer hat hier eine Aufgabe und gestaltet die Geschichte mit.

172 Vgl. http://scotterb.wordpress.com/2011/11/19/memories, Stand 01/14
173 http://www.ted.com, Stand 01/14

Unter digitalem interaktivem Storytelling versteht man beispielsweise Computerspiele. Auch hier kann der Spieler selbst in die Geschichte eingreifen und sie formen. Für die meisten Menschen ist es schwierig zuzuhören. Schließlich sind unsere Nerven daran gewöhnt, ständig durch Reize gekitzelt zu werden – durch Fernsehen, Videospiele oder den Computer. Digitale Medien helfen Ihrer Geschichte zeitgemäß auf die Sprünge. Kurzfilme verdichten die Botschaft und lassen Bilder vor den Augen der Zuseher entstehen. Im Center of Storytelling[174] in Kalifornien hat man sich auf Workshops dieser Art spezialisiert. Gelungene Geschichten können in Form von Trailern sogar auf dem iPad oder iPhone erstellt werden. Weder braucht es aufwendige Vorbereitung noch eine teure Filmcrew, um einer Präsentation Pep zu verleihen.

Storytelling eignet sich dazu...

- Sachinformationen zu vermitteln
- Probleme zu bewältigen
- Denkprozessen anzuregnen
- Rollenerwartungen zu definieren
- Verhalten zu ändern
- das Repertoire an Verhaltensweisen zu erweitern
- zu unterhalten
- Normen und Werten zu vermitteln
- das Anschauungsvermögen zu aktivieren
- zum Handeln zu motivieren
- Hoffnung un Sinn zu geben

Anleitung zum Storytelling:

1. **Gliedern** Sie: Einleitung – Hauptteil – Schluss
2. Nehmen Sie nur **wahre Situationen**, mit denen sich das Auditorium identifizieren kann
3. **Wählen** Sie die „personale Erzählsituation":
   - die Erzählung aus Sicht einer Person
   - Ich-Erzählsituation: es wird in der ersten Person erzählt

---

174 Vgl. www.storycenter.org

4. **Erzählzeit**: Präsens oder Perfekt – nie die Mitvergangenheit! Sie können beim Höhepunkt der Geschichte vom Perfekt ins Präsens wechseln – als Stilmittel ist dieser Zeitsprung sehr wirkungsvoll.

5. Das **Gedankenzitat** (Ich dachte,…) oder der innere **Monolog** (wird in modernen TV-Serien eingesetzt) schaffen Identifikation.

6. Verwenden Sie die **direkte Rede** als Stilmittel!

7. Sprechen Sie die **Sinne** an! Erzählen Sie nicht nur Daten und Fakten, sondern auch was Sie gehört, gesehen, gerochen und gefühlt haben.

ÜBUNG 6
Werden Sie zum Geschichtenerzähler!
→ Seite 315

Gefahren des Storytelling

- Geklaute Geschichten wirken unglaubwürdig!
- Zu viele Geschichten versetzen das Auditorium in den Standby-Modus!
- Sie sind kein Schauspieler! Übertrieben dargestellte – fast vorgespielte – Situationen machen Sie zum Kasper.
- Zu lange Geschichten fadisieren – Richtwert: die Erzählung dauert maximal eine Minute.

Wer Storytelling-Elemente – sogenannte narrative Techniken[175] – in sein Verkaufsgespräch oder in der nächsten Präsentation einsetzt, der achtet besser auch auf die richtigen Bilder. Welche sind für Ihren Kunden derzeit relevant? (Vgl. Abb. 29)

Das Werbe-Battle zwischen Pepsi und Coca-Cola ist alt. Schon 2003 wurde der berühmte „Pepsi-Test"[176] gemacht. Den Probanden wurden bei der Studie im Baylor College in Houston beide Getränke ausgeschenkt – im Blindtest.

---

175 Vgl. http://narrative-methoden.de/?page_id=7, Stand 01/14 und vgl. http://www.narrata.de/narratives-management/, Stand 03/14
176 Vgl. http://www.marktforschung-mit-neuromarketing.de/seite-28.html, Stand 01/14

Achten Sie auf die richtigen Bilder!

Kundengates, Kulturkreis

Käufertypus

Geschlecht und Rolle

Jahrgang, Erinnerungskultur und Generation

Erlebnishorizont, Lebensphase

Bildungs-grad

Milieu, Werte, Lebens-philosophie

ABB. 29
ACHTEN SIE AUF DIE
RICHTIGEN BILDER

Die Hirnaktivität im Kernspintomografen besagte, dass das „Belohnungs-zentrums" im Gehirn bei Pepsi messbar erfolgreicher arbeitete. Auch auf die Frage, welches Getränk besser geschmeckt hat, entschied sich die Mehrheit für Pepsi. Im zweiten Durchgang wurde den Probanden mitgeteilt, welches Getränk sie zu sich nahmen.

Erstaunlicherweise hat sich das Ergebnis im Kernspintomografen völlig geän-dert. Coca-Cola war nun der Winner der höheren Gehirnaktivität. Zudem wurde der Bereich im Gehirn, der für das „Selbstbild des Menschen" steht, aktiv.

Resümee: dies zeigt, dass bei der Entscheidung Erinnerungen und Eindrü-cke, die die Probanden mit dem Getränk von Coca-Cola verbinden, mit einge-flossen sein müssen. Die positiven Erinnerungen und das Selbstwertgefühl wirken folglich stärker als der Geschmack. Essen, trinken, riechen und kon-sumieren ist eben auch mit Gefühlen verbunden. Manche stammen aus der Kindheit, andere verbinden wir mit wichtigen Lebensmomenten.

„You don't always need dialogue to tell a story."
Walt Disney

Coca-Cola[177] hat genau dafür auf seiner Homepage Platz geschaffen, der sich „Heritage[178]" nennt. Hier finden sich viele Geschichten von Kunden, die mit Coca-Cola besondere Lebensmomente verbinden und deshalb zu dem schwarzen Getränk eine emotionale Bindung aufgebaut haben. Diese besondere Mischung aus Geschmack und Emotion vermag der Konkurrent Pepsi nicht zu transportieren. Die vielen kleinen berührenden Stories von bekennenden Konsumenten sind sogar thematisch geordnet. Hier gelungene Beispiele für effektvolles emotionales Storytelling[179]:

> … In the 1950s when I was a little girl there was a calendar that hung behind the meat counter at the grocery store in my neighbourhood. It was a Coca-Cola Christmas calendar with Santa holding a long list of good boys and girls. I would stand endlessly searching the list for my name!

> In 1976 I lived in South Carolina with my mother who is German and my father who is American. My father was in the U.S. Army, and stationed in Germany, where he met my mother. My mother had applied for her American citizenship twice, but never followed through. In 1975 my mother saw an advertisement for Coca-Cola that stated "Look up America – see what we've got." This ad really touched her heart, and she wrote a letter to The Coca-Cola Company letting them know that, and she went for her third and final time to get her citizenship. Her letter touched the hearts of the people at Coca-Cola and it was used in an advertisement in 1976 in a magazine. The district manager of Coca-Cola and the general manager of the bottling company paid my mother a visit, and presented her with an American flag that had flown over the Coca-Cola headquarters in Atlanta, Georgia. I now have the flag and display it proudly, knowing that Coca-Cola had made my mother become the citizen she always wanted to be …

Die wichtige Nachricht für Geschichtenliebhaber ist jedoch: Storytelling funktioniert beim Gegenüber nur, wenn wohldosiert und situationsadäquat eingesetzt. Der gutgelaunte Anekdotenonkel nervt. Narrative Methoden[180] helfen heute in allen Lebensbereichen, Inhalte knackig zu transportieren. Dafür gibt es viele Beispiele, die belegen, wie und warum Storytelling funktioniert. Das Video eines obdachlosen Blinden beispielsweise, der an einer Straßenecke sitzt mit einem Schild auf dem steht: *Ich bin blind, bitte geben Sie mir 5 $"*. Kaum eine Münze liegt in seinem Beutel. Der Zuseher sieht nun, dass eine

---

177 http://www.thecoca-colacompany.com/heritage/stories/index.html, Stand 01/14
178 „heritage": dt. Überlieferung
179 http://www.coca-colacompany.com/stories/coca-cola-stories-advertising, Stand 01/14
180 Vgl. http://www.narrata.de/?article_id=41, Stand 01/14

junge Frau vorbei kommt. Sie nimmt ihm das Schild weg und schreibt etwas anderes darauf. Bald bekommt er zuerst eine Münze zugeworfen, danach zwei und eine Kameraeinstellung weiter hat er schon viele Almosen gesammelt. Nun fängt die Kamera das Schild ein und lüftet das Geheimnis für den Zuseher. Das Mädchen hat sein Schild durchgestrichen und stattdessen darauf geschrieben:

„Heute ist ein schöner Tag. Leider kann ich ihn nicht sehen."

Dem Gutbereisten wird schon aufgefallen sein, dass die amerikanischen Bettler auch in Sachen Eigenmarketing dem grantelnden „Wiener Obdachlosen" einiges an Kreativität voraus haben: *„Ninja kidnapped family! Need 4 $ for Karate Lessons".* Sie verpacken ihr Almosengesuch in Geschichten und wirken damit wesentlich passantenfreundlicher und weniger negativ. Geld brauchen alle. Dennoch fühlt man sich von jemandem, dessen Ironie uns schmunzeln lässt, nicht belästigt. In Key West am Mallory Square werden bettelnd kleine Geschäfte gemacht: *„Dirty joke for 1 Beer".* In den Straßen Manhattens kann man sich überlegen, ob einem das flotte Therapiegespräch am Gehsteig 2 Dollar wert ist: *„I listen to your problems for 2 Dollars".*

Das europäische *„Entschuldigung, ich bräuchte"*-Prinzip ist sogar in diesem Metier deutlich weniger charmant als die *„Für Dich hab ich mir was überlegt"*-Methode. Viele Menschen, die es grundsätzlich ablehnen, Bettlern Geld zu geben, haben schon lächelnd eingewilligt, weil sie die Initiative des Obdachlosen belohnen. Manche „Geldgeber" schätzen auch einfach die Tatsache, dass jemand mit seinem Einzelschicksal das Stadtbild nicht traumatisiert, sondern zur besseren Atmosphäre etwas beiträgt. Wir hören genug Bad News, niemand möchte auf der Straße für weitere Hiobsbotschaften oder Depressivmacher „zahlen".

Fazit:

Wer es schafft, Hirn und Herz seines Gegenübers anzusprechen, der ist in der Rhetorik bereits weit gekommen. Mit sperrigen Inhalten punktet niemand. Storytelling-Elemente versüßen einem das Zuhören und unterstützen die Memory-Principles. Außerdem merken wir uns dadurch Zusammenhänge leichter. Nicht einmal unser Gehirn gehorcht den Fakten. Emotionen erzeugen bedeutet in Erinnerung bleiben.

KAPITEL 19

Sprachklima und Wort-Temperatur

19

Sprachklima und Wort-Temperatur

Sprache bewertet. Wir alle leben in dem Sprachklima, das wir erschaffen. Egal, ob M@il oder Werbetext, wir offenbaren viele Informationen durch unseren Sprachstil gewollt, aber vor allem ungewollt. Gute Redner bieten Erlebniswert in der Sprache und texten nicht nur „grau". Bunte Worte drücken präziser aus, was graue nicht vermögen. „Essen" beispielsweise ist ein rein graues Wort, wir wissen nichts über die Art und Weise. Bildreiche Synonyme – wie „dinieren", „tafeln", „schmausen", „schlemmen", „stochern", „würgen" oder „snacken" – erzählen uns mehr und lassen eher Bilder in unseren Köpfen entstehen.

Wenn die Assistentin zum Chef sagt *„Ich muss das noch ERLEDIGEN"*, so hat er sicher keine Ahnung, wie weit das Projekt fortgeschritten ist oder ob sie überhaupt schon damit begonnen hat. Wogegen die Aussage *„Ich werde morgen STARTEN"* weniger Interpretationsspielraum offen lässt und klärt, dass sie erst am Projektanfang steht. Der Satz „Ich stecke mitten drin" unterscheidet sich deutlich von der Aussage „Werde heute damit fertig". Alles fällt unter „ERLEDIGEN", aber der Chef erfährt durch die bunte Wortwahl, was er wissen wollte, als er fragte: *„Wie steht es mit…"*

Der mehrfach ausgezeichnete US-amerikanische Linguist und Experimentalpsychologe Steven Pinker[181] weist in seinem Bestseller „The Blank Slate" darauf hin, dass wir immer wieder Bedeutungsverschlechterungen erleben, um möglichst politisch korrekt zu texten. Aus dem ehemaligen „Negro" wurde ein „Black". Es folgte schließlich der „African American". Aus „crippled" entwickelten sich „handicapped", danach „disabled" und mittlerweile gipfelt der semantische Irrweg im Wort „challenged". Im Deutschen sind die Schöpfungen ebenfalls vielfältig: man sagt zu den Großeltern nicht mehr Alte, auch nicht Senioren oder ältere Menschen. Heute heißen sie: 60 plus[182]. Demnach hätte man den TV-Krimi „Der Alte" seit der Erstausstrahlung 1977 bisher viermal umtexten müssen. Das Wort „Ausländer" beziehungsweise „Gastarbeiter" wurde durch das Wort „Migrant" ersetzt, das wiederum von der Formulierung „Menschen mit Migrationshintergrund" verdrängt wurde.

Euphemismen und Dysphemismen werfen riesige Schatten im Buchstabenwald.

---

181 Vgl. Steven Pinker, „The Blank Slate: The Modern Denial of Human Nature", Penguin, 2003
182 Vgl. http://diepresse.com/home/panorama/1350542/Alt-oder-60-plus-Arm-oder-sozial-schwach, Stand 03/14

Ähnliche Beispiele kennen wir aus Politik und Wirtschaft. Es ist ziemlich klar, auf welcher politischen Seite die Redner stehen, die für „schlanke Firmenführung" plädieren. Die Arbeiterkammer argumentiert nicht nur inhaltlich unterscheidbar von der Wirtschaftskammer, sondern auch mit emotional anders aufgeladenen Worten. Hier muss man häufig zwischen den Zeilen lesen, um zu merken, was uns alles „verkauft" wird.

Beispiele aus Politik und Wirtschaft:

- sozial schwach (arm)

- 60 plus (alt)

- mehr Eigenverantwortung übernehmen (mehr aus eigener Tasche zahlen müssen)

- ich kann das nicht ausschließen (das ist beschlossene Sache)

- suboptimal (schlecht)

- Nullwachstum (Stillstand)

- Outscourcing (Entlassen von Personal)

- freisetzen (entlassen)

- Entzerrung des Preisgefüges (Verteuerung)

- Kollateralschaden (zivile Opfer)

- der Friedensprozess ist ins Stocken geraten (es herrscht Krieg)

- weiche Ziele (Menschen)

- jemand hat noch Potenzial (es sind klare Schwächen erkennbar)

- Vorstoß in den rückwärtigen Sektor (Rückzug)

Beim Decodieren von Urlaubskatalogen, Jobannoncen oder Immobilieninseraten braucht man für manche Euphemismen sogar professionelle Übersetzungshilfen:

„Verkehrsgünstige Lage"[183] bedeutet, Autolärm ist garantiert. Zum „feinen Korallenstrand" nimmt man lieber Badeschuhe mit, weil sonst die Füße blutig werden. „Touristisch gut erschlossen" ist ein Synonym für Bettenburgen und Urlauber in Scharen. Wer sich auf die „internationale Atmosphäre" freut, kann dafür im preiswerten Hotel mit sauflustigen Deutschen, Skandinaviern, Briten und Russen rechnen. Die „ruhige Randlage" umschreibt charmant, dass hier die Einöde beginnt und Sie ohne Auto im Urlaub aufgeschmissen

---

183 Vgl. http://www.finanztip.de/reisen/reisekatalog-sprache.htm, Stand 01/14

sind. Wenn alle Zimmer „Meerblick" haben stimmt zwar die Richtung, aber bestimmt stehen Häuser davor. Denn „die Meerlage" ist etwas anderes. Der „naturbelassene Strand" ist wahrscheinlich verdreckt und voller Algen.

Die geheimen Botschaften erinnern an Arbeitszeugnisse, die nur für den geschulten Leser zwischen den Zeilen erkennen lassen, wie gut der Mitarbeiter tatsächlich gearbeitet hat. Wer schon mal auf Wohnungssuche war, weiß, dass die Immobilien-Codes[184] ebenfalls verschlüsselt sind. Als „lichtdurchflutet" wird jeder Raum angepriesen, der nicht stockfinster ist und ein Fenster hat. Ein „Eckhaus in zentraler Lage" sichert Ihnen von beiden Seiten kräftig Verkehrslärm. Das „Liebhaberobjekt" ist meistens stark renovierungsbedürftig und die hohen Folgekosten verschlingen einen Kredit. Auf die „unverbaute Südlage" sind schon viele reingefallen. Zwischen „unverbaut" und „unverbaubar" besteht ein gravierender Unterschied: wenn etwas unverbaut ist, kann es auch noch zugebaut werden. Dann wird aus der Südlage vielleicht eine Schattenlage und Sie schauen viele Monate den Arbeitern auf einer Großbaustelle zu. Ebenso verhält es sich bei einer Immobilie, die annonciert wird als „Wohnung mit Zukunft" – gleichbedeutend mit einem Neubaugebiet, bei dem Maschinenlärm und Baustellenstaub mittelfristig Ihre Begleiter sind.

Botschaften haben unterschiedliche Tendenzen. Wie beim Wetter, so gibt es auch bei Begriffen und ihren Synonymen eine Wärmeskalierung. Welche Worte haben mehr Temperatur als andere? *„Gelogen"* ist wohl kräftiger in der Bedeutung als *„einseitig beleuchtet"*. Die Wort-Temperatur von *„frei erdacht"* wirkt dagegen schon fast kühl. Die Grenzen zwischen Euphemismus, Wohlfühlrhetorik und Wort-Temperatur verlaufen schwimmend. Wir alle sind in der Politik und im Wirtschaftsleben umgeben von Techniken dieser Art: *„Beitragsanpassung"* ist offenbar ein politisch verträglicheres Wort als *„Preiserhöhung"*.

---

184 Vgl. http://www.krisen-info-netzwerk.com/downloads/Maklersprache-TippsundTricks.pdf, Stand 01/14

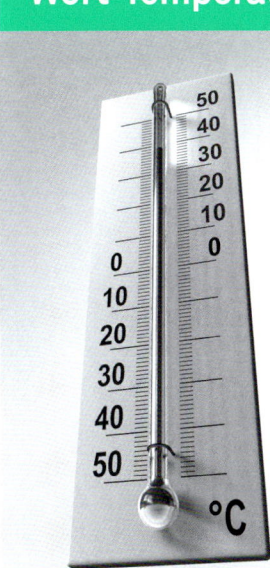

Wort-Temperatur ist mehr als Euphemismus!

Wort-Temperatur

„heiß"

... fälschen
... betrogen
... getäuscht
... manipuliert
... gelogen
... in die Irre geleitet
... hinters Licht geführt
... erfunden
... getrickst
... geschummelt
... falsch verstanden

ABB. 30
WORT-TEMPERATUR
QUELLE: TATJANA LACKNER, 2014

„kühl"

Können Sie im angegebenen Beispiel den Unterschied empfinden zwischen: „fälschen" und jemanden „falsch verstanden" haben? Beides kann ein Synonym für „lügen" sein, aber die Worttemperatur ist beim Wort „betrogen" deutlich heißer als beim harmlosen Begriff „geschummelt".

ÜBUNG 7
Erweitern Sie Ihren Wortschatz!
→ Seite 316

Bestsellerautor Hans Peter Förster unterscheidet in seinem Buch „*Texten wie ein Profi*"[185] zwischen vier verschiedenen Stil-Funktionen in der Sprache, denen er dann auch eigene Farben zuordnet:

- Garantiefunktion (grün)
- Informationsfunktion (blau)
- Erlebnisfunktion (gelb) und die
- Kontaktfunktion (rot)

185 Vgl. Hans Peter Förster, „Texten wie ein Profi", Frankfurter Allgemeine Buch, 2011

WORDING FARBE	SPRACH-FUNKTION / KOMMUNIKATI-ONSZIEL	INHALTE	SPRACH-KLIMA	WORT-WAHLBEI-SPIELE	TYPOLOGI-SCHE ZIEL-GRUPPEN ERREICHEN	TYPOLOGISCHE-GRUNDZIELE SPIEGELN
Blau – rational	Information / rationalisieren	Zahlen Daten Fakten	kurz nüchtern exakt	100%ig erstklassig einzigartig	Perfektio-nisten	Stärke Leistung Selbstbewusstsein
Grün – konser-vativ	Garantie / festhalten	Nachweise Traditionen Ordnung	sachlich strukturiert traditionell	bewährt original zuverlässig	Konservative	Stetigkeit Einordnung Ehrgefühl
Gelb – inspi-rierend	Erlebnis / erweitern	Vision Idee Begeiste-rung	aufge-schlossen heiter visuell	beflügelt fetzig ideenreich	Impulsive	Ideen Wandel Freiheit
Rot – emotional	Kontakt / anregen	Sympathien Emotion Herz	emotional bis aggressiv	attraktiv liebevoll seidenweich	Emotionale	Stimulation Einklang Behagen

**ABB. 31
VIER-FARBEN-METHODE[186]**
NACH HANS-PETER FÖRSTER

Inhaltlich ist die Idee zwar nicht ganz neu, aber interessant an dieser Vier-Farben-Methode bleibt die Wirkung auf das Sprach-Klima. In der Werbung werden die unterschiedlichen Käuferschichten beispielsweise auch „im wahrsten Sinne des Wortes" verschieden adressiert. Die Machart des Spots oder die Aussage des Claims verrät, wer angesprochen wird. Die Wortwahl beeinflusst unsere Botschaften massiv.

- **blau = sachlich,** wie: exakt, informativ, differenziert, genau

  Slogan: „Präzision für Ihre Augen" (Zeiss)

- **grün = konservativ und beständig**

  … das sind Worte wie: erfahren, anerkannt, geordnet.

  Slogan: „Da weiß man, was man hat" (Persil)

- **gelb = progressiv,** wie: spritzig, impulsiv, bunt, frech, abenteuerlustig

  Slogan: „Aufregend anders" (Wienerwald)

- **rot = emotional,** wie: nah, angenehm, gemütlich, hilfsbereit

  Slogan: „Das Gefühl von Geborgenheit" (Volvo)

---

186 Vgl. http://www.corporate-wording.de/impressum-2/cw-farben, Stand 01/14

Fazit:

Die Absicht und Bewusstheit hinter der Wortwahl spielt eine wichtige Rolle beim Formulieren und verändert massiv den Aussagewert. Unterschiedliche Konnotationen, ihre semantische Bedeutung und der bereits von George Orwell[187] geprägte Begriff „Newspeak" fließen ineinander. Im sprachlichen Wirrwarr wirken die Bemühungen, politisch korrekte Begriffe zu verwenden, manchmal so künstlich wie Rasenmähen im Dschungel. Links fallen Füllworte zu Boden wie welke Blätter, rechts erschweren uns Schönfärberei-Schling-pflanzen den Weg zur ursprünglichen „Wort-Temperatur".

---

187 Vgl. „Neusprech" war in George Orwells dystopischer Roman „1984", der von einem totalitären Über-wachungsstaat handelt, die ideologisch gefärbte Sprache der machthabenden Partei.
http://www.zeitgeistlos.de/neusprech/orwell.html, Stand 01/14

KAPITEL 20

Lingu-Marketing

20

Lingu-Marketing

Wer erfolgreich verkaufen möchte, muss überzeugend sprechen können. **Lingu-Marketing** beschreibt das Zusammenspiel aus gutem Marketing und gezielter Rhetorik. „Lingua" bedeutet im Lateinischen „Sprache" bzw. „Zunge" und steht für trainierte Redeperformance. Gelungenes Marketing geht stets von folgender Arbeitsdevise aus:

- **Ausgangslage analysieren**
- **gewünschte Ziele S.M.A.R.T.[188] formulieren**
- **und die strategische Umsetzung kontrollieren!**

Gerade, wenn es darum geht, die Marketingziele zu formulieren, ist Kreativität und bildhaftes Sprechen gefragt. Damit die gewünschte Käufer-Zielgruppe mit unserem Firmennamen genau das assoziiert, was wir gerne hätten, muss Kommunikation punktgenau landen.

Der Satz *„Today is tomorrow's yesterday"* ist in der Kommunikationsgesellschaft wichtiger denn je. Wir bestimmen heute, worüber morgen geredet wird.

Dabei sind die meisten Themen, die in der Zukunft relevant werden, in der Gegenwart längst vorhanden. Prof. Ulrich Wengenroth, Vorstand des Münchner Zentrums für Wissenschafts- und Technikgeschichte, ist sich sicher: Nur 5 % der Zukunftsthemen sind wirklich innovativ. In 95 % der Angelegenheiten geht es darum, Inhalte, die bis dato nur einer kleinen Gruppe Experten zugänglich waren, publik zu machen.

Die Gesprächskontrolle ist ein wesentliches Steuerungsinstrument und gehört zur erfolgreichen Führung von Menschen und/oder Prozessen – wie Besteck zum Essen. „Kontrolliert sprechen UND Gespräche kontrollieren!" – beides ist wichtig.

Was Sie kontrollieren können:[189]

- Ergebnis (Soll-Ist-Vergleich)
- Ziel (Soll-Soll-Vergleich)
- Planfortschritt (Soll-Wird-Vergleich)
- Prognose (Wird-Wird-Vergleich)

---

188 S.M.A.R.T.: Specific, Measurable, Accepted, Realistic, Timely – Ziele sollten stets klar formuliert sein
189 Vgl. Franz Xaver Bea, Jürgen Haas, „Strategisches Management", Lucius & Lucius Verlags GmbH, 2005

- Prämisse (Wird-Ist-Vergleich)

- Stichproben (situative Prüfung)

- Prozess (Stimmt die Richtung?)

ÜBUNG 8
Wie kontrolliert sprechen Sie? Führen Ihre Gespräche zum Ergebnis? Überprüfen Sie Ihre Gesprächsführung
→ Seite 321

Handlungsorientierte Menschen punkten. Wir haben nicht nur von erfreulichen Arbeitsschritten zu berichten, sondern auch von Schwierigkeiten. In den letzten Jahren ist es zum Tabu geworden, das Wort „Problem" gelassen auszusprechen, ohne dass es jemand ausgebessert hat: „Herausforderung, es gibt keine Probleme". Echt? Ist das so? Wie brav konditionierte Pawlowsche Hunde, die statt sabbern beim Glöckchen lieber bellen beim Pfuiwort. Dabei ist diese semantische Irritation völlig unsinnig. Wenn Opa stirbt, ist das für die Oma sicher keine Herausforderung, sondern ein echtes Problem. Sich von eitrigen Weisheitszähnen herausgefordert zu fühlen, ist sogar medizinisch problematisch.

Die Frage ist daher: Gibt es ein probates Mittel, um negative Botschaften stringent zu transportieren? Sie werden deshalb zwar noch nicht positiv, aber Menschen, die nicht um den heißen Brei reden, sind wohltuend – gerade in Krisen.

Lingumarketing ist nicht nur für Schönwetter-Botschaften geeignet. Viele werden im Job daran gemessen, wie gut sie die jeweilige Problemlösung verkaufen. Dabei hilft die Schlagzeilentechnik: Wie könnte eine Schlagzeile lauten, die in der Zeitung steht? Formulieren Sie das Problem als Frage. Danach geht es um die Ursachenforschung. Niemand will sich lageorientiert lange mit den Schwierigkeiten aufhalten, dennoch sollte für die Zukunft geklärt werden: Was hat zu dem Problem geführt? Wie zeitlich brisant ist die Angelegenheit? Gibt es historisch gewachsene Gründe, die ausgeräumt werden müssen? Welche Überraschungsmomente gab es, als das Thema auf diese unangenehme Weise erneut aufgetaucht ist?

In einem zweiten Schritt geht es um Schadenbegrenzung und vor allem darum, handlungsorientiert vorzugehen. Dazu gehören Fragestellungen wie: Welche Gefahren oder Konsequenzen sind zu befürchten? Wen müssen wir

Formulieren Sie Fragen!

Formulieren Sie Ihr Problem als Frage!

Lauern Konsequenzen, akute Gefahren, Schäden? Von wem erwarten Sie Gegenwind, Kritik?

Problem → **Schlagzeilen** → **journalistische Fragen** → **Folgen** → **Lösung**

+ historisch gewachsen durch ...
+ zeitlich brisant, weil ...
+ überraschend, weil ...
+ erneut aufgetaucht, obwohl ...

Was? Wer? Wo? Seit wann? Wodurch?

Kooperationen? Zeitplan? Konkrete Umsetzungsschritte? Irreparable Schäden? Abschätzbare Verluste? Aussicht auf Besserung? Erste Hochrechnung, Prognosen?

ABB. 32
PROBLEMLÖSUNG MIT DER SCHLAGZEILENTECHNIK
QUELLE: TATJANA LACKNER, 2014

jetzt informieren? Von welchen Seiten sind Gegenwind und harsche Kritik zu erwarten? Sind Sofortmaßnahmen, Entschuldigungen oder Stellungnahmen angebracht? Gibt es Verkettungen oder andere Interdependenzen? Wen müssen wir vorwarnen?

Im dritten Schritt geht es um Ihre Lösungsidee. Wie möchten Sie „aufräumen"? Welche Prognosen lassen sich zeitlich abschätzen? Ab wann kann Besserung in Aussicht gestellt werden? Welche Schadenshöhe ist entstanden und was irreparabel kaputt?

Fazit:

Wenn Sie gerüstet sind und präzise Antworten auf typische Fragen in schwierigen Situationen parat haben, dann garantieren Sie sogar in einem Problemverfahren Lösungskompetenz durch klare Worte und wirken nicht wie der herumdrucksende Ausredenaugust. Lingumarketing wirkt auch in Krisen. Handlungsorientiertheit ist gefragt, keine Lagefixiertheit. Engagieren Sie sich und umreißen Sie in freundlichen Worten, was sofort gestoppt oder umgesetzt werden muss.

KAPITEL 21

Moderner Sophismus im 24/7-Takt

Moderner Sophismus im 24/7-Takt

Was versteht man unter Sophismus? Sophismus lässt sich vom griechischen Wort „sophós" ableiten, das „geschickt" und „klug" bedeutet. Rhetorische Scheinbeweise und Trugschlüsse zu ersinnen, war schon im 5. Jahrhundert vor Christus ein bekanntes Stilmittel, um Menschen zu manipulieren. Für die Sophisten war es sportlicher Ehrgeiz, durch sprachliches Geschick Einfluss und Geld zu nehmen. Die Griechen untersuchten damals Begriffe und ihre Grenzen. Die Frage war: Was lässt sich beweisen und wovon das Gegenteil behaupten? Denken war die Leidenschaft und gut reden können eine Tugend. So gesehen sind Sophisten die Urväter von Trainern, Beratern und Juristen.

Moderner Sophismus im 24/7 Takt

Antike	Was?	Was nicht?	Gegenwart
+ Grammatik	+ treffsicher argumentieren	+ Haarspalterei	+ Trainer
+ Stilistik		+ neunmalklug sein	+ Berater
+ Sprachphilosophie	+ perfekt verkaufen		+ Juristen
+ Redekunst			+ Lobbyisten
			...

ABB. 33
MODERNER SOPHISMUS
IM 24/7 TAKT
QUELLE: TATJANA LACKNER, 2014

Wo begegnen uns moderne Sophisten?

Ein Blick auf diese Liste macht deutlich, dass die antiken Denker eben keine ahnungslosen Schwadroneure waren, sondern gut ausgebildete Fachkräfte. Deshalb wurden sie auch Gelehrte für eine Vielzahl von Disziplinen. Einige waren Idealisten, denen Bildung und Wissen am Herzen lag.

Grundsätzlich braucht es für rhetorisch-strategische Manöver immer Intelligenz. Dumme Menschen versuchen zwar auch andere zu manipulieren, doch den Intelligenten gelingt es. Laufend werden rund um den Globus Standpunkte für Geld vertreten. Der Verteidigungsminister Kennedys, Robert Strange McNamara, war nicht nur 34 Tage lang Präsident der Ford-Company, sondern später auch Präsident der Weltbank. Er hatte Zeit seines Lebens mit vielen Lobbyisten zu tun und brachte es auf die Zeile: *„Kommunikatoren sind*

Leute, die andere kratzen, wenn es sie selber juckt."[190] Wo finden wir nun die „käuflichen Redner" der Gegenwart?

- Lobbying

- Consulting

- Politik

- Training

- Rechtswissenschaft

- PR und Werbung

- Marketing & Sales

- Journalismus

- Medienberatung

Im Englischen hat der Begriff „sophisticated" eine positive Konnotation, bei uns versteht man darunter Haarspalterei und neunmalklug sein. Dabei sind die heutigen Trainer, Berater, Juristen, Lobbyisten und viele andere Berufsgruppen die Nachfahren der antiken Sophisten. Gescheite Menschen, die für Geld Meinungen und rhetorische Strategien verkaufen. Moderner Sophismus stellt im 21. Jahrhundert einen ganz wesentlichen Anteil in unserer Kommunikationsgesellschaft dar. Informationen werden rund um die Uhr ausgetauscht. Für den Warenhandel gelten in manchen Ländern fixe Öffnungszeiten. Besonders in Europa findet man noch vielerorts Geschäfte, die am Sonntag geschlossen haben. Für Informationen gilt das nicht: Das Internet hat 24 Stunden und das 7 Tage die Woche rund um die Uhr und ohne Pause geöffnet.

---

190 Vgl. http://www.zitate.eu/de/autor/2510/robert-strange-mcnamara, Stand 01/14

KAPITEL 22

Assessment Center: Castingshows im Business

Assessment Center: Castingshows im Business

Der Sophist kann treffsicher argumentieren, der Marketer perfekt verkaufen. Beides ist im 24/7-Takt auch auf dem Arbeitsmarkt gefragt. Das bedeutet: Die Nase vorne hat bei Bewerbungsgesprächen und im Assessment, wer durch gute Argumente punktet. Die Instrumente der Gesprächsführung strategisch UND praktisch zu beherrschen, macht überdies einen guten Eindruck.

Bevor Sie für ein Unternehmen auf dem Markt arbeiten, gilt es, sich zuerst selbst zu positionieren und auf dem Arbeitsmarkt gewinnbringend zu verkaufen. Das gelingt nur, wenn Sie als Jobbewerber den potenziellen Dienstgeber wie Ihren besten Kunden behandeln. Für Geld kauft der neue Chef dann Ihre „Dienst-Leistung". Das Wort kommt von: Dienen und Leisten! Clever sind jene Jobbewerber, die ihrem neuen Chef überzeugende Gründe liefern, gerne bei ihm Kunde zu werden und ihm während der Job-Akquise ein angenehmes Gefühl geben.

Moderner Sophismus: Eigenmarketing & Bewerbung – das Hearing

Hearings scheinen die Business-Übersetzung von Castingshows zu sein. Auch ich stelle seit einigen Jahren einen Trainingshype fest, der nicht nur die öffentlichen Ausschreibungen für hohe Ämter betrifft.

Warum sich vorbereiten? Neben dem fachlichen Know-how ist es wohl besonders das verbale Charisma, das in die alles entscheidende letzte Hearing-Runde aufsteigen lässt. Gerade für Führungsfunktionen trauen Juroren performanten Rednern mehr zu. Zögerliche Redner, die viel schwadronieren und kein Gesprächsziel verfolgen, punkten selten. Zudem bietet ein Hearing immer auch die Möglichkeit zum Eigenmarketing: Das „eigene Label" zu präsentieren und die Verantwortung dafür zu übernehmen, wie Arbeitsideen und biografische Inhalte transportiert werden, kann durchaus genussvoll sein. Blender haben es hier nicht zwingend leichter. Manchmal sind die Blender jedoch schon vorher im Raum – in Form mancher Juroren sitzen sie in der Hearing-Kommission.

Welche Befürchtungen haben viele Bewerber? Immer noch ist die häufigste Frage, die ich täglich erlebe: *„Frau Lackner, glauben Sie, ist das Rennen schon politisch gegen mich entschieden?"*

Meine Antworten:

- Ja, wir leben in einer „geschobenen Wirtschaft". Sich jedoch die Sache ganz leicht zu machen, indem man generell behauptet „alles wäre längst politisch entschieden", ist eine versuchte Ausrede und gestaltungsohnmächtig.

- Nein, Assessments und Hearings sind auch nicht das Gelbe vom Ei. Sie garantieren selten, dass der Beste für den Job gewinnt. Stattdessen dienen sie vor allem den Firmen, die assessieren und für das ganze Auswahlprocedere kräftig Geld verlangen.

- Doch! Wirklich jeder kann und soll die eigenen rhetorischen Strategien prüfen und am Hearing-Auftritt feilen. Wer seine Hausübungen gemacht hat, fühlt sich besser vorbereitet und tritt sicherer auf!

Sowohl das politische Personal unseres Landes als auch das Führungs-Charisma in unseren Vorstandsetagen wäre wirkungsvoller, könnten die Menschen flüssig und bildreich sprechen – Deutsch und Englisch!

Was kann vor dem Hearing trainiert werden? Nach einigen hundert Hearing-Vorbereitungen und einer richtig guten Erfolgsquote kenne ich das Procedere sehr gut: Fast immer gilt es eine Eigenpräsentation vorzubereiten. Da ist wichtig, den Nutzen für den zukünftigen Dienstgeber zu transportieren. Deshalb nicht: „Was mache ich als Bewerber alles ganz super?" Sondern vielmehr: „Wodurch konkret profitiert das Unternehmen im Falle meiner Bestellung?"

Danach wartet der nächste Parcours: die Kurzpräsentation zu einem konkreten Arbeitsthema. Hier geht es darum, Lösungsansätze und neue Ideen vorzustellen, die im Einklang stehen mit realistischen Timelines vor dem Hintergrund der bereits vorherrschenden Strukturen am Arbeitsplatz. Jemand, der das Blaue vom Himmel verspricht und alle bestehenden Strukturen niederballern will, wird kaum Vertrauen erwecken. Wer nur bei den zukünftigen Mitarbeitern ob seiner individuellen Personalentwicklung beliebt sein will, wird in der Praxis ebenfalls scheitern. Hier trennt sich schon bei den Präsentationen die Spreu vom Weizen. Sofort erkennt eine Kommission, wer Macher oder Planer und wer nur Dampfplauderer ist.

Fixstarter bei Hearings ist auch das mit „schwierigen Fragen" gespickte Interview. Immer hängt es von den veranstaltenden Assessoren ab, welche Dramaturgie die Bewerber erwartet.

ÜBUNG 9
Der Coaching-Tipp: Wie bereiten Sie sich auf ein Jobinterview vor?
→ Seite 325

Sprache ist nie neutral

Tag und Nacht. Schwarz und weiß. Heiß und kalt. Dead or alive. Wir leben im Dualitätsprinzip und sogar geografisch zwischen zwei Polen. Trotzdem gibt es bedeutend mehr verbale Harmonisierer als Polarisierer. Viele sind Fanatiker des Mittelweges. Sie sind davon überzeugt, dass der Kompromiss die gerechteste Lösung für alle hervorbringt. Der eine bekommt nicht genau, was er wollte und – damit alles fair zugeht – erreicht auch der andere sein Ziel nicht. Manche Menschen fühlen sich wohler, wenn sie es im Leben lau haben anstatt kalt oder warm.

Dauernd schwarz oder weiß zu sehen, ist bestimmt wenig bunt. Dafür erscheinen die Kontrastkanten zwischen den gegensätzlichen Sichtweisen umso klarer. Manchmal ist es deshalb notwendig, diesen schmalen Grat zwischen der Argumentationsgrenze von A und B genauer zu untersuchen. Nur so erkennen wir präzise inhaltliche Divergenzen. Egal, ob es sich da um Berufsheer versus Wehrpflicht handelt oder darum, wem wir in der leidigen Palästinenser-Israeli-Frage recht geben.

Für Wohlfühlrhetoriker sind „absolute Standpunkte" nur schwer zu ertragen. Für manche Franzosen übrigens auch. Wer bis zur Matura Französisch hatte, weiß, wovon ich spreche. Ein gutes französisches Essay musste damals wie heute stets folgendem Aufbau entsprechen: drei Argumente für eine These, drei Gründe für die Antithese und auch die Synthese wollte die Frau Französischlehrerin ebenfalls in drei Punkten begründet haben. Was jedoch, wenn es gar keine Gründe pro bei der gestellten Thematik gibt? Ein Glas kann schließlich nicht nur „halb voll" oder „halb leer" sein. Nein, es kann auch „ganz leer" sein. Was dann? Im „Lau" lässt sich schlecht nach Meinungen fischen und auch das Argumentieren lernt man in der rhetorischen Komfortzone nicht. Wer Schwarz und Weiß trennen kann, wird nicht vom Grau der Masse vernebelt.

Wirklich die Nase vorne hat in der Bewerbungssituation, wer es schafft, sprichwörtlich die richtigen Themenknöpfe beim Gegenüber zu drücken. Das funktioniert nur durch einen Perspektivenwechsel. Rücken Sie nicht sich, sondern die Anliegen des Dienstgebers in den Mittelpunkt. Natürlich möchte auch er wissen, wie Ihr beruflicher Lebensweg verlaufen ist, aber vor allem will er wissen, ob Sie ihm nützen. Obgleich wir von den Psychologen, allen voran Thomas Gordon[191], gelehrt bekamen, immer Ich-Botschaften zu senden und nur für „unsere Meinung" zu sprechen, so ist es dennoch nicht notwendig, sich – sprichwörtlich – dauernd selbst ins Zentrum des Aussagesatzes zu stellen.

Verbal Geben nicht Nehmen!

„Geben ist seliger denn nehmen" – ein gutes Motto, doch es kommt immer auf den Kontext an. In der Bibel bedeutet das etwas anderes als beim Boxen.

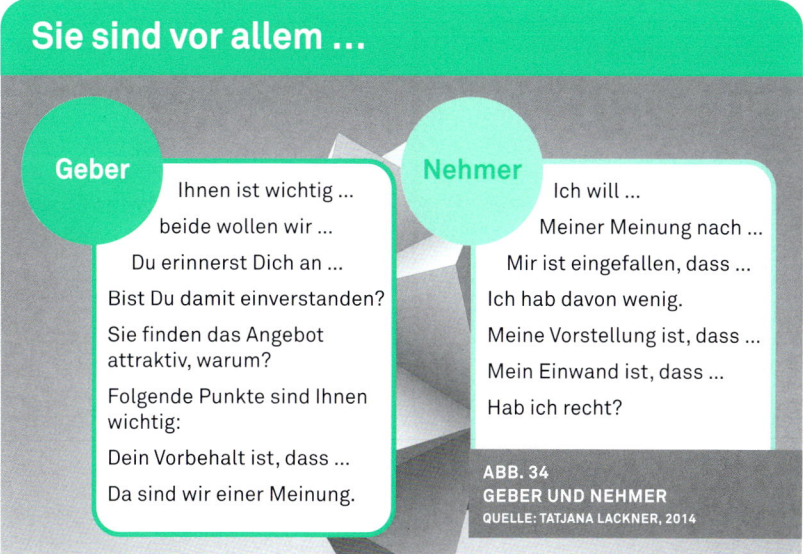

ABB. 34
GEBER UND NEHMER
QUELLE: TATJANA LACKNER, 2014

Ich-Botschaften zu senden, bedeutet nicht zwingend, permanent „Ich-ling"-s Sätze vom Stapel zu lassen. Wer ist Geber und wer Nehmer? Leicht entlarvt sich der Redner schon nach wenigen Sätzen. Wodurch lassen sich die beiden Strukturen sprachlich auseinanderhalten?

Die Sprache des Gebers stellt den Gesprächspartner in den Mittelpunkt der Satzaussage. Der Nehmer hingegen verrät sich durch „Ich-will"-Aussagen und textet vom eigenen Nabel aus. Er fühlt sich hörbar als das Zentrum der Welt. Ein entscheidender Unterschied im Kommunikationsstil, den Sie leicht heraushören:

---

191 Vgl. Thomas Gordon, „Familienkonferenz: Die Lösung von Konflikten zwischen Eltern und Kind", Hoffmann und Campe, 1974

Geber	Nehmer
„War das für Sie nachvollziehbar?"	„Hab ich Ihnen das begreiflich machen können?"
„Bist Du damit einverstanden?"	„So ist das."
„Gut, dass Du kommst … Einige Fragen warten noch auf Dich."	„Ich habe ein Problem. Ich brauche Deine Hilfe."
„Sie haben interessante Aspekte vorgestellt. Worin sehen Sie die Vorteile für unsere Branche?"	„Ich habe Ihren Ausführungen gelauscht und stelle mir nun die Frage: Wie soll ich das in meinem Betrieb umsetzen?"
„Sie finden das Angebot attraktiv, warum?"	„Mich interessiert in erster Linie …"
„Du wirkst heute müde. Magst Du zu Hause bleiben und Dich erholen oder kommst Du mit?"	„Ich weiß echt nicht, was Du schon wieder hast. Willst Du nun mit mir mitgehen oder muss ich Dich erst bitten?"

ABB. 35
WAS SAGEN GEBER UND NEHMER
QUELLE: TATJANA LACKNER, 2014

Fazit:

„Ich-linge" verstehen nicht, warum sie damit bei anderen auf Ablehnung stoßen. Oft sind es genau die inflationär verwendeten Ich-Botschaften, die dazu führen, dass Redner als arrogant und rücksichtslos gelten und den Anschein erwecken, nur an ihrem eigenen Leben interessiert zu sein. Gerade in Bewerbungssituationen sollte es um den Nutzen für den möglichen Dienstgeber gehen, nicht um die eigenen Lebensdetails.

KAPITEL 23

Eigenmarketing ist Maßarbeit

Eigenmarketing ist Maßarbeit

Eigenmarketing wirkt grundsätzlich in drei Feldern:

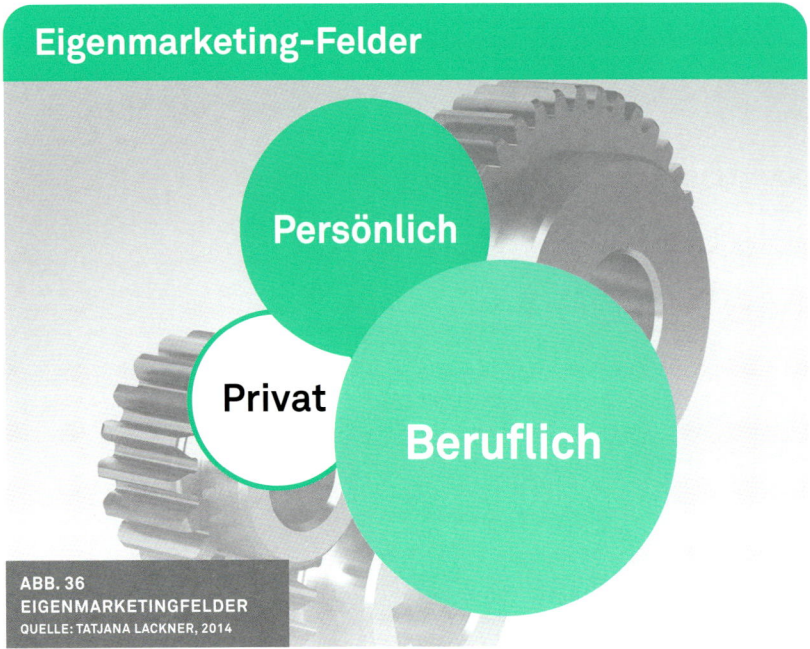

Eigenmarketing-Felder

Persönlich

Privat

Beruflich

**ABB. 36
EIGENMARKETINGFELDER**
QUELLE: TATJANA LACKNER, 2014

Was stellen wir **„persönlich"** dar, ohne unsere Familien und Partnerschaften in diesem Leben? Dahinter verbirgt sich die Coachingfrage: *„Wenn man Ihnen heute alles nehmen würde: Kinder, Frau, Haus, Arbeitsplatz,... was bliebe immer noch übrig?"* Die Antwort sollte differenzierter ausfallen als ein schlichtes „Ich". Versuchen Sie zu benennen, woraus dieses „Ich" besteht und wer es ist. Was ist sein Motor? Wie heißen die Motivatoren, Antreiber und Stressoren, die Ihr „Ich" in Bewegung bringen?

Wenn Sie heute in einem Urdorf ausgesetzt lebten – ohne Kreditkarte, Auto und Ihren Lieben. Welche Ihrer Fähigkeiten würde Ihnen dort das Überleben sichern? Was würden Sie dem Bauern anbieten, damit er Ihnen sein Huhn dafür eintauscht und Sie genug zu essen hätten?

Das nächste Feld, über das wir Imagefaktoren transportieren, sind unsere **„beruflichen"** Leistungen und Ambitionen. Interessanterweise fällt es den meisten Menschen leichter, über die Zahlen, Daten und Fakten des eigenen Karriereweges zu reden als über ihre persönlichen Haltungen. Mit der eigenen Meinung lehnt man sich viel stärker aus dem Fenster als mit einem Jusstudium oder MBA, das man anonym mit tausenden anderen teilt. Damit gibt man noch nicht so viel über sich preis. Mit der freundlichen Absage ans gereichte Schinken-Kanapee im Meeting – *„Nein danke, ich bin Vegetarier"* – ist das schon anders. Sofort ist man interessant, erntet Zuspruch und Anerkennung, Neid der Aufmerksamkeit wegen, Gegenwind, Kopfschütteln oder wenigstens die Interessensfrage *„Und was esst ihr dann zu Weihnachten?"* Irgendeine Regung kommt von anderen Menschen bei privaten Offenbarungen dieser Art immer.

Niemand übergeht solch eine Selbstauskunft unkommentiert. Zumindest auf die nervösen Witzler in der Runde wird Verlass sein, die jetzt ihre Chance wittern, die eigenen Sponti-Spruch-Bühne zu eröffnen: *„Das ist aber schade, dass Du meinem Essen das Essen weg isst!"* oder *„Weißt Du, wie man dicke Vegetarier nennt? Biotonne!"*

Schließlich sind die **„privaten"** Themen immer am interessantesten. Kein Wunder, dass dieses dritte Eigenmarketing-Feld besonders gefürchtet ist – beim Smalltalk beispielsweise. In diese Kategorie fallen unsere Freunde, Familienentwürfe und Freizeitgestaltungen. Alles, was uns privat ausmacht und näher beschreibt: bauen wir gerade Haus, ist jemand frisch geschieden, wie gut lebt er das neue Patchwork. Die Spanne des privaten Einzugsgebietes ist groß und umfasst unsere Lieblings-Sportarten, Sammelleidenschaften, Ehrenämter oder Zweitberufe, die Auskunft darüber geben, welchen Stellenwert wir im sozialen Leben außerhalb des „beruflichen" Wirkungskreises haben. Manche zählen in der Arbeit viel, dafür ist ihre Meinung im Privatleben nicht gefragt. Partner beeinflussen unseren Eigenmarketing-Faktor ebenso. Nicht nur geben wir durch unser Gehabe, Aussehen, unseren Charakter und die Art, wie wir Menschen begegnen, eine Menge über uns preis – auch durch den Menschen, der es an unsere Seite geschafft hat. Die Liebesheirat ist geschichtlich betrachtet noch sehr jung. Erst unter dem Einfluss der Romantik wurde sie um 1800 zum Ideal für das Bürgertum und hat bis heute nicht gerade eine Erfolgsstory in Sachen Beständigkeit aufs Parkett gelegt. Wenn man sich die Scheidungsbilanz der „freiwilligen Hochzeiter" ansieht, gilt sie sogar eher als Problemschraube. Früher und – in manchen Ländern – auch heute noch wurden Hochzeiten arrangiert.

Die arrangierten Verbindungen geben maximal Auskunft über den Kuppler, Ehevermittler oder die ins Ehe-Bündnis involvierte Familie. Heute suchen wir uns – außer in anderen Gesellschaftsformen – unsere Partner selbst aus, damit erzählen wir mehr über uns selbst, als den meisten Menschen bewusst ist. Schließlich hat jeder den Partner, den das eigene Selbstwertgefühl zulässt.

Paar-Branding – 1 Stempel für 2

Selbst unsere Jobs unterliegen klaren Bewertungen, dabei haben wir uns weder Chef noch Kollegen ausgesucht und verbringen auch unser soziales Leben nicht am Arbeitsplatz. Ihr Partner hat es geschafft, in die innerste Zwiebel ihres sozialen Seins vorzudringen. Selbstverständlich wird er demnach, Pars pro Toto für die Qualität Ihrer sonstigen Entscheidungen im Leben, besonders unter die Lupe genommen – nicht nur von der Familie, auch von allen anderen.

Mehrere tausend Frauenzeitschriften weltweit recherchieren für Millionen Leserinnen Antworten zum „Neuen" an „ihrer" Seite. Die ersten Gossipfragen, die vor allem weiblichen Stars gestellt werden, sind:

- Wer gefällt ihr und warum?

- Wie sieht er aus?

- Was hat er und was kann er?

- Wofür steht er politisch, sozial, …?

- Woher kommt er?

- Wo und wie haben sie sich kennengelernt?

- Wie homogen wirkt die Paardynamik nach außen?

- Mit welchen Werten und Geisteshaltungen umgibt sie sich nun?

- Was verändert sich bei ihr durch die Partnerschaft mit ihm?

- Wertet er sie auf oder ab?

Im 3. Jahrtausend wählen wir selbst aus, wen wir an unsere Seite nominieren. Da ist es eben nicht egal, wie sich derjenige gebärdet. Manches „vom Neuen" schadet auch unserem Eigenmarketing. Anderes setzt nur die Tratschmaschinerie in Bewegung und verschafft sogar PR.

In der Beziehung spielt Werbung eine große Rolle. Nicht nur zu Beginn, der männliche Minnesang und die Balzarbeit, auch später wirbt man für Verständnis, Kompromisse, Einlenken und Ähnliches. Das Paar-Branding zeigt dagegen eher Wirkung im Bekannten- oder Familienkreis. Welches Image haben Susi und Manfred als Paar? Sind sie das Power-Couple und stehen beide fest auf der Karriereleiter am Weg zum Management? Oder sind sie die mit dem „grünen Daumen", bekannt für ihre ökologische Ausrichtung? Ist es ein Wanderpaar, das sämtliche Ansteckandeln der Alpen sammelt?

Paar-Branding ist auch dafür verantwortlich, zu welchen gemeinsamen Aktivitäten Sie und Ihr Partner eingeladen werden. Man wird die lustigen, aber unliquiden Campingfreunde aus dem letzten Kroatienurlaub, die lieber auf dem Boden als in einem Bett schlafen, nicht auf die Fête Blanche bitten. Gerade Silvestereinladungen zeigen immer ganz gut, welches Branding man als Paar in den Köpfen der anderen aufgebaut hat. Schnell hudelt der einladende Gastgeber nur Namen und Brandings herunter: *„Du, da kommen auch Horst und Martina – die sind bis heute überzeugte Caorle-Urlauber, ganz unkompliziert und lieb. Dann Pia und Gregor – echte Szenekenner, er eher sportlich rustikal, sie chic ... Na, was sagst Du, kommt ihr auch?"*

ÜBUNG 14
Machen Sie ein Gedankenexperiment und finden Sie Antworten auf Fragen zu Ihrer Paardynamik.
→ Seite 334

Um sich selbst einen Überblick zu verschaffen, was aus dem eigenen Ressourcenpool überhaupt vermarktbar ist, müssen zuerst Begriffe präzise definiert und exakt getrennt werden. Beispielthema „Sozialer Stellenwert" – es ist für jeden untersuchenswert, wie sich die eigene Rolle im sozialen Leben entwickelt hat. Der eine war in der Schulklasse am Beginn des Lebenslaufes noch Klassenclown oder Performer und gehört heute eher zu den Mitläufern, der Privates lieber unter Verschluss hält und keiner Buddykultur anhängt. Hat er deshalb „wenig Freunde", weil er seine Ruhe haben möchte und im Job mit beruflichen Beziehungen und Termingesprächen voll ist bis an die Kante? Oder weil er nach der Scheidung den Freundeskreis verloren und den Anschluss an neue Netzwerke verloren hat? „Allein sein" ist eben kein Äquivalent zu „einsam sein" und das wiederum hat gar nichts mit „abgeschieden leben" zu tun. Wer im Gefängnis sitzt, ist zwar von der Gesellschaft „isoliert", aber auch dort sicher nicht „allein". Unter vielen Leuten zu leben und in der Society vordergründig integriert zu sein, kann trotzdem recht flott ein Gefühl von Einsamkeit erzeugen.

Sprachliche Präzision ist Grundvoraussetzung, wenn wir der Struktur des eigenen Lebens auf den Zahn fühlen möchten. Wer sich selbst nur oberflächlich analysiert, wird beim Eigenverkauf auch nur eine Kruste präsentieren können, da es inhaltlich an Fleisch fehlt. Ausschlaggebend ist die Feinheit unserer Gedanken, um tief genug in der eigenen Biografie nach Ressourcen zu schürfen. Wie beim Erdöl fördern gilt: *„Close is not close enough!"*

Begriffe definieren will geübt sein!

Immer wieder gibt es bei Gesprächen, Vorträgen etc. Verständigungsprobleme, weil die Teilnehmer einem Begriff unterschiedliche Inhalte zuordnen. Da jedoch wichtige Aussagen und Begriffe die Grundlage für weitere Folgerungen sind, sollte zuerst definiert werden. Gewöhnen Sie sich an, Begriffe abzuklären, die zu Missverständnissen führen können. Begriffe definieren ist leichter als die meisten meinen, es lässt sich erlernen und üben. Ohne Nachschlagwerk, Internet – selbstgemacht!

Begriffsdefinitionen

- Qualität bedeutet …

- Qualität geht Hand in Hand mit …

- Qualität wird gerade in unserem Unternehmen oft verwechselt mit …

- Qualität ist abhängig von …

- Qualität setzt sich zusammen aus …

ÜBUNG 10
Definieren Sie! Moderationspartikel helfen Ihnen dabei.
→ Seite 326

Wie im Supermarkt so gilt auch fürs Eigenmarketing: „Gekauft" wird nicht nur, was gefragt ist oder was am besten gefällt, sondern auch was hübsch verpackt ist. Das können sogar unsere Misserfolge, Handicaps und Kompensationen sein. Immer geht es im Leben darum, aus unseren Fähigkeiten Fertigkeiten zu machen. Die Art und Weise, wie wir mit einer Niederlage oder einem Verlust umgegangen sind, ist ebenfalls erwähnenswert. Zu kompensieren hat schließlich jeder irgendetwas. Kinder zum Beispiel, die verschiedene Ethnien in sich vereinen – und dadurch schon etwas Besonderes sind – kennen das Gefühl dieser Ambivalenz und Zerrissenheit genau. Wer will schon „*l'Enfant de nulle part*" sein – das Kind von nirgendwo? Viele verwechseln „*sich selbst gegenüber loyal zu sein*" mit „*Selbstsicherheit*". Dabei gibt es genügend historische Promibeispiele, die ihre eigenen Werte nie verraten haben und sich treu geblieben sind – dennoch waren sie meilenweit davon entfernt, selbstsicher aufzutreten. Wer Begriffe fehlinterpretiert oder sich vor präzisen Definitionen drückt, der lehnt möglicherweise an wichtigen Lebenskreuzungen das für ihn passende Selbstkonzept ab.

Selbstdefinition ist jedoch harte Präzisionsarbeit am eigenen Ich. Häufig ist diese Sezierleistung gar nicht alleine bewältigbar. Zudem ist bedeutend mehr Analysefähigkeit als Wunschdenken gefragt. Die Gefahr, sich selbst ins Netz zu gehen in Form von Aus- und Schönrederei, Beschwichtigungen, Rechtfertigungen oder schlicht Kompensationsprogrammen, ist groß. Externe Hilfe tut hier gut, wenn sie unbestechlich und kompromisslos ehrlich ist. Sie unterstützt dabei, tote Winkel auszuleuchten und blinde Flecken sichtbar zu machen. Die Gefahr: Moderne Menschen neigen dazu, sich selbst zu quälen. Ein Sparring-Partner ist nicht nur dann gut, wenn es in unserer Psyche kracht und spürbar weh tut, obwohl Selbsterkenntnis auch manchmal zum Heulen sein darf. Die bezahlten Hilfesteller, Coaches und psychologischen Berater stehen dabei immer auf dem Prüfstand und im Verdacht korrumpierbar zu sein – sie werden schließlich für ihre Expertise bezahlt. Experten sind in jeder Himmelsrichtung käuflich, auch oder besser: besonders im Feld der Selbsterfahrung!

Nicht jeder, der sich für einen Individualisten hält, lebt tatsächlich autark. Finanzielle oder geistige Unabhängigkeit alleine sichert noch keine emotionale Autonomie. Wir sind schließlich von Kindheitsbeinen an emotional bedürftige Wesen. In der folgenden Aussage steckt viel Wahres:

> *„Wir Menschen haben die Tendenz, uns selber zu verlassen,*
> *um von Anderen etwas zu bekommen, was wir nicht brauchen,*
> *wenn wir bei uns bleiben."*[192]

Die Balance zu halten zwischen Selbstvertrauen und Fremdvertrauen ist gar nicht so einfach. Schnell kippt eine Seite und die Ausgeglichenheit ist perdu. Dabei hat unser „Selbst" doch völlig recht, wenn es lieber auf andere hört, weil wir es ständig schlecht behandeln. Da haben die externen Einflüsterer wahrlich ein leichtes Spiel. Wer anderen grundsätzlich mehr glaubt als sich selbst, der wird die eigene Wahrnehmungsfähigkeit weiter schwächen. Man muss eben auch etwas für sein „Selbst" tun, damit es uns überhaupt vertraut.

Ein junger Sänger, der diszipliniert stundenlang täglich trainiert, am Klavier sitzt, Arien büffelt, Atemübungen macht und dann sagt: *„Meinem Lehrer verdanke ich all mein Können!",* der schenkt die Lorbeeren der eigenen Anstrengung her. Durch das Fremdvertrauen begibt er sich in eine unnötige mentale Abhängigkeit. Obwohl er doch selbst derjenige ist, der all den Trainingsaufwand betreibt, all die Mühe auf sich nimmt und auf Vieles verzichtet, um musikalisch zu reifen. Sein Lehrer bleibt nur ein Begleiter und kann nie der einzige Grund für den Erfolg sein.

---

192 Vgl. http://www.magazin-zeitenwende.de/Themen/Neues-Denken/Emotionale-Autonomie, Stand 01/14

Ins Fremdvertrauen wird zudem viel hineininterpretiert. Das beginnt häufig schon bei der körperlichen und psychischen Prädisposition. Manchmal loben wir die Falschen. Eine junge Mutter beispielsweise, die gerade bravourös ihr Baby auf die Welt gebracht hat und erschöpft von den körperlichen Strapazen dann sagt: *„Bei meiner Mutter hat die erste Geburt auch weniger als acht Stunden gedauert. Ich bin froh, dass das bei uns in der Familie liegt."*, schmälert ihre eigene Tapferkeit völlig grundlos. Unsere Sprache verrät oft, wo wir uns selber „verraten".

Vermarkte Dich selbst, sonst tut es niemand!

Der schwierigste Sales-Akt ist sich selbst zu „vermarkten". Jeder Fingerabdruck, jeder Mensch, jede Biografie ist völlig anders – aber nicht jeder gestaltet sein Leben so, als wäre es etwas Besonderes. Die Weltreligionen scheinen mit dem Joker, dass es nach dem Tod einen Nachschlag im „neuen Leben" gibt, ganze Arbeit geleistet zu haben.

Bei einigen Zeitgenossen gewinnt man den Eindruck, sie wären schon mehrere hundert Male auf der Welt. Anders ließe sich die Lieblosigkeit zum eigenen Lebensdesign nicht erklären. Es gibt viele Gelegenheiten, nichts aus sich zu machen: Manche schaffen es aus noblen Elternhäusern zu kommen und außer peinlich gar nichts zu werden, andere scheinen das Glück trotz einfacher Herkunft gepachtet zu haben – bis man schockiert von ihrem Freitod erfährt. Die Masse hält es offenbar für das Sicherste, weder mit Glanzleistungen noch mit Exzessen aufzufallen und tümpelt vom Alltag gezeichnet dahin, bis dass der Tod sie scheidet.

Der Mensch lebt im Komparativ. Natürlich befinden wir uns in ständigem Austausch mit unserem sozialen Umfeld. Ob wir das gut finden oder nicht – es ist zutiefst menschlich, sich mit anderen zu messen.

Solange es Menschen gibt, haben sie sich stets gemessen: Wer ist der älteste des Stammes, wer der schnellste einer Truppe? Wo wohnt die Dorfschönheit? Wer steht auf der Forbesliste und gehört zu den reichsten Menschen der Welt? Viele Eltern maßregeln ihre Kinder und sagen: *„Bitte hör auf, Dich zu vergleichen. Es ist doch völlig egal, was die anderen für Noten, Taschengeld, Partyeinladungen bekommen."* Nein, so ist es selbstverständlich für das betreffende Kind nicht.

Menschen beziehen sich aufeinander – deshalb leben sie auch in Beziehungen miteinander. Selbst- *und* Fremdbewertung gehören zum Leben dazu wie ein- und ausatmen. Jahre später sind es häufig die gleichen Eltern, die vorrechnen, dass das Studium vom Nachbarn – vergleichsweise – in Mindestzeit absolviert wurde. Oder dass Frau Wamperl schon Enkelkinder hat und sie noch nicht Oma und Opa geworden sind. Résumé: Vergleichen ist völlig in Ordnung – gleich machen unnötig: *„We are all equal, but definitely not the same"* *(Barbra Streisand).*

„Selber machen" liegt wieder im Trend. Egal ob es darum geht, nach Großmutters Rezept Marmelade und Kompott einzukochen, selber zu schroten und Brot zu backen oder im hauseigenen Garten Kräuter, Obst und Gemüse für den Eigenverzehr zu züchten.

Ausgerechnet beim Eigenmarketing wird die Spielwiese jedoch gerne anderen überlassen. Die Ausreden sind immer die gleichen: *„Ich kann Dir alles verkaufen, aber nicht mich selbst!", „Ich komme mir blöd vor, wenn ich mich anpreisen soll."* oder *„Es gibt doch eh schon so viele, die sich gerne darstellen."*

Auf der anderen Seite wird jedoch vom eigenen Chef oder Lebenspartner erwartet, dass er *„weiß, was er an mir hat"*. Dafür sollte man aber auch einiges tun. Die gute Nachricht: Qualität setzt sich durch! Die schlechte: es kann Jahre dauern. Mozart hat seinen Durchbruch nicht mehr erlebt. Er liegt anonym im Armengrab irgendwo in St. Marx und definitiv nicht in dem Ehrengrab der Stadt Wien, dass täglich die Touristen besuchen.

ÜBUNG 11
Der Coaching-Tipp: Begeben Sie sich auf die Suche nach Ihrem „biographischen Gold".
→ Seite 327

Wir sind alle Lobbyisten

Was in Goethes „Faust I" mit dem Zitat beschrieben wird: *„Zwei Seelen wohnen, ach! in meiner Brust, die eine will sich von der andern trennen",* hat der Hamburger Psychologe Friedemann Schulz von Thun[193] mit dem „Inneren Team" schon im 20. Jahrhundert beschrieben. In der Tat stellt sich immer häufiger die Frage: „Wer bin ich und wenn ja, wie viele?"[194], die auch der moderne Philosoph Richard David Precht als Titel auf seinem Bestseller-Buchcover führt. Abgesehen vom sozialen Befund, dass wir im Zuge eines Tages hör-

193 Prof. Dr. Friedemann Schulz von Thun ist Professor am Fachbereich Psychologie der Universität Hamburg für Beratung und Training und dem eigenen Schwerpunkt Psychologie der zwischenmenschlichen Kommunikation. Seine Trilogie „Miteinander reden" erzielte eine zweifache Millionenauflage. Der dritte Band erschien 1998 mit dem Untertitel „Das Innere Team und situationsgerechte Kommunikation".
194 Richard David Precht, „Wer bin ich – und wenn ja, wie viele?", Goldmann, München 2007

bar unterschiedliche externe Rollen einnehmen: Vater, Unternehmer, Freund, Schwiegersohn,... bewohnen uns auch noch innere Interessensvertreter. Auf die einfache Interessensfrage aus dem Freundeskreis: *„Und? Denkst Du darüber nach, Dich selbständig zu machen?"* gibt es plötzlich viele Stimmen in unserer Brust, obgleich wir gegenüber unserem Freund nur ein gelangweiltes *„Mal sehen, jetzt grad nicht ... aber wer weiß, was noch kommt!"* verlauten lassen. In Wahrheit spielt sich bei jedem von uns gelegentlich eine innere Konferenz ab: Die Diva in uns tönt sofort hoffnungsfroh: *„Sofort selbständig machen, Leute! Erst wenn auf meiner Visitenkarte die eigene Unternehmung steht, hat man es geschafft!".* Die Nörglerin stimmt zu:*„Genau, ich bin es auch leid dauernd für andere zu arbeiten, während die Lorbeeren eine Etage höher verteilt werden!"*

Die Sicherheitsdenkerin unserer Persönlichkeit merkt kleinlaut an: *„Selbständig machen? Bei der Wirtschaftslage? Da haben sich aber schon ganz viele verbrannt. Lieber einen fixen Job mit Weihnachts- und Urlaubsgeld".* Der innere Kritiker pflichtet ihr bei: *„Außerdem – womit denn selbständig machen?! Es gibt doch eh schon alles."* Der Pionier in uns träumt weiter: *„Aber wenn eine coole Idee daher kommt, sich irgendwo eine gute Chance auftut, dann... vielleicht irgendwann ..."*

Diese inneren Konferenzen unterscheiden sich kaum von tatsächlichen Meetings in unserem Alltag. Manche dauern lang und sind fad, bei anderen wird herumgezickt und gemobbt wie überall. Natürlich hat der Sicherheitsdenker in uns keine Freude mit dem Aufschneider Marke *„Was kostet die Welt".*

Schließlich ist das Ziel aller, ihr eigenes Persönlichkeits-Lobbying so erfolgreich zu betreiben, dass unser Kopf ganz oben dann genau die Meinung vertritt, die jeder der inneren Teamplayer sich aus dem Bauchraum der Emotionen gewünscht hat. Nur wer gehört wird, ist zufrieden, die anderen Lobbyisten haben wir in dem Moment, in dem wir uns festlegen und laut unser Argument verkünden, kurzfristig enttäuscht. Klar ist, wer über die Jahre immer die gleichen Teammitglieder fördert und zu Wort kommen lässt, vernachlässigt andere und verliert sie vielleicht. Wie bei einer Sportmannschaft – wer bestimmte Spieler immer auf der Reservebank parkt, der darf sich nicht wundern, dass sie schlechter trainiert und weniger motiviert sind als andere.

Irgendeine innere Abstimmung tragen wir übrigens dauernd mit uns herum. Egal, ob es um banale Entscheidungen geht wie: *„Soll ich mir diese teure Jacke wirklich kaufen?"* oder um lebensentscheidende Themen wie *„Jetzt ins Ausland? Nehme ich das Jobangebot an?"*

Fazit:

Gutes Eigenmarketing setzt klar voraus, dass man über das eigene Selbst-konzept Bescheid weiß. Setzen Sie sich hin und überlegen Sie, wie viele „innere Lobbyisten" oder Teammitglieder tatsächlich in Ihnen wohnen. Schließlich versuchen diese, Sie Tag für Tag zu beeinflussen – da kann man sich ihrer schon bewusst werden. Das ist nicht die gelebte Schizophrenie, sondern die Chance, Bauchgefühl und Kopf in Balance zu halten. Aussagen wie *„Ich hab da kein gutes Gefühl bei der Sache" oder „Die Vernunft sagt nein, der Bauch will sehr!"* verbalisieren unser inneres Dilemma.

Natürlich haben wir nicht immer Lust, den inneren Sitzungen stundenlang beizuwohnen. Schließlich müssen wir „draußen" oft schneller entscheiden als es unseren inneren Lobbyisten lieb ist. Die Psychoanalytikerin Ruth Cohn hat recht, wenn sie appelliert: *„Sei Deine eigene Chairperson!"*[195]

ÜBUNG 12
Kennen Sie Ihre „inneren Lobbyisten"?
→ **Seite 330**

---

195 Vgl. http://www.ruth-cohn-institute.com/page/6/jfin_inhalt_tzi-konzept&mm=13&sub=14, Stand 03/14

KAPITEL 24

Business-Smalltalk

24
Business-Smalltalk

Im anspruchsvollen Business-Smalltalk geht es darum, ausgewählte persönliche Einblicke zu gewähren und am eigenen Rufmanagement zu arbeiten. Informationen, die auf keiner Visitenkarte stehen, sind gefragt. Der Grat zwischen faden Daten aus dem Lebenslauf, Prahlhans-Orgien und Themenverfehlungen ist schmal.

Klar ist: Smalltalk kann zu Big Business führen! Die scheinbar harmlose Plauderei, bei der „süße Momente" erzeugt werden, ist ganz relevant, um den ersten Eindruck, den sich Ihr Gesprächspartner längst von Ihnen gemacht – im optimalen Fall –, noch einmal zu bestätigen. Falls Sie nach den ersten Sekunden in Ungnade gefallen sind, haben Sie spätestens jetzt die letzte Gelegenheit, durch charmante Gesprächsführung sein oder ihr Bild sanft zu revidieren.

Was unterscheidet Smalltalk von Business-Smalltalk? Gekonnter Smalltalk ist für die Beziehungspflege unschätzbar. Über sportliche Aktivitäten oder Familienthemen zu plaudern, ist für die große Kunst des kleinen Gespräches sicherlich geeignet. Für den Business-Smalltalk reichen diese Gesprächsinhalte jedoch nicht aus. Das professionelle Ambiente verlangt gefilterte Informationen. Eheprobleme, Scheidung, parteipolitische Überzeugungen, Vernaderung anderer und Religion eignen sich im Geschäftsleben noch weniger als beim Feuerwehrfest. Stattdessen lässt es sich herrlich über den Anlass, die Location, Referentenbeiträge und aktuelle Nachrichten parlieren. Wer einsilbige Antworten gibt oder investigative Fragen stellt, erhöht seinen Eigenmarkenwert sicher nicht. Versuchen Sie nicht nur Visitenkarten und Stehsätze à la *„Wir bleiben in Kontakt"* auszutauschen. Verabreden Sie sich beispielsweise auf XING oder senden Sie zum Gesprächsinhalt einen interessanten Link nach!

Serviceorientierte Menschen wirken immer sympathisch, solange die Freundlichkeit keine versteckte Keilerei ist. Niemand will nach einem netten Businesstalk ungefragt im Newsletter-Verteiler des Gesprächspartners landen oder ein Proforma-Angebot erhalten.

ÜBUNG 13
Der Coaching-Tipp: Wie funktioniert gelungenes Eigenmarketing?
Was macht guten Business-Smalltalk aus? Fünf Regeln für gekonnte Beziehungspflege im Big Business.
→ **Seite 333**

Willkommen auf den Bühnen der modernen Sophisten

- auf Firmencocktails und Kunden-Events

- in Büros und Besprechungsräumen

- im Parlament und auf Wahlrednerbühnen

- bei Schulungen und in Trainings

- auf Wirtschaftsplattformen und Breakfast-Briefings

- bei Messen- & Akquisition- & anderen Verkaufsevents

- in Anwaltskanzleien und im Gerichtssaal

- in Agenturen und bei Gala-Veranstaltungen

- in Redaktionsstuben und in Online-Foren

- auf Social-Media-Bühnen: Facebook, XING, LinkedIn, Twitter etc.

Die folgenden rhetorischen Kreativitätstechniken helfen Ihnen, ein Thema von unterschiedlichen Seiten zu beleuchten. Nur wer Perspektiven wechselt und Blickwinkel verändern kann, ist in der Lage, das Ganze zu sehen und anderen Gesprächsteilnehmern Inhalte zu verdeutlichen.

ÜBUNG 15
Der Coaching-Tipp: Das rhetorische Kaleidoskop:
Diese 18 rhetorischen Zugänge unterstützen Sie in Meetings, wo es immer darum geht, Ihre Ansichten und Überzeugungen zu verbalisieren.
→ Seite 335

GLOSSAR 1
Im Glossar 1 finden Sie eine Art Bauanleitung für Argumente von A-Z.
Profitieren Sie von der Vielfalt der unterschiedlichen Argumentationsarten und betrachten Sie auch Ihre beruflichen Themen durch dieses rhetorische Kaleidoskop!
→ Seite 361

Gutes Eigenmarketing bedeutet, sich mit seiner Statuswirkung zu befassen und die Variationsbreite in Business-Gesprächen zu erweitern. Wer sich und andere einige Zeit ganz bewusst durch die „Statusbrille" betrachtet, der lernt. Tom Schmitt, Managementberater und Autor des Buches[196] *„Status-Spiele: Wie ich in jeder Situation die Oberhand behalte"* legt offen: Menschen, die oft aus dem Hochstatus handeln, werden den Wechsel in den tieferen Status (innen hoch, außen tief) als Machtverzicht erleben, der anfangs gar nicht so leicht fällt. Auf der anderen Seite ist es für Tiefstatus-Typen wichtig zu spüren, wie es sich anfühlt, wenn man sich durchgesetzt hat und Einfluss nehmen kann.

Charismatische Menschen sind gute Status-Spieler und variantenreich in ihrer Gesprächsführung. Zudem wissen sie, dass ihr Erfolgscocktail die Rezeptur aus mehreren verfeinerten Zutaten ist, die über die Jahre reiften. Nicht jeder ist mit einer tragfähigen Stimme geboren, aber für den eigenen Wortschatz und die Logik in der Argumentation kann wirklich jeder selbst sorgen. Gutes Aussehen ist zwar nicht überall fair verteilt. Doch jeder kann sich disziplinieren, damit die eigenen körperlichen Proportionen nicht aus dem Ruder laufen. Es ist wie bei den Sonntagsfahrern. Wer Tag für Tag trainiert einen appetitlichen Anblick abzugeben, wird schneller und routinierter. Handgriffe und Abläufe sind eingespielter als vergleichsweise bei dem, der sich nur für wichtige Anlässe behübscht. Das gleiche gilt für elegante Bewegungen: auch geführte Mimik und Gestik sind trainierbar! (Vgl. Abb. 37)

Besonders in der Titelnation Österreich wird es noch einige Generationen dauern, bis die Oma sich über einen PhD beim Enkerl genauso freut wie ehemals über den „Doktor". Klar ist, dass gute Ausbildung in internationalen Schulen und perfekte Fremdsprachenkenntnisse dem gesellschaftlichen Ansehen noch selten geschadet haben. Wer darüber hinaus das Glück hat, mit prominenter Verwandtschaft auftrumpfen zu können, hebt die eigenen Statuspunkte gleich noch einmal an, ohne wirklich viel dafür getan zu haben. Der Nachfahre eines großen Denkers oder Musikers zu sein oder einer adeligen Linie abzustammen, ist kein übles Label. Ob man aus diesem Startvorteil gesellschaftlich Kapital schlagen kann, ist eine andere Frage.

Zu oft hat sich ein Von und Zu zum Affen gemacht und selbst unter den C-Promis der Adabeigesellschaft alles Ansehen verloren. Die Negativspirale der Bekanntheit gibt es eben auch.

Lieber nimmt man sein Statusmarketing selbst in die Hand und kümmert sich darum, gut belesen und bereist zu sein. Wer die Welt kennt, hat schließlich mehr über sie zu sagen.

---

196 Tom Schmitt und Michael Esser, „Status-Spiele: Wie ich in jeder Situation die Oberhand behalte", Fischer, 2010

ÜBUNG 32
Der Coaching-Tipp: Welche Status-Spiele machen Ihnen zu schaffen?
→ Seite 358

Status-Scores

rhetorischer Status	Eloquenz, Wortschatz	Fremd-sprachen	wohlklingende Stimme	treffsichere Argumentation
körperlicher Status	gutes Aussehen	Körperbau	sportliche Leistung	geführte Mimik, Gestik
fachlicher Status	Bildung	Titel	Expertise	Autorenschaft
Herkunfts-status	adeliges Geschlecht	Promi-Eltern	Nobelviertel	Nachfahren historischer Persönlichkeiten
gesellschaftl. Status	Bekanntheit	Geld, Kosmopolit	Ansehen	VIP-Kennung

**ABB. 37
STATUS-SCORES**
QUELLE: TATJANA LACKNER, 2014

Bei einem Come-Together wird bald klar: wer wirkt fad und einsilbig oder marktschreierisch und tönend. Vielleicht wurden jene, die das Spiel beherrschen, deshalb auch seit der Antike beneidet.

Verwechseln Sie einen Sophisten nicht mit einem...

- Lügner
- Schönredner
- Heuchler
- Wortverdreher
- Haarspalter
- Besserwisser

- Wortklauber

- Rabulisten

- Rechtsverdreher

Unter den charismatischen Rednern gibt es naturgegeben nicht nur Gute, sondern auch Charakterlose und Populisten. Grundsätzlich sind moderne Sophisten jedoch Menschen, die gewählt sprechen, ihre Argumente begründen können und nicht einfach drauf los reden! Da ihre geschliffene Rhetorik auch inhaltlich beeindruckt, finden sie Zustimmung. Fälschlicherweise werden sie mit Heuchlern und Schönrednern gleichgesetzt. Das wird ihnen nicht gerecht.

Natürlich war für einige in der Antike die Begegnung und Auseinandersetzung mit ihrem Lehrer Sokrates ein profitables Sprungbrett, um in die Politik zu gehen und dort ihr eigenes Süppchen zu kochen. Nicht alle blieben an seinen moralphilosophischen Lippen hängen, sondern kritisierten ihn und wandten sich ab. Schließlich waren er und seine seltsamen Auftritte in ganz Athen umstritten. Obgleich uns Sokrates nichts Schriftliches hinterlassen hat, haben seine Worte bis heute Kraft. Schade deshalb, dass Sokrates nichts notierte und nur durch die Aufzeichnungen seiner Schüler – allen voran Platon – zu uns spricht. Seine moralphilosophischen Erkenntnisse sind in der heutigen Rhetorik und Philosophie ebenso heiß umstritten wie seine investigative Fragetechnik.

Er vertrat die Auffassung, dass das begründete Wissen des Guten bereits das richtige Handeln nach sich zieht. Seine Dialogpraxis, von ihm selbst „Mäeutik"[197] genannt, und seine Art zu denken, setzten Benchmarks in der Philosophiegeschichte. Nicht umsonst spricht man von „Vorsokratikern", wenn antike griechische Denker gemeint sind. Hier einige der bekannteren Sophisten[198]:

- Protagoras

- Gorgias

- Hippias (von Elis)

- Prodikos (von Keos)

- Kritias

- Alkibiades

- Thrasymachos (von Chalkedon)

---

197 Mäeutik: „Hebammenkunst", Definition nach Platon: dem Gesprächspartner wird Wissen entlockt, das dieser selbst nicht ahnte zu besitzen. Vgl. Duden kompakt, Allgemeinbildung, Kapitel: Philosophie, S 37, 2012
198 Vgl. http://www.gottwein.de/Grie/vorsokr/VSProt01.php, Stand 01/14

- Polos (von Akragas)

- Euthydemos

- Kallikles

- Antiphon (von Rhamnus)

- Lykophron

Wie überall, so gab es auch unter den Sophisten schwarze Schafe. Einige wollten nur die „Werkzeuge" erlernen, um eine gute Sache zu einer schlechten zu reden und umgekehrt. Ihnen ging es um Reichtum, Ansehen und das eigene Ego. Solche Machtmenschen fanden sich auch unter den Schülern des Sokrates, allen voran Kritias und Alkibiades, zwei schillernde Männer ihrer Zeit, jedoch sehr dubios. Kritias[199], ein Oligarch im alten Athen, galt als überaus habgierig. Er war ein sophistisch gebildeter Politiker, Sparta freundlich und demokratiefeindlich. Kritias war Mitglied der Terrorherrschaft „Rat der Dreißig" um 403 vor Christus. Er spielte nicht nur auf dem politischen Parkett gekonnt mit seinen Worten, sondern machte sich auch als Dichter einen Namen und verfasste sogar eine Tragödientrilogie. Seine Cousine war übrigens Platons Mutter Periktione.

Alkibiades galt hingegen als übermütiger Demokrat. Er entstammte einer berühmten aristokratischen Familie in Athen. Auch Alkibiades war ein bedeutender Staatsmann, Redner und Feldherr. Im Verlauf des Peloponnesischen Krieges 431 vor Christus bis 404 wechselte er jedoch einige Male die Fronten. Seine Außenpolitik galt als aggressiv und er machte sich im Laufe der Jahre sowohl in Sparta als auch in Athen Feinde. Bei den 91. Olympischen Spielen, 416 vor Christus, entsandte Alkibiades gleich sieben Mannschaften ins Wagenrennen. Kein Privatmann hatte je so viele zu den Olympischen Spielen der Antike beordert. Dieser clevere Schachzug blieb nicht erfolglos: So wurde auch er mit einem Kranz zum Olympiasieger geehrt. Damals wurde beim Wagenrennen der Rennstallbesitzer gefeiert, nicht der Fahrer. 407 vor Christus verbannte man ihn aus Athen. 404 v. Chr. wurde der gutaussehende Partylöwe[200] und eloquente Verführer ermordet.

Was waren die Sophisten einst?[201]

- Sachkundige

- Richter

- Gelehrte

---

199 Vgl. http://www.gottwein.de/Grie/vorsokr/VSKritias01.php, Stand 01/14
200 Vgl. http://www.dw.de/alkibiades-schillernde-figur-in-der-antike/a-16104716, Stand 01/14
201 Vgl. http://www.info-antike.de/sophist.htm, Stand 01/14

- Aufklärer
- Naturphilosophen
- Atheisten
- Rhetoriker
- Historiker
- Gesellschaftskritiker

Rhetorisch betrachtet: Europa steht in der Schuld der Griechen

Europa verdankt den alten Griechen aus rhetorischer Sicht sehr viel. Verbal geschult zu sein, galt in der Antike als Grundvoraussetzung, um überhaupt studieren zu dürfen. Damit zählt dieses Handwerk, dessen Zunft eher das Mundwerk bedient, zu den ersten Studien-Eignungstests der Geschichte – den sogenannten niederen Künsten.

Die Rednerschule des Griechen Apollonius Molons im 1. Jahrhundert vor Christus war eine Kaderschmiede für Rhetoriker. In Rhodos Stadt gründete der antike Anwalt Molon seine Rhetorikschule und hatte klingende Referenzen. Viele Promis der damaligen Zeit ließen sich von ihm trainieren: Cassius, Cato, Brutus, Pompeius und Lukrez. Auch Cicero und sogar der junge Cäsar waren seine Schüler.[202]

Es war die Zeit in der viele vom „asianischen" Redestil beeinflusst waren: lange Sätze, Verschachtelungen und Redeschnörkel ohne Ende. Aus Kleinasien stammte damals diese vorübergehende Mode in der Sprachkunst. Wer im Lateinunterricht Texte übersetzen musste, kann ein Lied davon singen. Apollonius Molon konnte diesen Schwulst nicht leiden. Er war Verfechter des klaren Wortes. Nichts hielt er von unnötigen Füllwörtern, die komplizierte Gedankengänge weiter aufschwemmten und die Botschaft dahinter in Watte packten. Der erfolgreiche Rhetor (= Redner) Molon hätte eine Freude mit meinem zweites Buch „Rede-Diät" gehabt – schon alleine des Titels und noch mehr der Aussage wegen. Auch der 25-jährige Cäsar war bei ihm in Ausbildung. Ebenfalls ein scharfer Denker und guter Student. Bis heute wird seine Drei-Wort-Botschaft „Veni, Vidi, Vici" zitiert. Sogar in der schnellsten Kommunikation – in der heutigen Werbung – findet ein Satz aus dem 1. Jahrhundert vor Christus Verwendung, nämlich beim Kreditkartenanbieter Visa. Cäsars oft falsch übersetzter Spruch mit dem geworfenem Würfel, den er mit 51 Jahren am Fluss Rubikon ausstieß, ist von bestechender Klarheit: „Alea iacta est!" – Der Würfel ist geworfen worden.

---

202 Vgl. http://abacus-nachhilfe-unterricht-lehrer.de/nachhilfe-englisch-deutsch-mathe-latein/unterricht-und-nachhilfe-bei-apollonius-molo/, Stand 02/14

Im 4. Jahrhundert vor der christlichen Zeitwende waren es die Sophisten, 300 Jahre später ließ Rhodos aufhorchen mit innovativer Philosophie und brillanter Rhetorik. Das erklärt auch, warum sich viele römische Aristokratie-Kinder von griechisch-stämmigen Sklaven unterrichten ließen. Diese waren offenbar bildungsfitter als die Römer selbst. Durch die Eroberungsfeldzüge kamen die griechischen Philosophen bis Rom und ihre gute Allgemeinbildung fiel sogar den Römern auf. Molon war sogar zweimal in Rom – für die damalige Zeit kein Ausflug.

Mit der Zeit gehörte es zum guten Ton, eine römische Rednerschule zu besuchen, wenn man auf der Karriereleiter weiter aufsteigen wollte. Auch die High Society im alten Rom kümmerte sich schon damals um Rhetoriktrainings. Immerhin 1000 Drachmen kostete das Schulgeld – umgerechnet 2.700 Euro. Zugelassen waren junge Männer aus der Oberschicht, zwischen 16 und 20 Jahren.

Was wurde von den Sophisten gelehrt?

- Grammatik
- Stilistik
- Ethik
- Politische Zusammenhänge
- Sprachphilosophische Methoden
- Erkenntnistheorien
- Analytisches Denken
- Rhetorische Werkzeuge
- Dialektik
- Hinterfragen von Zusammenhängen
- Geschichte

GLOSSAR 2
Der Coaching-Tipp: Mit Redefiguren spielen
Im Glossar 2 finden Sie ein Set an Redefiguren mit bunten Beispielen zum Nachbauen. Wer auf den Spuren der Sophisten wandeln möchte wird hier zum rhetorischen Spieler.
→ Seite 366

Fazit:

Durch die Jahrhunderte fielen die Griechen immer wieder mit ihren hellen Köpfen und wortgewaltigen Denkern auf. Bis heute gilt es als „sophisticated", sich auf den unterschiedlichen Parketten so zu Recht zu finden, dass man sein Gesicht behält, eine gute Figur macht und dabei auch noch interessante Informationen zu bieten hat. Die Demarkationslinien der Hierarchie weder nach oben noch nach unten zu verletzen, ist dabei Voraussetzung.

KAPITEL 25

Ihr Rhetorik-Triathlon

25

Ihr Rhetorik-Triathlon

Was im Sport Schwimmen – Laufen – Radfahren, ist im Rhetorik-Triathlon Präsentieren – Argumentieren – Kontern. Der Berufsalltag verlangt uns sprachliche Kondition ab. Dafür braucht es kein Fitnesscenter, aber auch hier unterscheidet Training den guten vom besseren Redner. In allen drei Disziplinen gleichermaßen zu überzeugen, das vermögen nicht viele.

I) Präsentieren ohne Schwimmen:

Irgendwann müssen die meisten von uns Inhalte wenigstens im Rahmen der eigenen Kollegenschaft präsentieren. Einige reden vor Kunden oder sogar öffentlich auf Bühnen. Weg vom Power-Point-Karaoke, hin zur sympathischen Form der Rede lautet dabei die Devise! Eine Rede ist keine Lesung. Vermeiden Sie dabei inflationäre Sager:

- **welke Begrüßung:**

  „Sehr geehrte Damen und Herren, schön, dass Sie heute so zahlreich erschienen sind." (das ist auch grammatikalisch holprig: jeder Teilnehmer kann nur einmal erscheinen)

  Besser: *„Willkommen zum Thema XY. Fein, dass sich heute so viele Zeit nehmen."*

- **lahme Verabschiedung:**

  „Ich danke für Ihre Aufmerksamkeit."

  Besser: *„Wer mehr zum Thema XY wissen möchte, der findet gut aufbereitete Infos auf www.sprechen.com. Ich wünsche Ihnen jetzt noch eine gute Heimreise."*

- **Vermeiden Sie „Variablen":**

  Das erste Mal sind uns „Variablen" im Mathematik-Unterricht begegnet. Ganze Schuljahre lang haben wir mit x und y gerechnet. Wogegen a und b die Konstanten waren. Sprachlich öde sind Allgemeinaussagen. Zu diesen Platzhaltern zählen neben relativierenden Füllwörtern wie „irgendwie", „manchmal", „sozusagen" auch inflationäre Phrasen und fertige Versatzstücke in einer Rede: „man", „es", „das muss jeder selbst entscheiden", „gemeinsam zusammen", „nachhaltig", „am Ende des Tages", „ein Stück weit", „im Großen und Ganzen", „sag ich einmal" etc. …

Gutes Rede-Design hat viel mit spannender Vortrags-Dramaturgie, guter Stimm-Modulation und aktiver Pausensetzung zu tun. Unpünktlichkeit und schlechtes Zeitmanagement sind keine Kavaliersdelikte. Die Zuhörer haben auch nach Ihrem Vortrag noch ein Leben. Zumindest in der „American Time"-Zeitrechnung.

II) Argumentieren ohne Laufen:

Jeder Mensch muss im Zuge seines Lebens Meinungen argumentieren – manchmal sogar gegen die eigene Überzeugung. Frische Argumentationsarten zu kennen und gleich auszuprobieren, erweitert das persönliche rhetorische Waffenarsenal. Versuchen Sie nicht nur Ihre Ansichten rasch runterzuleiern, sondern auch Ihre Expertise zu verkaufen – in angenehmem Redetempo!

- **Lahmes Argument:**

  „Wir wissen wovon wir reden, das müssen Sie uns glauben!"

  Besser: ein Erfahrungsargument

  „Nach mehr als 20 Jahren mehrfach ausgezeichneter Rhetorikschulungen, wissen wir genau, wo der Schuh in der Kommunikation drückt."

  Besser: ein „Gerade jetzt"-Argument

  „Gerade jetzt, wo sich auf dem Sprechermarkt erstmals auch viele junge unbekannte Stimmen etablieren, ist es sinnvoll, in eine Sprecherausbildung zu investieren, um sich ein zweites berufliches Standbein zu sichern!"

Raffinierte Argumentation lebt immer nach der Devise „Disarm your enemy!" Es geht darum, dem anderen die Argumente abzuschrauben und ihn damit zu entwaffnen, während die eigenen noch alle unbenützt in petto warten. Die Paraphrase-Technik wirkt Wunder und funktioniert in drei Schritten:

Die Paraphrase-Technik

1. Wiederholen Sie das Argument Ihres Gesprächspartners und überhöhen Sie dabei unbemerkt seine Aussage. Übertreiben Sie hier nicht, sonst riskieren Sie Gegenwehr.

2. Dann leiten Sie aus seinen Worten eine Gefahr ab – und zu guter Letzt:

3. Warnen Sie vor der ungeliebten Konsequenz, die aus seinem Vorschlag entsteht.

Beispiel:

„**Du findest** mit dem Daumen in die Ferien zu fahren ist die billigste Art Urlaub zu machen. Erkennst Du dabei nicht **die Gefahr,** bei jemand falschem ins Auto zu steigen, was **zur Konsequenz** hat: es wird die teuerste Art Urlaub zu machen – weil Du mit Deinem Leben bezahlst?"

Bevor Sie beim Meeting in die Arena steigen, um die besten Argumente gegeneinander antreten zu lassen, müssen Sie vorher jedoch noch für die richtige Atmosphäre mit ihrem Gesprächspartner sorgen. Atmosphäre ist harte Arbeit und fällt nicht von den Wänden. Für manche ist die große Kunst des kleinen Gespräches deshalb so ein Horror, weil sie viel zu wenig Interesse am Gegenüber haben. Holprigkeit im Smalltalk ist in gewissen Positionen jedoch schlicht peinlich. Gerade Führungskräfte sollen beim Kundenevent netzwerken können.

III) Kontern ohne Treten:

Von der Schulbank über das Elternhaus bis hin zum eigenen Familien- und Berufsalltag – wir sollten immer in der Lage sein, uns gelungen zu verteidigen. Manche Todschlagargumente und Killerphrasen sind jedoch schwerer zu verdauen als andere. Wer sich rechtfertigt, hat bereits verloren. Wer „schmähstad" (österreichisch für sprachlos, erstaunt, verblüfft) übrig bleibt, ebenso.

Auf dem Heimweg nützen uns dann die besten Konter nichts mehr. Die Frage ist daher: Welches Reaktionsmuster sitzt bei Ihnen besonders locker? Wie reagieren Sie auf Gesprächsblockaden und Kommunikationssperren – ohne dabei klimatisch zu viel Porzellan zu zerschlagen oder herumzureden?

ÜBUNG 16
Kontern Sie Killerphrasen!
Sind Sie hörbar schnell beleidigt, arrogant, devot, witzig, schnappig, souverän etc.?
→ Seite 339

Fazit:
80 % Prozent unseres Alltags verbringen wir in Kommunikations-Situationen. Drei Disziplinen sind vor allem gefragt: kraftvoll zu präsentieren, schlüssig zu argumentieren und auf Einwände vorbereitet zu sein. Erfolgversprechende Redevorbereitung besteht daraus, neben den gereichten Inhalten auch über die Moderationen nachzudenken. Wenn Sie spritzig eröffnen, schlüssig begründen und sympathisch auf Zweifler reagieren, dann haben Sie den Rhetorik-Triathlon sehr gut gemeistert.

KAPITEL 26

Entlarven Sie die Killerkönige

26

Entlarven Sie die Killerkönige

Dr. Karsten Bredemeier[203], deutscher Management- und Schlagfertigkeits-coach, hat schon vor knapp zehn Jahren ein Buch geschrieben, das „Schwarze Rhetorik"[204] heißt. Was versteht man darunter? Schwarz wird in unserem Kulturkreis oft mit düster, Trauer oder Tod assoziiert. Zur „Schwarzen Rhetorik" gehören daher Todschlagargumente und Killerphrasen ebenso wie Gesprächsblockaden und Kommunikationssperren. Schwarz ist jedoch nicht immer nur negativ belegt – gilt es doch als die Berufsfarbe vieler Künstler. Was haben Jean-Paul Sartre, Woody Allen und Karl Lagerfeld gemeinsam? Der dunkle Rollkragenpulli und die Intellektuellenbrille mit schwarzen Bügeln sind Trademark für viele Denker, Designer und deren Trittbrettfahrer.

Wo fliegen die Messer manchmal tief? Was im Gastgewerbe klischeekorrekt die bekannten Animositäten zwischen Kellnern mit Köchen, das sind bei Musikern die Misstöne zwischen Bläsern und Geigern. Gerade am Arbeitsplatz bieten strukturbedingte Reibebäume eine Fülle an Möglichkeiten, um aneinanderzugeraten. Logisch, dass die Job-Description des Einkaufsleiters nicht immer die beste Freundschaft mit dem Verkaufsleiter garantiert. Auch sieht man den Marketing-Chef selten nach der Arbeit ein Bier mit dem Controller trinken.

Killerkönige verraten ihre Sprache

Killerphrasen gibt es wie Sand am Meer. Wir alle haben schon welche „geschenkt" bekommen und auch selber fleißig verteilt. Im Fokus stehen nun fünf klassische Killerkönige – die Absender solcher Mundtotmacher.

Die Art der eingesetzten Killerphrase wählt ein Mensch meistens instinktiv – sie spricht jedoch Bände über seine Betriebstemperatur, sein Weltbild und sein Selbstkonzept. Alle genannten Typen kommen natürlich sowohl in Rein- als auch Mischform vor, in männlicher und in weiblicher Form.

203 Vgl. http://www.dr-bredemeier.de/schwarze-rhetorik/, Stand 01/14
204 Vgl. Karsten Bredemeier, Schwarze Rhetorik: Macht und Magie der Sprache, Mosaik bei Goldmann, 2005

Die 5 Killerkönige

Der Ignoranzler
bodenständig & gesellig
Grammatik- und Fallfehler
bedient sich einfacher
Lebensformeln
wenig Allgemeinbildung

Der Spalter
geistig rege
geübter Redner
sprachlich sezierend
verunsichert und schürt
Unfrieden

Der Verharmloser
brav & farblos
bildleere Sprache
korrigiert gern & beschwichtigt
No-Na-Aussagen &
Binsenweisheiten

Die G'schnappige
permanenter
Beschwerde-Modus
pseudo-taff & zickt professionell
Schnelltexterin: schnell, taktlos
sehr suggestiv & missgünstig

Der Dampfplauderer
Stimme wohlklingend, aber laut
Alleinunterhalter-Attitüde
sprachlich reich
inhaltlich arm

ABB. 38
DIE KILLERKÖNIGE
QUELLE: TATJANA LACKNER, 2014

26.1 DER IGNORANZLER

Dem Proletariat anzugehören war, historisch betrachtet, zu manchen Zeiten möglicherweise erstrebenswert. Heute hat die Bezeichnung „Prolet" keine positive Konnotation und beschreibt Menschen, die eher bildungsschwach, dafür aber milieuauffällig sind. Grammatik- und Fallfehler pflastern ihren Kommunikationsweg.

Dabei sind diese ignoranten Zeitgenossen mit ihrer einfachen Lebensform durchaus erfolgreich – auch sie kommen zu ihren Kindern, Häusern, Urlauben und Fun-Momenten. Mit dem Brustton der Überzeugung vertonen sie ihre eher banalen Lebensformeln bei jeder Gelegenheit und geizen auch nicht mit kernigen Tipps, wie man wodurch zu seinem Recht kommt. Ihre bodenständige Natur lässt sie in den Niederungen des Alltags gar nicht dumm dastehen, sind sie doch weder entscheidungsschwach noch zögerlich. Außerdem wissen sie banal Alltägliches meistens besser. Beispielsweise wo etwa die Autoreifen am günstigsten umgesteckt werden. Warum sich den Kopf schwer machen? Ohne Lupe ist jedoch klar, dass die Basis ihrer Überlegungen zu den wesentlichen Fragen des Menschseins überschaubar tiefsinnig bleibt. Sie sind hauptsächlich damit beschäftigt, ihr „Leben zu organisieren", nicht damit, über den Lebenssinn nachzudenken. Wozu auch? *„Sterben müssen wir schließlich alle."*

In philosophische Grauzonen stoßen Ignoranzler seltener vor. Geparkt wird lieber in geselliger Runde bei lauter Musik. Dieser Typus macht auch kein Hehl daraus, dass Grübeln oder Reflektieren aus seiner Sicht eher etwas für Schwachmatiker ist. Das Leben ist zu kurz, um darüber nachzudenken. Man erkennt diesen Typen sprachlich daran, dass er handlungs-, nicht lageorientiert ist. Der Satz „Gemmas an" fällt eher als „überlegen wir mal". Diese Umsetzungsstärke wird vielerorts sogar geschätzt.

Diesen „Geht scho gemma Voigas"-Typus verrät seine Plattheit, die gespickt ist mit grammatikalischen Ungereimtheiten wie: „Zu was soll ich wählen gehen – sagst Du mir das bitte – interessiert die Herren Politiker meine Meinung? – Bist Du so naiv, dass Du das wirklich glaubst? Dann tust Du mir aber leid!" Dieser Typ ist durchaus stolz auf seine hemdsärmeligen Äußerungen und die eher triviale Betrachtung der Welt: „Worüber Du Dir immer Gedanken machst – über so was denke ich gar nicht nach. Da ist mir meine Zeit wirklich zu schade! Im Leben geht's echt um andere Werte."

26.2 DER SPALTER

Das krasse Gegenteil dazu ist – sprachlich betrachtet – der „Wieso"-Typus. Er ist Frageweltmeister und ein Spalter. Um Menschen und ihre Meinungen unbemerkt „auseinander" nehmen zu können, muss er – oder gerne auch wieder sie – geistig rege und inhaltlich aufmerksam sein. Wie ein Fuchs liegen diese „Wieso-Typen" deshalb auf der Lauer, um im Redefluss des anderen blitzschnell einzuhaken. Gerne schwimmen sie thematisch gegen den Richtungsstrom der vorgebrachten Argumente. Das hilft zwar weder dem Gesprächsverlauf noch der Laune weiter, aber sie können durch unbequeme Fragen punkten und sich als „schwierig" oder „anspruchsvoll" positionieren. Diese Oppositions-Rhetoriker sind brillante Redner, was sie gefährlich macht. Wenn sie in Fahrt sind, wird das Gesprächsklima schnell rauer und der Konsens ist perdu.

Dieser Typ gibt vor, stets am Inhalt interessiert zu sein, doch seine vordergründige Kompromiss-Miene täuscht. Die Kommunikation dient alleine seiner persönlichen Eitelkeit. Der von ihm, wie durch unsichtbare Hand, geschürte Unfrieden ist durchaus beabsichtigt. Für die Harmonizer am Tisch mag Dissens ein Tabu sein. Der Spalter hingegen fühlt sich erst dort zuhause, wo sprachlich seziert wird und er andere verunsichern kann. Rein stimmlich wirken diese Menschen selten bedrohlich. Manchmal verrät sich dieses rhetorische Pedant sogar durch eine eher hohe Stimme und durch seine schnarrende oder näselnde Sprechweise. Spalter arbeiten nicht mit beleidigenden Antworten, üblen Prolo-Meldungen oder anderen tönenden Killerphrasen. Nein, sie brüskieren lieber und verwenden Killerfragen. Zudem beherrschen sie die Schwarzmalerei. Ihre konsensual und fast kindlich gestellten Fragen klingen harmlos, zielen jedoch gerne auf das Gewissen ab. Der „Wieso-Typ" wirkt vordergründig durchaus kooperativ – so, als wäre er tatsächlich an Antworten interessiert. Genau analysiert merkt man jedoch, dass er sein Vis-à-vis sanft zwingt, sich zu rechtfertigen oder sich zwischen schwarz/weiß-Antworten zu entscheiden. Spalter-Sätze klingen so:

„Da musst Du jetzt schon präzise in Deinen Ausführungen bleiben. Du bist Dir sicher, dass Du dieses Projekt unbedingt willst? Wieso ist Dir egal, wie hoch der Preis dafür ist?" Oder: *„Glaubst Du nicht, dass das eine sehr kurzfristige Sichtweise ist – wenn wir so agieren, könnten wir ordentliche Probleme bekommen, wieso willst Du das unbedingt riskieren?*

Vorsicht Falle: Haben Sie es gemerkt? Instinktiv zwingen uns die Spalter in eine Rechtfertigung. Wer jedoch sein Gesicht und damit sein Recht fertigt, der hat die verbale Battle gegen diesen Typus schnell verloren. Es ist kein Zufall, dass so mancher Spalter aus seiner investigativen Veranlagung einen Beruf gemacht hat. „Wieso"-Frager sind unter Journalisten und Anwälten einige zu finden ist.

26.3 DER DAMPFPLAUDERER

Im Vergleich zum Spalter sind dies keine Klartexter, sondern vielmehr wilde Schwadroneure. Ihre Stimme ist meistens wohlklingend, aber viel zu laut. Schachtelsätze, Nebenanekdoten und Storytelling-Elemente bieten ein üppiges Buffet an sprachlichem Reichtum und inhaltlicher Leere.

Manchmal finden sich unter den Dampfplauderern sogar charmante Schmeichler, die jedoch jedes Kompliment zur Strapaze für die Nerven werden lassen, weil sie peinlich lange huldigen. In Gesellschaft kann es sogar imageschädigend wirken, von einem Dampfplauderer süßelnd und voller Sprachzucker anmoderiert zu werden. Ein klares „ja" oder „nein" gibt es bei diesem Typus selten. Alles *„hängt davon ab"* oder *„kann man so einfach nicht sagen"*. Der Dampfplauderer ist ein Relativierer. Ohne Mut zur öffentlichen Positionierung ist er der geborene Opportunist, der die Freunderlwirtschaft hoch hält und mit *„Eine Hand wäscht die andere"*-Mentalität durchs Leben geht. Gerne behält er sich ein Eisen im Feuer und die berühmte Hintertüre offen, während er lauthals über ungelegte Eier prahlt. Die Gesprächsanteile und -themen reißt er an sich, schmückt seine Reden bildreich und arbeitet mit Name-Dropping. All das lässt ihn wichtig erscheinen. Seine Alleinunterhalter-Attitüde wird für andere zum Dialogkiller. Es mag erstaunen, aber man kann andere Menschen auch durch Zustimmung vom Gespräch abschneiden. Geschicktes Loben, kräftige Übertreibungen und Smalltalk-Talent werden hier zur Kommunikationssperre und sichern dem Dampfplauderer Redeanteile.

„Was Sie sagen stimmt und erinnert mich an meine letzte Reise in die Toskana. Ich kann Ihnen sagen bla, bla" oder: *„Völlig richtig, mein Lieber, und ich habe das noch viel Schlimmer erlebt ... damals als ich ..."*

26.4 DIE „G'SCHNAPPIGE"

Ohne optische Klischees zu bemühen, ist die „G'schnappige" kaum voll-, sondern eher schmallippig und unentspannt, was selten angenehme Gesprächsatmosphäre garantiert. Die Stimmen dieser Frauen und Männer sind oft viel zu hoch bei ihrer schnippischen täglichen Verwendung.

Es geht ihnen offenbar darum, professionelle Gestresstheit zur Schau zu stellen. Ihr Gesprächsmotto lautet: *„Mit mir ist nicht gut Kirschenessen, ich nehme es im Leben peinlich genau"*. Dahinter liegt neben Unsicherheit auch häufig eine sehr einfache Herkunft, von der man sich durch alleiniges „Ärmel hochkrempeln" hinauf gearbeitet hat. Manche haben sich auch wahlweise „gescheit studiert", woraus sie kein Hehl machen. Überhaupt passt Understatement nicht unbedingt zu ihr, lieber brüskiert die „G'schnappige" das Gegenüber durch völlig distanzlose Fragen im Oberlehrerton. Ihre pseudo-toughe Art anderen auf den inhaltlichen Zahn zu fühlen wirkt recht ruppig, manchmal sogar unhöflich. Mit Humor kann – besonders Mann – diese „Geh bitte"-Zicke manchmal aus ihrer Inquisitorinnen-Rolle holen. Sie behandelt Rangniedrigere grundsätzlich wenig wertschätzend. Eher wird sie jedem Kellner eine Extrawurst abringen, um sich zu inszenieren. Fast jede Gelegenheit ist recht, um sich kapriziert zu geben. Das Gefühl, dass die „G'schnappige" „etwas Besseres" wäre, befällt niemanden – schon allein ihrer Sprache wegen. Stattdessen hält man sie für „etwas Überspannteres", was sich an den dauer-angespiesten Mundbewegungen auch deutlich ablesen lässt. Ihr Beschwerde-Modus kann nerven, ebenso ihr körperliches Gezappel und das gezischelte Schnelltexten. Da nützen auch die Prada-Schuhe, falls vorhanden, und die grundsätzlich ansprechende Figur nichts. Die „G'schnappige" hat Sympathiefaktoren, die gleich neben ihrem Humor im Keller geparkt sind. Vorsicht vor ihren Killerfragen! Die haben es in sich. Stimmt man der „G'schnappigen" zu, verwendet sie Ihr Zitat ungeniert dort, wo sie es braucht.

Enthalten Sie sich jedoch der Aussage, dann empfindet sie das als illoyal und wird nachbohren. Oft häkelt sie Fangfragen in ihre scheinbar harmlosen Motzereien und geht dabei suggestiv vor: *„Geh bitte, finden Sie das hier ein gemütliches Ambiente? Ich meine, wir zahlen 3.000 Euro für den Abend. Da kann sich meine Firma schon etwas anderes erwarten. Na sagen'S, finden Sie das denn gelungen?"* Vorsicht bei der Antwort! Suggestivfragen führen in die Falle: *„Das nächste Mal werde ich die Aussendung selbst übernehmen – Frau XY schien damit ja offensichtlich überfordert. Da müssen Sie mir recht geben, stimmt's?"*

26.5 DER VERHARMLOSER

Dieser Typ ist Marke ordentlich, brav und farblos. Das einzige, was ihn nicht zum viel glamouröseren „Wieso"-Spalter werden lässt, ist seine Langeweile. Er ist ein braver Techno- oder Bürokrat, der stets sein eigenes Süppchen kocht und sich gerne mit dem Nimbus umgibt, privat anders und vielschichtiger zu sein, als ihn die Kollegen aus dem Job kennen. Nachdem man das im Geschäftsleben nicht kontrollieren kann, kommt er damit durch. Seine Sprache wirkt unlebendig und bildleer, eines hat er jedoch kultiviert: Er widerspricht, um zu verharmlosen. *„Na so arg hab ich das aber gar nicht erlebt."* Nachdem er selbst wenig inhaltliche Reißer zu berichten weiß, versalzt er wenigstens den anderen – die für die Gesprächsatmosphäre verantwortlich zeichnen – die Buchstabensuppe, indem er relativiert. Er klinkt sich dabei nicht deshalb ins Gespräch ein, um Inhalte voranzutreiben oder ergänzende Bonmots abzugeben, sondern nur um andere Beiträge runterzuspielen und die Fremdperformance mies zu machen. Sein Vorteil: Er tritt dabei grundsätzlich höflich, neutral und objektiv auf und genießt diesen Status sichtlich. In Wahrheit stellt er Kommunikationssperren auf, die andere wieder umschiffen müssen, um das Gespräch erneut in Gang zu bringen.

Der Verharmloser unterbricht alleine deshalb, um Belangloses entgegenzustellen. Er ist der geborene Mittelwegsfanatiker – im Vergleich zur „G'schnappigen" hat er jedoch sogar selbst für das „Zuwider Sein" zu wenig Power. Deshalb ist er darauf spezialisiert, Aussagen nicht inhaltlich zu torpedieren, sondern Gespräche zu relativieren.

Gerne korrigiert er und stellt jene Informationsfragen, die weder dem Gesprächsverlauf weiterhelfen noch von allgemeinem Interesse sind. Am liebsten formuliert er No-Na-Aussagen und versorgt andere mit Ratschlägen oder Binsenweisheiten. Von ihm könnten folgende Sätze kommen: *„Geh, Du übertreibst wieder. Wir waren auch schon in Südtirol und es hat gar nicht geregnet. Außerdem mein Tipp an Dich: Man kann sich ja auch drinnen erholen."* Der Verharmloser ist vordergründig selten neugierig und verkauft seine niedrige Betriebstemperatur in Sachen Temperament und Emotionen als reife Gelassenheit. Beim Smalltalk schwächelt er vor lauter Einsilbigkeit: *„Ich rede mit meinen Mitarbeitern gar nicht über Privates. Jeder soll tun, was ihn glücklich macht."*

Fazit:
Killerphrasen treffen nicht jeden mit der gleichen Wucht. Manche Menschen schaffen es besser, uns den letzten Nerv zu ziehen als andere. Finden Sie heraus, wer Sie auf die Palme bringt! Sind Ihnen bei den Killerkönigen einige Bekannte eingefallen? Können Sie sich selbst auch zuordnen?

ÜBUNG 17
Lernen Sie Menschen lesen!
→ Seite 340

KAPITEL 27

Neid – die grüne Kröte der Kommunikation

Neid – die grüne Kröte der Kommunikation

„Neid ist die einzige Todsünde, die keinen Spaß macht", schreibt der amerikanische Essayist Joseph Epstein in seinem Buch „Neid – die böseste Todsünde"[205] und trifft auch evolutionspsychologisch den Nagel auf den Kopf. Diese üble Charaktereigenschaft verbreitet sich wie ein Virus unter uns Menschen, was sich ebenfalls am Begriff „Neidgesellschaft" ablesen lässt. Kulturelle Unterschiede sind zweifelsohne erkennbar: Wer es dank seiner Arbeit und Anstrengungen in Amerika zu etwas bringt, wird herzlicher und begeisterter angefeuert als im deutschsprachigen Raum. Hier versteckt man seinen Besitz lieber und fällt am besten so wenig wie möglich auf. Wer sich dennoch exponiert, der muss mit gesellschaftlichem Mobbing zu Recht kommen – und das beginnt häufig bereits in der eigenen Familie.

Laut führenden Entwicklungspsychologen entsteht Neid in uns erst ab einem Alter von zwei Jahren, wenn wir ein Ich-Bewusstsein etabliert haben.[206] Was häufig mit Gier, Eifer- und Habsucht verwechselt wird, übersetzen wir am besten mit Missgunst.

Schon in der Antike versuchte man durch Opfergaben den Neid und Zorn der Götter zu verhindern. Die gesamte Weltliteratur ist voll von diesen Gefühlen. Dabei ist Neid ein emotionales Gemisch aus Wut, Angst, Verlangen und Traurigkeit. Dennoch besitzt der Begriff ein Alleinstellungsmerkmal. Zum einen hat Neid per se keine Funktion für unser „Überleben", zum anderen gibt es keine gesellschaftlich akzeptierte Rechtfertigung dafür. *„Wir können Schuldgefühle, Scham, falschen Stolz und sogar Momente der Gier eingestehen, ohne unser Ego zu verletzen"*[207], schrieb bereits 1972 der US-Anthropologe George Foster[208]. Aber echten, missgünstigen Neid kann man öffentlich schlecht zugeben, ohne Sympathiepunkte zu verlieren. Psychologen stellen sich daher die Frage, ob Neid überhaupt zu den Affekten gezählt werden kann. *„Affekte sind für das Überleben notwendig"*, sagt Dr. Ulf Lukan, Psychologe, Psychoanalytiker und Neidforscher in Graz. *„Beim Neid kann davon keine Rede sein."*[209] Selten kämen Klienten in seine Praxis, weil sie ein „Neidproblem" hätten. In der Vorrecherche für dieses Buch habe ich mich mit ihm über Neid unterhalten. Er ist davon überzeugt, dass auch dieses Problem auf längere Sicht therapierbar

205 Vgl. Joseph Epstein, „Neid – Die böseste Todsünde", Verlag Klaus Wagenbach, 2010
206 Vgl. http://www.3sat.de/page/?source=/scobel/126132/index.html, Stand 01/14
207 Vgl. http://www.sueddeutsche.de/wissen/gemischte-gefuehle-neid-die-einzige-todsu-ende-die-keinen-spass-macht-1.995537, Stand 12/13
208 Vgl. George M. Foster, „The Anatomy of Envy. A Study in Symbolic Behavior", Current Anthropology 13, 1972, S. 165–186.
209 http://derstandard.at/1381368483573/Der-Neid-ist-ein-grauslicher-Charakterfehler, Stand 01/14

ist. Die Auswirkungen von Missgunst und provozierte Vergleiche mit anderen lasten den Betroffenen oft jahrelang auf der Seele. Meine Idee, es müsste sich lohnen, „Charakterschulen" zu betreiben, da weder die Gesellschaft noch das Elternhaus junge Menschen moralisch fit trimmt, nahm er mit großem Interesse auf. Wer Charakter „besitzt", ist reich im „Sein", nicht im „Haben".

Ganz anders scheint es beim Neid der Besitzlosen[210] zu sein. Soziale Verlierer fühlen sich moralisch sogar im Recht, etwas gegen „die da oben" zu unternehmen. Managern ihre Gehälter, Boni und Remunerationen zu missgönnen, ist öffentlich akzeptiert – auch ohne Misstrauensantrag. In diesem Fall scheint das Robin-Hood-Syndrom zu wirken: Wer gegen Autoritäten kämpft und gesellschaftliche Missstände transparent macht, steht gut da. Ein Wegbereiter dieser gesellschaftspolitischen Ethik des 20. Jahrhunderts war der bereits verstorbene US-Sozialphilosoph John Rawls.[211] Er vertrat die Ansicht, dass der Staat die Aufgabe hat, mit jeder politischen Entscheidung den Nutzen für den am schlechtesten Gestellten in einer Gesellschaft zu steigern. Die Begriffe „soziale Gerechtigkeit", „Umverteilung" und „Fairness" befanden sich damit in Rufweite. Viele Politiker beziehen sich auch heute noch auf Rawls – unter anderem jüngst Peer Steinbrück, als er die *„Ökonomie der Gerechtigkeit"* postulierte.[212]

Tatsache ist jedoch auch, dass wir spätestens seit der industriellen Revolution zu höchst kompetitiven Wesen geworden sind. Schon im 18. Jahrhundert stellte der Sozialtheoretiker und Arzt Bernard Mandeville[213] die These auf, dass nicht tugendhaftes Verhalten die Quelle für den ökonomischen Forschritt sind, sondern vielmehr Laster, Luxus, Krieg, Ausbeutung und Verschwendung seine eigentlichen Antreiber. Der Moralphilosoph und Ökonom Adam Smith hatte zwar seine Probleme mit dieser These, musste sich jedoch ideologisch damit auseinandersetzen und konnte sich nicht wirklich klar abgrenzen.[214] In der Rückschau erkennt man die Unterschiede zwischen den beiden Denkern kaum noch. Egoismus oder Altroismus? Laster oder Bedürfnis? – Beide sind davon überzeugt, dass es vor allem das persönliche Interesse des Einzelnen ist, das auf natürlichem Wege die Menschheit zum Wohlstand führt.

Auch der geschäftsführender Direktor des Sigmund-Freud-Instituts in Frankfurt am Main, Sozialpsychologe und Neid-Forscher Prof. Dr. Dr. Rolf Haubl ist davon überzeugt, dass Neid nicht nur feindselig-schädigend betrachtet

---

210 Vgl. http://www.fr-online.de/wissenschaft/vom-guten-des-schlechten-neid-gehoert-zu-den-todsuenden,1472788,3229268.html, Stand 02/14
211 Vgl. John Rawls, „A Theory of Justice", Cambridge University Press, 2009
212 Vgl. http://www.zeit.de/2013/33/wahlkampf-gerechtigkeit-umverteilung, Stand 01/14
213 Vgl. http://www.iep.utm.edu/mandevil/#H3, „The Private Vice, Public Benefit Paradox", Stand 02/14
214 Vgl. http://www.gleichsatz.de/b-u-t/can/smith/smith1.html, Stand 02/14

werden muss. „*Das christliche Modell lautete: So, wie die Welt eingerichtet ist, ist es gottgewollt und dementsprechend hat niemand über seine soziale Schicht hinaus zu begehren. In einer modernen Gesellschaft kehrt sich das um: Wir wollen Dynamik, Differenzierung und soziale Unterschiede, ist soziale Ungleichheit ein Motor für Entwicklung. So sublimieren wir den Neid in eine Form ehrgeizig-stimulierenden Neides. Ich vergleiche mich mit den anderen, denke, wenn die mehr haben, kann ich das auch. Ich beginne, mich anzustrengen, mehr zu arbeiten.*"[215]

Hat der Nachbar das größere Haus, die Kollegin ein volleres Konto, erfolgreichere Kinder oder ein leichteres Schicksal? Wir sind neidisch, weil wir annehmen, dass andere aus ihren Vorteilen eine Befriedigung ziehen, die uns selbst verwehrt bleibt. Dabei unterstellt der Neider dem Beneideten positive Emotionen, die dieser womöglich gar nicht so empfindet. Unser Selbstkonzept wird durch die aufgespürte Ungleichheit beleidigt und sofort fühlen wir uns ungerecht behandelt. Dann trauern wir über das Glück der anderen.

Warum ist Neid für die Kommunikation so relevant? Psychologen der Yale University haben ermittelt, dass sich etwa 60 % aller Gespräche unter Erwachsenen um nicht anwesende Personen drehen. Häufig stecken dahinter Neidgefühle. Der Medizinprofessor Gerhard Uhlenbruck hat wohl recht mit seinem aphoristischen Sager: „*Man empfindet es oft als ungerecht, dass Menschen, die Stroh im Kopf haben, auch noch Geld wie Heu besitzen*".[216] Während Missgunst im Verborgenen gedeiht, werden dann Ersatzargumente vorgeschützt, warum jemand seinen Erfolg nicht verdient hat.

Wer in seiner Außenwirkung sichtbar positiv bilanziert, wird schnell als oberflächlich oder skrupellos abgestempelt. Wie sonst ließe sich die privilegierte Situation rechtfertigen? Bitteschön, bei diesem reichen Elternhaus, jener Eliteschule, diesen Protegés und vor allem Vitamin B – ist es da ein Wunder? Wer den riesigen Startvorteil genießt, muss es doch schaffen, oder nicht? Irrtum! Wie schwer es ist, sich aus dem Schatten von erfolgreichen Eltern zu bewegen, zeigen viele bekannte Beispiele. Promikinder, die genau deshalb eben gar nichts erreicht haben. Der mutmaßliche Geburtsvorteil hat sich als Nachteil entpuppt und sie konnten nichts für sich herausholen.

Die internationale Privatschule besuchen zu können, ist bestimmt fein, aber auch dort müssen reiche Kinder Leistung erbringen und für Abschlüsse lernen. Druck gibt es nicht nur für sozial Schwächere und Neider nicht nur unter

215 Vgl. http://www.wienerzeitung.at/themen_channel/wz_reflexionen/zeitgenossen/472458_Rolf-Haubl.html, Stand 12/13
216 Vgl. http://www.fr-online.de/wissenschaft/vom-guten-des-schlechten-neid-gehoert-zu-den-tod-suenden,1472788,3229268.html, Stand 12/13

Armen. Der Lottosechser war für viele Neo-Millionäre im Nachhinein eben doch kein Segen, sondern eher ein Fluch, wie zahllose traurige Gewinner-Abstürze dokumentieren.

Die meisten Killerargumente entstammen einer der folgenden fünf Neidformen. Jemand wird zum Beispiel ob seiner körperlichen Vorzüge bejubelt. Vorsicht! Bewunderung ist ebenfalls eine maskierte Form des Neides. Nur weil jemand toll findet, was Sie leisten oder wie Sie aussehen, heißt das noch lange nicht, dass er Ihnen diesen Erfolg auch gönnt. Neid auf Gesundheit und Jugend ist zwischen den Generationen mittlerweile ein heikles Thema – auch finanziell und politisch. *„Sollen die Jungen doch wenigstens weniger Pension bekommen, schließlich sind sie kräftig genug, um sich noch etwas zu schaffen...“*

Neid – die grüne Kröte der Kommunikation

körperlich	optische Vorzüge	Gesundheit Jugend	Leistungs-fähigkeit	
seelisch	Gelassenheit	Harmonie	Selbst-vertrauen	Innere Zufriedenheit
geistig	Bildung, Wissen	Sprach-kenntnisse	Rhetorik	Spritzigkeit, Humor
haben	Besitz, Macht	Vermögen	Lebensstil	Kinder, Freunde
sein	Charakter	Auftreten, Wirkung	Charisma	Sympathie

ABB. 39
NEIDFORMEN
QUELLE: TATJANA LACKNER, 2014

Die seelische Komponente spielt bei Neid-Argumenten ebenso eine Rolle. *„Hätte ich deinen Narzissmus, ich würde auch Vorträge ohne Redeangst halten können.“* Sogar innerhalb der Familie gibt es neidvolle Attacken: *„Wenn unsereins damals die Chance gehabt hätte zu studieren, wir wären dankbar gewesen. Stattdessen haben wir gearbeitet und für euch Kinder auf alles verzichtet.“* Killeraussagen dieser Art bekommen wir geschenkt, aber wir teilen sie auch aus. Wir sind nicht nur Opfer solcher Attitüden, sondern gleichzeitig auch Täter. Dabei wünschen wir anderen vielleicht gar nichts Böses – aber: Warum hat es ausgerechnet bei uns in der Familie eine Scheidung, Krebsdiagnose etc. gegeben?

Das Problem bei all diesen Beispielen ist, dass Killerphrasen, die durch eine der fünf Neidformen ausgelöst werden, selten offen ausgetragen werden, sondern sich hinter einem „Ideal" verstecken. Unter dem Vorwand „*Ich meine es doch nur gut*", passieren schlimme Dinge. Jemand, der „*nur das Beste für Sie will*", wirkt grundsätzlich suspekt. Dabei neiden uns andere selten den Einsatz, den wir dafür erbringen müssen. Unsere prachtvolle Ernte ist es, die ihnen sauer aufstößt – nicht die vielen Stunden des Jätens und Bückens.

Wirtschaftsinformatiker der TU Darmstadt und der Humboldt-Universität in Berlin haben entdeckt, dass die „Neidspirale" insbesondere durch Facebook kräftig angekurbelt wird. Soziales Vergleichen unter digitalen Freunden macht unzufrieden. Das ausgeprägte Neidgefühl der Neider führt dazu, dass diese in der Selbstpräsentation Gas geben und dadurch ihrerseits wieder Neid bei den anderen auslösen. Diese Neidspirale gibt es Offline nicht so ausgeprägt, sind sich die Forscher sicher.[217]

Eifersucht und Missgunst empfinden wir zudem immer stärker auf Menschen, die uns ähnlich scheinen. Klassentreffen sind ein guter Nährboden für solche Vergleichskämpfe, denn alle, ungefähr im selben Alter, haben bis zur Matura die gleiche Ausbildung genossen und sich optisch, finanziell und charakterlich in völlig verschiedene Richtungen entwickelt. Niemand käme auf die Idee, neidig auf die Strahlkraft, Bekanntheit und Gelassenheit des Dalai Lamas zu sein. Er existiert nicht in unserem Erlebnishorizont. Der verhasste Kollege aus der Nachbarabteilung hingegen schon. Kein Musiker wird vor lauter Neid auf Mozart und dessen Begabung emotionale Einbußen in seiner künstlerischen Schaffensqualität erleiden. Antonio Salieri tat das angeblich immer wieder – trotz seines kollegialen Verhältnisses zu Mozart und dem Umstand, dass er neben Schubert und Beethoven auch Mozarts Sohn Unterricht erteilte.

Welche Durchschnittsfrau wird ernsthaft mit Hollywoodstar Angelina Jolie wetteifern? Eifersucht macht nur Sinn, wenn man in der gleichen Wirklichkeit lebt: Wie beispielsweise Jennifer Aniston, die 2005 diese Schlacht gegen Jolie gründlich verloren hat und damit auch ihre Ehe und Brad Pitt. So gesehen ist die Demokratie, in der alle Menschen gleich sind und alles erreichen können, der optimale Acker für die Saat einer eifernden Neidgesellschaft.

Fazit:
Neider missgönnen anderen Menschen in ihrer Peergroup Glück, Rang, Erfolg, Schönheit und Besitz. Der Neidhammel[218] ist selten glücklich. Immer gibt es saftigere Trauben in den Gärten der anderen. Neid hat viele Gesichter

---

217 Vgl. http://www.tu-darmstadt.de/vorbeischauen/aktuell/einzelansicht_63808.de.jsp, Stand 01/14
218 Vgl. http://www.nwerle.at/WS10_B/neid.htm, Stand 01/14

und versteckt sich häufig hinter den liebenswürdigsten Masken. Der Eifernde versucht sein Glück selbst in die Hand zu nehmen. Der Indikator für seinen gesellschaftlichen Erfolg ist andere neidisch zu machen. Dabei gab es Neid im Kommunismus ebenso wie im Kapitalismus. Das System, in dem wir leben, ist dafür erst untergeordnet relevant.

KAPITEL 28

Zahlen in Worten

28

Zahlen in Worten

Sprache bestimmt, was wir denken.[219] Der US-Verhaltensbiologe Peter Gordon forschte beim Pirahã-Stamm im Amazonas-Gebiet und hat dort bereits vor zehn Jahren eine interessante Entdeckung gemacht: Menschen, die mit einer Sprache ohne Zahlen aufwachsen, können auch gedanklich nur eine bestimmte Anzahl von Gegenständen unterscheiden. Wir brauchen Wörter für Zahlen, damit unser Gehirn numerische Zusammenhänge erkennen kann.[220] In der Sprache dieser fast völlig isoliert lebenden Ureinwohner gibt es lediglich die Zahlwörter „eins", „zwei" und „viele". Während die Pirahã bei bis zu drei vorgelegten Objekten praktisch keine Rechenfehler machten, konnten sie bei mehr als sechs Gegenständen nicht unterscheiden, ob sechs, acht oder zehn Objekte vor ihnen lagen. Unser Sprachkonzept korrekter, separater Ziffern ist diesen Menschen völlig unbekannt.

Ungerade versus gerade Zahlen? Hartnäckig hält sich das Gerücht, dass ungerade Zahlen einprägsamer sind als gerade. Und tatsächlich: Die Werbung arbeitet seit Jahrzehnten mit vielen Drei-Wort-Claims: „Gut – Besser – Gösser", „Today – Tomorrow – Toyota", „Praktisch – Quadratisch – Gut".

Eine der ersten rhetorischen Figuren aus dem antiken Griechenland war der 3-Satz von Aristoteles, der bis heute erfolgreich in Reden angewandt wird.

Antike 3-Satz-Technik:

1. Ist-Zustand

2. Soll-Zustand

3. Konsequenz

Ungerade Zahlen scheinen in der Wirksamkeit die geraden zu schlagen. In der chinesischen Zahlensymbolik[221] sind ungerade Zahlen „yang", himmlisch, unwandelbar, glückverheißend, und gerade Zahlen „yin", irdisch, veränderlich, unheilvoll. Auch in der Bibel findet sich jede Menge Zahlensymbolik. Stereotypisch betrachtet schon die christliche Lehre ungerade Zahlen eher als männlich und überlegen und schreibt die geraden Zahlen dem sogenannten schwächeren Geschlecht zu. Vielleicht würden mehr Menschen die zehn Gebote auswendig kennen, wären es nur sieben. Bei den sieben Todsünden schaffen es die meisten noch, bevor sie volljährig sind, alle wenigstens ein-

---

219 Vgl. http://www.spiegel.de/wissenschaft/mensch/0,1518,314106,00.html, Stand 01/14
220 Vgl. http://www.wissenschaft.de/wissenschaft/news/244069.html, Stand 01/14
221 Vgl. http://www.123sig.de/Religion_u._Mythol./Zahlen-Symbole/zahlen-symbole.html, Stand 01/14

mal begangen zu haben. Denn: hochmütig, geizig, genusssüchtig, zornig, eifersüchtig oder faul sind Kinder und Pubertierende bald einmal. Schließlich sind genau diese Eigenschaften die Ingredienzien für hausgemachte Eltern-Kind-Krisen.

Sieben-Sätze wirken sieben Mal so stark

Im Erwachsenenleben warten dann wieder neue charakterliche Stolpersteine auf den modernen Menschen. Mahatma Gandhi[222] hat die sieben neuen Todsünden der modernen Welt wie folgt definiert:

1. Reichtum ohne Arbeit

2. Genuss ohne Gewissen

3. Wissen ohne Charakter

4. Geschäft ohne Moral

5. Wissenschaft ohne Menschlichkeit

6. Religion ohne Opferbereitschaft

7. Politik ohne Prinzipien

Zu jeder Zahl finden sich viele Deutungen und Interpretationen, bei der Sieben scheinen die Gerüchteblumen eben vielfacher und farbenfroher zu florieren. Schon in der griechischen und römischen Kultur findet sich die Zahl 7 als „besondere" Zahl – ihr verdankt die Rhetorik ganz viele bildreiche Redewendungen. Wer von einem „*Buch mit sieben Siegeln*" spricht, deutet an, dass etwas verschlossen und unverständlich ist.

Der griechische Mediziner Hippokrates war sich auf der Insel Kos sicher, dass auch Krankheiten von der Zahl 7 beherrscht würden. Damit meinte er, dass nach 7 Tagen Krankheit, die Erleichterung kommt. Falls jemand seine medizinisch-saloppe Prognose nicht überlebt hat, so wartete schon wieder eine Sieben auf den frischgebackenen Toten: Das Siebeneck (Heptagon) gilt als ganzheitliches Lebensmodell. Sieben Grundkomponenten sind demnach in unserem Leben bestimmend: Das große Feld in der Mitte steht für die Seele, unsere Urpersönlichkeit, die nach Entfaltung und Erfüllung strebt. Das erklärt auch, warum das Heptagon oft an Gräbern als Symbol der Vollendung zu finden ist.

---

222 Vgl. http://www.pm-magazin.de/r/gute-frage/welches-sind-die-%C2%BBsieben-neuen-tods%C3%BCnden%C2%AB, , Stand 01/14

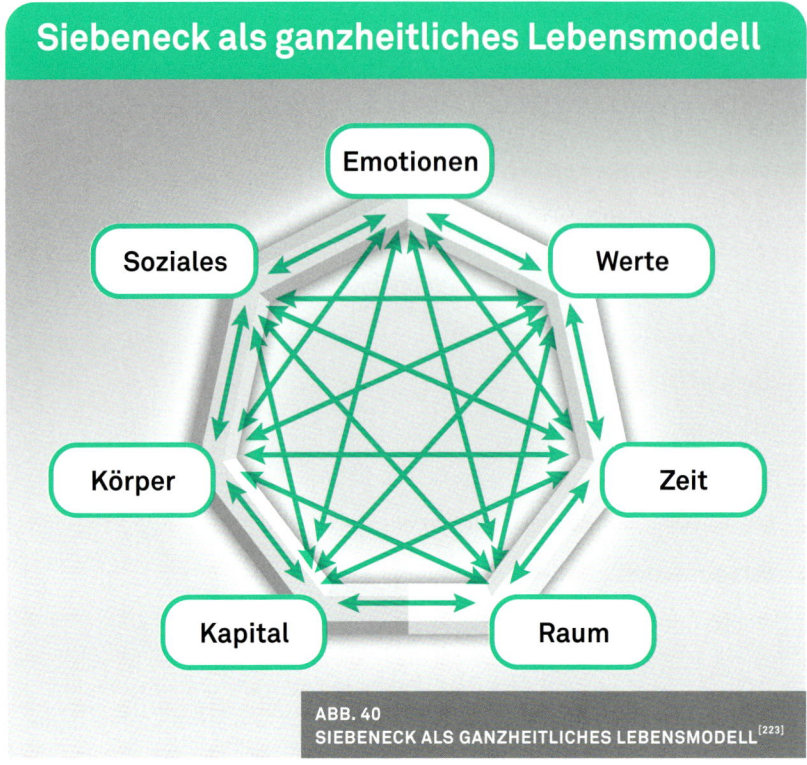

Siebeneck als ganzheitliches Lebensmodell

Emotionen

Soziales

Werte

Körper

Zeit

Kapital

Raum

ABB. 40
SIEBENECK ALS GANZHEITLICHES LEBENSMODELL[223]

Bei vielen Gelehrten fragt man sich, was haben sie eigentlich studiert? Eines der bekanntesten Schulbücher in der Antike, das bis ins Mittelalter Gültigkeit hatte, heißt *„Von der Hochzeit der Philologie mit Merkur.“*[224] Darin wurden vor allem die sieben freien Künste trainiert. Die Ausbildung in diesen Fächern war für jeden Studenten auch noch 400 Jahre später und sogar bis zur beginnenden Neuzeit der unverzichtbare Einstieg in das Universitätsleben.

Viele Promi-Studenten mussten diesen siebenstufigen Parcours im Zuge der Jahrhunderte durchlaufen, darunter Seneca und auch Martin Luther[225]:

1. **Grammatik:**
   die Wissenschaft, die Dichter und Geschichtsschreiber lehrt, klar zu erklären, und die Art und Weise richtig zu sprechen bzw. schreiben, Lateinische Sprachlehre

223 Vgl. http://heptagon.at/heptagon.htm, Stand 01/14
224 Vgl. http://www.h-net.org/reviews/showrev.php?id=21048, Stand 01/14
225 Die siebenteilige Gliederung geht auf den Schriftsteller Hrabanus Maurus (um 780-856) zurück. Vgl. „Geschichte der Pädagogik", Albert Reble, Klett-Cotta, 1999. Vgl. http://www.luther.de/uniwes.html, Stand 01/14

2. **Rhetorik:**
   Stillehre, die Anleitung, schön zu reden

3. **Dialektik und Logik:**
   Schlüsse und Beweisführungen

4. **Arithmetik:**
   die Wissenschaft von den Zahlengrößen

5. **Geometrie:**
   die Lehre von der anschaulichen Darstellung der Gestalten

6. **Musik:**
   Musiktheorie, Tonart, Kirchenmusik

7. **Astronomie:**
   Himmelskörper und ihre Bewegungen

Sogar heute noch gelten in den USA die sogenannten „Liberal Arts" als grundlegende intellektuelle Fähigkeiten, die Lehrpläne bestimmen und sich auch dem intensiven Redetraining widmen. Das Studium dauert in der Regel vier Jahre und kann mit dem Bachelor abgeschlossen werden. Dem Studierenden bietet sich ein breites Spektrum aus sieben unterschiedlichen Themengebieten wie Mathematik, Naturwissenschaften, Gesellschaftswissenschaften, Literatur und Sprache samt dem damit verbundenen Kreativen – Schreiben, Kunst und Musik. Man muss keine Kopfgranate sein, um weitere kreative Zuordnungen zur Zahl sieben zu finden:

„sieben" ...

1. Im siebten Himmel sein vor Glück

2. Sieben Tage der Woche

3. Sieben Weltwunder

4. Sieben Todsünden & sieben Tugenden

5. Das verflixte siebente Jahr in der Ehe

6. Wir packen unsere sieben Sachen

7. Siebenmeilenstiefel

Die Liste könnte wahrscheinlich noch siebenmal länger sein. Seit Urzeiten scheint die Zahl sieben Menschen zu faszinieren. Was sagt die Verhaltensforschung? Experimente[226] belegen, dass auch heute noch die häufigste Antwort auf die Frage nach der Lieblingszahl oder bei der Frage nach einer beliebigen Zahl zwischen eins und neun die Sieben ist. Auch im modernen

---

226 Vgl. http://www.pilger-weg.de/allgemein/symbolikderzahlsieben.html, Stand 01/14

Rede-Design und in der Präsentationsmehodik spielt Sieben immer noch eine wichtige Rolle. Für eine gelungene Marketing-Präsentation beispielsweise können Sie Thesen und Antithesen in sieben Sequenzen teilen. Ihr Vorteil: Die Vortragsdramaturgie wird lebendiger.

ÜBUNG 28
Wie viele Assoziationen mit „Sieben" finden Sie auf Anieb?
→ Seite 353

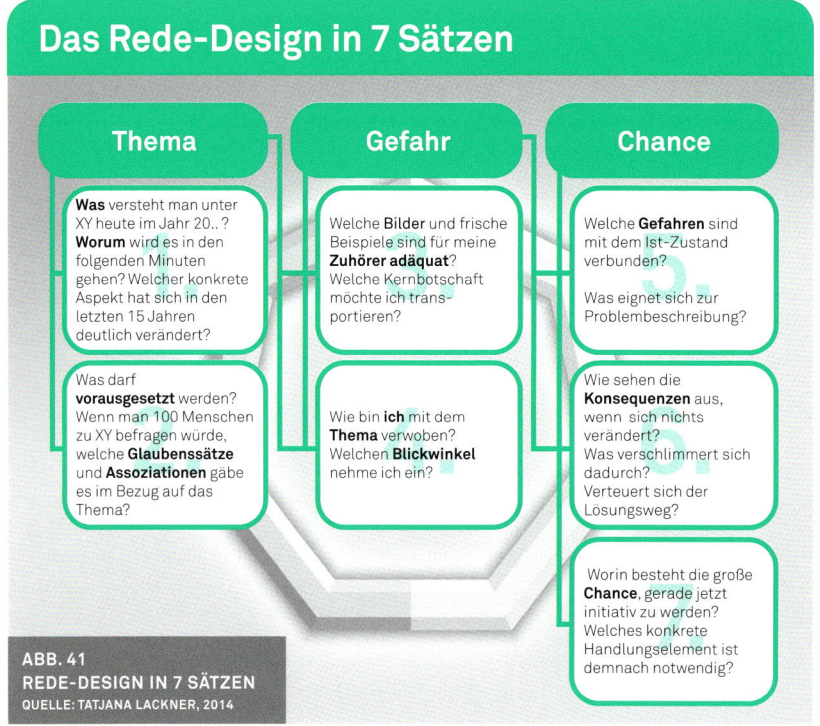

Das Rede-Design in 7 Sätzen

Thema

Was versteht man unter XY heute im Jahr 20.. ? **Worum** wird es in den folgenden Minuten gehen? Welcher konkrete Aspekt hat sich in den letzten 15 Jahren deutlich verändert?

Was darf **vorausgesetzt** werden? Wenn man 100 Menschen zu XY befragen würde, welche **Glaubenssätze** und **Assoziationen** gäbe es im Bezug auf das Thema?

Gefahr

Welche **Bilder** und frische Beispiele sind für meine **Zuhörer adäquat**? Welche Kernbotschaft möchte ich transportieren?

Wie bin **ich** mit dem **Thema** verwoben? Welchen **Blickwinkel** nehme ich ein?

Chance

Welche **Gefahren** sind mit dem Ist-Zustand verbunden?

Was eignet sich zur Problembeschreibung?

Wie sehen die **Konsequenzen** aus, wenn sich nichts verändert? Was verschlimmert sich dadurch? Verteuert sich der Lösungsweg?

Worin besteht die große **Chance**, gerade jetzt initiativ zu werden? Welches konkrete Handlungselement ist demnach notwendig?

ABB. 41
REDE-DESIGN IN 7 SÄTZEN
QUELLE: TATJANA LACKNER, 2014

ÜBUNG 29
Der Coaching-Tipp: Moderne Vortragsdramaturgie.
→ Seite 355

Fazit:

Es ist kein Zufall, dass antike Rhetoriker oft auch Mathematiker waren. Logisches Denken verbindet diese Wissenschaften. Mehrere Begriffe tauchen zudem in beiden Feldern auf: Paradoxon, Logik, Definition, Variable, Aussage, Relationen, Ellipsen, Parabeln usw.

Zahlen faszinieren auch in der Sprache. Gelungenes Rede-Design funktioniert in sieben Sätzen und holt selbst Ihre Kritiker ins Boot. Alle Überlegungen, die Sie sich machen, beleuchten Sie besser von mehr als nur einer Seite. Pro- und Kontra-Betrachtungen helfen dabei, auf mögliche Gefahren aufmerksam zu machen oder andere für Chancen zu sensibilisieren. Selbst wenn Sie unterbrochen werden und Ihren Sieben-Satz nicht zu Ende sprechen können, so haben Sie bereits mehr auf den Tisch gebracht und angesprochen als alle anderen.

KAPITEL 29

Zielen Sie auf Sorting Gates!

29

Zielen Sie auf Sorting Gates!

Laut Verkaufspsychologen sind es nur 13 Motive, die darüber entscheiden, ob ein (Ver-)Kauf zustande kommt oder nicht. Das ist auch für uns in der Kommunikation relevant, da Kunden und Kaufentscheidungen zumeist durch Worte gewonnen werden. Vorstellen können Sie sich das wie einen Flughafen mit verschiedenen Gates (An- und Abflugtore), durch die statt Touristen Infos fließen. Jeder Mensch hat seinen eigenen Flughafen im Kopf, der eine hat 1.000 Gates darin, der andere nur 7.

Allen Gates ist gemeinsam, dass nur die Information relevant ist, die in irgendein Gate passt. Erzählen Sie beispielsweise einem unsportlichen Kunden von Ihrer letzten Bergtour, wird ihn das wenig interessieren, da er das Gate „Sport" nicht hat. Diese Information ist für ihn irrelevant, er kann aufgrund des fehlenden Gates nichts damit anfangen. Klettert er hingegen selbst auf die Berge, wird er sich mit Ihnen sofort prächtig verstehen – er hat das Gate „Klettern".

Gemeinsame Gates sind gemeinsame Schnittpunkte in der Kommunikation. Manchen Menschen fällt „die hohe Kunst des Smalltalks" nur deshalb besonders schwer, weil sie keine Schnittpunkte mit ihrem Gegenüber finden können oder wollen. Natürlich haben unsere Gates nicht alle den gleichen Stellenwert, jeder hat Subgates (Untertore).

Ein Beispiel:

„Geld" ist für viele Menschen ein bestimmender Faktor und stellt ein Hauptgate dar. Für den einen ist es wichtig, weil er sich damit Sicherheit kauft oder Gestaltungsfreiräume. Der andere muss auf sein Geld schauen, weil er arm ist. Beide haben zwar die gleiche Themendominante, jedoch völlig unterschiedliche Subdominaten. Dem Dritten wiederum geht es um Luxusgüter, da er es genießt, sich mit schönen und teuren Dingen umgeben zu können. Das Verkaufsgespräch mit einem Schnäppchenjäger, dem es um den besten Preis geht, ist demnach völlig anders zu führen als mit dem Käufertyp, der mit jedem neuen Gegenstand auch Geschmack, Prestige oder Status ausdrücken möchte. Der schlechte Verkäufer spricht nur über den Preis, der bessere erkennt, welchen Wert das begehrte Produkt für seinen Konsumenten hat – um Geld geht es schließlich bei beiden.

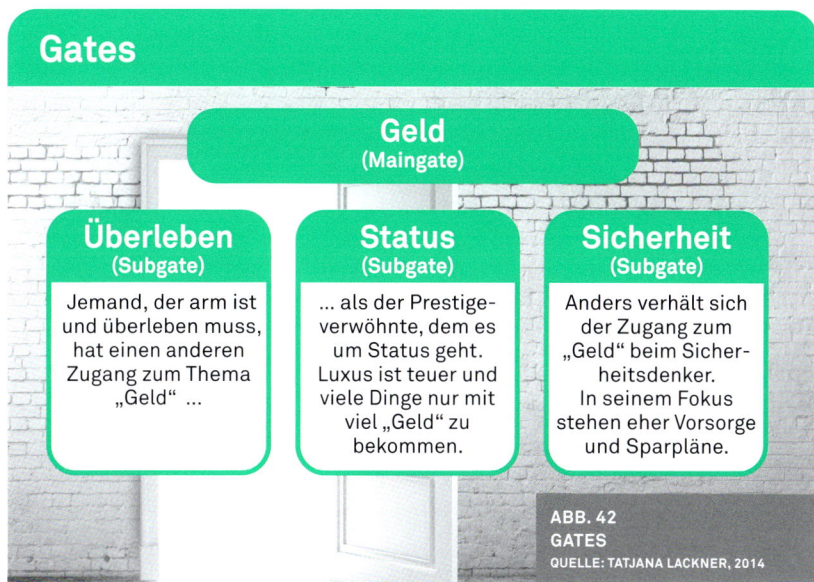

Gates

Geld
(Maingate)

Überleben
(Subgate)

Jemand, der arm ist und überleben muss, hat einen anderen Zugang zum Thema „Geld" ...

Status
(Subgate)

... als der Prestige-verwöhnte, dem es um Status geht. Luxus ist teuer und viele Dinge nur mit viel „Geld" zu bekommen.

Sicherheit
(Subgate)

Anders verhält sich der Zugang zum „Geld" beim Sicher-heitsdenker. In seinem Fokus stehen eher Vorsorge und Sparpläne.

**ABB. 42
GATES**
QUELLE: TATJANA LACKNER, 2014

Neben den Maingates (Haupttoren) der jeweiligen Lebensphase sind „Kauf-motive" entscheidend. Wir verkaufen alle – egal ob Produkte, Dienstleistungen, Meinungen oder Ideen. Es hilft Ihnen deshalb, diese 13 Motive[227] zu kennen:

1. **Kaufmotiv: Gewinnstreben/Sparsamkeit**

   Betonen Sie, wie günstig Ihr Angebot ist, und richten Sie sich auf harte Preisverhandlungen ein. Machen Sie deutlich, dass kaum Wartungs- oder Folgekosten zu erwarten sind.

   Beispiel: „Schnäppchen- Angebote".

2. **Kaufmotiv: Abenteuerlust/Risikobereitschaft**

   Sagen Sie ruhig, dass ein paar Risiken mit dem Produkt oder der Leistung verbunden sind.

   Beispiel: Sportartikel für Trendsportarten.

3. **Kaufmotiv: Spiel- und Experimentiertrieb**

   Geben Sie dem Kunden etwas, das er in die Hand nehmen kann. Wer sel-ber ausprobiert, identifiziert sich leichter.

   Beispiel: Handy, Werkzeuge, Gartengeräte, iPads, Musikinstrumente, ...

---

227 Vgl. „VerkaufsManagement aktuell" und vgl. http://www.marketing-und-trend.de/kaufmotive.php, Stand 03/14

4. **Kaufmotiv: Bequemlichkeit**

Machen Sie deutlich, dass Sie oder Ihr Unternehmen sich um alles kümmern werden und dass der Kunde keinen eigenen Aufwand befürchten muss.

Beispiel: Wartungsverträge, Gesamtlösungen, Lieferung, …

5. **Kaufmotiv: Soziales Ansehen/Prestige**

Zeigen Sie dem Kunden, dass Sie ihn respektieren. Lassen Sie ihn wissen, dass sich nicht jeder Ihre hochpreisigen Produkte leisten kann oder dass er sich dadurch von der Masse abhebt, da speziell für ihn gefertigt wird.

Beispiel: hochwertige Markenartikel, Maßschneider, Schmuckanfertigungen, Einzelkreationen in Design und Mode, …

6. **Kaufmotiv: Sicherheit**

Verweisen Sie darauf, dass Ihre Produkte stabil sind, auf Jahre hinaus nachgeliefert werden können und dass keine Verletzungsgefahr besteht.

Beispiel: Kinderspielzeug, Sicherungsanlagen im Haus, …

7. **Kaufmotiv: Kontaktstreben**

Seien Sie die persönliche Kontaktperson Ihrer Kundschaft und sagen Sie ihr, dass sie sich auch in Zukunft immer gern an Sie persönlich wenden kann. Beschränken Sie sich nicht auf die reine Verkaufsargumentation. Reden Sie auch über Nebenschauplätze. Gute Tipps bei Restaurants, Locations, Urlaub, überzeugen Kunden ebenfalls.

Beispiel: Produkte und Leistungen mit Beratungsbedarf wie Finanzdienste, medizinische Beratung, Coaching, …

8. **Kaufmotiv: Streben nach „guten Taten"**

Verweisen Sie auf die Umweltfreundlichkeit Ihrer Produkte. Sagen Sie, wenn Ihr Unternehmen auf Tierversuche verzichtet und Ihre Produkte nicht durch Kinderarbeit entstanden sind. Machen Sie deutlich, dass der Kunde durch den Kauf andere erfreut.

Beispiel: CD mit Spende für eine Kinderklinik, Umweltprodukte, Geschenkartikel.

9. **Kaufmotiv: Autonomie**

Der Kunde will souverän selbst entscheiden und sich auf keinen Fall unter Druck gesetzt fühlen oder befürchten müssen, dass man ihn kontrolliert. Seien Sie bei diesem Kunden sehr zurückhaltend mit allem, was er als Manipulation empfinden könnte!

Beispiel: Jene Produkte, die zur persönlichen Unabhängigkeit beitragen wie Eigenheim, Geldanlage, ...

10. Kaufmotiv: Selbstverwirklichung

Der Kunde will individuelle Neigungen pflegen und sich persönlich entwickeln. Beispiel: Musikinstrumente, Hobbyartikel, Bücher, Malworkshops, Meditationskurse, ...

11. Kaufmotiv: Genussstreben

Begeistern Sie den Kunden für das Vergnügen, das er bekommen kann. Der Kunde will vor allem physische Bedürfnisse befriedigen.

Beispiel: hochwertige Lebensmittel, anschmiegsame Stoffe, aufwendige Pflegeprodukte, Wellness, ...

12. Kaufmotiv: Heiterkeitsbedürfnis

Seien Sie auch im Verkaufsgespräch humorvoll. Das Heiterkeitsbedürfnis bezieht sich oft weniger auf das Produkt als auf die Beziehung zwischen Käufer und Verkäufer. Das Shoppingerlebnis und die gute Atmosphäre stehen im Vordergrund. Beispiel: Gimmicks, Kabarettkarten, Gesellschaftsspiele, ...

13. Kaufmotiv: Wissensdurst

Erklären Sie, wie das Produkt aufgebaut ist, wo es entwickelt wurde und welche Technik dahinter steckt.

Beispiel: technische Produkte, Fernreisen, Bücher, Kunst, ...

ÜBUNG 18
Versuchen Sie es selbst! Finden Sie passende Argumente für verschiedene Motive in Zusammenhang mit Ihrem Angebot.
→ Seite 341

Fazit:

Jeder Mensch ist in seinen Bedürfnissen und Wünschen einzigartig. Diese Bedürfnisse bewirken, dass wir unsere Informationen durch ganz bestimmte Tore schleusen, die „Sorting Gates".

Es gibt derzeit mehr als sieben Milliarden Menschen auf unserem Planeten. Beinahe jeder von uns kauft bei einem anderen ein. Kunden sind wir alle. Damit stehen wir ständig in einer „Nehmen-und-Geben"-Beziehung. Mächtiger ist stets derjenige, der weniger will – in einer Liebesbeziehung, einer Verhandlung und auch sonst in der Kommunikation.

KAPITEL 30

Jeder Touch Point ist ein Matchball

Jeder Touch Point ist ein Matchball

ABB. 43
SMALL BUSINESSTOUCH POINTS [228]
QUELLE: TATJANA LACKNER, 2014

Unter „Touch Points" versteht man im Marketing Kontaktpunkte, die eine Marke oder ein Unternehmen bzw. seine Firmenrepräsentanten mit Kunden oder am Markt haben. Egal wie gut die TV-Kampagne läuft, wie kreativ die gebuchte Agentur arbeitet – Lingumarkting entscheidet, ob wir dem Unternehmen vertrauen oder nicht.

Zuerst wird das Image eines Unternehmens über die Medien und teure Werbeagenturen auf Hochglanz poliert. Unprofessionelle Mitarbeiter an wichtigen Kontaktpunkten zum Konsumenten können dieses Bild rasch wieder zerstören.

---

228 Vgl. http://www.intersectionconsulting.com/tag/seth-godin/, Stand 01/14

Mit dem Satz „*Das Leben verliert dadurch, dass man es kennenlernt*"[229] hat der österreichische Kabarettist Josef Hader recht – besonders in der deutschsprachigen Servicewüste. Der Unterschied zwischen gekauftem Image und erlebter Realität ist oft zu „*wahr, um schön*" zu sein.

„*Austrian Airlines welcomes you*" zwitschert es aus dem Radioapparat während in Wahrheit mal wieder das Personal streikt, Flüge gestrichen werden und der Betriebsrat verlautbaren lässt: „*We feel unfit to fly.*" Horrende Kosten entstehen, Passagiere werden verärgert und gute Werbung kann bei Verletzung dieser Touch Points gar nichts mehr retten.

Der beliebte Claim von Nokia– „*Connecting People*" – nützt dem Handyuser wenig, der acht Minuten unverbunden in der Warteschleife eines technischen Helpdesks hängt. Er wird das Werbeversprechen eher als Hohn empfinden. Deshalb ist es für jedes Unternehmen so wichtig, sich genau zu überlegen: Welche Mitarbeiter bedienen welche Touch Points – schriftlich und mündlich?

Menschen kommunizieren grundsätzlich nicht zum Selbstzweck, sondern weil sie etwas mitteilen, erreichen, wissen oder bewirken möchten. Unsere Kommunikation steht daher eng in Zusammenhang mit unseren Bedürfnissen. Wir reden nur über Dinge und Gefühle, die uns bewegen oder uns „durch den Kopf gehen". Um diese Grundbedürfnisse auf der untersten Ebene zufriedenstellend abzudecken, müssen wir jedoch völlig anders kommunizieren, als ganz oben – an der Spitze unserer Bedürfnispyramide. Dort, wo unser persönliches Wachstum stattfindet. Der Mensch strebt laut den Psychologen von jeher nach zweierlei: Wachstum und Verbundenheit. Die erweiterte 8-stufige-Bedürfnispyramide ist deshalb eine verbesserte Vorlage, nicht nur um die bekannten Grundbedürfnisse aufzuzeigen, sondern dadurch auch unsere unterschiedlichen Notwendigkeiten in der Kommunikation sichtbar zu machen.

Die ursprüngliche Bedürfnispyramide des US-Psychologen Abraham Maslow[230] gilt heute zu Recht als veraltet. Kein Wunder: Maslow selbst war Jahrgang 1908 und gehörte ursprünglich noch dem Behaviorismus an. Die Behavioristen gingen, wie beim Pawlowschen Hund, davon aus, dass der Mensch durch ein erforschbares Reiz-Reaktionsmuster funktioniert und je nach Belohnungssystem beeinflusst werden kann. Psychologie wurde damals noch als rein objektiver Zweig der Naturwissenschaften betrachtet.

---

229 Vgl. http://www.berliner.de/artikel/das-leben-verliert-dadurch-dass-mans-kennenlernt-%E2%80%93-josef-hader-berlin, Stand 01/14
230 Vgl. http://www.getabstract.com/en/summary/classics/motivation-und-persoenlichkeit/6648/, Stand 01/14

Die Moderne Bedürfnispyramide

ABB. 44
ERWEITERTE
MASLOW'SCHE
PYRAMIDE[231]

Transzendenz
Anderen helfen etc.

Selbstverwirklichung
Person - Wachstum - Erfüllung etc.

Ästhetische Bedürfnisse
Schönheit - Balance - Form etc.

Kognitive Bedürfnisse
Wissen - Bedeutung - Selbstwahrnehmung etc.

Wertschätzungsbedürfnisse
Leistung - Status - Verantwortung - Ansehen etc.

Zugehörigkeit und Liebesbedürfnisse
Familie - Zuneigung - Beziehungen - Arbeitsgruppen etc.

Sicherheitsbedürfnisse
Schutz - Sicherheit - Regeln - Gesetze - Limits - Stabilität etc.

Biologische und Physiologische Bedürfnisse
Lebensnotwendiges - Luft - Essen - Trinken - Obdach - Wärme - Sex - Schlaf etc.

Erst nachdem Maslow die Kollegen Alfred Adler und Erich Fromm kennenlernte, stellte er fortan den Menschen in den Mittelpunkt seiner Arbeit. Gemeinsam mit Carl R. Rogers gründete er später die „Association for Humanistic Psychology" und gilt damit als Wegbereiter der humanistischen Psychologie.

Was bedeuten all diese Erkenntnisse für die Kommunikation? Wer sich ins Kaffeehaus setzt und auf die Frage des Obers: „Was darf ich Ihnen bringen?" dreimal nicht antwortet, wird Pech haben und hungrig oder durstig bleiben. Wenn wir den Immobilienmakler nach der Wohnungsbesichtigung nicht zurückrufen oder mit ihm in Kontakt treten, um ein Kaufanbot zu stellen, wird ein anderer die Wohnung bekommen. Wer sich schwer tut in der ältesten Form des Verkaufsgespräches – in der Liebes-Akquisition – der wird länger Single bleiben, als ihm lieb ist. Niemand von uns spricht beim Besuch im Supermarkt den Regalbetreuer an oder redet mit der Kassiererin, weil wir die beiden als neue Freunde gewinnen möchten, sondern weil wir Lebensmittel suchen oder mitteilen, dass wir gerne mit Bankomatkarte bezahlen möchten.

Geschäfte werden auf allen Ebenen der Bedürfnispyramide abgewickelt. Verkaufen kann nur, wer dort auch überzeugt. Dazu braucht es konkrete Kennt-

---

231 Vgl. http://integralhero.com/der-ruf-nach-sinn-und-erfullung/maslow_pyramide_8-stufen/, Stand 01/14

nisse über die eigene Branche, den Berufsstand, das Kundensegment und die eigenen Fähigkeiten. Wichtig ist deshalb für jede Sales Crew, ganz genau Bescheid zu wissen über:

- die Käuferschicht (Zielgruppe, Alter, Milieu)

- das jeweilige Bedürfnislevel (1-7)

- kommunizierte Marketing-Botschaften (Imagefaktor)

- die (über Jahre) aufgebaute Erwartungshaltung

- Strategien rund um kundenorientierte Gesprächsführung

Bedürfnislevels - Branchen & Beispiele

1 **Biologisches**
- Kellner, ärztlicher Ersthelfer, Energieversorger, Bäcker, Fleischhauer, Lebensmittelhandel

2 **Sicherheit**
- Makler, Bankberater, Polizei, Arzt, Anwalt, Verkäufer von Alarmanlagen, Schutzbekleidung, Softwarelösungen, Unternehmensberater

3 **Freunde & Familie**
- Eheberater, Psychologen, Familientherapeuten, Weddingplanner, Partyservice, Mediatoren, Reisebürokaufleute

ABB. 45
BEDÜRFNISSE & BENÖTIGTE GESPRÄCHSFÜHRUNG
QUELLE: TATJANA LACKNER, 2014

Nicht auf jedem Bedürfnislevel sind Kunden in gleicher Form anzusprechen: Während es auf Level 1 (Grundbedürfnisse) darum geht, dem Käufer als beratender Dienstleister zur Seite zu stehen und ihm Aufgaben abzunehmen – wird jeder gute Trainer auf Level 5 (Kognitive Bedürfnisse) daran gemessen, fordernde Übungen für zahlende, fortbildungswillige Seminarteilnehmer zu konzipieren. Zwischen Level 1 (Grundbedürfnisse) und 2 (Sicherheit) variieren die Kommunikationstechniken bereits frappant: Während der Sanitäter oder Ersthelfer beim Unfall schnell machen muss und nur die lebenswichtigen Fragen stellt, wird vom guten Arzt auf Level 2 hingegen erwartet, dass er sich Zeit nimmt. Im ersten Fall steht das Unfallopfer im Zentrum, im zweiten Fall die Heilung bzw. Lösung.

Bedürfnislevels - Branchen & Beispiele

4 Anerkennung
- Luxusgüterbereich, Vorsorge, Kosmetik, Möbel, Autohandel, Schmuck- & Kunsthandel, Marken, Sportartikelindustrie

5 Kognitives
- Bildungseinrichtungen, Kurs- & Seminaranbieter, Postgraduale Anbieter, Medienmacher, Trainer

6 Selbstverwirklichung
- Meditation, Astrologie, Esoterik, Politische Organisationen, Coaches, Theatergruppen, Philosophie, Kinesiologie, Yoga

7 Transzendenz
- Berufsausbildungen und Kurse im psychologisch-spirituell- & transzendenten Bereich

ABB. 46
BEDÜRFNISSE & BENÖTIGTE GESPRÄCHSFÜHRUNG
QUELLE: TATJANA LACKNER, 2014

Bedürfnislevels - Benötigte Gesprächsführung

1 „Diener"
- schnell zum Punkt kommen
- Fragen stellen
- Aufgaben abnehmen
- Kunde steht im Zentrum
- Beratende, servile Haltung & aktiv höflich

2 „Berater"
- Zeit nehmen
- Problem und Stressoren erkennen
- Lösung steht im Zentrum
- Redeanteil kontrollieren
- Überzeugend & erfahren wirken, Referenzen nennen

3 „gekaufter Freund"
- Zeit nehmen, aktiv zuhören
- Strategie thematisieren, gut erklären
- Aufgaben subsumieren, Ziel benennen
- Partnerschaftlich & professionell
- Atmosphäre steht im Zentrum

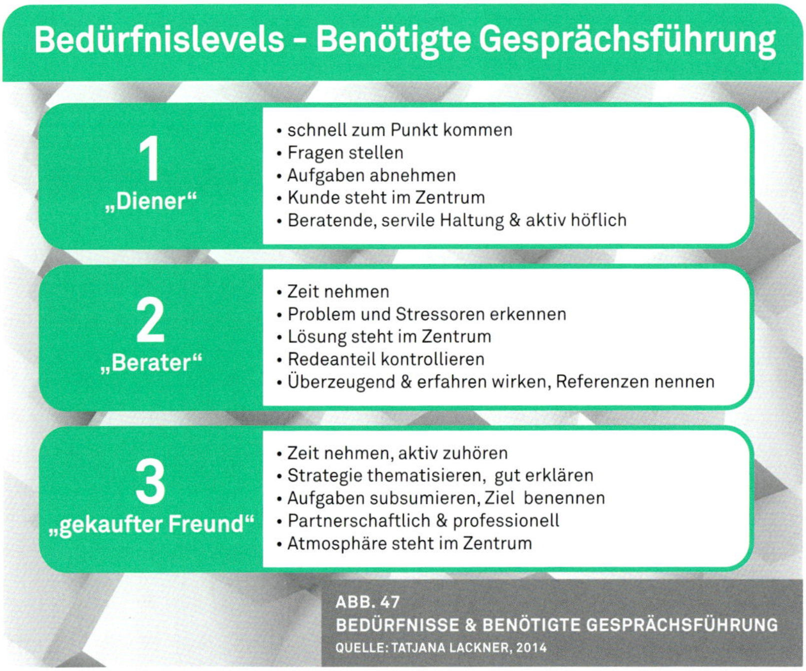

ABB. 47
BEDÜRFNISSE & BENÖTIGTE GESPRÄCHSFÜHRUNG
QUELLE: TATJANA LACKNER, 2014

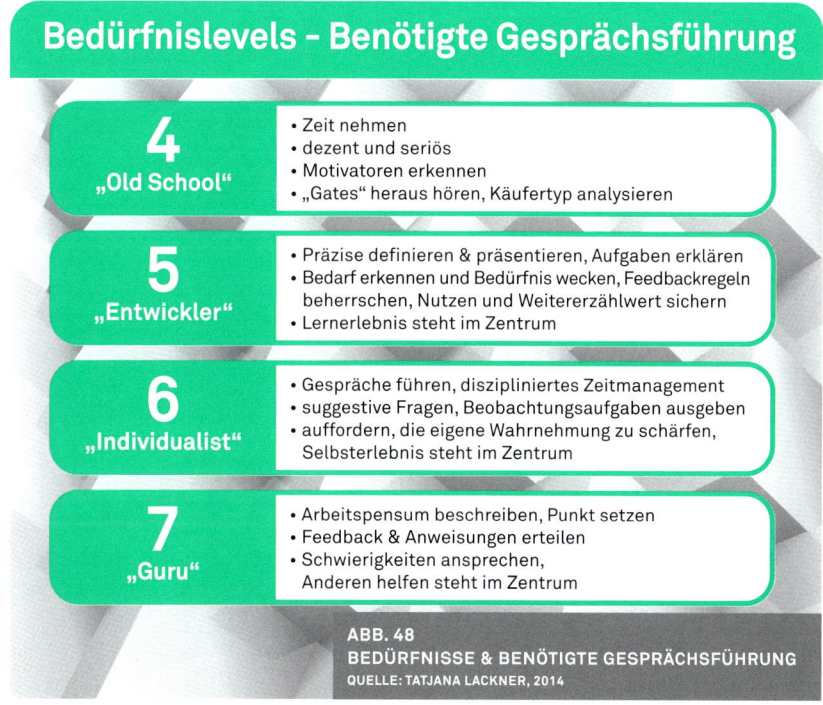

Bedürfnislevels - Benötigte Gesprächsführung

4 „Old School"
- Zeit nehmen
- dezent und seriös
- Motivatoren erkennen
- „Gates" heraus hören, Käufertyp analysieren

5 „Entwickler"
- Präzise definieren & präsentieren, Aufgaben erklären
- Bedarf erkennen und Bedürfnis wecken, Feedbackregeln beherrschen, Nutzen und Weitererzählwert sichern
- Lernerlebnis steht im Zentrum

6 „Individualist"
- Gespräche führen, diszipliniertes Zeitmanagement
- suggestive Fragen, Beobachtungsaufgaben ausgeben
- auffordern, die eigene Wahrnehmung zu schärfen, Selbsterlebnis steht im Zentrum

7 „Guru"
- Arbeitspensum beschreiben, Punkt setzen
- Feedback & Anweisungen erteilen
- Schwierigkeiten ansprechen, Anderen helfen steht im Zentrum

ABB. 48
BEDÜRFNISSE & BENÖTIGTE GESPRÄCHSFÜHRUNG
QUELLE: TATJANA LACKNER, 2014

Fazit:

Auch wenn heute bereits viel über das Internet gekauft wird – die Verbindung Mensch zu Mensch wird auch 2050 noch für wichtige Verkaufstransaktionen relevant sein. Jeder sollte wissen, auf welchem der sieben Bedürfnislevel er seinen Kunden abholt. Diese moderne Segmentierung verlangt völlig unterschiedliche Gesprächsführung.

KAPITEL 31

Von Hard Facts zu Soft Skills

Von Hard Facts zu Soft Skills

Wir müssen auf jeder Ebene der 7-stufigen Pyramide kommunizieren können und dementsprechend flott wechseln. Die Art der Gespräche unterscheidet sich dabei deutlich voneinander. Wer sein Daily Business vor allem im Feld der biologischen Grundversorgung erledigt, wird seine Mitarbeiter auf einfache Kundengespräche trainieren. Hier stehen zwei Faktoren maßgeblich im Vordergrund: Service-Mindedness und der Faktor Zeit. Im angesagten Delikatessengeschäft der Stadt muss es spürbar höflicher und spracheleganter zugehen als an der Tankstelle und Zeit für den Kunden sein.

Mitarbeiter müssen auf anspruchsvolle Kunden, die es eilig haben, spezialisiert sein und vor allem flott reagieren. Jemand, der sein Geschäft mit kognitiven Themen macht sollte eloquent auftreten. Im Bildungsbereich brilliert der Schulungsberater oder Kundendienst durch Wortwahl und Sprachniveau.

Jeder, der das Haus nach außen repräsentiert, wird daran gemessen, ob er inhaltlich gut aufbereitete Auskünfte geben kann und sensibel die Kundenwünsche herausarbeitet, damit es nach der Kursbuchung nicht zu Enttäuschungen kommt. Der verbale Auftritt des Personals entscheidet hier ganz wesentlich über die Glaubwürdigkeit einer seriösen Seminareinrichtung. Regalbetreuern und Wurstverkäufern werden Fallfehler oder grammatikalische Holpereien vielleicht verziehen, wenn der schnelle Griff zum nachgefragten Rotwein dafür sitzt und die Höflichkeit gegenüber dem gustierenden Käufer stimmt. Vom Schulungsleiter erwartet der buchungswillige Kursteilnehmer jedoch rhetorisch einwandfreie Sätze und stimmlichen Wohlklang. Schließlich wird durch den Dienstleistungsverkauf dem Seminarkunden abverlangt, dass er diesem Trainer einen ganzen Tag lang zuhört. Neben der sprachlichen Versiertheit muss auch die optische Wirkung tadellos sein. Körpersprache spielt nicht nur auf Level 5 (Kognitive Bedürfnisse) bei Vortragenden eine wesentliche Rolle. Niemand fühlt sich auf Level 6 (Ästhetik) wohl, wenn die Drogistin mit dicker Fieberblase über die neue Lippenpflegeserie informiert und kaum zum Ausprobieren animiert. Aber Kunden erleben nicht nur im ästhetischen Bedürfnislevel wilde Enttäuschungen. Auf der beliebtesten deutschsprachigen Verbraucherschutzseite[232] sind wahre Horrorgeschichten zu lesen über Beschwerden und Kommunikationsverletzungen quer durch alle Bedürfnisstufen. Es scheint in Deutschland nicht besser zu laufen als in Österreich oder der Schweiz. Dort ist bereits 2010 ein Buch erschienen mit dem beziehungsvollen Titel „Servicewüste Deutschland – Begeisternd verkaufen"[233].

---

232 Vgl. http://at.reclabox.com/, Stand 01/14
233 Vgl. Stefan Dederichs, „Servicewüste Deutschland – Begeisternd verkaufen", R.G. Fischer, 2010

Image hat viel mit Marketing zu tun. In der Kommunikationsgesellschaft müssen sich besonders Unternehmen Gedanken machen, wie sie nach außen auftreten wollen. Marketing ist die subjektive Wahrnehmung im Kopf des Konsumenten. Für diese Wahrnehmung wird hart gearbeitet. Gute Mundpropaganda fällt nicht von den Wänden. Kernfragen sind zu beantworten: Wie werden neue Kunden begrüßt? Gibt es ein festgelegtes und einheitliches Prozedere (z. B. Ticketing)? Stichwort: Corporate Wording! Was spricht für, was gegen eine Verbale Corporate Identity? Die Drucksorten sind schließlich auch einheitlich gelayoutet, warum sollte dann jeder im Unternehmen drauf los reden dürfen, wie er es für richtig hält oder eben kann. Kundenorientierte Gesprächsführung bedeutet, sich als Unternehmen genau zu überlegen:

- Auf welchem Bedürfnis-Level kauft mein Kunde?

- Welche Gesprächsleitfäden gibt es schon und welche brauchen wir noch?

- Wo senden wir divergierende Signale aus: schriftlich oder mündlich?

- Wo erleben Kunden Brüche in unserer Kundenkommunikation?

- Wodurch wird unser Image geformt? Marketingaktionen, Direktmailings oder TV- & Radiowerbung?

- Was genau versprechen wir alles nach außen?

- Wo besteht der Gap zwischen Mensch und Marke?

- Wo besteht konkret Schulungsbedarf?

ÜBUNG 19

Der Coaching-Tipp: Qualitätssicherung über Produktpräsentation. Wie das geht?
Lernen Sie mehr über den Einsatz moderner Technologien zur Optimierung von Kundengesprächen.
→ Seite 342

Messbarkeit des Trainingserfolgs im Vertrieb

Teilnehmer-Feedback

Fragebogen (Happy-Sheet)

Feldstudie

Beobachtungen, Mystery-Shopping, Kundenbefragung

KPI-Analyse*

(Vorher- / Nachher-Analyse)
Z.B.: Umsatz, Ertrag, Neukundenanzahl, Abschlussquote,
Aktive Verkaufszeit, Angebotstrefferquote, Reklamationsquote,
Cross Selling, Netto-Calls

ABB. 49
KEY PERFORMANCE INDICATOR[234]
NACH ALEXANDER VERWEYEN

Wer Kundenkommunikation als wesentlichen strategischen Faktor im Unternehmen[235] erkennt, wird langfristig erfolgreich bleiben. Zu unterscheiden sind: **bestehende** Kundenbeziehungen, Folgegeschäfte durch Wiederholungskäufer von **potenziellen** Kunden, die unter Neuakquisition fallen und gänzlich anders anzusprechen sind. Das Repertoire der gelungenen Verkaufsrhetorik bietet mehrere Melodien. Richtig geführte Kundengespräche lassen sich in harten Kennzahlen messen. Sie bringen mehr, als die meisten HR-Abteilungen ahnen. Sie erhöhen:

- Imagefaktor
- Umsatz
- Kundenzufriedenheit
- Kooperation bei Reklamationen
- Stolz der Mitarbeiter auf das eigene Unternehmen
- durch die Identifikation weniger Fluktuation oder Abwanderung von Know-how

234 Vgl. http://www.alexanderverweyen.com/blog/page/13/, Stand 01/14
235 Vgl. http://www.controlling-wiki.com/de/index.php/Kundenanalyse, Stand 01/14

- Zufriedenheit des Managements
- Gefahr für den Mitbewerb

Fazit:
Unfreiwillige Kommunikationsfehler sind immer peinlich. Es ist deshalb lohnend zu prüfen, ob die Auftrittskompetenz der firmeneigenen Homepage, der Produkt-Folder und Hochglanzbroschüren übereinstimmt mit der Live-Performance der Vertriebsmannschaft oder des Kundendienstes. Die messbaren Trainingserfolge lassen sich in Umsatzzahlen darstellen.

KAPITEL 32

Zicken, Zoff und Zeus

Zicken, Zoff und Zeus

Die Göttin Eris[236] war schon ein cleveres „Luder", als sie den berühmten „Zankapfel" vor die Tore der Brautgesellschaft warf. Das tat sie ganz bewusst, um Zwietracht und Streit zu säen – und tatsächlich ging ihre Strategie auf! Sie selbst war sauer, weil man sie nicht eingeladen hat – beschriftete sie ihr „Geschenk", den Apfel, mit den listigen Worten „für die Schönste" und warf ihn unter die Göttinnen.

Natürlich führte das unter den anwesenden Damen Aphrodite, Hera und Pallas Athene sogleich zum Wortkrieg der Eitelkeiten. Wem gebührte nun der Apfel? Dieser Zickenterror war nicht nur nervig für Olymp-Chef Zeus, der das Urteil nicht selber treffen wollte. Die lästige Frage *„Wer ist nun die Schönste"* übertrug er stattdessen dem feschen Jüngling Paris, um selber aus dem Schneider zu sein. Die Konsequenzen dieses Streites waren nicht ohne, sie lösten – der mythologischen Wahrheit gemäß – immerhin den Trojanischen Krieg aus.

Die Geburt der eristischen Argumentation

Seither steht der Begriff Eristik für „die Lehre vom Streitgespräch und die Kunst der Widerlegung in einer Diskussion oder Debatte". Viele schlaue Köpfe haben sich seither mit der Kunst der Widerlegung befasst: Die Spanne reicht von den antiken Sophisten über Arthur Schopenhauer[237] („Eristische Dialektik", 1830) bis hin zum „Handbuch des Debattierens" (2013).[238]

Egal ob Katie Perry und ihr Ex Russel Brand, die deutsche Heidi und ihr Ex Seal oder Demi Moore und Herr Kutcher – sie alle hatten vor den Trennungen eines gemeinsam: Dispute in gehobener Größenordnung. Und nicht nur die Promis. Jeder kennt Streitsituationen.

In einer Welt, in der fast jeder werden kann, was er will und Lebenspläne frei gestaltbar sind, ist klar, warum niemand zwingend für die „bessere Hälfte" zurückstecken möchte. Heute hat Liebe wenig mit Verzicht, sondern eher mit dem Anspruch auf Vervollständigung zu tun. Es soll bei uns persönlich nichts weniger werden, sondern durch den anderen lieber zu noch mehr kommen. Die Messlatte liegt hoch, wenn das Leben zu zweit auch gleich mehr an Würze und Farbe bringen soll. Oscar Wilde meldete schon vor 160 Jahren Beden-

---

236 Eris: die Göttin der Zwietracht und des Streites in der griechischen Mythologie
237 Vgl. http://gutenberg.spiegel.de/buch/4994/1, Stand 01/14
238 Vgl. Christian Rauda, Hanner Proner, Patrick Proner, „Das Handbuch des Debattierens", Pd-Verlag, 2013

ken zur Machbarkeit an: *„Die Ehe ist ein Versuch, zu zweit wenigstens halb so glücklich zu werden, wie man allein gewesen ist."* [239]

Beziehungen sind von jeher ein Nährboden für Zoff. Doch worüber streiten wir am häufigsten? Eine Studie der ElitePartner gibt dazu Auskunft.

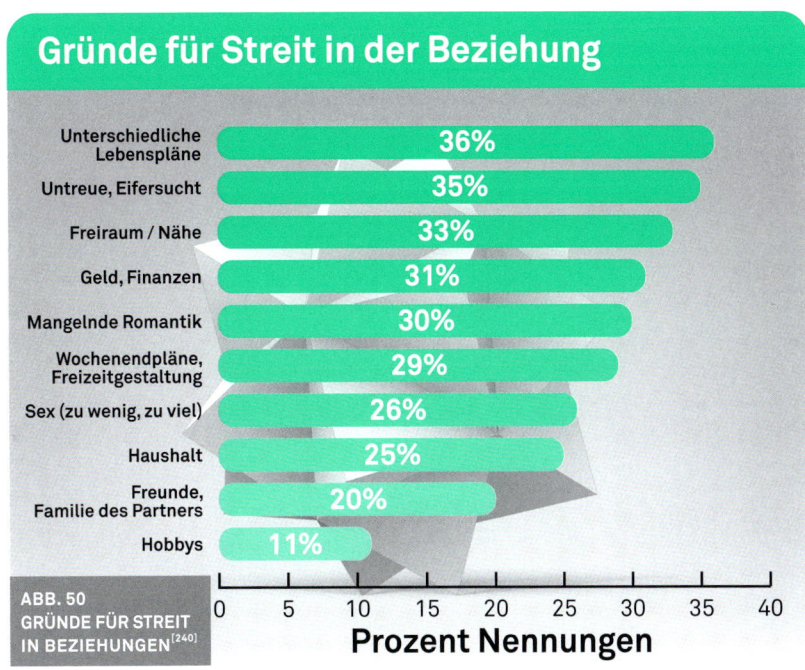

Gründe für Streit in der Beziehung

Unterschiedliche Lebenspläne	36%
Untreue, Eifersucht	35%
Freiraum / Nähe	33%
Geld, Finanzen	31%
Mangelnde Romantik	30%
Wochenendpläne, Freizeitgestaltung	29%
Sex (zu wenig, zu viel)	26%
Haushalt	25%
Freunde, Familie des Partners	20%
Hobbys	11%

Prozent Nennungen

ABB. 50 GRÜNDE FÜR STREIT IN BEZIEHUNGEN [240]

Eristik in Beziehungen

Sobald wir mit Menschen zusammenleben, beziehen wir uns auf einander. Egal, ob Bruder auf Schwester, Herr Ehemann auf seine Frau oder die WG-Members innerhalb ihrer Wohncommunity. Beziehungen bedeuten eben nicht nur Freude und Glück, sondern – wenig beziehungsvoller Weise auch – Alltag, Streit und Tränen. Schnell taucht dann das Wort „Wertschätzung" auf und unser Analyse-Radar stellt Mankos fest. Wie ein geheimer Vorwurf ans Universum bilden wir mit diesem Wort Sätze, wie *„Du bringst mir zu wenig Wertschätzung entgegen, pah!"* Dabei steckt dahinter ein unerfüllbarer Wunsch. Die heimliche Sehnsucht, gelobt zu werden und für Bemühungen Anerkennung finden.

„Freundlich sein" kann man wirklich jedem gegenüber. „Respektvoller Umgang" ist, ohne Anlauf und Üben, für die meisten Erdbewohner machbar.

---

239 Vgl. http://www.zitate-online.de/literaturzitate/allgemein/22/die-ehe-ist-ein-versuch-zu-zweit-wenigstens.html, Stand 01/14

240 Vgl. http://www.singleboersevergleich.com/partnersuche-partnervermittlung/streit-beziehung, Stand 01/14

Aber das mit der „Wertschätzung" – dieses Postulat ist nicht immer erfüllbar. Bei Licht betrachtet, können Sie doch nur jemanden „wertschätzen", dessen „Werte" Sie tatsächlich „schätzen" – und hier beginnt das Problem.

Wie soll Frau Unlustig ihrem Göttergatten Bewunderung entgegenbringen, für Erfolge, die sie selbst schon eingefahren hat oder für lapidare Dingelchen, die sie so was von gar nicht erstrebenswert findet? Oder: Wie soll Brüderchen ein gutes Haar an seiner Schwester lassen, wenn beider Erlebnishorizont – nicht einmal unter bewusstseinserweiternden Maßnahmen – kongruent ist. *Ihre* Sorgen möchte er eben lieber nicht haben, der Bruder!

Wertschätzung

Du

Ich

ABB. 51
WERTSCHÄTZUNG
QUELLE: DIE SCHULE DES
SPRECHENS, 2013

Wert-schätzung
Ich schätze Deine Werte

Achtung
Ich sehe zu Dir auf

Respekt
Ich halte etwas von Dir und Deiner Meinung

Akzeptanz
Ich bin mit Dir einverstanden

Toleranz
Ich lass Dich leben

Wertschätzung parkt nur dort, wo Identifikation in der Nähe wohnt. Das gilt für Mitarbeiter und Chef ebenso wie für Lehrer und Schüler. Zu oft wird „freundlich oder höflich sein" bei uns verwechselt mit der viel gepriesenen Wertschätzung. Menschen sind einander zwar ähnlich, aber doch völlig verschieden. Auch das hat uns die neue Freiheit gebracht: eine Gesellschaft, in der jeder völlig andere Spartenkanäle, Internetseiten und Zeitschriften konsumiert. Früher saß die ganze Familie vor dem Fernsehapparat, er war das Zentrum des Wohnzimmers und Sammelpunkt für alle. Die Programmvielfalt war beschränkt – davon lebten Quotenflagschiffe, wie „Dalli, Dalli" und auch zu Beginn „Wetten, dass …". Vom Enkelkind bis zur Oma – für jeden war etwas dabei.

Mittlerweile ist es selbst zwischen Liebenden schwer mit der großen Gemeinsamkeit. Die Schere rund um das Thema Wertedissonanz schneidet scharf und tief. Natürlich sind verschiedene Hobbys noch nicht zwingend mit unterschiedlichen Weltanschauungen gleichzusetzen und klar ist auch: der gemeinsame Blick in die gleiche Richtung hat sich schon oft als unterschiedlich weit herausgestellt.

Was ist die Lösung für friedvolleren Umgang im Alltagszoff? Es sind schließlich meistens die Dinge, die wir *selbst* geleistet haben oder an denen wir mitgearbeitet haben, die uns Stolz empfinden lassen. Z.B. die Eislaufmutter, die stolz ist auf *ihr* Kind, nicht nur weil Mausi besser fährt als alle anderen. Nein, Mausi ist *ihr* Fortpflanz und damit *ihr* Erzeugnis. Oder Frau Großindustriellen-Gattin, die voller Stolz auf *ihren* Mann und *ihre* Stellung in der Gesellschaft dann bei *ihrer* Charity-Veranstaltung, an *ihrer* Perlenkette fast selbst vor lauter Rührung erstickt.

Könnte es nicht sein, dass wir die wirklich verbindenden Momente weitgehend outgesourct haben? Denn: Gearbeitet wird getrennt voneinander, mindestens eine Mahlzeit am Tag verbringen wir außerhalb der Familie, wir telefonieren alleine, denken alleine, werden alleine geboren und sterben schließlich alleine … doch dazwischen sollen wir bitte ganz, ganz homogene Rudeltierchen sein, die sich alle wert-, aber nicht geringschätzen. Oje, das ist für viele zu Recht ganz schön anstrengend! Zudem geraten selten die gleichen Argumentationstypen[241] aneinander. W. Rehm hat schon 1976 die Grundtypen der Argumentation sehr brauchbar definiert:

- Wer **plausibel** argumentiert, vertraut auf die Kraft von Argumenten, die sich auf den „gesunden Menschenverstand" stützen. Ihm sind die Meinungen der Mehrheit wichtig, ebenso Tradition und Gewohnheit. Dieser Typ neigt zu Übertreibungen, und Verallgemeinerungen. Auch seine Pauschalurteile mögen vordergründig Zustimmung finden und kurzfristig den Gesprächspartner verunsichern. Das Gegenüber wird jedoch im Endeffekt nicht anhaltend überzeugt.

- Wer **moralisch** argumentiert, beruft sich auf verbreitete Wertvorstellungen und Normen in der Gesellschaft. Ethische Vorbilder und untadelige Personen werden für die Beweisführung genannt, um die eigenen Ansichten zu legitimieren. Dieser Typ appelliert an Gefühl und Anstand seines Gegenübers. So entsteht ein großer „moralischer" Druck auf den Gesprächspartner, seine Meinung zu wechseln.

- Der **rationale** Typ baut auf nachprüfbare Tatsachen. In seiner Überzeugungsarbeit verwendet er konkrete Daten (Zahlenangaben, Statistiken etc.). In Form seiner logischen Gedankenführung liefert er Alternativen zur eigenen Meinung. Er legt sie dem Gesprächspartner jedoch nur

---

241 Vgl. http://www.teachsam.de/deutsch/d_rhetorik/argu/arg_typ.htm, Stand 03/14

deshalb so offen auf den Tisch, um sie zu bewertet und damit ganz oder teilweise zu verwerfen. Seine rationale Argumentation spricht dabei den Verstand des Vis-à-vis an.

- Der **taktische** Argumentierer setzt auf die grundsätzliche Überlegenheit der eigenen Auffassungen. Dabei tut er so, als ob er Einwände gegen die eigene Meinung vorurteilslos beurteile und die eigene Meinung sogar „objektiv" betrachten würde. Tatsächliche Gegenargumente werden als nicht vergleichbare Sonderfälle abgetan. Dieser Typ weiß, wie er Gesprächspartner verunsichert und setzt Interessen durch.[242]

PLAUSIBEL	MORALISCH	RATIONAL	TAKTISCH
Argumente stützen sich • auf den „gesunden Menschenverstand" • auf Meinungen der Mehrheit • auf Herkommen, Tradition und Gewohnheit	**Argumente greifen** • auf verbreitete Wertvorstellungen und Normen in der Gesellschaft zurück	**Argumente beruhen** • auf nachprüfbaren Tatsachen • auf klaren Daten (Zahlenangaben, Statistiken etc.)	**Argumente, die** • vom Sprecher als unstrittig und grundsätzlich besser angesehen werden **Tatsächliche Gegenargumente** • als nicht vergleichbare Sonderfälle abgetan
Tendenz zu: • Übertreibungen • (unzulässigen) Verallgemeinerungen • Pauschalurteilen	• Ethisch vorbildlich und untadelig erscheinende Personen oder Persönlichkeiten werden aufgeführt	• Form einer logischen Gedankenführung • Alternativen zur eigenen Meinung werden aufgezeigt, bewertet und ganz oder teilweise verworfen	**erweckt Anschein,** • als ob Einwände gegen die eigene Meinung vorurteilslos beurteilt werden • als ob die eigene Meinung „objektiv" betrachtet werde
• Verunsicherung des Gegenübers • keine Überzeugung • manchmal vordergründiges Einleuchten	• appelliert beim Gegenüber an Gefühl und Anstand • „moralischer" Druck auf den Gesprächspartner, seine Meinung zu wechseln	• Verstand wird angesprochen	• Verunsicherung des Gegenübers • Durchsetzen eigener Interessen

ABB. 52
GRUNDTYPEN DER ARGUMENTATION
NACH W. REHM

ÜBUNG 22
Der Coaching-Tipp: Eristik im Beziehungsalltag
→ Seite 346

---

242 Vgl. http://www.teachsam.de/deutsch/d_rhetorik/argu/arg_typ1.htm, Stand 01/14

Urteilsvermögen ist geistiger Reichtum

Immanuel Kant betrachtet die Urteilskraft als Mittelglied zwischen Verstand und Vernunft[243]. Demnach muss man etwas dafür tun, um urteilsfähig zu sein. Wir alle treffen unendlich viele Entscheidungen jeden Tag – das fordert. Menschen sind denkmüde geworden. Dazu kommen Freizeitstress, Patchwork-Logistik und Schlafmangel durch sozialen Jetlag – all das schwächt und laugt aus. Erst wenn prominente Meinungsbildner das Medienparkett betreten, formt sich langsam die Haltung der Menschen, die nicht im Scheinwerferlicht stehen. Die „Sager" und O-Töne der Identifikationsfiguren aus Politik, Wirtschaft und anderen medienwirksamen Branchen werden kopiert, behübscht und gerne übernommen. Inhalte verkürzen sich dadurch willkürlich. Schnell entsteht so, statt eigenen Überlegungen und Erkenntnissen, eine Meinung aus zweiter Hand.

Trittbrettfahrer dieser öffentlichen „Zerstäuber" zu werden, hat jedoch nichts mit den Phasen des kritischen Meinungsbildungsprozesses zu tun. Neben Zahlen, Daten und Fakten werden sogar ganze Schlussfolgerungen einfach übernommen. Wenn jeder von jedem abkupfert und niemand mehr selbst denkt, dann wird eine ganze Gesellschaft langsam dümmer, was soziohistorisch nicht nur bedenklich, sondern regelrecht gefährlich ist. Dabei gilt nicht nur für Kinder, sondern auch für Erwachsene die Regel: *Selber denken macht schlau!* Immanuel Kant hatte bereits im 18. Jahrhundert recht mit dem Satz: *„Habe Mut, dich deines eigenen Verstandes zu bedienen."*[244]

ÜBUNG 20
Kennen Sie die Grundformeln der Argumentation?
→ **Seite 343**

---

243 Vgl. http://www.textlog.de/5307.html, Stand 03/14
244 Das Zitat stammt aus den Briefen (Episteln) des römischen Dichters Horaz (Epist. I, 2, 40) und wurde von Immanuel Kant übersetzt und wurde zum Leitspruch der Aufklärung. Es lautete ursprünglich: „Sapere aude!" und vgl. http://zitate.net/zitat_1780.html, Stand 01/14; vgl. Immanuel Kant, „Kritik der Urteilskraft", Meiner, 2006

Argumentieren Sie „Out of the Box"!

Jeder Mensch hat im Zuge seines Lebens instinktiv gelernt, welche Argumentationsmanöver beim Gegenüber gut ankommen. Beim Daddy lieb dreinzuschauen, hat noch gereicht, die Mutter wollte vielleicht hieb- und stichfestere Gründe für Verhaltensweisen hören. In der Volksschule gab es meist eine Klassenlehrerin. Gewiefte konnten sich gut auf sie einstellen und haben gewusst, worauf es ihr ankommt. Wer es schaffte, schnell mit ihr „auf einer Wellenlänge zu schwimmen", hatte es leichter. Spätestens im Gymnasium funktionierte dann die Methode „Ich-weiß-was-bei-meiner-Lehrerin-zieht" nicht mehr, denn im Stundentakt wechselten die professoralen Gesichter samt dem Unterrichtsfach.

Heute kommunizieren wir täglich mit noch mehr Menschen. Wir führen Gespräche mit Kollegen, Chefs, Lieferanten und Kunden. Instinktiv müssen wir erkennen, welche Präferenz unser Gesprächspartner hat, worauf er Wert legt. Erfolgreich argumentieren kann, wer mit Thesen und Antithesen jongliert wie mit wirbelnden Bällen. Der gute Diskutant wirft plötzlich ein Argument höher in die Luft. Das geschieht völlig unerwartet und zum Erstaunen der Zuhörer.

Am besten Sie nennen zuerst die bekannten Thesen und Gegenthesen eines Diskussionsthemas. Dann konfrontieren Sie Ihr Gegenüber mit einem völlig unerwarteten persönlichen Zugang!

Beispiel-Szenario 1:

Er findet „Two and a half Men" (US-TV Serie) dämlich. Sie will sich den Spaß daran nicht verderben lassen.

Er greift an: *„Ist es Dir denn nicht zu blöd, so einen Schmarrn anzuschauen?"*

Sie überlegt, was er wohl als Verteidigungsstatement von ihr erwartet und spricht den Gedanken laut aus. Das sichert ihr seine Aufmerksamkeit für ihr eigenes Erfahrungsargument. Damit rechnet er nämlich nicht.

Also kontert sie freundlich:

„Bestimmt erwartest Du, dass ich mich jetzt verteidige und Dir sage, wie sehr mich seichte TV-Serien nach der Arbeit entspannen. In Wahrheit erinnert mich Charlie Sheen immer an meine Zeit in L.A. Das mag ich."

Beispiel-Szenario 2:

Sie greift ihn an, weil er Vegetarier ist:

„Findest Du Dein Hasenfutter nicht langsam selber albern? Mit Dir kann man nach der Oper nicht einmal zu einem Würstelstand gehen."

Er erwidert gelassen:

„Bestimmt erwartest Du von mir, dass ich Dir meine moralischen Bedenken nenne beim Fleischverzehr. Es ist jetzt bereits 22.00 Uhr. Ich bekomme so spät weder eine Sojawürstel noch sonst irgendetwas runter, ohne, dass ich wach liege. Gerne begleite ich Dich zum Hot-Dog."

ÜBUNG 21
Argumentieren Sie „Out of the box"
→ Seite 345

Fazit:

Schlechte Argumente sind vage Überlegungen, ungeprüfte Behauptungen und wenig in die Tiefe gedachte Bemerkungen. Gute Argumente hingegen sind bildhaft und nachvollziehbar, dramaturgisch gelungen aufbereitet, stimmsicher vorgebracht, knapp und knackig formuliert und mit einer Begründung und einer Schlussfolgerung ausgestattet. Privat, aber ganz besonders beruflich, ist es wichtig, die Situation aus der Brille des anderen zu betrachten. Anliegen plus Problem verkauft sich immer schlechter als Anliegen plus Lösung!

KAPITEL 33

Kommunikations-Screening

33

Kommunikations-Screening

Lernen Sie Ihr Gegenüber lesen!

Viel zu oft ist unklar, wodurch die Agenda gerade ins Stocken gerät. Will mich der Controller mit den internen Kosten auf den Arm nehmen? Versteht mich die HR-Chefin bei meiner Mitarbeitersuche absichtlich falsch? Wieso schaut der Kunde ausgerechnet bei meiner Idee zu seinem neuen Produktlaunch so skeptisch? Gesprächspartner richtig einzuschätzen ist gar nicht so leicht. Es gibt viele Situationen, in denen wir am liebsten Gedanken lesen könnten, um im Gespräch zu punkten. Schon aus dem ersten „Grüß Gott" lässt sich eine Menge schließen. Profundes Kommunikations-Screening hat nichts zu tun mit Schubladendenken oder platten Vorurteilen. Kommunikation findet auf viel subtileren Ebenen statt – und das mit allen Sinnen:

1. Sehen

Verwechseln Sie äußerlich nicht mit oberflächlich. An der Haltestelle steht eine übergewichtige Dame: die weißen Leggins glänzen, die Lackstiefeln haben Fransen. Sie mag eine liebende Mutter und Ehefrau sein, dennoch signalisiert sie uns klar: zum Thema Design und Ästhetik müssen wir uns nicht an einen Tisch setzen. Auch der Dermatologe mit Hautproblemen hat es wahrscheinlich schwerer, die erfolgversprechende Aknecreme zu verkaufen. Vieles können wir beobachten. Monogramm versus Designerlabel. Haare versus Frisur. Profis erkennen anhand der Ganganalysen sogar, welche Persönlichkeitsstruktur hinter einer breitbeinigen Fortbewegung mit ausladenden Gesten steckt. Wofür hält sich dieser Mensch und wie schätzt er seine Wichtigkeit in der Gesellschaft ein? Das Weiße Haus beschäftigt aus gutem Grund Profiler, Körpersprache-Experten und Psychologen, um andere Staatsoberhäupter analysieren zu lassen.

2. Hören

„Gudn Daag" – bei der Begrüßungsformel geht es schon los. Bereits in den ersten Worten hören wir Dialektfärbungen, Ursprungsland, Gehabe etc. Stimme verrät viel über unseren Charakter. Klingen wir weinerlich, unsicher oder zackig? Wie viel Raum nehmen wir uns durch Lautstärke, Tempo und Modulation? Die Aussprache entlarvt Herkunft, Milieu und Bildungsgrad. Jemand der auffällt durch grammatikalische Holprigkeiten, Slangworte und zerdehnte Vokale, ist sprachlich wenig fit. Er wird am „Philosophie Aktuell"-Abo kaum Interesse haben. Eine Businesslady, die heute in Rom arbeitet, morgen in Stockholm oder Berlin, fängt mit dem folgenden Verkaufsargument wenig an: *„Diese Blumen sind toll – und brauchen jeden Abend nur einen Schluck Wasser."*

3. Riechen

Bierfahne samt Leberkäsefinger sind am Bau Alltag. Schwitzen ist für den Fahrradkurier völlig normal. Die Bürodamen des Innendienstes freuen sich jedoch nicht immer über das männliche Odeur, das erlebbar wird, wenn Montagezettel oder Kuverts entgegengenommen werden. Gerüche speichern wir gemeinsam mit Erinnerungen ab. Assoziationen aus der Kindheit legen Erlebtes offen. Auf der anderen Seite erzählt jedes Damenparfum eine Menge über die Trägerin. Ist sie olfaktorischer Mainstream, Billigduftie oder Anhängerin einer eher exklusiven Duftkomposition. Geld stinkt eben nicht – es hat meist sogar einen durchaus exquisiten Duft. Egal ob in der luxuriösen Automobilbranche, in der Hotellerie, in Einkaufszentren oder in der Haute Cuisine – überall werden ganze Heerscharen von Geruchsspezialisten damit beschäftigt, unsere Nasen zu erfreuen.

4. Tasten

Ist der neue Geschäftspartner ein Knochenbrecher? Streckt er uns die lahme Hasenpfote entgegen? Wie fühlt sich der Mensch gegenüber schon beim ersten Handschlag an? Siegelringe, Piercings und körperliche Überpräsenzen kann man beim Nahkontakt nicht nur sehen, sondern auch spüren. Speckröllchen erzählen uns von einer anderen Tagesgestaltung als die Bodybuilderbrust. Auch auf die Essgewohnheiten lässt sich dabei schließen. Selbstverliebte Ganzkörperrasur bei Männern erzählt obendrein so manches über die Beziehungsgestaltung: Wenn auch Mann sich an Armen und Beinen und an den Brauen die Härchen fein säuberlich entfernt, ist naheliegend, dass er sich mit einem anderen Männerbild identifiziert als der Naturbursche mit geflochtenem Zopf im Bart. Zudem werden Emotionen über Berührungen transportiert. Hier machen Sanftheit und Fingerspitzengefühl den entscheidenden Unterschied.

5. Schmecken

Wir leben in einer Gesellschaft, in der Connaisseure gefragt sind: Weinkenner, Whiskeysammler, Cafébarista und Gourmets haben ihren Gaumen gebildet und können Ingredienzien unterscheiden und Qualität erkennen. Bildung und kulturelle Unterschiede liegen sprichwörtlich auf der Zunge. Gewürzmischungen und Geschmacksnuancen zu benennen, gilt als kosmopolitisch. Wer in der Kantine meist das Gleiche isst, wird wohl nicht als variantenreicher Querdenker gehandelt. Wie oft dreht sich der Smalltalk um das Buffet einer Veranstaltung? Sollten die gereichten Fingerfoods floppen, können die fachlichen Inhalte des Events auch nicht satt machen. Nahrung transportiert Information und beeinflusst den Körper. Wem Weißmehl, Zucker und Milch besonders gut schmecken, dem steht das bald ins Gesicht geschrieben.

ÜBUNG 23
Der Coaching-Tipp: Worauf achten Sie? Kommunikations-Screening
→ Seite 347

Fazit:

Erst dann, wenn das Gegenüber bewusst mit allen Sinnen erfasst wird, lassen sich ganzheitliche Erkenntnisse ableiten. Kommunikations-Screening basiert nicht auf unserem Bauchgefühl, sondern ist das Resultat aus scharfer Bcobachtung und geschulter Analyse. Egal ob Verkaufsgespräche, Präsentationen oder interne Meetings – immer geht es um die „Gates", Statusspiele und Absichten der teilnehmenden Gesprächspartner.

KAPITEL 34

Was wir von Hitchcock lernen

34

Was wir von Hitchcock lernen

In 150 Jahren Kinogeschichte wird ein Name stets als erster genannt, wenn es um das Thema „Spannung" geht: Alfred Hitchcock. Jede Anspannung braucht Entspannung. Hitchcock war Meister der richtig gesetzten Pause. Seine klassischen drei Stilmittel „Surprise", „Suspense" und „Mystery" wurden stets von gelungen gesetzten Pausen eingeleitet. Diese „Tension-Methode" arbeitet mit der Verzögerungstaktik und baut dadurch Spannung auf. Den meisten Präsentationen, die alleine in dieser Minute gehalten werden, fehlt es an Dramaturgie und Pausen. Unter der Regie des Altmeisters wären sie anders angelegt worden.

Gerade im Zeitalter der Medien nehmen Aussprache, Stimmkompetenz und professionelle Modulation der freien Rede immer höheren Stellenwert ein. Monotone Sprechweise vermag kaum zu begeistern. Sprache ist Ausdruck unserer Persönlichkeit! Neben griffigen und nachvollziehbaren Argumenten findet gute Rhetorik jedoch auch zwischen den Zeilen statt – dort, wo praktisch nichts passiert. Pausen geben unserer Sprache den nötigen Raum. In der heute völlig überreizten Welt sind Ruhe und Gelassenheit wahrer Luxus. Rededramaturgie braucht deshalb Pausen!

Nachsatzpausen geben Gelegenheit, das Gehörte zu verarbeiten und andere einzubinden. Wie der Absatz beim Briefwechsel. Nichts ist lästiger als Dauerredner, die nur an ihrem eigenen Text interessiert sind und nicht am Dialog. In Vorträgen sind Nachsatzpausen nötig, um Spannung aufzubauen für das, was nachfolgt. Deshalb sind sie dramaturgisch sehr relevante Stilmittel. Pausen sind jedoch vor allem eine Nervensache! Warum? Es kostet Nerven, vor dem Auditorium gelassen zu bleiben und allen einen Augenblick Stille zu verordnen. Viele Redner klingen so, als wollten sie ihren Vortrag schnell hinter sich bringen. Manche fürchten auch, dass eine bewusst gesetzte Pause nach einem hörbaren „Hänger" klingen könnte. Das tut sie nicht. Den Hänger hört man schon wenige Worte vor dem Blackout und vor allem erkennt man ihn an den Folgesätzen, bei denen der Redner versucht, wieder Herr der Lage zu werden.

Auf der anderen Seite sind **Kunstpausen** eine heikle Sache, denn sie entstehen nicht aus dem natürlichen Redefluss, sondern sie werden bewusst gesetzt. Diese Momente – in denen scheinbar nichts passiert – dürfen jedoch nicht der Gefallsucht des Orators (Redners) dienen. Sie helfen vielmehr dem Zuhörer, Bilder im Kopf zu produzieren. Jemand, der sich hörbar beim Reden genießt, in dem er bedeutungsschwangere Leerläufe zelebriert, hilft seiner Performance nicht. Auch die Pausen, die bei Störungen aus dem Publikum eingesetzt werden, sind peinlich und wenig beziehungsbindend.

ÜBUNG 24
Der Coaching-Tipp: Setzen Sie Pausen richtig!
→ Seite 349

Wie kann ich durch Pausen ein Gespräch lenken?

Unterschieden werden: **Atemzäsuren** zur körperlichen Regeneration des Redners, in denen das Zwerchfell reflektorisch in den Körper zurückfedern kann und „abgespannt" wird. Durch unterschiedlich gesetzte **Sinnpausen** kann sogar der Aussageinhalt verändert werden. Selbst Moderatoren von „seriösen Sendungen", die scheinbar objektiv berichten, setzen diese Technik ein, um Zuseher zu beeinflussen. Gerd Bacher (ehem. ORF Generalintendant) nannte dies „tendenziöse Berichterstattung".

Beispiele:
Markus sagt / Thomas ist ein Esel.
Markus / sagt Thomas/ ist ein Esel.

Ich begnadige / nicht töten!
Ich begnadige nicht / töten!

Wenn in einem Nachrichtenmagazin beispielsweise viele Daten, Fakten und Zahlen neben rascher Informationsabfolge und eingeblendeten Grafiken auf den Rezipienten einwirken, merkt dieser nicht mehr, ob er durch kleine Sinnpausen in eine bestimmte Denkrichtung gelenkt wird.

Menschen, die schneller reden, als andere denken können, sind für viele überfordernd. Schnelltexter, die ohne Punkt und Pause sprechen, werden ihr Publikum kaum gewinnen und auch nicht stundenlang in ihren Bann ziehen. Die Zuhörer ermüden dann rascher. Pausen bieten dem Redner die Chance, vorzudenken und dem Publikum zeitgleich die Gelegenheit, nachzudenken.

Wer sich nicht hetzen lässt, wirkt automatisch kompetenter und gelassener. Hinter enorm hohem Redetempo steckt häufig auch die Angst, nicht bis zum Ende gehört zu werden – das kostet Statuspunkte. Wer sich dagegen Zeit lässt für angenehme Modulation und nötige Sinnbetonung, der hat dramaturgisch die Nase vorne. Reden ist Silber, Schweigen ist Gold? Die spannungsgeladene Pause veredelt Ihren Vortrag. Struktur durch Pausen bringt

Abwechslung und Leben in Moderationen. Ein weiterer Vorteil: Nach jeder Denkpause ist auch der Rededuktus wieder frischer.

Fazit:

Logorrhoe (Rededrang) und Sprechdurchfall sind ebenso wenig mitreißend wie sprachliche Verstopfung durch zu lange rhetorische Interrupti! Spannung und Entspannung liegen dicht beieinander und werden durch Tempowechsel erreicht. Pausen sind wichtig für den Redner und sein Publikum.

KAPITEL 35

„Rhetorische Intelligenz" – ein Karrierefaktor!

„Rhetorische Intelligenz" – ein Karriere-faktor!

Schon Marie Curie meinte: *„Man merkt nie, was schon getan wurde, man sieht nur, was noch zu tun bleibt.*"[245] Es ist wie mit einem glitzernden Swarovski-Ring. Vor lauter Bling-Bling erkennt man als erstes die fehlenden oder makelhaften Steine. Geht man durch unsere vom Wohlstand gesegneten Städte, fallen uns ebenfalls schnell die hässliche Baustellen und dunklen Ecken auf – dort, wo noch investiert, saniert und Geld in die Hand genommen werden muss. Warum? Weil unser Auge verwöhnt ist von den gepflegten Straßenzügen. Nach dem Krieg war es genau andersherum: Die ersten wieder aufgebauten Häuserfronten haben die Augen der Passanten wohltuend erfreut. Diese vereinzelten Lichtblicke gaben den Bewohnern einer ganzen Stadt das Gefühl: endlich, es geht wieder bergauf! Wie einzelne Blumen in einem verwahrlosten Garten. Hier wurde ein Haus frisch gestrichen, dort eines von Schutt und Asche befreit. Langsam blühte der urbane Garten wieder, wuchs in die Höhe, streckte sich empor und machte damit allen Hoffnung. Aufschwung lag in der Luft und das hat gut getan. Doch nachdem eine Blume blüht und immer weiter wächst, beginnt sie zu welken. Wenn alle blühen, stechen die welken Pflanzen heraus. Sind alle welk, fallen uns die blühenden auf.

Mit unserer Kommunikation verhält es sich ganz genauso. Vor 60 Jahren hat natürlich auch schon die Nase vorne gehabt, wer gut reden konnte. Aber es gab auch scheue, introvertierte Menschen, die viel stärker geduldet waren als heute. Mangelnde rhetorische Fitness war noch nicht kriegsentscheidend auf dem Arbeitsmarkt. Logisch und aus der Historie erklärbar: Schließlich war gerade der deutschsprachige Raum nach der NS-Diktatur kommunikationstechnisch in einer Schockstarre und gute Rhetoriker sicherheitshalber von vornherein suspekt. Genau denen und ihren Worten ging man ja noch bis vor kurzem auf den Leim.

Wer musste in den 1950er-Jahren schon gut reden können? Gerade mal Lehrer, Pfaffen und Advokaten. Vertreter oder Verkäufer sollten an der Haustüre überzeugen und Abschlüsse bringen. Überhaupt reden wir hier von einer Zeit, in der Frauen noch bügeln und kochen konnten. Für Politik hat sich die Frau des Hauses lieber noch nicht engagiert. Auch von Sekretärinnen, Ärzten, Winzern oder gar Technikern hat keiner erwartet, dass sie präsentieren können.

---

245 Vgl. http://zitate.net/marie%20curie.html, Stand 01/14

In der modernen Kommunikationsgesellschaft ticken die Uhren anders. Rhetorische Intelligenz ist ganz vorne bei den Karrierefaktoren, gleich neben der Fachexpertise, die ein guter Mitarbeiter im Gepäck haben sollte.

Bei einer Bewerbung fällt der verbal Schwache sofort auf. Seine mangelnde rhetorische Virtuosität ist sowohl in der Muttersprache, als auch in der gefragten Fremdsprache hörbar und die Lücken im Smalltalk bei der Bewerbung blitzen förmlich hervor wie die ausgeschlagenen Steine im Bling-Bling-Ring.

Bereits 2006 wurde von Karmasin Motivforschung eine Studie[246] im Rahmen des Themenschwerpunkts „Karrierefaktor Stimme" präsentiert. Dabei wurden insgesamt 200 Führungskräfte, Personalenentwickler, Weiterbildungsverantwortliche und Personalberater in Deutschland und Österreich befragt. Der steigende Einfluss von Stimme und Sprechweise auf Karriereentscheidungen sollte belegt werden. Nicht einmal die Hälfte der Führungskräfte wurde als sehr sicher im Ausdruck eingeschätzt. Dabei ist die verbale Präsentation essenziell. Immerhin 91 Prozent der Befragten zogen damals Bewerber mit guter Stimme und Sprechweise anderen Kandidaten vor: *„Gut kommt an, wer stimmlich sicher wirkt und seine Stimme führen und flexibel einsetzen kann. Vollklingende mittlere Stimmlagen werden hohen oder betont tiefen vorgezogen"*, war sich Studienautorin Helene Karmasin sicher.

Tadellose Artikulationsfähigkeit ist jedoch mehr als nur stimmlicher Wohlklang. Sie bedeutet:

- prägnant und klar wirken
- Aufmerksamkeit erzeugen
- sich durchsetzen
- Atmosphäre schaffen
- in Erinnerung bleiben
- zu Wort kommen
- zu Ende sprechen
- inhaltlich gut verstanden werden
- Weitererzählwert haben.

---

246 Vgl. http://www.pressetext.com/news/20060818008, Stand 01/14

Verbales Charisma fällt nicht vom Himmel

Über 80 Prozent der damals Befragten sagten, dass Stimme und Sprechweise besonders ausschlaggebend seien. Das Ranking nach Wichtigkeit sah so aus:

- Medienauftritte
- Präsentationen
- Telefonate
- Repräsentationssituationen
- Kundenkontakt
- Schulungen und Beschwerden
- interne Kommunikation (z. B.: Mitarbeitergespräche, Meetings, ...)

Knapp 100 Prozent der Befragten bestätigten einen direkten Zusammenhang zwischen Stimmklang und Sprechweise der Mitarbeiter und dem Unternehmensimage.

Auch im Leben jedes Einzelnen verändert die Arbeit an Stimme – und vor allem an der Sprechtechnik – messbar die verbale Wirkung nach Außen. Einige unserer Kunden erzählen mir, dass sie schlicht mehr Spaß haben an ihrem sprachlichen Ausdruck. Manche haben zu Beginn des Trainings ihre aufgenommene Stimme nicht einmal anhören wollen. Heute sitzen sie in Debattierklubs und zeigen, was sie verbal draufhaben. Sie hatten auch vorher Lust auf regen Gedankenaustausch, aber der Mut und die Routine haben gefehlt. Heute genießen viele, dass sie auch zwischen den Zeilen hören und kommunizieren können. Das Gefühl der Selbstwirksamkeit gibt ihnen Auftrieb. Wer etwas zu sagen hat, der soll sich selbst darum kümmern, welche Methode er braucht um hörbar in Diskussionen zu punkten. Schließlich ist die Arbeit an der eigenen Persönlichkeit genüsslich und erweitert den gesellschaftlichen Einfluss. Nur wer mit interessanten Aufgaben betraut wird, kann wachsen. Diese Gestaltungsfähigkeit braucht man schließlich nicht nur im Job. Auch privat müssen wir dafür sorgen, dass unsere Bedürfnisse und Argumente nicht unter die Räder des Familienvans kommen. Eltern, die ihre Kinder zögerlich, einsilbig oder in Schachtelsätzen erziehen, sind selten erfolgreicher bei der Entwicklungsarbeit als Klartexter und anspruchsvolle Motivierer. Es ist erwiesen, dass gute Rhetoriker besser verdienen, weil ihnen mehr zugetraut wird und sie einen hörbar guten Eindruck machen. Wer im Vertrieb die Chance auf ein größeres und finanziell gutes Kundensegment bekommt, der prescht schneller nach vorne und steigt auf.

In wichtigen Meetings oder bei Präsentation fixer Teilnehmer zu sein, ist nicht nur intern ein Statusgewinn, sondern zeichnet Sie auch extern als guten

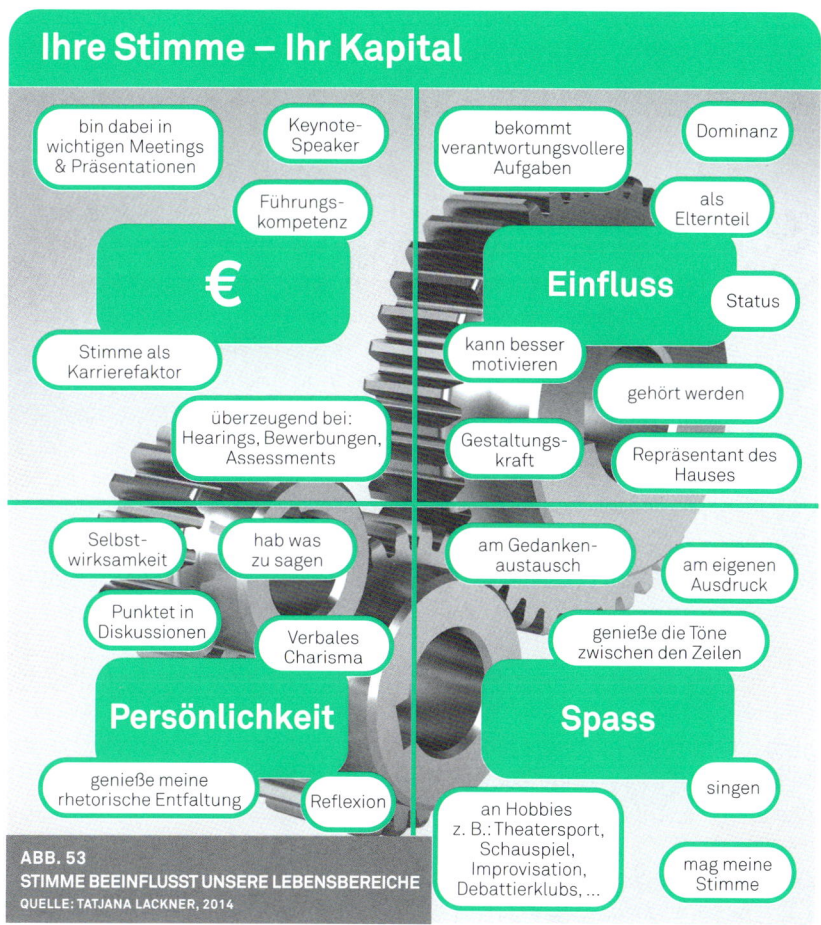

Ihre Stimme – Ihr Kapital

bin dabei in wichtigen Meetings & Präsentationen

Keynote-Speaker

Führungs-kompetenz

€

Stimme als Karrierefaktor

überzeugend bei: Hearings, Bewerbungen, Assessments

bekommt verantwortungsvollere Aufgaben

Dominanz

als Elternteil

Einfluss

Status

kann besser motivieren

gehört werden

Gestaltungs-kraft

Repräsentant des Hauses

Selbst-wirksamkeit

hab was zu sagen

Punktet in Diskussionen

Verbales Charisma

Persönlichkeit

genieße meine rhetorische Entfaltung

Reflexion

am Gedanken-austausch

am eigenen Ausdruck

genieße die Töne zwischen den Zeilen

Spass

singen

an Hobbies z. B.: Theatersport, Schauspiel, Improvisation, Debattierklubs, …

mag meine Stimme

ABB. 53
STIMME BEEINFLUSST UNSERE LEBENSBEREICHE
QUELLE: TATJANA LACKNER, 2014

Repräsentanten des Hauses aus. Führungskompetenz setzt rhetorisches Grundrüstzeug voraus. Wer führt und Verantwortung übernimmt, verdient mehr und kann fachlich, aber auch sprachlich in internen Assessments oder auch externen Hearings punkten. Das verbale Charisma verbessern heißt, seinen Erfolg selbst in die Hand zu nehmen.

Wir sind in unserer Arbeit, wie auch im Privatleben, laufend Bewertungen ausgesetzt. Das ist normal und auch gut so! Wer verlernt hat zu beurteilen, kritisch zu prüfen, abzuwägen, eine qualitative Auswahl zu treffen und schließlich zu entscheiden, der hat weder den Erfolg noch Reichsein verdient. Irgendwie scheinen diese beiden Begriffe eben doch zusammenzugehören – ob wir das nun moralisch fesch finden oder nicht. Das Wort „erfolgreich" selbst stellt bereits diese semantische Verbindung her: Erfolg+Reich.

Es ist zwar lieb, all jene zu bemitleiden oder in Schutz zu nehmen, die sich hörbar schwerer tun mit ihrem verbalen Ausdruck oder Angst haben vor dem Reden. Auf der anderen Seite sind geringer Wortschatz, atonale Sprechmelodie und Aussprachemängel aller Art eben keine Tugenden, sondern schlicht peinlich.

Ein Dicker beispielsweise darf sich auch nicht wundern, dass Tischnachbarn irritiert den Kopf schütteln, wenn sie Augenzeugen der nächsten Kalorienbombe in Tortenform werden. Klar könnte man auch sagen: „*Oje, der Arme hat eine ordentliche Essstörung und braucht jetzt seinen süßen Stoff!*" Das wäre möglicherweise politisch korrekter, wertschätzender und bla ... Dem Dicken wäre damit jedoch sicher nicht geholfen. Warum rechnet man Rauchern – bildlich gesprochen – auf Zigarettenpackungen vor, wann sie ins getrocknete Gras beißen, und beim Dicken soll der Ernährungssensible sein Unverständnis selber runterschlucken, denn *„es geht ihn doch bitte nichts an"*. Ist das so? Er zahlt schließlich ebenso die Gesundheitsbeiträge für adipöse Wuchtbrummer wie für geselchte Lungen. Angeblich mit dem statistischen Vorteil, dass sich die Raucher zum Wohle der Tabaklobby, der Überbevölkerungsregulierung und der Gesellschaft rechnen – sie „bringen" also was. Laut dem aktuellen Global Burden Report[247] sterben übrigens längst mehr Menschen an zu viel Nahrung als an zu wenig. 800 Millionen Hungernde stehen 1,4 Milliarden Übergewichtigen gegenüber. Experten bezeichnen Adipositas und Diabetes mittlerweile als „weltweite Epidemie des 21. Jahrhunderts". Sechs der sieben wichtigsten Risikofaktoren für vorzeitige Todesfälle haben in Europa heutzutage damit zu tun, wie wir essen, trinken und uns bewegen.

Wo befindet sich die Schaltzentrale, in der immer alles beginnt? Richtig, im Kopf. Genauso wie Abnehmen im Kopf beginnt, so startet auch souveräne Kommunikation in unserem Gehirn. Die Quelle für klare Worte ist die Reinheit der Gedanken.

Klar ist auch, dass jene Menschen, die sich täglich *dafür* entscheiden, nichts *gegen* ihre rhetorischen Probleme zu unternehmen, wenig heldenhaft sind. Stimme und Sprache sind nicht wie die Augenfarbe unveränderbar oder vorbestimmt, sondern gut zu optimieren. Was braucht es dazu? Einsicht für Lernfelder und Kritik gegenüber der Performance aus dem eigenen Suppenschlitz. Besonders jene Menschen, die sich auch noch fürs Reden bezahlen lassen, brauchen ansprechende Inhalte und eine tadellose Verpackung. Zu Recht erwarten wir von Politikern, Trainern, Anwälten, Speakern und Management-Gurus, dass wir erkenntnisreich belohnt werden, wenn wir ihnen zuhören und ihnen unsere Lebenszeit schenken.

---

247 Vgl. http://www.who.int/topics/global_burden_of_disease/en/, Stand 01/14

Leider bieten nicht alle Redner Neuigkeits- oder Weitererzählwert. Manche wollen uns mit Kalendersprüchen erreichen oder uns mit hausbackenen Küchenrezepten oder selbstkreierten Affirmationen Mut machen. Am einen Ende des Landes ein Business-Breakfast mit einem adeligen Redner, der vor 150 Menschen schon um acht Uhr morgens die welke Botschaft drischt: *„Leute, ich sag Euch: Love it, change it or leave it! Denken Sie sich das jeden Tag."* Na Bravo! Und irgendwie zugleich: oje! Wie armselig seine Botschaft und wie wenig innovativ der Vortragskern für so einen frischen Tagesbeginn. Am anderen Ende der Republik dann wieder eine bemühte Gastreferentin, die über zu viel erdrückende Bewertung in ihrem Leben klagt – noch bevor ihr seichter Redebeitrag von 45 Minuten zu Ende ist. Uff! Wiederum ein anderer Vortragender – hochdotiert und ausgezeichnet – verlangt: *„Wenn Sie heute nicht mit der Einstellung aufgestanden sind, meine Damen und Herren, dass die Welt auf Sie gewartet hat, dann wären Sie doch besser im Badezimmer geblieben!"* Tosender Applaus der Menge, die offensichtlich Beifall klatscht und damit bekundet, auch selbst davon überzeugt zu sein, einen ganz wesentlichen Beitrag für den Fortbestand des Planeten zu liefern. Warum sonst hätte jeder einzelne sein Badezimmer verlassen? Wohl nicht für so profane Dinge wie Einkaufen gehen, das Kind zum Schulbus bringen oder Ähnliches. Die Gesellschaft – eine geschlossene Badeanstalt!

Was an diesen Rede-Clowns, Selbstdarstellern und 5-Sterne-Vortragenden ist wertvoll? Falls es darum geht, sich beim Netzwerken gut zu unterhalten, warum bittet man nicht einen gelernten Kabarettisten, unser Zwerchfell zu kitzeln und die bekanntesten Vorstände oder Politiker zu parodieren. Wieso müssen Angelesene und Halbgebildete unter dem Titel „Management Skills" Vorträge halten, die softer sind als das danach gereichte Kuchengebäck.

Soft Skills müssen nicht zwingend aus inhaltlichen Weichmachern bestehen, die eingebettet sind in thematisch irrelevante Erlebnisaufsätze. Es dürfen auch relevante und praxisnahe Kernbotschaften transportiert werden – gerne von Hardlinern, die Verantwortung für Inhalt und Zuhörernutzen übernehmen. Soft Skills bestehen schließlich aus Hard Facts!

ÜBUNG 31
Wie viel sind Glaubenssätze und Affirmationen wert?
→ Seite 357

Früher wurden Menschen bewundert, die außerordentliche Taten vorwiesen, deren gewagte Prognosen eintrafen oder solche, die geistreiche Aussagen wortgewaltig an ihre Zuhörer richteten. Heute wird der lampenfiebrige Redner stärker bedauert als seine zum Schlussapplaus vergatterte Zuhörerschaft, die dank ihm Lebenszeit verschleudert.

Wer Qualität ernst nimmt und messerscharfen Geist erwartet, wird – ausgerechnet in der Kommunikationsgesellschaft – enttäuscht. Nie wurde auf den unterschiedlichen sozialen Parketten unseres Lebens so viel geredet – und dabei so grottenschlecht. Wer Kritik übt und den Anspruch an Vortragende scharfzüngig formuliert, gilt als unbequem. Das ist schade, denn bereits zu viele rollen dem brutalen Mittelmaß im Speakervolk den Teppich aus. Bis hinter das provinziellste Rednerpult im Lande wuchert die Überzeugung, „etwas sagen zu müssen".

Paraverbale Kommunikation trainieren!

Seit mehr als zwanzig Jahren trainiere ich[248] Menschen auf dem Spielfeld der Kommunikation und immer stärker habe ich das Gefühl, noch tiefer bei den Grundlagen anzusetzen: Wortschatz, Kritikfähigkeit, Satzbau und vor allem der „Paraverbalen Kommunikation". Darunter versteht man die Spanne vom Stimmklang, den Resonanzraum, den Tonfall, die Artikulation bis hin zum Sprechtempo und zur Modulation.

Auf die Frage: „*Ist die Bedeutung von Stimme und Sprechweise in den letzten 10 Jahren in Hinblick auf Karriere gewachsen?*" antworteten 65 Prozent der erwähnten Karmasin-Studie[249] mit „ja". Angeblich rufen Präsentationen, Vorträge, Bewerbungsgespräche, Meetings und Schulungen den größten Unmut im Bezug auf mangelnde Sprechkompetenz hervor. Nur 7 Prozent der befragten Führungskräfte und Personalspezialisten waren mit ihrer eigenen Stimme und Sprechweise „sehr zufrieden". 97 Prozent der Befragten hielten Stimme und Sprechweise für trainierbar. Unternehmen buchen deshalb immer öfter Stimm-Coaches und Sprechprofis für Mitarbeiter im Außendienst, Back Office, Marketing, Verkauf, Call Center, Key Account und in der Unternehmenskommunikation.

Oft werden ich von Kunden gefragt: „*Wie lange dauert es, bis sich meine Sprache hörbar verbesser?*" Niemand will schließlich durch ein Sprechtraining an Authentizität verlieren, sondern lieber an Spracheleganz gewinnen. Hohe Wirkung in kurzer Zeit erzielen wir mit der Arbeit an Konsonanten. Es ist eben ein Unter-

---

248 Die Schule des Sprechens macht Menschen fit, die in der Kommunikationsgesellschaft bestehen müssen. Mal geht es um gelungene Strategien für Verhandlungen, dann wieder um eine fesselnde Präsentations-Dramaturgie oder darum ein Feuerwerk für die Moderation zu gestalten. Killerphrasen souverän kontern wollen besonders viele lernen. Führungskräfte hingegen lassen sich immer öfter ein umfassendes Kommunikations-Screening erstellen. Sie möchten aber auch ihre Profiling-Kenntnisse vertiefen, um das Gegenüber besser lesen zu lernen.

249 Vgl. http://www.pressetext.com/news/20060818008, Stand 01/14

schied, ob Sie jemand mit „Gudn Daag, ich bin die Bedra Glein" begrüßt oder ob „p", „t" und „k" bei den Wörtern „Tag" und „Petra Klein" hart gesprochen werden.

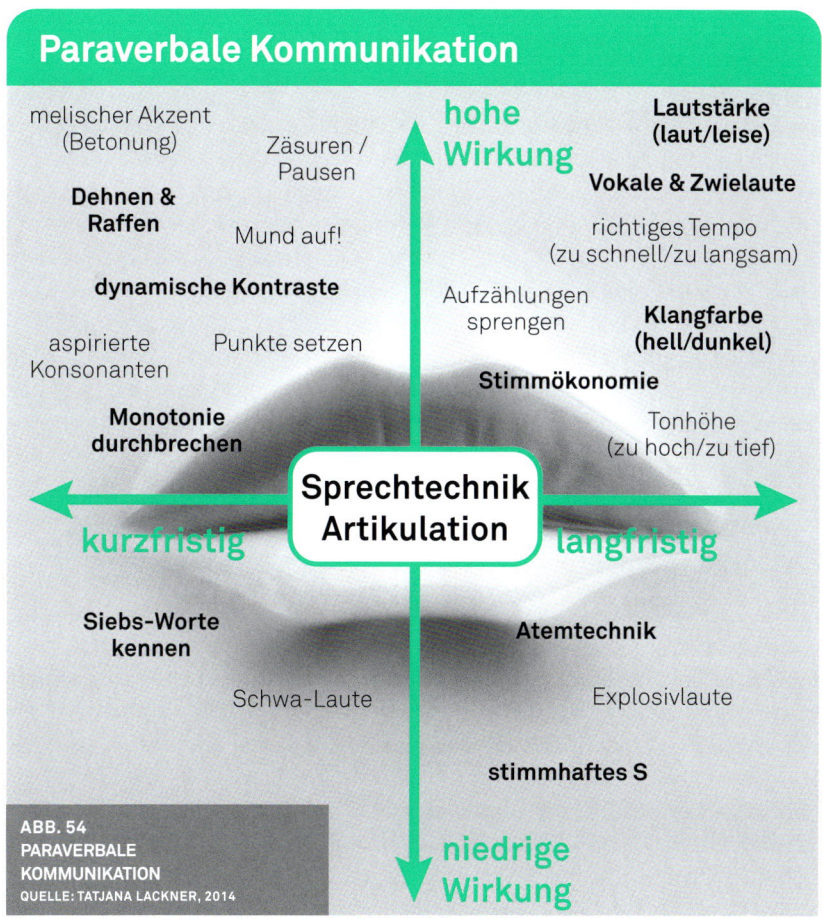

Paraverbale Kommunikation

melischer Akzent
(Betonung)

Zäsuren /
Pausen

hohe
Wirkung

Lautstärke
(laut/leise)

Dehnen &
Raffen

Mund auf!

Vokale & Zwielaute

richtiges Tempo
(zu schnell/zu langsam)

dynamische Kontraste

Aufzählungen
sprengen

Klangfarbe
(hell/dunkel)

aspirierte
Konsonanten

Punkte setzen

Stimmökonomie

Monotonie
durchbrechen

Tonhöhe
(zu hoch/zu tief)

Sprechtechnik
Artikulation

kurzfristig

langfristig

Siebs-Worte
kennen

Atemtechnik

Schwa-Laute

Explosivlaute

stimmhaftes S

ABB. 54
PARAVERBALE
KOMMUNIKATION
QUELLE: TATJANA LACKNER, 2014

niedrige
Wirkung

Der melische Akzent ist das Gegenserum gegen den Giftfaktor: Monotonie. Angenehme Modulation der Stimme ist das beste Mittel, damit Ihnen Menschen gerne zuhören. Sofort spüren auch unsere Kunden, dass ihre Präsentationen mehr Dynamik und Ausdruck bekommen. Richtig zu betonen, Klangbögen und Atmosphäre schaffen zu können sind Fertigkeiten, die besonders am Telefon und in Besprechungen gefragt sind, wenn es darum geht, gehört zu werden. Beides lässt sich rascher trainieren als der gesunde stimm-ökonomische Umgang mit dem Sprechapparat eines bereits ausgeschrienen Lehrers. Auch für die Tonhöhe der Stimme braucht es intensiveres Training. Für diese Arbeit werden Sie jedoch für den Rest ihres Lebens hörbar belohnt. Klangvolle Vokale zusammen mit angenehmem Redetempo und richtiger Pausensetzung steigern die Wirkung Ihrer sprachlichen Performanz ebenso messbar. Ob der Laie hingegen weiß, welche Worte nach Siebs geregelt sind oder warum man englische Wörter, wie „Song", „Surfen" und „Science" nicht mit stimmhaftem, sondern stimmlosem S spricht, ist weniger kriegsentscheidend in der Alltagssprache. Für unsere professionellen Sprecherprüfungs-Kandidaten kann so etwas jedoch Grund genug sein, um bei der Diplom-Sprecherprüfung durchzufallen. Wer seine Rhetorik zuhörergerecht gestaltet, hat eben die Nase vorne. Wortschatzerweiterungen beispielsweise haben hohe Wirkung und der Erfolg stellt sich durch gezieltes Training an Synonymen und Antonymen[250] schon recht bald ein. Gerade für Hearings muss es meistens schnell gehen, da die Termine für berufliche Assessments erst knapp vorher bekannt gegeben werden. Auch Medientrainings lassen sich durchaus kurzfristig gestalten, da Presseauftritten oder TV-Sendungen selten Monate im Voraus bekannt sind, sondern ebenfalls zeitlich knapp angesetzt sind. Manchmal rufen Journalisten wenige Stunden vor der Fertigstellung eines Beitrages an – und dann muss es besonders rasch gehen. Bei aller Eile und dem Bedürfnis, seinen Namen in der Zeitung zu lesen, ist aber wichtig, dass die eigene Aussage Lesernutzen oder Zuseherwert hat und unmissverständlich formuliert wird. Der Unterschied zwischen jemanden der unvorbereitet vor Journalisten tritt, ist im Vergleich zum routinierten Redner enorm. Profis kennen die Dos und Don'ts beim Medienauftritt und haben trainiert, Antworten auch in 20 Sekunden samt einer Botschaften auf den Punkt zu bringen.

Killerphrasen und verbale Untergriffe sind für viele Menschen ein rotes Tuch. Umso begeisterter sind Lernwillige, wenn sie merken, dass die Kontertechniken sehr flott umsetzbar sind – auch dann, wenn man sich selbst nicht für besonders schlagfertig hält. Länger dauert hingegen die leidige Sache mit dem Allgemeinwissen. Dabei ist das ein essenzieller Baustein für gelungene Argumentation. Manche Menschen bleiben schließlich auch deshalb in der Verhandlung übrig, weil ihnen die Argumente fehlen und sie über Zusammenhänge tatsächlich zu wenig wissen. Sachkenntnis alleine reicht nicht immer aus. Über den fachlichen Tellerrand hinweg Verknüpfungen herzustellen und assoziativ denken zu können, ist gefragt. Auch Ihr Lampenfieber ist nicht nach der ersten Trainingseinheit weg, aber Sie spüren wohltuend die Wirkung und den Erfolg, wenn Sie am eigenen Rede-Design gearbeitet haben. Diese Lust an der persönlichen Entfaltung gibt Selbstsicherheit.

Schnellredner brauchen mehr als eine Trainingseinheit, um souveräner und verständlicher zu werden. Für viele ist es dafür eine gute Nachricht zu erfahren, dass Smalltalk eine rasch erlernbare Technik ist und keine Raketenwissenschaft. Ebenso verhält es sich mit Abgrenzungsmanövern gegenüber lästigen Dränglern oder dem berühmten „Nein sagen". Für Trainer ist es dafür schon fast

---

250 Synonyme und Antonyme: sinnverwandte Wörter und gegenteilige Begriffe

eine Kür, aus einem durchschnittlich begabten Redner einen guten Verhandler zu machen. Ebenso anspruchsvoll ist das Thema „Führungskommunikation". Schließlich wird von Vorgesetzten erwartet, dass sie besser reden können als andere. Noch dazu arbeiten Sie „in der Auslange". Ihre Sager sind für alle hör- und Meldungen in der Zeitung nachlesbar. Zudem sind sie öffentliche Personen im Unternehmen und ihre Aussagen werden nicht nur außerhalb des Unternehmens bewertet, sondern auch auf dem internen Flurfunk.

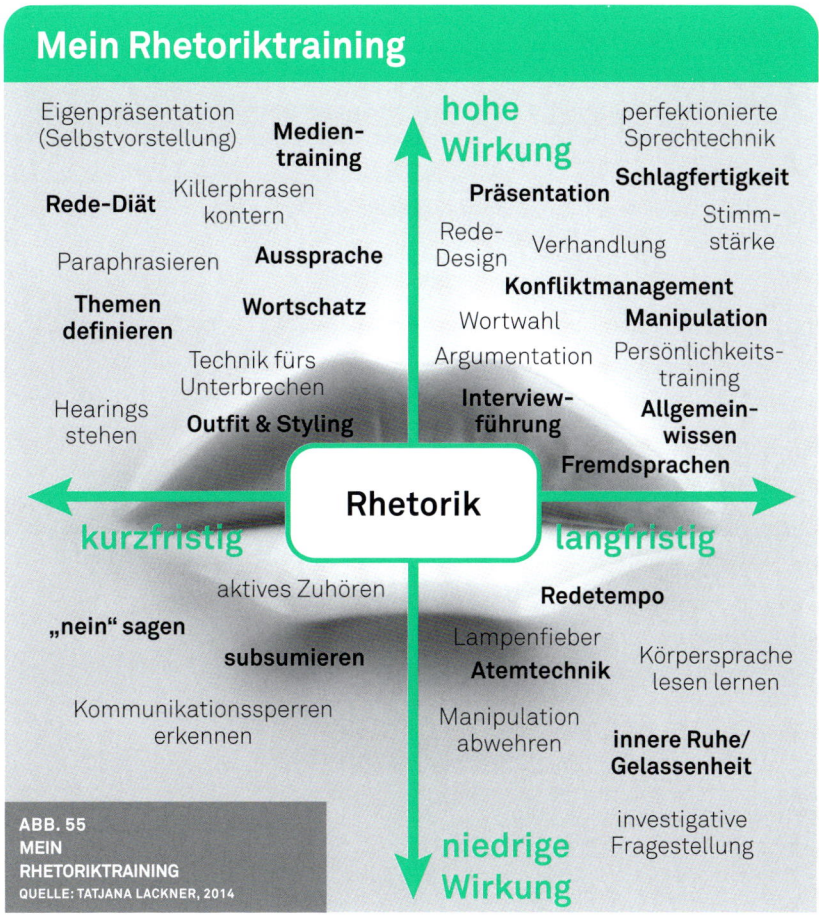

ABB. 55
MEIN
RHETORIKTRAINING
QUELLE: TATJANA LACKNER, 2014

Mehr als 66.000 meiner Kunden habe ich deshalb in den letzten zwei Jahrzehnten befragt: *„Wann empfindest Du öffentliche Redner, Vortragende oder Verkäufer als rhetorisch intelligent?"* beziehungsweise *„Was unterscheidet gute von schlechten Rednern?"*

Inhaltlich gab es die meisten Übereinstimmungen bei diesen 50 konkreten Punkten:

Der üble Redner

1	stört mich beim Zuhören seines Vortrags durch z. B. falsche Atemtechnik, schräge Stimmlage, Sprachmarotten, …
2	irritiert durch situations-, positions- oder altersinadäquates Erscheinungsbild.
3	arbeitet mit Witzchen, Stereotypen bzw. Rollenklischees in Bezug auf Beruf, Geschlecht, Funktion. „Sie kennen das doch, wenn sie am Herd steht und der Mann fragt …"
4	Stimmliche und sprachliche Ungeformtheit sind immer ein Handicap. Wer zu leise spricht ärgert, wer zu laut ist nervt!
5	langweilt, obwohl man ihm das höchste Gut schenkt: Lebenszeit!
6	Rede ist keine Lesung!
7	Wer stärker mit den eigenen Aufzeichnungen, Moderationskärtchen, … aus der Vorbereitung beschäftigt ist als mit dem Live-Publikum verliert! Das Brainskript des Vorabends ist weniger wichtig, als die Touch-Points mit dem Publikum!
8	Formuliert Schachtelsätze voll mit rhetorischen Weichmachern, welken Aufzählungen, Füllworten und „Variablen". „Sag ich einmal", „eigentlich", „sozusagen", „ähm", „im Großen und Ganzen"
9	weiß offenbar nicht, dass gute Rhetorik bedeutet: den Buchstabenwald der Worte zu verlassen – und stattdessen Bilder in die Köpfen der Menschen zu projizieren.
10	redet chaotisch ohne Vorbereitung, was ebenso lästig ist wie Strukturjunkies, die in detailverliebten Darstellungen baden. Besser: Struktur und roter Faden in der Vorbereitung – Geschmeidigkeit im Vortrag und konkrete Fallbeispiele für die Zuhörer.
11	lähmt durch: sprachlich ausgebleichte Formulierungen, Bullshitbingo und Versatzstücken oder No-Na-Aussagen. Z.B.: „man", „es", „das muss jeder selbst entscheiden", „gemeinsam zusammen", „nachhaltig", …
12	Wer seine persönliche Meinung versteckt, wird nicht als glaubwürdig und vertrauensvoll eingestuft.
13	stopft zu viel Inhalt in Charts oder verwendet No-Gos, wie „Herzlich-Willkommen"-Wolken
14	verwendet seine Slides als öffentlich ausgehängten Schummler für seine Rede.
15	vermittelt wenig Handschlagqualität durch inflationären Konjunktivgebrauch. Vorsicht deshalb mit zu viel Möglichkeitsformen (würde, hätte, wäre, könnte, …)!
16	verwendet: a) zu viele Substantive und Substantivierungen, diese schaffen Distanz. An Hauptwortsilben sollten keine Verben angehängt werden, um diese zu „verhauptworten".-ung, -ismus, -ierung, -heit, -keit, -tion, … b) zu viele Modalverben (können, mögen, dürfen, sollen, müssen, wollen)
17	ist unpünktlich und verfügt über schlechtes Zeitmanagement. Die Zuhörer haben auch noch ein Leben nach dem Vortrag!
18	redet FÜR sich – nicht ZU oder MIT den anderen. Er beherrscht das Spiel der „Ich- und Du"-Zone nicht. In der Rhetorik muss man senden können, weg von sich selbst – hin zum Zuhörer!
19	Macht auch schriftlich Fehler. Wo die Rechtfertigungen schlapp sind, werden die Charts peinlich.
20	„singt" Beteuerungsarien. Behauptungen überzeugen nicht.
21	nervt durch Eigenlobhudelei, Name-Droppers und schlechte Selbstdarstellung.
22	liebt Stehsätze und platte Botschaften – beides bringt wenig gute Nachrede.
23	ist ein kritikloser Erfüllungsgehilfe. Anbiedernde Dauergrinser verlieren Kompetenzstatus. Als Everybody's Darling segelt man nicht weit.
24	beherrscht keinen Smalltalk. Diese Holprigkeit ist in gewissen Positionen schlicht peinlich. Gerade Führungskräfte sollten beim Kundenevent netzwerken können.
25	ergießt sich in Aufzählungen! Mehr als 3 Versatzstücke behält niemand. Deshalb: Keine brav aufgezählten „No-na"-Beispiele und Verallgemeinerungen!

ABB. 56
DER ÜBLE REDNER
QUELLE: TATJANA LACKNER, 2014

Der perfekte Orator

1	über- bzw. unterfordert seine Zuhörer nicht, sondern spricht zuhörerorientiert und schafft Nutzen
2	setzt Emotionen und sprachliche Bilder ein!
3	weiß, dass sich Sympathie UND Kompetenz ausgehen. kümmert sich deshalb auch um gutes Vortragsklima.
4	arbeitet mit Reizen, ist gedanklicher Impulsgeber und liefert Inspiration
5	Menschen mit verbalem Charisma faszinieren. Sie bringen pointierte Aussagen und sind gute Beobachter.
6	ist jemand, der mit offenem Visier und in klaren Worten – begeistert – spricht.
7	Wer auch mit anderen Disziplinen und Themen Verknüpfungen herstellen kann, beweist Virtuosität. Das eigene Spezialgebiet zu beherrschen ist Pflicht – Analogien und andere Anwendungsgebiete zu finden ist die Kür!
8	Hauptgedanken sollen in Hauptsätze, Nebengedanken in Nebensätze – nicht umgekehrt!
9	liefert gutes Storytelling, Abruption bietet Erkenntnisse durch neue Sichtweisen oder analytische Betrachtungen und und bietet Weitererzählwert. Kann Perspektiven leicht wechseln: beispielsweise von der mikroökonomische Betrachtung auf makroökonomische Ebene, oder Täter versus Opferblick, VWL versus BWL, ...
10	Rede-Design durch spannende Vortrags-Dramaturgie und gute Pausensetzung.
11	kümmert sich um modernes Layout in den Grafiken, lesbares Tafelbild und orthografisch fehlerfreie Handouts.
12	räumt mit Glaubenssätzen und Themen-Stereotypen auf, die in den Köpfen der Menschen üblicherweise mit seinem Vortragsthema verbunden sind. Damit holt er sein Publikum gelungen ab.
13	Interaktive Gestaltung sollte großgeschrieben werden. Wir sind alle medial verwöhnt und wollen keiner altbackenen Rede-Dramaturgie lauschen müssen.
14	Der Indikativ wirkt zeitnahe, paktfähig und lässt Einsatzbereitschaft vermuten: „Gerne übernehme ich dieses Projekt."
15	a) Frische Verben erzeugen Nähe. Raus aus dem Modalwortschatz. Das Verb ist der Muskel des Satzes! b) Mit Adjektiven kann man nicht nur bewerten, sondern auch beschreiben. „Heute ist es scheußlich draußen" Besser: „Der Tag ist verregnet, verschneit, nebelig, ..."
16	Er kann gut und wendig mit Killerphrasen, Zwischenmeldungen und Fragen umgehen
17	Atmosphäre teilt sich in 3 Bereiche: 1. Ich – 2. Wir – 3. DU/Sie
18	Alle drei werden beim Reden perfekt bedient, wenn: • sich der Redner sowohl um sein eigenes Standing kümmert, als auch in der „Wir-Zone" • dafür Sorge trägt, dass die Stimmung im Raum für alle angenehm ist. • In der DU/SIE-Zone bemüht er sich um liebevolle Darbietung. Er sollte sich in der Rede-vorbereitung spürbar mit der Frage beschäftigt haben: „Was nehmen meine Zuhörer mit nach Hause?"
19	Schlagfertig gibt er gute logische Begründungen auf gestellte Fragen zur Antwort.
20	deckt entstandene Denkfehler der anderen im Meeting diplomatisch auf.
21	Gutes Eigenmarketing durch überzeugende Performance, klare Ecken und Kanten und inhaltliche Profiltiefe
22	wer sich auch traut, unbequem zu sein, wenn es weniger populär ist, der zeigt Flagge und wird gehört
23	Hart in der Sache – weich zur Person, nicht umgekehrt!
24	Menschen aktiv ansprechen und für gute Stimmung sorgen. Gemeinsame Nenner finden und damit Schnittpunkte in der Kommunikation.
25	Richtig dosiert: Charme, kluger Humor, Eleganz und gutes Zeitmanagement!

ABB. 57
DER PERFEKTE ORATOR
QUELLE: TATJANA LACKNER, 2014

ÜBUNG 25
Wie Sie Ihre Rhetorik selbst überprüfen können.
→ Seite 350

Fazit:

Gerade in Zeiten des „Digital Lifestyles" sollte rhetorische Intelligenz ausgebaut werden. Viele Homepages verfügen über Audio-Files mit Interview-Mitschnitten, die ebenso wie Podcast-Beiträge zum Unternehmensimage beitragen. Führungskräfte, die akustisch wenig kompetent klingen, helfen der eigenen Marke nicht.

KAPITEL 36

Kuhhandel statt Werte-wandel

36

Kuhhandel statt Wertewandel

Laufend ist von Werten und Tugenden die Rede, die angeblich flöten gegangen sind. Stimmt, wir glauben immer seltener an Gott, Mami und Papi sind keine autoritären Instanzen mehr und auch die Ehe scheint nicht ewig zu halten. Sie gestaltet sich teils sogar kürzer als so mancher Handyvertrag. Na und? Deswegen ist noch lange nichts besser oder schlechter geworden. Die Werte haben sich verändert ist sich Matthias Horx[251], deutscher Publizist und Zukunftsforscher, sicher. Ging es in den Wirtschaftswunderjahren noch um „Affinitätswerte"[252], wie Pflicht, Treue und Disziplin so rückten im Zuge des gesellschaftlichen Hedonismus „egoistische Werte" in den Vordergrund, wie Lust, Freiheit und Chaos. Aber auch die haben sich durch unsere – von Individualismus geprägte Zeit – weitergedreht. Heute geht es in der Wertelandschaft vielmehr um: Kreativität, Freundschaft, Flow und kultivierten Genuss. Auch das Zukunftsinstitut von Matthias Horx bestätigt, dass der Ökomuff aus den 1980er-Jahren dem Chic der LOHAS (Lifestyles of Health and Sustainability) gewichen ist. LOHAS sind für Marketer die „neuen Moralisten". Sie sind gutverdienende, informierte Bürger, die Slow-Food genießen und sich um die Prinzipien der Nachhaltigkeit sorgen. Heute ist ein umweltbewusster Bürger nicht mehr klischeekorrekt der Mensch im Schlabberpulli, der in Birkenstock-Schuhen leicht bergauf steht. Vom Filmstar aus Beverly Hills bis zur eigenen Nachbarin gibt es viele LOHAS. Schon 2004 sind bei der Oscar-Verleihung erstmals Hybrid-Autos mit Celebrities vorgefahren. Biogenießer haben längst den Mittelstand erobert. Sich um seine eigene Gesundheit und die des Planeten zu kümmern, zeugt von moderner Kultiviertheit.

Die Oberfläche der Wertelandschaft hat sich zwar deutlich verändert – sie fühlt sich pluralistischer und bunter an und sieht weniger aufgeräumt aus. Doch an Tiefe fehlt es in beinahe jedem Revier – heute wie damals. Auch früher war nicht jede Langzeit-Ehe mit Innigkeit beseelt und mancherorts maximal ein brauchbares Wirtschaftsbündnis mit dem Gütesiegel der sozialen Treue. Eine Ehefrau durfte früher mit der finanziellen Unterstützung ihres an Maitressen reichen Ehemannes rechnen. Sie hatte jedoch auch besser gelernt, duldsam und verschwiegen zu sein. Wegschauen war eine Tugend.

An Stelle von Gott ist die Wissenschaft getreten, der wir heute unseren Glauben schenken. Neues Wissen, das sich laufend aktualisiert, hat diffusem Glauben Platz machen müssen. Nicht der schlechteste Tausch. Tragisch je-

---

251 Matthias Horx, „Zukunft wagen – Über den klugen Umgang mit dem Unvorhersehbaren", DVA Verlag, 2013
252 Vgl. http://www.zukunftsinstitut.de/verlag/studien_detail.php?nr=55, Stand 03/14

doch, dass der Anspruch ans Denken, Reden und Gestalten bedeutend kleiner geworden ist. Darunter leidet die Qualität unserer Gedanken, Redebeiträge und Lebenskonzepte weltweit.

Gabor Steingart, Chefredakteur der deutschen Tageszeitung „Handelsblatt", brachte es mit seinem umstrittenen Buch „Das Ende der Normalität"[253] schon 2011 auf den Punkt: *„Die Gesellschaft wechselt Ihren Aggregatzustand von fest auf flüchtig."* Er beschrieb eine Inflation der Wirklichkeiten ähnlich dem deutschen Publizisten Hans Magnus Enzensberger, der sich schon lange über die *„Idiotie der Gleichzeitigkeit"*[254] beschwert. Der Mensch ist heute frei, und das sei für viele die wahre Bürde. Ist Freiheit wirklich eine *Zumutung?* Denn tatsächlich braucht es Mut, um die freie Lebensfläche selbstverantwortlich zu gestalten. Wie ein Maler, der den ersten Pinselstrich auf eine weiße Leinwand setzt. In Zeiten der Diktatur konnte niemand das selbstbestimmte Leben proben. Fremdbestimmung und Unterwerfung waren angesagt. Doch die alten Mächte sind umgefallen und zahnlos geworden. Keine Kirche mehr, die mit Ausschluss droht – stattdessen laufen jetzt ihr die Mitglieder freiwillig davon. Moralische Instanzen fehlen, Parteifunktionäre sind häufig Lachnummern und in Summe ethisch wenig vorbildlich. Jeder Manager kann heute problemlos für das eine und morgen für das andere plädieren. Bestimmt übertreibt der Wirtschaftsjournalist Steingart, der zwar pointiert schreibt, dafür selbst wenig gewinnend redet. Er beschwert sich jedoch in origineller Art schon am Klappentext[255].

Werte wechseln wie Hüte

So schmeckt das gute Leben, wenn wir konventionsfrei alles dürfen und uns die Werte aussuchen können, nach denen wir leben wollen. Dabei schlummert in vielen von uns – wenigstens physisch – doch der brennende Wunsch wieder „behütet" zu sein. Vielleicht tragen wir einfach wieder Hüte, um uns beschützt zu fühlen.

Vor 100 Jahren war die Kopfbedeckung Teil der täglichen Garderobe – als Bekenntnis der Religion, zur Zierde oder als stolzes Zeichen des Standes. Monarchen und Oberhäupter[256] tragen auch heute noch Krone, Turban, Diadem, Mitra, Helm oder Tiara. Coco Chanel hat schon einst pathetisch festgestellt: *„Zwei Dinge wird ein Mann niemals verstehen: das Geheimnis der Schöpfung*

---

253 Vgl. Gabor Steingart, „Das Ende der Normalität: Nachruf auf unser Leben, wie es bisher war", Piper, 2011

254 Vgl. http://www.spiegel.de/spiegel/print/d-77299788.html, Stand 03/14

255 *„Früher sei auf den Status quo Verlass gewesen… Eltern blieben noch ihrer Kinder wegen zusammen und gesellschaftliche Normen galten noch etwas. Heute ist die Treue zur Automarke größer als die zum Ehepartner, aus dem Beruf wurde ein Job und das Wort Zukunft mache eher Angst als Lust".*

256 Vgl. http://www.ms.niedersachsen.de/portal/live.php?navigation_id=4966&article_id=12840&_psmand=17, Stand 01/14

und den Hut einer Frau." Die Grußformel: "*Pfiat Di God!*" lässt sich leicht ableiten von: "Behüte Dich Gott!".

Es wechselten über die Jahre auch die Gesetzesauflagen rund um die verpflichtenden Schutzbedeckungen: In den 1970er-Jahren musste man in den meisten Hallenbäder noch Badekappen tragen, durfte aber andererseits ungeschützt Rad, Moped oder Ski fahren – heute ist es genau anders herum: Helmpflicht everywhere! Oben ohne Haube ist dafür beim Baden wieder erlaubt. Einerseits suchen wir Instanzen und Sicherheitsspender, die uns klar sagen, wo es lang geht – andererseits sind Freiheit, Selbstwirksamkeit und Demokratie für die meisten das höchste Gut. Nachdem uns kein Kaiser, Diktator und kaum eine höhere Macht mehr zu sagen hat, was wertvoll oder was verurteilenswürdig ist, scheint sich der Wildwuchs im Wertewald ausgebreitet zu haben. Die Folge: Meinungsbefall durch quacksalbernde Schädlinge droht.

Haben wir deshalb begonnen, uns selbst zu geißeln? Dr. Petra Bock, deutsche Managementberaterin und Coach, ist davon überzeugt, dass wir zur mentalen Selbstsabotage neigen. Darauf persönlich angesprochen, sieht sie die Gründe in unseren veralteten Denkmustern, denen sie mit ihrem Bestseller "*Mindfuck*"[257] zu Leibe rücken möchte. Grundsätzlich ist das Wort "Mindfuck" weniger ordinär, als es auf den ersten Blick anmutet. Der Begriff kommt aus der Filmsprache und ist eine durchaus gängige Bezeichnung für die Gedankenmanipulation des Zusehers. Im Buch postuliert die Autorin barrierefreies Denken und ist davon überzeugt, dass permanente "Denk positiv!"-Affirmation ebenso ins Mindfuck führt wie gedanklich dauernd an sich herumzunörgeln. Weder Allmacht noch Ohnmacht brächten uns weiter.

Sie weist darauf hin, dass uns die demographische Entwicklung zwingen wird, lange und nachhaltig leistungsfähig zu bleiben, um die zeitlich erweiterte Lebensreise erfolgreich zu meistern. Beide waren wir Vortragende bei einem Event für die Junge Wirtschaft. Auf dem Weg zurück zum Flughafen teilten wir ein Taxi. Neben unseren Diäterfolgen – beide hatten wir gerade über 30 kg abgenommen – tauschten wir vor allem fachliche Gedanken aus. Einer meiner liebsten Sätze von Bock war: "*Wir Menschen machen nicht zu wenig, wir stören uns zu viel!*" Jeder, der noch im alten Jahrhundert sozialisiert wurde, ist ihrer Überzeugung nach potenziell "Mindfuck gefährdet". Ihre Fragen stimmten nachdenklich:

Bock: "*Tatjana, wer hat Dich erzogen?*"

Antwort: "*Hm, meine Großeltern*".

---

257 Vgl. Petra Bock, "Mindfuck: Warum wir uns selbst sabotieren und was wir dagegen tun können", Knaur, 2011

Bock setzt nach: *„Was waren die für ein Jahrgang?"*

Ich überlegte: *„Mal nachdenken. Beide 1920, glaub ich!"*

Bock: *„Und von wem wurde beispielsweise Deine Großmutter erzogen?"*

Antwort: *„Ich denke von ihrer Mutter … ok, die war Jahrgang 1887".*

Bock: *„Genau, und all diese Denkmuster sitzen Dir in den Knochen und können Dich ins Mindfuck führen".*

Wurden wir darum zu unmündigen Gefangenen unserer eigenen Bewertungen? Sind wir Sklaven unseres über die Jahrhunderte mühevoll geschneiderten Wertekorsetts, das wir weitervererben und in dem dann auch unsere Kinder zusammengeschnürt leben müssen mit alten Werten? Da könnte man den oft zitierten Werteverfall in der Gesellschaft doch eigentlich sogar bejubeln. Denn: Was zerbröselt hier wirklich? Verfallen die alten Werte oder verfault die Fähigkeit, analytisch zu beurteilen – welche Konzepte sind noch brauchbar und welche Denkmuster sind auszumisten? Ist es nicht mittlerweile ein No-Go, sich kritisch irgendwo zu äußern und gegebenenfalls Inhalte laut zu reklamieren. Warum bloß? Wir brauchen doch die Fähigkeit, Qualität von Tand unterscheiden zu können. Im Strudel der pluralistischen Strömungen würden wir jämmerlich ertrinken, wenn wir nicht in der Lage wären, schnell zu entscheiden, was für uns (lebens-)wichtig ist und was nicht. Laufend müssen wir auch im Business-Dschungel verifizieren: Wem kann ich vertrauen, wem sicher nicht?

Fazit:

Intuition ist eine Fähigkeit, die wir zum Glück schon hatten, als wir noch mit der Keule und im Fell unterwegs waren – damals noch ohne Labelaufdruck. Alles, was sich in der Urzeit bewegt hat, unterlag der essenziellen Frage „Frisst es mich, oder will ich es fressen?" Geblieben ist uns dieses „Freund/Feind-Denken" bis heute. Wir erleben die Überreste davon in jedem Wortgefecht. Unser Kommunikationsverhalten hängt eng mit unserem Selbstkonzept zusammen. Dieses wiederum sitzt auf den Schultern unserer Werte.

ÜBUNG 30
Wir brauchen Träume, aber wir wachsen an unseren Handlungen!
Mit welchen Glaubenssätzen sind Sie aufgewachsen?
→ Seite 356

KAPITEL 37

Unser Selbstkonzept nährt sich aus Psycholügen

37

Unser Selbstkonzept nährt sich aus Psycholügen

Drei essenzielle Erkenntnisse:

Erkenntnis Nummer 1:

In jeder Psyche wohnt ein Fatalist. Dieser Fatalist kämpft den ganzen Tag darum, dass das eigene Selbstkonzept keinen Schaden erleidet. Wie? Durch Kommunikation!

Wenn Sie beim Lesen dieser Zeilen – jetzt gerade – das Gefühl haben, „*Lackner erzählt den blanken Unsinn*", dann werden Sie – je nachdem, wie bedroht Ihr Selbstkonzept durch meine Worte ist – jemand anderem davon berichten. Das tun Sie vor allem in der Hoffnung, dass er Sie in Ihrem Kopfschütteln bestätigt.

Die vielen Glaubenssätze, Meinungen, Wertekorsette und Überzeugungen, die wir vor uns hertragen – sie alle sind leuchtende Reklameschilder für unser Selbstkonzept und damit Produkte unserer Psyche. Kurz: Durch Worte werden unsere Fatalismen nach außen verteidigt. Wir sind nicht zimperlich, wenn es darum geht, Erklärungen, Rechtfertigungen oder Killerphrasen abzufeuern. Kontrollieren Sie das nächste Mal selbst, ob Sie sich wirklich über eine schräge Meldung geärgert haben oder über die fehlende Bestätigung für Ihr Selbstkonzept!

Erkenntnis Nummer 2:

Der Mensch strebt – psychologisch betrachtet – gar nicht nach Lösung, sondern nach Erlösung. Warum? Jede Lösung wirft gleichzeitig ein neues Problem auf. Beispiel: Eine Trennung löst zwar alte Streits auf und die ehemaligen Partner ab – sie schafft aber auch neue Probleme, etwa: „*Wo und wann treffe und übergebe ich die Kinder?*" Lösen tut gut, schafft aber auch neue Themen und Sorgen. Manchmal waren die alten Sorgen zwar weniger attraktiv, aber bedeutend kleiner.

Erkenntnis Nummer 3:

Egal, wo man hingeht – Einfaltspinsel bilden die Mehrheit, Denker sind rar. Einer der größeren österreichischen Radiosender, der nicht gerade im Verdacht steht das Bildungs- oder Sprachniveau des Landes zu heben, hat es dieser Tage für seine Hörer unfreiwillig auf den Punkt gebracht: „*Österreich hat 8 Millionen Einwohner. Jeder kennt EINEN Dummkopf!*"

Die Wahrheit dahinter ist mächtig. Ja, es gibt auf diesem Planeten mehr geistige Tümpler als gedankliche Pioniere. Die arbeiten übrigens in allen Berufsgruppen und allen Bundesländern – wenn auch ungleich verteilt. Einige Jobs schreiben sich auf die Fahnen, zum Denken einzuladen. Andererseits ist nicht überall, wo Geisteswissenschaft drauf steht, auch ein heller Geist drin. Das Gros der Quatschköpfe umgibt uns täglich. Sie blubbern uns an aus Radios, TV, YouTube – aber auch live sind wir nicht gerade intellektuell verwöhnt. Klassische Meetings im 9-to-5-Business haben selten mit intellektuellen Ergüssen zu tun.

Wer eine Pflaume ist, obliegt dabei natürlich stets dem subjektiven Empfinden. Heute brauchen nur noch die ganz Leichtgläubigen Gott und den heiligen Geist. Besser: Ein Gott des Geistes möge uns stattdessen erleuchten! Dann wäre das Jobprofil vom weisen alten Mann mit Rauschebart und wohlmeinender Gesinnung endlich verwendbar. Oder wie wäre es mit einem Jüngsten Gericht für die vielen Sünden, die wir im Laufe eines Lebens den grauen Zellen zugefügt haben durch üble Soaps, schlechte Bücher und hunderte platte Gespräche. Wer zu faul war, um sich zu bilden, wird nicht paradiesisch verwöhnt. Pech hat auch der mutmaßlich Gescheite, der irgendwann zu stolz wurde, um sich selbst kritisch zu hinterfragen. Aber natürlich ist das auch so eine schichtspezifische Sache. Denn: Der Prolo vom Bau findet ganz bestimmt andere Typen daneben als die Zicke aus dem Nobelviertel, die gerne Papis Liebling mimt.

ÜBUNG 26
Trauen Sie sich, ein Urteil zu fällen!
→ Seite 351

Öffentliche Lügen und die Kunstrasenbewegung

Wünschen wir uns Lügen als Tröster, weil sie uns beruhigen? In der Öffentlichkeit wird fallweise gelogen, dass sich die Balken biegen, egal ob bei Bewerbungsgesprächen, im Szene-Smalltalk oder auf dem politischen Parkett. Wenn Rudolf Hundstorfer in Österreich behauptete: *„Unsere Pensionen sind gesichert!"*[258], dann war jedem klar, dass diese Aussage – vor dem Hintergrund der demographischen Entwicklung – eine Lüge und nicht die Wahrheit ist. Wiens Bürgermeister Michael Häupl machte ebenfalls mit einem skur-

---

258 Vgl. http://orf.at/stories/2185049/, Stand 01/14

rilen Sager Furore[259]: „*Es gibt kein Budgetloch – es gibt von den Prognosen her eine Vorausschau, dass Ausgaben und Einnahmen erheblich auseinander laufen.*" Auf der anderen Seite des Teiches garantierte Barack Obama: „*Ich stopfe das Bohrloch!*" [260], dann wusste jeder, dass er nicht mit Helm und Tauchanzug in die Tiefe des Golfes von Mexiko eilt, um für den BP-Konzern zu klempnern. Dennoch: Lügen dieser Art scheinen die Masse zu trösten und sind öffentlich akzeptiert. In dieser Akzeptanz liegt jedoch für unser gesellschaftliches Werteniveau auch das Problem. Eine Art verbaler Bystander-Effect/Zuschauereffekt[261] tritt ein, wobei es hier nicht darum geht, dass beim Delikt die Hilfeleistung unterlassen wurde. Vielmehr schaut und hört man täglich öffentlichen Lügnern zu. Wenn sie aus dem gleichen Milieu oder derselben Peergroup kommen wie wir und grundsätzlich Werte vertreten, für die wir auch einstehen, dann sind wir geneigt, Schwindeleien eher zu dulden oder sogar zu entschuldigen. Denn: schwarze Schafe gibt es schließlich überall. Protestiert wird dann lieber bei den Lügnern der anderen gesellschaftlichen Schicht, Partei oder Wertegemeinschaft. Wer bewegt sich außerdem schon gerne aus dem Schatten der Anonymität, um der Wahrheit sprachlich ans Licht zu helfen? „*Die am Drücker sitzen*" machen doch eh, was sie wollen. Überforderung und Gestaltungsohnmacht treten als bestimmende Gefühle in den Vordergrund. Sogar in Konzernen berichten Mitarbeiter davon, dass entlarvte Managementlügen geduldet wurden, weil sich niemand dem Risiko einer Kündigung aussetzen wollte. Neben der Verantwortungsdiffusion erzählten die Mitarbeiter, dass das Konzernklima spürbar verlogener und intriganter wurde.

Facebook schafft zwar insofern Abhilfe, dass man sich hier verbal in seiner Communitiy auskübeln kann. Der Nörgler setzt sich aber auch da dem Risiko aus, unliebsam bewertet und sogar gemobbt zu werden. Lieber erspart man sich deshalb ein Werte-Outing. Die Folge: leichter schlittert man in die Aktionsignoranz. Die Erkenntnis, dass man als Einzelner „*eh nichts ausrichten kann*" wird zur Tatsache erhoben. Diese Reaktionsstarre der Bürger hat aber auch zur Konsequenz, dass die öffentlichen Lügner zu Role Models für die eigene Wahrheitsauslegung werden. Steuerhinterziehung beim Promi, einem Minister oder einer anderen Person des öffentlichen Lebens führt selten zu höherer steuerlicher Akkuratesse beim Durchschnittsbürger. Nach der Ära eines korrupten Finanzministers gibt es vermutlich nicht weniger schwarze Schafe als vor dessen Amtsantritt.

259 Vgl. http://tvthek.orf.at/program/ZIB-Magazin/5521881/ZIB-Magazin/7302987/Skurrile-Politiker-Sager/7303013, Stand 01/14
260 Vgl. http://www.cbc.ca/news/world/obama-promises-to-clean-up-gulf-oil-spill-1.925845, Stand 01/14
261 Vgl. http://www.youtube.com/watch?v=nmbgpELB4es, Stand 01/14

Der Freiburger Geschichtsprofessor Wolfgang Reinhard[262] ist davon überzeugt: Politiker können nicht ehrlich sein. Er hat Lügen als gesellschaftlich politisches Phänomen untersucht.[263] Es sei bereits eine Lüge, wenn Politiker die Frage nach deren Ehrlichkeit bejahen würden, lautet seine Antwort. Politiker seien zum Lügen gezwungen, sie sind *„die Sklaven ihres Geschäfts".* Politik sei nie ohne Täuschungen und Intrigen zu betreiben. Die Wähler ihrerseits wären jedoch nicht weniger verlogen als die Politiker – was Briefkastenfirmen, Schwarzarbeit und Untreue beweisen.

Statistisch betrachtet lügen Menschen bis zu 200 Mal am Tag. Die wichtigsten Lügen dienen dem Selbstschutz[264] (41 %), um sich Ärger zu ersparen, 14 % lügen, um sich mit einer Konfliktsituation nicht auseinandersetzen zu müssen (wieder Selbstschutz), 8,5 % lügen aus Angst, um geliebt zu werden oder um die Anerkennung nicht zu verlieren. 6 % lügen, um sich besser darzustellen. Kleine Lügen bzw. „selektive Informationsangaben" gehören zum alltäglichen Miteinander. Schließlich wird auch gemogelt, damit sich niemand kränkt oder damit wir selbst komplizierten Auseinandersetzungen entgehen samt den lästigen Erklärungen. Häufig kommen wir mit dieser Form von Konfliktscheue durch.

Klar ist auch, dass niemand etwas davon hat, wenn man dem Opa auf dem Sterbebett noch schnell reinen Wein einschenkt. Harmlose Notlügen, sogenannte „White Lies", sind in diesem Fall erlaubt. Ehrlichkeit, die nur dem Lügner Linderung verschafft und den Belogenen sinnlos belastet, ist gesellschaftlich sogar verpönt.

Jeff Hancock, Sozialwissenschaftler und Professor für Cognitive Science and Communications an der Cornell University, ist davon überzeugt, dass uns das Internet zu einer betrügerischen Spezies[265] gemacht hat. Gerade im digitalen Zeitalter nimmt „Astroturfing" massiv zu. AstroTurf ist in den USA die Marke eines Kunstrasens. Es geht im übertragenen Sinn darum, dass die grüne Fläche im Sportstadium nur vorgaukelt, aus einer dichten „Graswurzelbewegung" entstanden zu sein. In der politischen PR, aber auch in der kommerziellen Werbung, versteht man darunter gekaufte Hoteltests, positiv manipulierte Rezensionen (von Büchern, Filmen etc.) oder andere beauftragte Produktbewertungen. Er und seine Wissenschaftler haben einen sprachlichen Algorithmus programmiert, um diese gefakten Informationen zu analysieren. Der Computer erkennt wesentlich leichter, welche Bewertungen bezahlt und damit gefälscht sind und welche von „echten Kunden" stammen.

---

262 Vgl. Wolfgang Reinhard, „Unsere Lügengesellschaft. Warum wir nicht bei der Wahrheit bleiben", Murmann Verlag, 2006

263 Vgl. http://www.taz.de/!37369/, Stand 01/14

264 Vgl. AGORA 42, „Ökonomie-Philosophie-Leben", Ausgabe 03/2012, Seite 48-53, von Andreas Anton; Herausgeber: Richard David Precht, Nazim Cetin

265 Vgl. http://www.ted.com/talks/jeff_hancock_3_types_of_digital_lies.html, Stand 02/14

Durch die 24/7-Erreichbarkeit baut sich der Mensch unweigerlich eine Puf-ferzone um sich herum als Schutz auf. Nachdem wir mit anderen gute Bezie-hungen pflegen wollen, verklausulieren wir die Wahreit. Statt: *„Ich will gerade nicht mit Dir sprechen"* sind diese Sätze gesellschaftlich tolerierter: *„Ich bin gerade in einem Meeting", „mein Akku ist schon schwach"* oder *„ich muss mich beeilen".* Ausreden dieser Art gehören zum Alltag, denn sobald jemand Ihre Handynummer besitzt, hat er grundsätzlich rund um die Uhr die Möglichkeit, mit Ihnen in Kontakt zu treten.

Obwohl Täuschungen gerade im Netz allgegenwärtig sind – in Sex-Chatrooms, herzzerreißenden Abzockermails von angeblich armen Menschen in Not, die sich Geld leihen wollen oder vom nigerianische Geschäftsmann, der Sie bittet 43 Millionen für ihn entgegen zu nehmen – hat Hancock festgestellt, dass in E-Mails beispielsweise weniger gelogen wird als am Telefon. Er fand in seinen Studien auch heraus, dass die Facebook-Profile viel näher mit der Wirklich-keit einer Person zusammenhängen als viele das vermuten würden. Natürlich werden Tagesabläufe geschönt, Ereignisse größer gemacht und Profilfotos behübscht. Dennoch: Professor Hancock ist davon überzeugt, dass wir on-line weniger schwindeln als von Angesicht zu Angesicht. Menschen lügen nur, wenn sie Grund dazu haben. Bloß weil jemand gerade elektronisch kommuni-ziert und nicht persönlich anwesend ist, heißt das noch lange nicht, dass er grundlos zum Lügenbeutel wird.

Bei vielen Brettspielen sind Lügen, Täuschen oder Pokern sogar wesentliche Bestandteile. Wir müssen sie beherrschen, um weiter zu kommen: die Kunst der Verschleierung. Im Privaten, im engsten Kreis der Familie oder in der Paarbeziehung wünschen wir uns dann aber ganz, ganz ehrliche Meldungen. Gehen sich Public Lies, die sogar eingefordert werden, neben Private Truths aus?

Der einflussreiche US-Starphilosoph für Moral, Michael J. Sandel[266], bringt es im Gespräch mit Peer Steinbrück, SPD, auf folgende Zeile: *„Die Leute seh-nen sich nach den großen Themen in der Politik, nach Werten. Aber die Politik hat sich in den vergangenen Jahrzehnten weitgehend von ihren höheren Anlie-gen verabschiedet und sich auf Management und Technokratie reduziert."*[267]

---

266 Vgl. Michael J. Sandel, „Was man für Geld nicht kaufen kann: Die moralischen Grenzen des Marktes", Ullstein, 2012
267 Vgl. PHILOSOPHIE 06/07 2013, Zeitgeist Dialog: aus dem Englischen von Michael Ebmeyer, S.27 und vgl. http://issuu.com/philomagde/docs/pmde2013n4leseprobe/9, Stand 03/14, S.24 ff

Fazit:

Geduldete öffentliche Lügner senken das Werteverständnis. Die ganze Welt betreibt Euphemismus im großen Stil, und daheim soll dann ganz sauber kommuniziert werden? Manche Lügen spenden wohl mehr Trost als wahrhaftige Antworten auf Fragen, die wir besser nie gestellt hätten. Sie: *„Bin ich zu dick?"* Er: *„Aber nein, Moppelchen!"*

KAPITEL 38

Moderner Sophismus in Verschwörungen

38

Moderner Sophismus in Verschwörungen

Ich gebe zu, ich bin ein Fan von Verschwörungstheorien. Natürlich begeistern mich nicht alle gleichermaßen. Nein, Elvis lebt heute nicht mehr, und selbst wenn, wäre es sogar mir langsam egal. Interessant ist, dass Verschwörungstheorien über guten Weitererzählwert verfügen, wogegen bei realen Packeleien viele Menschen lieber wegschauen. Verschwörungsautoren gibt es wie Sand am Meer; sie bedienen unseren Voyeurismus. Eine ganze Industrie lebt von Aufdeckerstorys, Whistleblower-Geheimnissen und Wachrüttlern, die angeblich hinter die Kulissen des politischen oder gesellschaftlichen Treibens blicken. Die Hoffnung, dass sich hinter dem banalen Leben noch irgendetwas Geheimnisvolles verbirgt, hält geistig auf Trab und lässt uns – nicht zuletzt politisch – wachsam bleiben. Ungeschminkte Tatsachen aufspüren, Systeme hinterfragen und auf Motivsuche gehen, regt nicht nur den Boulevard auf, sondern auch das analytische Denken des Einzelnen an. Rhetorisch betrachtet, vereinen konspirative Überlegungen gleich mehrere interessante Eigenschaften: Sofern Argumente schlüssig scheinen und Motive plausibel, sind sie nicht weniger „falsch" als andere politische oder wirtschaftliche Theorien.

Verschwörungstheorien haben Vorteile[268]:

- Sie setzen eine skeptische Grundhaltung gegenüber den Autoritäten voraus.

- Zudem bieten sie Potenzial für soziales Wissen und positives Bürgerengagement.

- Konspirationen lassen sich gerade im Internet-Zeitalter wie ein Lauffeuer verbreiten.

- Verschwörungen fördern das „Out of the Box"-Denken

- Sie sichern Weitererzählwert und dienen als Smalltalk-Themen

- Viele historische Konspirationstheorien haben sich heute als anerkannte Verschwörungen entpuppt.

- Sie beeinflussen diskursive Prozesse der gesellschaftlichen Wirklichkeitskonstruktion.

- Sie offenbaren „Macht-Wissens-Komplexe". (Lobbying, Logen, NSA, WikiLeaks)

- Häufig war eine Verschwörung der Auslöser für sinnvolle Reglements und die Einführung von Kartellbehörden, Aufsichtsorganen etc.

---

268 Vgl. AGORA 42, „Ökonomie-Philosophie-Leben", Ausgabe 03/2012, S. 48-53, von Andreas Anton; Herausgeber: Richard David Precht, Nazim Cetin

Auf dem 30. Chaos Communication Congress (CCC)[269] gab es über Video-Botschaft den Aufruf von WikiLeaks-Gründer Julian Assange an die Hacker-Gemeinde: *„Wir werden alle Teil des Staates, ob wir das gut finden, oder nicht. Deswegen müssen wir Einfluss darauf nehmen, was für ein Staat das werden wird."* Der CCC versteht sich als Netzwerk, bestehend aus Administratoren verschiedener Systeme („Sysadmins"), Entwicklern und Leuten, die technisch gebildet sind. Sie sind davon überzeugt, eine eigene Klasse zu sein, wie einst die Industriearbeiter. Nur wer das System von innen bekämpft, kann es ändern. Diese Sysadmins haben enorme Macht. Sie kennen die Geheimnisse und Machenschaften der herrschenden Elite, schließlich gestalten sie die Systeme und Strukturen mit, wenigstens in technischer Hinsicht. Unter ihnen sind die Systementwickler von Blackberry und Co. Enthüllungsjournalist Glenn Greenwald ist weltberühmt geworden durch den Fall Edward Snowden. Er stellte in seinem Vortrag die Frage: *„Fördert das Internet Freiheit oder ist es das schlimmste Repressionswerkzeug der Menschheitsgeschichte?"*[270] Einen Hoffnungsschimmer für die Beantwortung sieht er in der Hacker-Community. Er ist davon überzeugt, dass der Überwachungsstaat den Rechtsstaat längst abgelöst hat. Zudem warnt er nicht nur vor den politischen und wirtschaftlichen Strukturen, sondern besonders vor den angelsächsischen Journalisten, da diese oft nur Steigbügelhalter und Auftragsschreiber der Mächtigen seien. Immer wieder ist bei diesem Kongress das Wort „Kryptographie" gefallen. Was als Wissenschaft der Verschlüsselung begonnen hat, ist heute laut dem Berliner Professor Rüdiger Weis[271] die *„letzte Notwehrmöglichkeit, die wir haben"*[272]. Verschlüsselungstechnologie ist eine neue Form der *„Kommunikation unter Anwesenheit des Gegners"*.

Moderner Sophismus begegnet uns auch in Form von Aufdeckern, die sogar ihr Leben dafür riskieren, die Demokratie oder den Frieden in einem Land zu retten. Daniel Ellsberg[273] ist wohl der wichtigste Whistleblower Amerikas vor Snowden. Er wurde 1971 angeklagt, da er Papiere aus dem Pentagon an die Presse weitergeleitet hat. Darin war eindeutig belegt, wie sehr die amerikanische Bevölkerung getäuscht und vorsätzlich in den Vietnamkrieg getrieben wurde. Ellsberg ist heute über 80 Jahre alt. Er hält Snowden die Stange und hofft auf ein gutes Ende für ihn. Snowden ließ den Guardian wissen, dass *„es dieses Land wert sei, dass man sein Leben dafür lässt"*.

---

269 Vgl. http://www.faz.net/aktuell/feuilleton/chaos-communication-congress-hacker-aller-laender-vereinigt-euch-12731444.html, Stand 03/14

270 Vgl. http://www.faz.net/aktuell/feuilleton/debatten/glenn-greenwald-beim-ccc-auf-in-den-kampf-gegen-die-abschaffung-der-privatsphaere-12729155.html, Stand 03/14

271 Vgl. http://www.youtube.com/watch?v=T_ojwHReMkM, Stand 03/14

272 Vgl. http://www.faz.net/aktuell/feuilleton/debatten/glenn-greenwald-beim-ccc-auf-in-den-kampf-gegen-die-abschaffung-der-privatsphaere-12729155-p2.html, Stand 03/14

273 Vgl. Daniel Ellsberg, „Secrets: A Memoir of Vietnam and the Pentagon Papers". Viking, 2002

Snowden formulierte in seinen Dokumenten sein Anliegen: die Integrität des ersten, vierten und fünften US-Verfassungszusatzes wiederherzustellen (d. h. konkret die Verfassungszusätze für Meinungsfreiheit, den Schutz vor staatlichen Übergriffen und die Rechte von Angeklagten).

Fazit:

Schade, dass Verschwörungstheorien oft stiefkindlich behandelt werden. Schnell gelten selbst die nachvollziehbaren Annahmen als fragwürdig und werden in die Ecke neben das paranoide Denken gestellt. Populistische Niedergangsrhetoriker werden mit kritischen Geistern in einen Topf geworfen. Sobald man das Label *„Das ist doch alles reine Verschwörung"* draufschreiben kann, wird nicht mehr unterschieden zwischen blankem Unsinn und grundsätzlich einleuchtenden Zweifeln oder Hypothesen. Dabei beweisen uns Edward Snowden und viele andere mutige Whistleblower seit Jahrzehnten das Gegenteil. Alle digitale Kommunikation wird verdatet und Informationen verkauft.

KAPITEL 39

Meinungen – ökonomisierte Gedanken

Meinungen – ökonomisierte Gedanken

Jede Meinung ist ein „ethisches Produkt". Wer sich für eine Berufsausbildung, ein Studium und später vielleicht sogar weiterführend für einen MBA entscheidet, setzt sich üblicherweise mit unterschiedlichen Fachrichtungen und Themengebieten auseinander. Diese Disziplinen beeinflussen hörbar unsere Gedanken und damit auch unsere Sprache. In der Maturaklasse waren noch alle relativ am gleichen Wissensstand, was Wortschatz und Ausdrucksweise anging. Natürlich sind auch damals schon jene Kinder aus sprachlich geförderten Elternhäusern herausgestochen oder solche, die mit Redetalent gesegnet waren. Egal, welche Interessen der Jugendliche beruflich verfolgen wird, um Kommunikation und Meinungsbildung geht es in allen Sparten des modernen Lebens. *„Die einzige Möglichkeit, Menschen zu motivieren, ist die Kommunikation."*[274] meint Lee Iacocca, amerikanischer Topmanager. Doch: Unsere Welt ist komplex. Das Dickicht der fortschrittlichen Erkenntnisse, Innovationen und Errungenschaften scheint undurchdringbar. Dahinter fallen die Meinungen des Einzelnen vielerorts in einen Dornröschenschlaf. Die häufigsten Ausreden zu aktuellen und politisch relevanten Themenstellungen, die ich auch im Trainingsalltag erlebe: *„Das kommt darauf an…!", „Dazu fällt mir gerade nichts ein.", „Darüber weiß ich zu wenig."* Die eigene Meinung wird immer öfter von der Situation und dem jeweiligen Gesprächspartner abhängig gemacht. Damit ist sie so wechselhaft wie das Wetter im April. Doch die persönlichen Ansichten jedes einzelnen sind heute gefragt! Demokratie braucht schließlich Standpunkte. Von den Bürgerrechten machen viele gerne Gebrauch, die Bürgerpflichten werden hingegen vernachlässigt. In einer denkfaulen Gesellschaft haben Populisten und Meinungsmacher ein leichtes Spiel.

Wenn 10 der größten Medien weite Teile des weltweiten Medienmarktes beherrschen, dann stellt sich unweigerlich die Frage nach finanziellen Drahtziehern und Kapitalgebern im Hintergrund. In Österreich besteht ein ähnlich schräges Machtgefälle mit der Mediaprint GmbH, hinter der unter anderem der Bankenkonzern Raiffeisen steht.

Das gleiche gilt auch für Medienzulieferer wie beispielsweise Google. China ist mit 340 Millionen Usern ein interessanter Online-Markt. China braucht Google allerdings nicht. Umgekehrt hat der amerikanische Konzern bislang wenig Lust, die Meinungszensur im chinesischen Internet mitzutragen. Was aber, würde Google eines Tages ein geschäftliches Abkommen mit der chinesischen Regierung treffen und dafür in Ruhe seinen Umsatz einfahren? Po-

---

274 Vgl. Lee Iacocca, „Eine amerikanische Karriere", Econ, S. 81

litikkritiker oder regimefeindliche Künstler wären dann eben nicht mehr im Netz zu finden. Meinungen wären dann ökonomisiert.[275]

Viele Menschen lesen heute Weltnachrichten eher digital am Bürocomputer oder auf dem iPad unterwegs als aus der Printausgabe. Die Frage ist, ob Internet-User bereit sind, für gut recherchierten Journalismus samt Hintergründen online zu bezahlen, schließlich erfährt der Interessierte im Netz gratis, was er wissen möchte. Gerade wenn plötzlich ein Erdbeben oder eine Lawine Menschen verschüttet oder ein Flugzeug abstürzt, wartet heute niemand mehr auf die Zeitung von morgen. Im Internet ist man in Sekundenschnelle per Mausklick informiert. Private Berichterstatter tummeln sich neuerdings ebenfalls auf solchen Schauplätzen. Nach Sensation geiffernde Bürger die sich selbst als Journalisten aufspielen, sind hier ebenso zu finden, wie Betroffene, die verzweifelt Fotos posten, Videos vertonen und selbst aktuelle Erlebnisse schildern wollen. An Primärinformationen vom Krisenort mangelt es nicht.

Qualitätsjournalismus ist nicht an den Aggregatzustand des Mediums gebunden. Egal ob auf Papier oder dem Schirm – Billigjournalismus gibt es ebenso auf allen Medienbühnen. Das Bedürfnis nach Kommentaren, Analysen und Hintergrundinformationen ist bei Lesern groß. Der Vorteil, in Echtzeit informiert zu werden, ist enorm und eine der größten Errungenschaften unserer Zeit. Alles Angebote, die der User, Leser und sogar der Mitbewerber zu gleichen Teilen nutzen kann.

Wer jedoch darauf verzichtet, sich qualitativ zu informieren, nicht wählen geht oder die finanziellen Strukturen selten hinterfragt, der beraubt sich selbst wichtiger Gestaltungsmöglichkeiten. Politikverdrossenheit und das Gefühl der Ohnmacht machen sich breit. Volksvertreter wurden vom Volk gewählt und sind auch abwählbar, wenn sie uns nicht uneigennützig und kraftvoll vertreten. „Die da oben" machen es übrigens ganz genauso: Wenn Angela Merkel und Barack Obama am Klimagipfel in Rio de Janeiro 2012 nicht teilnahmen, so war das für Werner Faymann offenbar auch gleich der Freibrief, der wichtigsten Klimakonferenz des Jahres fernzubleiben. Stattdessen wurden Vasallen und Platzhalter ausgeschickt, weil die wichtigsten von „denen da oben" fehlten. Unsere Wahl an der Urne hat mit einer herzhaften Auswahl zwischen unterschiedlichen Ideologien schon lange nichts mehr zu tun. Da bekommt man an der Tankstelle mehr Kraftstoff und Sortimentsbreite – normal, aber auch umweltschonend.

Eigenmarketing beginnt bei der Selbstwirksamkeit und hat oft mit einer Anti-Mainstream-Haltung oder Querdenken zu tun. Als charismatische Persönlichkeit wahrgenommen wird eben nur, wer Persönlichkeit hat! Dennoch

---

275 Vgl. http://www.faz.net/aktuell/wirtschaft/netzwirtschaft/zensur-und-hackerangriffe-google-erwaegt-rueckzug-aus-china-1911478.html, Stand 02/14

unterliegen auch die brillanten Köpfe und herausragenden Individualisten denselben Kriterien wie alle anderen in der Gesellschaft und sollten genauso über ausreichende Lebenskompetenz verfügen. Der gestrandete Poet, der sein Leben nicht auf die Reihe bekommt, mag zwar geistreicher sein als ein Lemming aus der gesellschaftlichen Mitte. Nachahmenswert ist beider Lebensentwurf jedoch nicht.

Politisch denken die Menschen noch immer in links oder rechts – dabei schneidet die gesellschaftliche Schere längst in vertikaler Richtung und trennt: oben von unten. Michael Fleischhacker hat recht, wenn er in seiner Kolumne schreibt: *„es sind eh alle links geworden, bobolinks halt: schon individuell, aber ökologisch und sozial verträglich individuell, also möglichst unauffällig auffällig individuell."* [276]

Alleine der Herbstwahlkampf 2013 in Österreich bot – ideologisch lau – ein gelungenes Beispiel. Realpolitisch ging es um wenig Neues. Dennoch kostete die Weiterführung der großen Koalition den Steuerzahler mehr als 13 Millionen Euro. Das muss man einem Obdachlosen erst einmal erklären, warum nicht lieber in ein Dach über seinem Kopf investiert wurde. Statt ihn von der Straße zu holen, hat man Politikerkonterfeis mit Slogans über gerechte Verteilung an die Straße geklebt. Niemand darf sich wundern, wenn die Amokläufer in Demokratien weltweit mehr werden. Unser System züchtet sie schließlich. Nicht in allen Herrschaftsformen liefen Menschen Amok.

Kein Wunder, wenn das politische Personal eines Landes immer schlechter wird und die anstehenden Probleme der Bürger ungelöst bleiben. Der Beruf des Politikers ist weder in Sachen Beliebtheit besonders attraktiv noch finanziell. Wie soll man gute Leute bekommen, wenn selbst der Landeshauptmann von Südtirol mehr Geld verdient als der US-Präsident. [277]

Das Land braucht zum einen Menschen, die Ansichten öffentlich vertreten, auch wenn das gerade nicht opportun scheint und zum anderen solche, die Populisten entlarven. Wer seine Meinung offensiv vertritt, wird jedoch nicht nur Bewunderung ernten, denn er gilt als unbequem oder zynisch. Wem die politischen Alternativen fehlen, der soll wenigsten „weiß wählen". Das ist besser als pseudo-taktische Wählerstromspielchen in der eigenen Küche zu veranstalten: *„Ich mag diese Partei zwar nicht, aber ich muss sie halt wählen, weil sonst die Falschen gewinnen."* Das gefährlichste für die Demokratie ist, wenn Menschen zu faul werden, um sich ihre eigene Meinung zu bilden und an das Kollektiv den Gestaltungsauftrag samt Schuld abwälzen.

---

276 Vgl. Magazin 1261 „Freizeit", 1. Februar 2014, Kolumne: Über Gott und die Welt, S. 15; Michael Fleischhacker ist österreichischer Journalist.

277 Vgl. Neon Unnützes Wissen, Heyne Verlag, 2013, Nr 500-510

Eigenmarketing hat viel mit Meinungsbildung zu tun und hat immer zwei Seiten: Ja, es regnet Bewunderung für den Mut und die gelungene Performance jenseits der Kleinhäusler, Schrebergärtler und Vorstadtidylle zu leben. Andererseits ist es dort, wo die Angepassten sitzen, gemütlicher, wenn auch gedanklich wenig inspirierend. Wer sich mehr Ecken und Kanten und damit ein unverwechselbares Profil wünscht, der schwört lieber gleich dem Verlangen ab, nicht aufzufallen und in der Masse anonym baden zu gehen. Nur eine Null hat weder Ecken noch Kanten. Entweder – oder! Niemand kann nur ein bisschen schwanger sein.

Unternehmer als Meinungsmacher

Gerade in der Kommunikationsgesellschaft könnten Organisationen und Unternehmen viel stärker als Meinungsmacher auf dem Markt auftreten. Klare Akzente durch Meinungspositionierung zu setzen schafft Profil und Identifikationswert für den Konsumenten. Das amerikanische Institut Ethisphere[278] beschäftigt sich mit Unternehmen, die trotz und vielleicht sogar gerade wegen ihrer ethischen Ausrichtung Erfolg haben. 2010 wurde beispielsweise Hewlett-Packard nominiert zu den weltweit zehn ethischsten Unternehmen zu gehören. Wer bei HP kaufte, unterstützte im positiven Sinn mit dem Produktkauf auch eine gute Idee. Das Bewusstsein für ethische Erfordernisse kann nur dort geschaffen werden, wo Meinungsbildung und Kommunikation großgeschrieben und trainiert werden.

Die kanadische Journalistin und Globalisierungskritikerin Naomi Klein wies schon 2007 in ihrem Buch „Die Schock-Strategie – der Aufstieg des Katastrophen-Kapitalismus"[279] auf die brachialste Form der modernen Marktwirtschaft hin. Statt „Ethisphere" zu leben, profitieren Kriegsgewinnler von Naturkatastrophen und anderen Krisenschauplätzen durch die sogenannte „Shock Economy". Klein führt den Tsunami-Horror von 2004 an. Alleine in Sri Lanka starben damals 35.000 Menschen. Profiteure der Misere betonierten die Strände mit gewinnbringenden Bettenburgen[280] wieder zu. Die Investoren machten sich das Chaos zunutze. Dabei wurden sie sogar vom Staat dankbar unterstützt und konnten ihre Hotelanlagen als Wirtschaftshilfe deklarieren. Shock Economy beschreibt die Wirtschaftsmöglichkeiten, die durch eine Katastrophe entstehen. Vor einem Unglück wären weder Quadratmeterpreise so günstig noch die Bewilligungen bestimmter Mammutprojekte so leicht zu haben gewesen.

---

278 Vgl. http://ethisphere.com/worlds-most-ethical, Stand 01/14
279 Vgl. Naomi Klein, „Die Schock-Strategie – der Aufstieg des Katastrophen-Kapitalismus", S. Fischer, 2007
280 Vgl. PM Schneller Wissen, Fragen & Antworten, 05/2013

Content Marketing ist gefragt!

In meinem Studium belegte ich Vorlesungen zum Thema „Wirtschaftsethik" bei Prof. Dr. Peter Bendixen, selbst 8-facher Buchautor. Er ist überzeugt, dass: unternehmerische (Mit-)Verantwortung für die Geschicke der Gesellschaft essenziell sind.[281]

Im Gegensatz zu Bannerwerbung oder Anzeigenverkauf ist Content Marketing ein probates Mittel, um sich vom Wettbewerb anzuheben. Kunden werden aufmerksam, wenn Inhalte gut recherchiert und für sie relevant sind. Nützliche Experten-Tipps, die ansprechend aufbereitet sind, interessieren die Menschen mehr als Werbeversprechen und Marketinggetöse. Kräftiger sollten Unternehmer auch von offizieller Seite ermutigt werden, sich über aktuelle Fragestellungen Gedanken zu machen. Neben öffentlichen Stellen, Medien, dem Bürgerjournalismus und Plattformkulturen sind sie schließlich wesentliche Meinungsmacher. Alleine in Österreich sitzen laut Wirtschaftskammer knapp 500.000 Unternehmer an Schnittstellen der Gesellschaft. In Deutschland sind es mehr als 3,1 Millionen. Sie alle reden mit Kunden, beeinflussen ihre Mitarbeiter, beobachten Branchentrends samt den gesetzlichen Rahmenbedingungen ihres Öko-Systems. Statt Eigenlobhudelei in Unternehmens-Newslettern zu betreiben, ist es interessanter zu erfahren, wie der eigene Chef über gesellschaftspolitische Fragen denkt.

ÜBUNG 27
Blicken Sie über Ihren Themenhorizont und sammeln Sie auch Informationen außerhalb Ihres Fachbereiches. Wissen ist stets das beste Fundament für Argumente. Bilden Sie sich eine Meinung!
→ Seite 352

Klare Ansagen und Haltungen zu gesellschafts- und wirtschaftspolitischen Themen sind für Unternehmer und ihr persönliches Branding bedeutungsvoll. Wer will schon „jedermanns Diener" sein? Die Identifikation der Menschen mit einem fähigen Entrepreneur ist sicher stärker als die Zugkraft mancher grauen Herren in schlecht sitzenden Anzügen im Parlament. Auch wenn genau sie es sind, die unverständliche Gesetze und Rahmenbedingungen für schillernde schnelle Unternehmen und deren CEOs im Maß-Jackett modellieren. Die negative Marketingspirale funktioniert natürlich bei unethischem Firmenauftritt genauso rasch. Vielen Konsumenten ist bewusst: Wer bei KIK

---

281 Vgl. Peter Bendixen: „Unternehmerische Verantwortung – die historische Dimension einer zukunftsweisenden Wirtschaftsethik", Münster et al. 2009

gekauft hat, förderte Kinderarbeit, wer mit WISE-Dienstleistern in Berührung kommt, unterstützt die Scientology Sekte. MONSANTO hat Klagen am Hals, weil das Unternehmen Menschen und Lebensmittel schädigt.

Auch in der eigenen Stadt haben sich die Verfilzungen meistens schon herumgesprochen. In Wien weiß jeder, welche Partei hinter Raiffeisen steht und warum viele Medienbetreiber eben keine unabhängige Meinung oder Profil haben dürfen, weil sonst die Geldgeber und wahren Machthaber im Land nach anderen Platzhaltern suchen. Da können sich manche Journalisten noch so aufdeckerisch geben. Am Ende werden sie auch bezahlt für alles, was sie nicht schreiben.

Laut einer Schweizer Studie[282] der Eidgenössischen Technischen Hochschule (ETH) Zürich bestimmen 147 Konzerne unser aller Leben maßgeblich, allen voran Banken und Versicherungen. Aus einer Datenbank von 37 Millionen eingetragenen Unternehmen weltweit wurde geschöpft. Aus denen haben sich schließlich 43.069 Firmen mit transnationalen Verbindungen herauskristallisiert, deren Besitzerverhältnisse stark miteinander verflochten sind. Wer tiefer ins wirtschaftliche Spinnennetz eintaucht, wird nur noch 147 Firmen finden, deren Fäden gut geknüpft und offenbar stabil wie Drahtseile sind. Die Frage, die sich das Forschungsteam gestellt hat, ist berechtigt: *„Wie viel politische Macht kann von der Supergruppe ausgeübt werden?"*

Längst leben wir in einer Welt, in der Super-Konzerne[283] Nationalstaaten gegeneinander ausspielen. Auch wenn das MAI-Abkommen[284] 1998 vorerst gescheitert ist, so werden Multi-Unternehmen auch weiter versuchen, Staatenrechte zu bekommen. Apple beispielsweise hat mehr Geld zur Verfügung als die Regierung der USA. Selbst der angeschlagene Ölkonzern Shell hat mehr Finanzkraft als die Staaten Haiti, Mali, Bolivien, Thailand, Griechenland und die Schweiz zusammen[285]. Leben wir in einer Diktatur der Konzerne? Schließlich könnten sich einige Firmen längst ganze Nationen kaufen. Die wahren Weltreiche liegen schon lange nicht mehr in der Hand von Ländern, sondern in der von internationalen Mega-Unternehmen wie Unilever, IBM, Volkswagen und Co. Allen voran sind Finanzinstitute gelistet. Die Top-20 sind

---

282 Vgl. Die ETH-Studie heißt „The network of global corporate control"
283 Vgl. http://contraonlinedotcom1.wordpress.com/2013/04/13/das-netzwerk-der-globalen-konzern-kontrolle/, Stand 01/14
284 Das Multilaterale Abkommen über Investitionen (MAI) ist ein internationales Vertragswerk zwischen transnationalen Konzernen, den OECD-Staaten und der Europäischen Union. Es hätte in den Unterzeichnerstaaten direkte Auslandsinvestitionen fördern sollen. Dazu hätten die Rechte internationaler Investoren umfassend gestärkt werden sollen. Im Dezember 1998 scheiterte das MAI am Widerstand Frankreichs. Trotz des offiziellen Scheiterns wurden viele MAI-Ideen seitdem in die Regelwerke der großen Wirtschaftsgemeinschaften der Welt aufgenommen, Vgl. http://www.kunstfehler.at/ShowArticle.asp?AR_ID=32&KF_ID=5, Stand 01/14
285 Vgl. Neon Unnützes Wissen, Heyne Verlag, 2013, Nr 490, 999

die üblichen Verdächtigen: Barclays Bank, JPMorgan Chase, Goldman Sachs, Deutsche Bank und UBS.

Auch die jährliche „Bilderberg-Konferenz" erhitzt die Konspirationsgemüter immer wieder aufs Neue – und das wohl zu Recht. Der Name „Bilderberg" ist für Kritiker politisches Lobbying aus dem Bilderbuch. Geht es bei diesem informellen Treffen der mächtigsten Politiker, Wirtschafter, Medienoberhäupter und Adeligen der Welt drei Tage lang um Agendapunkte, die wirtschaftspolitisch alle 7 Milliarden Menschen betreffen. Bereits 1952 fand die erste Konferenz statt und die Liste der Teilnehmer ist über die Jahre wirklich beeindruckend.

Die Welt wird eben nur vordergründig von Staatsoberhäuptern gelenkt. Wer diese ernennt, ist manchmal auch bei den Bilderberg-Konferenzen zu erfahren. Hier ein kleiner Auszug der teilnehmenden Damen und Herren der letzten Jahre: Henry Kissinger, Josef Ackermann, David Rockefeller, Angela Merkel, Bill Clinton, Jürgen Trittin, Barack Obama, Nicolas Sarkozy, Bill Gates, Heinz Fischer, Peter Löscher, Romano Prodi usw.

Welche Strukturen bzw. Umdenkprozesse sind für unseren Planeten erforderlich? Es müssen nicht wieder die tapferen Alt-1968 bemüht werden, die Vieles gut gemeint, aber wenig gelöst haben. Wer sich nur der Sozialromantik hingibt, *„der Mensch ist gut, die Gesellschaft ist schuld"*, der wird zwar immer ideologischen Zuspruch und Schulterklopfen ernten, aber besser wird durch die banale Formel: *„Reiche sollen per se für Arme sorgen"* leider noch gar nichts. Der deutsche Schauspieler und Schriftsteller Curd Goetz[286] hielt fest: *„Armut ist keine Schande. Reichtum auch nicht."*

Politik der Beteuerungsarien

Die politische Rhetorik vieler Staatsmänner ist auf Überreden und nicht auf Überzeugen ausgerichtet. Die Gates der Wähler werden nicht erreicht und die Kommunikation verläuft fernab der Kommunikations-Bedürfnisse. Der schnelle Politikeralltag zeigt deutlich, dass Volksvertreter Meinungen transportieren, deren Formulierung nicht länger gedauert haben kann als der Blitzgedanke dahinter.

In Österreich gibt es den wenig delikaten Fall: eine Meinungsforscherin analysierte im Fernsehen wochenlang die Spitzenkandidaten im Wahlkampf und über Nacht wurde sie selbst zur Ministerin. Ihr Meinungsforschungsinstitut befindet sich noch immer im aktiven Besitz ihrer Familie und analysiert „objektiv" weiter.[287]

286 Vgl. http://natune.net/zitate/autor/Curt%20Goetz, Stand 01/14
287 Vgl. http://kurier.at/politik/inland/karmasin-an-minister-keine-auftraege-an-ex-firma/45.175.116g

Experten werden zudem verkürzt zitiert und Statistiken auf das gewünschte Ergebnis hingerechnet – *„Statistiken sind wie Bikinis: sie enthüllen eine ganze Menge, verbergen aber das wichtigste."*[288]

Oft verwechseln Menschen PR-Beteuerungsarien mit wissenschaftlich fundierten Argumenten. Der deutsche Kabarettist Dieter Nuhr hat recht, wenn er postuliert: *„Das ist so schrecklich, dass heute jeder Idiot zu allem eine Meinung hat. Ich glaube, das ist damals mit der Demokratie falsch verstanden worden: Man darf in der Demokratie eine Meinung haben, man muss nicht. Es wäre ganz wichtig, dass sich das mal rumspricht: Wenn man keine Ahnung hat, einfach mal die Fresse halten."*[289]

Fazit:

Meinungen unterscheiden sich erst dann von banalen Behauptungen, wenn sie nachvollziehbar begründet werden! Charakterbildung – vor allem durch einflussreiche Wirtschaftstreibende – ist essenziell für ein gesundes Weltklima. „Gesund" bezieht sich in diesem Zusammenhang auf politische, gesellschaftliche, aber auch umweltorientierte Themen.

---

288 Vgl. http://www.stubig.com/Wissenschaft/Zitate.html, Stand 01/14
289 Vgl. Dieter Nuhr, Nuhr nach vorn, 1998, „Fresse halten"

KAPITEL 40

Ausverkauf von Denkschulen und Lebenskonzepten

40

Ausverkauf von Denkschulen und Lebenskonzepten

Denkschulen formen Sprachstile. Würde sich jemand die Mühe machen, alle ideologischen Ausrichtungen und Lebensbetrachtungen dieser Welt nach ihren überzeugten Anhängern zu listen, könnte vielleicht untersucht werden, welche Argumentation die meisten Menschen berührt hat und warum? Diktaturen und Zwangsmitgliedschaften einmal ausgenommen.

Welches ist Ihr Daseinskonzept? Fangemeinden sind auf allen Themengebieten und in sämtlichen Lebensbereichen zu finden: Warum ist jemand Vegetarier und ein anderer überzeugter Nihilist? Welche Argumente und Konzepte trennen den modernen Kommunisten vom Wirtschaftsliberalen? Welche Überlegungen und Kampagnen punkten bei den Globalisierungsgegnern, wie beispielsweise den Betreibern von Attac?[290]

Inhalte sind wichtig, klar. Doch: Die Botschaft muss erst einmal überzeugend erzählt und erfolgreich transportiert werden. Nachdem keine Denkgruppe ihre Mitglieder durch Telepathie gewinnt, sondern zahlende Unterstützer sucht, wäre es spannend zu beleuchten, welche rhetorische Akquisition zum Erfolg führt. Mit bloßem Marketing hat das im Frühstadium nämlich noch relativ wenig zu tun. Die katholische Kirche hat schließlich eines der größten Werbebudgets weltweit und dennoch laufen die Mitglieder in Zweierreihen aus den Kirchentoren raus. Ihr Marketing war ursprünglich gelungen. Die Kampagne kam 2000 Jahre lang gut an und trug – auch nach der Säkularisierung – noch den Slogan *„Liebe Deinen Nächsten!"*. Das Kreuz als Logo war einprägsam und knackige Sätze aus der Bibel (*„Du sollst nicht töten."*) bestechend – und zudem leicht merkbar. Wahrscheinlich sind Religionen dennoch wenig repräsentativ, weil sie durch kulturelle Prägungen und Unterdrückung zu ihren Mitgliedern kamen und es sich historisch betrachtet seltener um bewusste Eintritte handelte.

Die bewussten Austritte dagegen legen schon eher Zeugnis darüber ab, ob Gläubige von der jeweiligen Kirchenrhetorik auch heute noch erreicht werden. Andererseits: Was fanden die rund 12.000 freiwillig eingetragenen Mitglieder der Scientology Sekte in Deutschland so denklogisch und gewinnend? Bestimmt sind bei den ca. 400 Millionen Taoisten auf dem Planeten nicht alle praktizierend – genauso wenig wie bei den rund 2,1 Milliarden Christen.

---

290 Vgl. www.attac.at, Stand 01/14

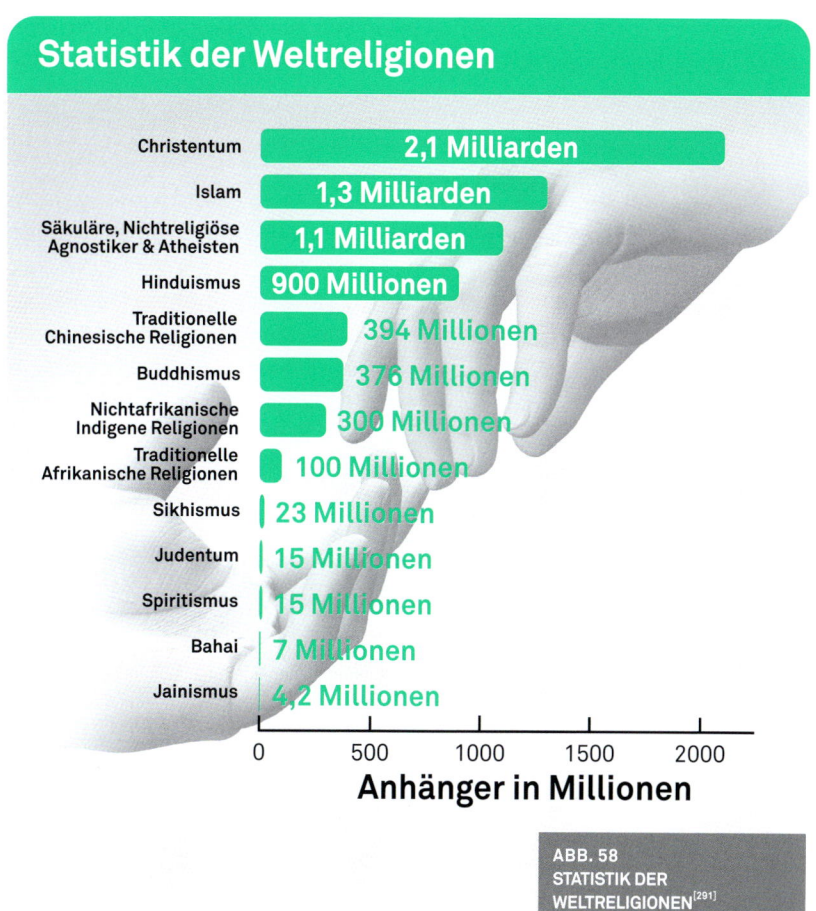

Statistik der Weltreligionen

Religion	Anhänger
Christentum	2,1 Milliarden
Islam	1,3 Milliarden
Säkuläre, Nichtreligiöse Agnostiker & Atheisten	1,1 Milliarden
Hinduismus	900 Millionen
Traditionelle Chinesische Religionen	394 Millionen
Buddhismus	376 Millionen
Nichtafrikanische Indigene Religionen	300 Millionen
Traditionelle Afrikanische Religionen	100 Millionen
Sikhismus	23 Millionen
Judentum	15 Millionen
Spiritismus	15 Millionen
Bahai	7 Millionen
Jainismus	4,2 Millionen

Anhänger in Millionen

**ABB. 58
STATISTIK DER
WELTRELIGIONEN[291]**

Selbst eine geografisch entfernte Religion schafft es immer wieder, Argumente zu exportieren und damit auch westliche Anhänger zu begeistern: Hermann Hesse, bekennender Taoist, war hier nur einer von ihnen. Seine spirituelle Ausrichtung schlug sich auch in seiner Arbeit nieder und war sogar schwarz auf weiß nachzulesen. Sein Erfolgsroman „Siddhartha" liefert den Beleg des taoistischen Prinzips des „Nicht-Handelns" und „Nicht-Eingreifens".

Dem Nicht-Handels-Prinzip zum Trotz beheimatete Hesses Roman fast ein ideologisches Product Placement aus dem fernen Indien. Marketingtechnisch, nicht literatur-romantisch betrachtet, sieht der Erfolg wenig zufällig aus: Falls vor der Publizierung so etwas wie Marketingziele mit dem Verleger besprochen wurden, hat Hesse diese nicht verfehlt. Schließlich gehört er zu

---

291 Vgl. http://www.theology.de/printable/religionen/religionen-der-welt---statistik.php, Stand 01/14

den meistübersetzten deutschen Autoren seit den Gebrüdern Grimm. Über 100 Millionen Exemplare wurden alleine von „Siddhartha" verkauft. Der Buchtitel fungiert überdies als Botschaft und heißt in der deutschen Übersetzung: „der, der sein Ziel erreicht".

Weltanschauung und Wirklichkeit

Wir Menschen haben unsere Weltanschauungen und Wirklichkeiten natürlich nicht losgelöst vom zeitlichen Kontext, in dem wir eingebettet sind, entwickelt. Wir beeinflussen uns in unserem Sein auch gegenseitig. Von den vielen Begegnungen mit interessanten und gut ausgebildeten Menschen in meinem Leben ist mir eine besonders in Erinnerung: Er war ein kleiner, unglaublich drahtiger Mann mit blau leuchtenden Augen, schnellen Bewegungen und spitzbübischen Grinsen. Es war für mich bereichernd, in den frühen 1990ern einige Stunden alleine mit dem Kybernetiker und Philosophen Heinz von Foerster[292] zu reden. Ich zeichnete damals verantwortlich für die Betreuung hochkarätiger Speaker und in seinem Fall hat mir meine Arbeit besonders viel Spaß gemacht. Er war davon überzeugt: *„Wir machen uns völlig falsche Hoffnungen im Bezug auf die Wahrheit. Sie ist die Erfindung eines Lügners."* Sein Beispiel war einleuchtend: *„Nimm diesen Apfel beispielsweise, Tatjana. Für Dich ist er rot. Für mich ist er gemessen an den Äpfeln zuhause in Pescadero ziemlich grün. Ein Vogel nimmt seine Farbe ultraviolett wahr. Unsere Sinneseindrücke beeinflussen die Realität, wie wir sie erleben. Das hat mit Wahrheit per se gar nichts zu tun. Jeder konstruiert seine subjektive Wahrheit und betrachtet die Welt mit einem Objektivitätsanspruch."* Seine Einführung in den radikalen Konstruktivismus erschien mir einleuchtend und nachvollziehbar. Der philosophische Physiker war prominent verwandt: mit Bruder Uzzi Förster, Multitalent und Jazzmusiker, sein Großvater war Emil von Förster, der renommierte Architekt. Ihm verdankt Wien sehr viele historische Gebäude, wie etwa das Dorotheeum. Zu seiner Verwandtschaft zählte aber auch der Schriftsteller Hugo von Hofmannsthal und sein Nennonkel, der Philosoph Ludwig von Wittgenstein. Vielleicht war Heinz von Foerster deshalb über 90 Jahre lang zum Denken geboren.

Die „Schule des Denkens" zu sein nimmt die klassische Philosophie häufig für sich in Anspruch. Doch auch eingefleischten Philosophen fällt es gar nicht so leicht, die vielen Zwischen-, Neben- und Hauptströmungen in plausible Definitionssätze zu gliedern und Ordnung zu schaffen – im weltweiten Denkwirrwarr. Zudem befinden sich unter den mutmaßlichen Berufsdenkern mitunter ganz lausige Redner. So beim letzten Philosophicum in Lech wieder live erlebt: Erwachsene Menschen stellen sich eine Stunde ans Rednerpult und lesen 400 anderen ihre Schachtelsätze und Ergüsse vor. Hier pervertiert sich

---

292 Heinz von Foerster (1911 – 2002) österreichischer Biophysiker, Philosoph und Konstruktivist. Er prägte den Begriff des „ethischen Imperativs".

die Kommunikationsgesellschaft selbst und überträgt die „Lesungen" der Referenten dann auch noch auf Monitore in die Buffethalle. Wenn es analog holpert, wird die welke Rednerperformance auch durch die digitale Übertragung nicht besser.

Bestimmt verhält es sich bei den modernen Wirtschaftstheorien genauso. Welche Argumente und sprachliche Dramaturgien punkten? Wodurch sind Denk-Lables überhaupt unterscheidbar? Welche Zeitstile muss man kennen, um auswählen und definieren zu können.

ÜBUNG 33
Wie gut kennen Sie die gängigsten philosophischen Haltungen?
→ Seite 359

Fazit:

In der Kommunikationsgesellschaft stellt sich vor dem philosophischen Hintergrund natürlich die Frage: Wie konstruiert man punktgenau die Wirklichkeit, die eine bestimmte Zielgruppe anspricht? Die Anzahl der jeweiligen Anhänger sagt noch wenig über den inhaltlichen Gehalt einer Weltanschauung aus. Ebenso wenig ist das Masseargument in der Wirtschaft gültig, um Qualität zu definieren. Auch die Käuferschicht stellt einem Produkt noch kein amtliches Gütesiegel aus. Untersuchenswert ist dennoch, welche Rhetorik bei den bekennenden Fans der abertausenden Denkrichtungen und Glaubenskonzepten jeweils die Nase vorne hat.

KAPITEL 41

Sein, nicht Haben

Sein, nicht Haben

Fromm statt frömmeln

Bei all dem Wandel, den wir Menschen durchlebt haben, zeichnet sich laut Jungendforscher Bernhard Heinzlmaier[293] ein weiterer ab: Die Leistungs-gesellschaft liegt hinter uns. Wir leben heute in einer Erfolgs- und Konkur-renzgesellschaft. Er weist darauf hin, dass *„die sozialen Beziehungen in das Wirtschaftssystem eingebettet sind und nicht umgekehrt die Wirtschaft in die sozialen Beziehungen.“*[294]

Dem Gros der Bevölkerung geht es nicht mehr darum, *was* wir geschafft haben, sondern *wie* erfolgreich wir damit sind. Vor diesem Hintergrund scheint es doppelt wichtig, wie wir uns sprachlich positionieren, abgrenzen und unseren Erfolg definieren – ohne dabei alleine „auf das Haben" zu referenzieren. Erich Fromm, deutsch-amerikanischer Psychoanalytiker, Philosoph und Sozialpsy-chologe, hat uns schon 1976 mit seinem Buch die Frage gestellt „Haben oder Sein"[295]? Damals forderte er uns bereits auf darüber nachzudenken *„Was ist gut für den Menschen?"* und *„Was ist gut für das Wachstum des Systems?"*

Nicht was wir gelernt haben, können und geleistet haben oder was wir besit-zen ist wichtig – sondern *wer* wir sind. Um gesellschaftlich positiven Einfluß zu nehmen, wäre deshalb wahrscheinlich die Einführung von „Charakterschu-len" eine brilliante Idee, um „vom Haben zum Sein"[296] zu kommen. Schließlich bleibt für die qualitative Bildung von Standpunkten, sprachliches Training, die ästhetische Erziehung, Grundlagen der Lebensführung im philosophischen Sinne und das empathische Wachstum des Einzelnen in den Elternhäusern und Schulstätten zu wenig Zeit. Manche Sportarten heften sich zwar auf die Fahnen, charakterbildend zu wirken, weil sie dem Anfänger Disziplin und Fleiß abverlangen. Auch ein Musikinstrument zur Perfektion bringt nur, wer regelmäßig übt und sich selbst in Zeiten überwindet, in denen er lieber ande-ren Interessen nachginge. Aber fehlt es uns Menschen wirklich an Fleiß und Überwindungsfähigkeit? Warum fühlen sich dann jetzt schon so viele aus-gelaugt, erschöpft und depressiv – mit und manche sogar ohne Arbeit? Sind

---

293 Mag. Bernhard Heinzlmaier ist Mitbegründer des Instituts für Jugendkulturforschung und seit 2003 ehrenamtlicher Vorsitzender. Hauptberuflich leitet er das Marktforschungsunternehmen factory in Hamburg.

294 Vgl. Bernhard Heinzlmaier, „Performer, Styler, Egoisten: Über eine Jugend, der die Alten die Ide-ale abgewöhnt haben", Archiv der Jugendkulturen Verlag, 2013 und vgl. http://www.youtube.com/watch?v=jpzz0KBuCGs, Stand 03/14

295 Vgl. Erich Fromm, „To Have or to Be?", Harper & Row Publsihers, 1976, S. 20

296 Vgl. http://www.spiegel.de/wissenschaft/mensch/plaedoyer-fuers-nichtstun-immer-mit-der-ru-he-a-731937.html, Stand 03/14

sie nicht vor allem müde der Dinge, die sie tun? Viele demotiviert nicht das Bündel der einzelnen Tätigkeiten, sondern der fehlende Sinn in der gesamten Aufgabe. Wenn jemand jeden Tag motiviert seinen Eimer zum Brunnen trägt, dafür sogar Überstunden macht und riskiert, seine Familie seltener zu sehen dann kann er doch stolz darauf sein, dass er um viele Eimer mehr geschafft hat als die anderen. Was aber, wenn das Wasser im Brunnen giftig war, dann ist er maximal derjenige, der am schnellsten das Gift verteilt hat. Ähnlich verhält es sich mit „Systemdienern". Man kann jeden Tag beispielsweise in eine Bank an seinen Arbeitsplatz gehen, einzelne Arbeitsschritte gewissenhaft und richtig auführen, obgleich man ahnt, dass dieser Beitrag – global gesprochen – recht sinnlos ist, weil das System schlicht falsch läuft. Hier kommt die heilsame Wirkung der Sprache ins Spiel: Nicht immer wird es uns gelingen, Systeme zu kippen oder große Veränderungen vom Zaun zu brechen, aber wir können heikle Punkte mutig ansprechen und laut mit anderen über Alternativen nachdenken. Sogar Therapeuten bauen darauf, dass Gespräche die Psyche reinigen.

In der Kommunikationsgesellschaft wird aber nur gehört, wer etwas zu sagen hat. Die Werkzeuge dafür, wie Inhalte formuliert werden müssen, damit sich andere angesprochen fühlen, kann jeder erlernen. Über die Jahre ist mir aufgefallen, dass die Konzentrationsphasen bei vielen Erwachsenen immer kürzer werden und wir sowohl die rhetorische Strategie für den Redner im Training, aber auch die Konzentrationspunkte für seine Zuhörer adaptieren müssen. Bewusst gesetzte „Attention-Maker" helfen jedem verbalen Auftritt. Die Menschen sind tatsächlich müde geworden. Wir haben es insgesamt mit einer „wenig ausgeschlafene Gesellschaft" zu tun. Unser „sozialer Jetlag" ist enorm. Täglich verlieren wir diesen Kampf zwischen unserer inneren Uhr und den äußeren Umständen um kostbare Minuten. Bereits die Kleinsten in der Gesellschaft kommen unter die Zahnräder der „sozialen Uhr". Wehe man gibt sie im Kindergarten morgens nicht zeitgerecht ab! Wer häufig zu spät in die Schule kommt, macht sich auch nicht beliebt. Im Erwachsenenleben gibt es immerhin die Gleitzeit, aber auch nur in manchen Branchen und selbst dort ist es zwar theoretisch erlaubt, aber nicht gern gesehen, wenn man jeden Tag erst um 10.00 Uhr ins Büro kommt. Was haben Marcus Tillius Cicero, Michel de Montaigne, Mark Twain, Winston Churchill und Albert Einstein[297] gemeinsam? Sie alle waren Verfechter von ausreichend Schlaf. Dauerübermüdung garantiert lahme Redner, die zwar viel sprechen, aber selten am Punkt. Auch moderne Musiker, Denker und Kreative schwören auf „A-B-C"-Einfälle. Die besten Ideen haben wir im *Auto*, im *Bad* oder am *Klosett*. Dafür brauchen wir Entspannung und ausreichend Kraftreserven. Chronobiologen wie Till

---

297 Vgl. http://www.spiegel.de/wissenschaft/mensch/plaedoyer-fuers-nichtstun-immer-mit-der-ruhe-a-731937.html, Stand 03/14

Roenneberg und sein Team bestätigen: „*Während der transmeridiane Jetlag vorübergehend ist und relativ wenige Menschen betrifft, ist der soziale Jetlag chronisch und betrifft die Mehrzahl der Menschen in Industrieländern. Sozialer Jetlag kann nur durch tiefgreifende Änderungen in der Organisation der Gesellschaft korrigiert werden. Unsere Forschungsergebnisse legen dringend nahe, Arbeits- und Schulzeiten an den Chronotypen anzupassen wo immer dies möglich ist.*"[298] Der Power-Nap (5-20 Minuten) erhöht die Leistungsfähigkeit – auch in der Kommunikation orte ich seit Jahren bessere Präsentationsergebnisse bei den Teilnehmern, die im Seminarhotel ihre Mittagspause für ein Schläfchen nützen. Sie wirken konzentrierter, springen nicht mit den Gedanken zu Nebenschauplätzen und verwenden im Vergleich zu ihren eigenen Vormittagsübungen weniger Füllworte. Denen, die im Geschäftsleben eine 5-20 minütige Pause für reine Zeitvergeudung halten, sei mit Fromm gekontert: „*Wir sind eine Gesellschaft notorisch unglücklicher Menschen ..., die froh sind, wenn es ihnen gelingt, die Zeit `totzuschlagen´, die sie ständig zu sparen versuchen*".

Selbst-Gespräche statt Postingpest

Ich bin kein großer Fan von Postings in Tageszeitungen. Zum einen ist es mir schleierhaft, wo Menschen die (Arbeits-)Zeit hernehmen um Redaktionsschreiber tagesaktuell zu kommentieren. Zum anderen halte ich Online-Foren generell für eine Kleinbühne der Selbstdarsteller und „Möchtegern-Journalisten". Es geht nicht darum, wie beim geschätzten Leserbriefschreiber, etwas anzumerken, was inhaltlich sauer aufgestoßen ist, sondern einzig darum, dass andere erleben, wie zackig oder witzig man formulieren kann – ohne mit der eigenen Identität dafür gerade stehen zu müssen. Dabei sollte ich micht nicht beschweren, schließlich war ich schon oft Nutznießerin einer Postingflut, wenn ich in einem Wahljahr etwa die politische Rhetorik der Volksvertreter in einer Tageszeitung analysiere oder anderenorts Kommunikationstypen in meiner Kolumne beschreibe. Natürlich gilt auch hier – wie überall – das Quotenprinzip: Je weniger Postings erreicht werden, umso uninteressanter für die Zeitung. Mehrere Postingseiten voll gefüllt mit harscher Kritik, dazwischen anerkennenden Worten, kreativen Beleidigungen, aber auch mit platten Drohungen gegen die Zeitungsherausgeber oder flotten Anbaggersprüchen für die Kolumnistin – all das gilt und zählt.

Dabei widerspiegeln Postings nicht immer die Meinung der Leser. Viele der Poster sind „gekauft", was besonders vor Wahlkämpfen mit freiem Auge erkennbar ist. Diese schriftlichen Lobbyisten arbeiten ganz fleißig daran, öffent-

---

298 Vgl. http://derstandard.at/1361240662709/Sozialer-Jetlag-Eulen-schlafen-zuwenig, Stand 03/14
Der Begriff Chronotyp wird für die Kategorien von Menschen verwendet, die aufgrund der inneren biologischen Uhr (Tag/Nacht) physische Merkmale besitzen, wie z. B. Hormonspiegel, Körpertemperatur, Schlaf- und Wachphasen, Leistungsvermögen zu unterschiedlichen Tageszeiten.

liche Meinungen zu den unterschiedlichen Themen zu beeinflussen – unter dem Deckmäntelchen des aufgeklärten Bürgerjournalismus. In Blogs werden Produkte lanciert, Politiker gehypt oder unliebsame Konkurrenten vernadert. Postings sind genauso käuflich wie „Likes". Wenn wieder einmal „über Nacht" eine unbekannte Singer-Songwriterin Millionenklicks einfährt, dann liegt das vielleicht nicht nur daran, dass so viele Menschen nicht schlafen können und ausgerechnet ihren Stream anklickten. Wahrscheinlich waren auch auf der hellen Seite der Erdkugel die meisten untertags mit anderen Dingen beschäftigt. Vielleicht hatte sie einfach ein gutes Postingnetzwerk, obwohl sie noch unbekannt war.

Egal, ob jemand für eine Öffentlichkeit schreibt oder für eine Minderheit postet – beides dient allein dazu, sich *„im außen"* wichtig zu *machen*, aber nicht um *„innen"* wichtig zu *sein*. Wie können Sie das gepflegte Gespräch mit sich selbst trainieren? Vor allem indem Sie sich Fragen stellen zu kniffligen Situationen im Alltag und in sich hineinhorchen, was da alles nach oben schwimmt an Antworten und halbverdauten Befindlichkeiten. Je echoffierter es aus Ihnen herausprudelt, umso weniger haben Sie eine Situation verarbeitet. Auch für die innere emotionale Archivierung gilt: ablegen kann man erst, was erledigt ist und innen nicht mehr „brennt". Glühende Kohlen schmeißt nach dem Grillen auch niemand in den Papierkorb. Nehmen Sie sich deshalb auch für Ihre innere Kommunikation genug Zeit. Manche wollen dafür spazieren gehen, andere hören sich zu beim Nachdenken auf der Couch. Sich elektronisch mit einem Tagebuch zu reinigen oder in Dialog mit sich zu treten durch Bewegung – alles ist erlaubt.

Bei heiklen Problemen oder unebenen Gesprächsverläufen die einfache Frage zu stellen *„Wem nützt es so zu denken?"* kann zu erkenntnisreichen Thesen führen. Gerade in der Kommunikationsgesellschaft brauchen wir ausreichend Ich-Zeit, um Gedanken nachzuhängen und Gespräche noch einmal Revue passieren zu lassen. Sie hatten beispielsweise eine Auseinandersetzung im Freundeskreis, es ging um das leidige Thema „Kindererziehung" und Sie wurden als zu übertrieben anspruchsvoll abgestempelt. *„Du solltest Kinder lieber Kinder sein lassen!"* Nehmen Sie sich Zeit und sprechen Sie geistig gewisse Teile Ihrer Argumentation durch. Hören Sie sich zu! Wo überreden Sie sich selbst? Und wo kommen Sie auf völlig neue Betrachtungen. Hätten Sie Ihre eigene Denkzentrale nicht befragt, Sie hätten diese Ansichten oder Vermutungen die offenbar in Ihnen schlummern, nicht wahrgenommen. Viele Menschen beginnen im Alter laut mit sich zu sprechen und führen den inneren Dialog für andere hörbar. Auch Kinder reden mit sich selbst oder mit Haus- und Kuscheltieren. Auf diese Weise sortieren sie ihre Gedanken und reflektieren Geschehnisse. Warum sollen wir nicht schon frühzeitig eine analytische Selbstgesprächskultur etablieren? Selbstgespräche sind kein Grund zur Sorge. Interessant wird es erst dann, wenn man etwas Neues erfährt. *„Ein bestimmtes Ausmaß an Selbstgesprächen könnte sogar ein Krankheitsanzeichen sein"*[299], sagt Corinna Reichl[300], psychologische Psychotherapeutin am Universitätsklinikum in Heidlberg. *„Vor allem Menschen mit Depression oder Angststörungen führten viele negativ getönte, interne Konversationen"*. Dennoch: *„Selbstgespräche sind in einem angemessenen Rahmen ganz und gar nicht schlecht"*.

Es ist wichtig, dass Menschen auch bei sich selbst Strukturen hinter Verhaltensmustern erkennen. Wer Zusammenhänge begreift, Muster entdeckt und Modelle erfasst, der besitzt die wichtigste Fähigkeit von allen – die innere Abstraktionsfähigkeit. Niemand will den Stadtplan von Rom lernen, sondern begreifen, wie eine Karte zu lesen ist – egal in welcher Stadt man sich befindet. Keinem nützt es, aus dem Zusammenhang gerissene Teile einer Präsentation auswendig zu können, sondern dramaturgisches Verständnis vermittelt zu bekommen, wann das Publikum welche Impulse braucht.

Gute Gesprächskultur beginnt daher bei uns selbst und bedeutet, auch mit sich in Klausur zu gehen und nötigenfalls nicht mit Manöverkritik zu sparen. Die „Think-Positiv"-Gemeinde wird da vielleicht aufschreien, weil sie lieber empfiehlt, ganz sanft mit sich zu sein und sich lieber süße Affirmationen des Lobes zuflüstert oder Mut macht. Damit hält man sein „Selbst" allerdings auf der Stufe eines Kleinkindes und unsere Persönlichkeit wird nur langsam wachsen. Wir können uns jedoch fördern und fordern.

Sinnschaffend, nicht gewinnbringend Netzwerken!

Es gibt einige Richtungen für die ich mich in den letzten Jahren interessiere. Zum einen finde ich den Aufbau einer „Charakterschule", in der rhetorische Fähigkeiten UND lebensrelevante Inhalte im Mittelpunkt stehen, verlockend. Zum anderen kümmere ich mich gerne um sinnschaffende Projekte rund um die Themen Stimme, Sprache und Wirkung. Viele Menschen mit schweren Sprachstörungen beispielsweise sind heute auf computergestützte Geräte in ihrer Kommunikation angewiesen. Bislang konnten sie nur zwischen ein paar Stimmoptionen wählen. Deshalb hat der theoretische Physiker und Astrophysiker Stephen Hawking zum Beispiel einen amerikanischen Akzent, obwohl er Brite ist. Weder sein Akzent noch seine elektronische Stimme haben mit seiner Persönlichkeit zu tun. Viele stimmbehinderte Menschen müssen sich sogar dieselbe Stimme teilen, da zu wenig Auswahl verfügbar ist. Dabei ist

---

299 Vgl. http://www.spiegel.de/gesundheit/psychologie/psychologie-selbstgespraeche-koennen-motiverend-sein-a-924224.html, Stand 03/14

300 Vgl. Corinna Reichl, JF Schneider, FM Spinath, „Relation of self-talk frequency to loneliness, need to belong and health in German adults". Journal of Personality and Individual Differences, 2013 und vgl. JF Schneider, Corinna Reichl, „Exploring ease in thinking aloud. Psychological Reports", S. 98, 85-90

der Klang unserer Stimme einzigartig – wie die Iris in den Augen oder unser Fingerabdruck. Wenn Charakteristika der technischen Stimme nicht zu denen des Stimmlosen passen, so bedeutet das eine massive Einschränkung im Ausdruck seiner Persönlichkeit. Die Sprachforscherin Rupal Patel der Northeastern University in den USA will daran etwas ändern.[301] Sie ist gerade dabei, weltweit ein Netzwerk aufzubauen, in dem es „Stimmen-Spender" geben soll, die verschiedene Sätze und einzelne Worte aufnehmen. Dazu braucht man Freiwillige im ähnlichen Alter und mit gleichem Geschlecht des Stummen, die diese Sprachaufzeichnungen anfertigen. Zusammen mit einigen Lauten der betroffenen Stimm-Patienten kann daraus eine künstliche Stimme programmiert werden, die der des Kranken ähnelt und ihm damit viel mehr entspricht. Durch die neugewonnene Stimm-Identität (Vocal-ID) erlangen sprachlich beeinträchtigte Menschen mehr Lebensqualität. Die ersten Neuvertonten waren überglücklichen und berichteten unisono, dass ihr Persönlichkeitsausdruck um eine wesentliche Facette bereichert wurde. Sie waren froh, sich nicht länger über die anonyme Systemstimme aus dem Computer mit anderen unterhalten zu müssen. Der Aufwand für den Stimmspender lässt sich laut der Sprachwissenschaftlerin auf drei bis vier Stunden für die Aufnahme der zu programmierenden Wörter eingrenzen. Ich habe mit Professor Rupal Patel Kontakt aufgenommen und unterstütze sie und ihr CadLab[302] gerne. Alleine die Schule des Sprechens verfügt über einen Sprecherpool von einigen hundert top ausgebildete Sprecherstimmen und jährlich kommen zig neue dazu. Dabei gibt es bestimmt noch viel größere Moderatorenpools oder Sprecherkarteien. Eine sinnerfüllte und schöne Aufgabe für einen unserer Sprecher in spe, seine Stimme nicht nur für den schnöden Mammon ausgebildet zu haben, sondern auch dafür, anderen Menschen eine Stimme zu schenken.

Lackners Labor

Sprechen gelingt nicht ohne Denken. Innovatives Denken ist anstrengend – dafür steigt das Glücksgefühl bis in den Kopf. In der Wirtschaft und in den Medien sind Menschen gefragt, die über den Tellerrand hinaus informiert sind und selbständig „Out of the box" denken. Die Anforderungen an die Karriereorientierten sind hoch.

Sie sollen:

a) gut ausgebildet sein

b) schnell Zusammenhänge erkennen

c) Systeme im Unternehmen und in der Welt durchschauen

---

301 Vgl. http://www.ted.com/talks/rupal_patel_synthetic_voices_as_unique_as_fingerprints?language=
de, Stand 03/14
302 Vgl. http://www.cadlab.neu.edu/people.php?name=rupal_patel, Stand 03/14

d) individuelle Ansätze finden

e) über solide Allgemeinbildung verfügen und reden sollten sie auch noch können – die High-Potentials von heute.

Diese Anforderungen wirken vor dem Hintergrund, dass sich das Weltwissen laufend vervielfacht, wie das Bauernhaus in der Innenstadt mit Meerblick zum Preis einer Garconniere. Gedankliches Frischwasser in die Tränke füllt nur, wer sich mit Menschen unterschiedlichster Disziplinen an einen Tisch setzt und gemeinsam arbeitet, statt nur im eigenen Themensaft zu braten. Gerne versammle ich Studienabsolventen der unterschiedlichen Fakultäten und Länder zum internationalen Ausstausch. Im Zeitalter von elektronischen Medien kommen intellektuelle Gespräche zu kurz. Selten können Überlegungen in die Tiefe ventiliert werden. Noch nie waren wir so gut informiert und haben gleichzeitig so wenig gewusst. Googeln, Recherchieren, Information per Mausklick sammeln – all das ersetzt den kultivierten Diskurs nicht. Lackners Labor bietet die Möglichkeit, Gedankenexperimente auszuführen und Themen im geschützten Rahmen auseinanderzunehmen. Da kann es schon mal laut werden, knallen und in den Köpfen rauchen. Untersucht werden – für die Wirtschaft – relevante Kommunikations-Schnittpunkte aus Politik, Naturwissenschaft, Kommunikation, Mathematik, Kunstgeschichte, Design etc. Fragen wie: „Was sind Kriterien für Intelligenz 2030?" oder „Wie viel sollte man allgemein wissen?" stehen im Fokus. Die gut ausgebildeten High-Potentials verfügen über journalistische Fähigkeiten, assoziatives Denken, Präsentationstalent, Argumentationsfähigkeit und es geht beim monatlichen Austausch nicht um Zuverdienst, sondern um Gehirnschmalz. Ein Thema kommt auf den Tisch und einige Laborsitzungen lang wird geforscht und analysiert. Nicht jede Forschungsreise führt zu Ergebnissen. Manche Essenzen sind jedoch wert, publiziert oder als Podcast vertont zu werden. Lackner Labor hat sich zur Aufgabe gemacht, „bright lights" zu fördern und die Kommunikationsgesellschaft aktiv mitzugestalten.

Fazit:

Vieles verbindet uns in der Kommunikationsgesellschaft. Alle müssen wir essen, trinken, schlafen und unseren Alltag organisieren. Spannend werden Biografien deshalb dort, wo sie sich positiv voneinander unterscheiden. Wer sich stärker um den Sinn seiner Tätigkeiten als um die ständige Glückssuche kümmert, hat wahrscheinlich mehr von jedem einzelnen Moment. Nicht was wir im Leben angehäuft *haben* ist relevant, denn das letzte Hemd hat bekanntlich keine Taschen. Es geht viel mehr darum, *wer* wir *sind*. Damit wir das herausfinden, ist es wertvoll, sich selbst zuzuhören und Raum für das gepflegte Selbstgespräch zu schaffen. In dieser Ich-Zeit lassen sich Gedanken ordnen und in der Ablage unseres Gemütes archivieren. Aufräumen findet schließlich nicht nur im Wohnraum statt, sondern auch in unserer Psyche ist innere Ordnung wohltuend.

Praxisteil

Hier im Praxisteil finden Sie 33 wertvolle Übungen, Gedankenexperimente und Coaching-Tipps, um Ihre Rhetorik zu verbessern. Alle sind seit Jahren im täglichen Training erprobt. Sie brauchen lediglich einen Bleistift und los geht's!

„Ohne zu schreiben, kann man nicht denken; jedenfalls nicht in anspruchs-voller, anschlussfähiger Weise."
(Niklas Luhmann)[303]

---

303 Niklas Luhmann, „Kommunikation mit Zettelkästen. Ein Erfahrungsbericht". Kleine Schriften S. 53-61, in: Universität als Milieu, 1992

Übung 1

→ SEITE 41

„45 x False Friends – Falsche Freunde"[304]

Unsere Sprache durchmischt sich mit vielen englischen Begriffen. Das führt nur an der Oberfläche zu einer internationaleren gedanklichen Ausrichtung. Manche Wörter klingen in der englischen Sprache ähnlich, bedeuten aber im Deutschen etwas gänzlich anderes. Wie heißt es richtig? Hier 45 häufig falsch übersetzte „False Friends". Die Lösungen finden Sie am Ende der Übung. Testen Sie sich selbst!

DEUTSCH	RICHTIGE ENGLISCHE ÜBERSETZUNG	WIRD AUF ENGLISCH VER-WECHSELT MIT	DEUTSCHE ÜBERSETZUNG
1 aktuell	?_ _ _ _ _ _?	actual	wirklich, tatsächlich
2 alle Tage	every day	?_ _ _ _ _ _?	den ganzen Tag
3 Annonce	?_ _ _ _ _ _?	announcement	Ansage, Durchsage
4 bald	soon	?_ _ _ _ _ _?	kahl (Glatze)
5 Bein	?_ _ _ _ _ _?	bone	Knochen
6 (sich) blamieren	?_ _ _ _ _ _?	to blame	jemandem die Schuld geben
7 Bord	?_ _ _ _ _ _?	board	Tafel
8 Box (Lautsprecher)	?_ _ _ _ _ _?	box	Schachtel
9 Brand	fire	?_ _ _ _ _ _?	Marke
10 Chance	?_ _ _ _ _ _?	chance	Zufall, Glück
11 delikat	delicious; exquisite	delicate	?_ _ _ _ _ _?
12 dementiert	denied, refuted	demented	?_ _ _ _ _ _?
13 dezent	?_ _ _ _ _ _?	decent	anständig
14 Dose	?_ _ _ _ _ _?	dose	Dosis
15 engagiert	?_ _ _ _ _ _?	engaged	verlobt; besetzt (Telefon, WC)
16 Fabrik	factory	fabric	?_ _ _ _ _ _?
17 Fahrt	journey	fart	?_ _ _ _ _ _?
18 famos	?_ _ _ _ _ _?	famous	berühmt
19 Fehler	mistake	failure	?_ _ _ _ _ _?
20 Flur	?_ _ _ _ _ _?	floor	Fußboden, Stockwerk

304 Vgl. http://www.englisch-hilfen.de/words/false_friends.htm, Stand 02/14

21	Fotograf	?_ _ _ _ _ _?	photograph	Foto, Bild
22	Fraktion	parliamentary party, group	?_ _ _ _ _ _?	Bruchteil, Bruchzahl
23	Glanz	glory, shine	?_ _ _ _ _ _?	Blick
24	Hochschule	?_ _ _ _ _ _?	high-school	weiterführende Bildungseinrichtung (Sekundarstufe)
25	Hut	hat	?_ _ _ _ _ _?	Hütte
26	Igel	?_ _ _ _ _ _?	eagle	Adler
27	irritieren	to confuse	to irritate	?_ _ _ _ _ _?
28	Kaution	bail, deposit	caution	?_ _ _ _ _ _?
29	konkret	specific	concrete	?_ _ _ _ _ _?
30	konsequent	?_ _ _ _ _ _?	consequent consequently	daraus folgend infolgedessen
31	Konzept	?_ _ _ _ _ _?	concept conception	Begriff, Idee Empfängnis
32	Lyrik	?_ _ _ _ _ _?	lyrics	Liedtext
33	mobben	?_ _ _ _ _ _?	to mob	umringen, umlagern
34	Mörder	murderer	?_ _ _ _ _ _?	Mord
35	Objektiv	?_ _ _ _ _ _?	objective	Ziel
36	Personal	?_ _ _ _ _ _?	personal	persönlich
37	Quote	rate, proportion	quote	?_ _ _ _ _ _?
38	rentabel	profitable	rentable	?_ _ _ _ _ _?
39	Rezept (Arzt) Rezept (Kochen)	prescription recipe	?_ _ _ _ _ _?	Quittung
40	Schmuck	jewelry (AE) jewellery (BE)	schmuck	?_ _ _ _ _ _?
41	sensibel	sensitive	sensible	?_ _ _ _ _ _?
42	Smoking	?_ _ _ _ _ _?	smoking	Rauchen
43	Stoff	material	?_ _ _ _ _ _?	Zeug, Sachen
44	streng	?_ _ _ _ _ _?	strong	stark
45	sympathisch	nice, pleasant, likable	?_ _ _ _ _ _?	mitfühlend, verständnisvoll

LÖSUNGEN ÜBUNG 1

1	topical, current, up-to-date
2	all day
3	advertisement
4	bald
5	leg
6	to make a fool of oneself
7	shelf
8	(loud)speaker
9	brand
10	opportunity
11	empfindlich
12	wahnsinnig (demenzkrank)
13	discreet, modest
14	can, tin
15	committed
16	Stoff
17	Furz
18	splendid
19	Mißerfolg, Versagen
20	hall, hallway
21	photographer
22	fraction
23	glance
24	college, university
25	hut
26	hedgehog
27	jemanden verärgern
28	Vorsicht
29	Beton
30	consistent
31	draft, plan
32	poetry
33	to bully
34	murder
35	lens
36	personnel, staff
37	Zitat
38	mietbar
39	receipt
40	Depp, Schwachkopf
41	vernünftig
42	tuxedo, dinner jacket
43	stuff
44	strict
45	sympathetic

Übung 2

→ SEITE 86

13 x Token erraten[305]

Hätten Sie „NRN" decodieren können? Oder wissen Sie, was mit „SCNR" gemeint ist? Hier finden Sie noch 13 weitere Abkürzungen aus der jüngsten elektronischen Sprachkultur:

1.	**IRL**	in real life	im richtigen Leben (im Gegensatz zum virtuellen Selbst im Cyberspace)
2.	**L8R**	Later	später
3.	**LOL**	laughing out loud	lauthals loslachen
4.	**MBG**	money back garantee	Geld-zurück-Garantie
5.	**NRN**	no reply necessary	keine Antwort erforderlich
6.	**OIC**	oh, I see	ah, ich verstehe
7.	**ONNTA**	oh no, not this again	oh nein, nicht DAS schon wieder
8.	**OT**	off topic	gehört nicht zum Thema
9.	**ROFL, ROTFL**	rolling on the floor laughing	sich vor Lachen am Boden wälzen
10.	**RSN**	real soon now	wirklich bald
11.	**SCNR**	sorry, could not resist	Entschuldigung, konnte ich mir nicht verkneifen
12.	**THNX, THX**	Thanks	Danke
13.	**TIA**	Thanks in advance	Vielen Dank im voraus

ABB.
ABKÜRZUNGEN UND IHRE
BEDEUTUNGEN[306]

---

305 Vgl. http://www.englisch-hilfen.de/words/false_friends.htm, Stand 02/14
306 Vgl. http://solidworks.cad.de/dfue_tok.htm, Stand 01/14

Übung 3

→ SEITE 107

3 x „Decodierung der Sprache"

Kommunikation ist Gehirnleistung pur auf ganz vielen Ebenen. Erleben Sie Ihr Gehirn bei der Arbeit! Mit ein bisschen Geduld werden Sie die folgenden drei Texte entschlüsseln. Machen Sie die Übung auch, wenn Sie das Decodierungsprinzip bereits kennen, denn die Aufgaben sind in steigernder Reihenfolge aufgebaut und Ihr Gehirn läuft so langsam an.

D45 G3HT J4 W1RKL1CH!:

Ehct ksras! Gmäess eneir Sutide eneir Uvinisterät, ist es nchit witihcg, in wlecehr Renflogheie die Bstachuebn in eneim Wort snid, das ezniige was wcthiig ist, das der estre und der leztte Bstabchue an der ritihcgn Pstoiin snid. Der Rset knan ein ttoaelr Bsinöldn sein, tedztorm knan man ihn onhe Pemoblre lseen. Das ist so, weil wir nicht jeedn Bstachuebn enzelin leesn, snderon das Wort als gzeans enkreenn. Ehct ksras! Das ghet wicklirh! Und dfüar ghneen wir jrhlaeng in die Slhcue!

Und als Steigerung dieses hier:

D1353 M1TT31LUNG Z31GT D1R, ZU W3LCH3N GRO554RT1G3N L315TUNG3N UN53R G3H1RN F43H1G 15T! 4M 4NF4NG W4R 35 51CH3R NOCH 5CHW3R, D45 ZU L353N, 483R M1TTL3W31L3 K4NN5T DU D45 W4HR5CH31NL1ICH 5CHON G4NZ GUT L353N, OHN3 D455 35 D1CH W1RKL1CH 4N5TR3NGT. D45 L315T3T D31N G3H1RN M1T 531N3R 3NORM3N L3RNF43HIGKEIT. 8331NDRUCK3ND, OD3R? DU D4RF5T D45 G3RN3 KOP13R3N, W3NN DU 4UCH 4ND3R3 D4M1T 83G315T3RN W1LL5T.

High-Flyer decodieren gerne auch in der Fremdsprache:

Good example of a Brain Study:

If you can read this you have a strong mind:

7H15 M3554G3

53RV35 7O PR0V3

H0W 0UR M1ND5 C4N

D0 4M4Z1NG 7H1NG5!

1MPR3551V3 7H1NG5!

1N 7H3 B3G1NN1NG

17 WA5 H4RD BU7

N0W, 0N 7H15 LIN3

Y0UR M1ND 1S

R34D1NG 17

4U70M471C4LLY

W17H 0U7 3V3N

7H1NK1NG 4B0U7 17,

B3 PROUD! 0NLY

C3R741N P30PL3 C4N

R3AD 7H15.

PL3453 F0RW4RD 1F

U C4N R34D 7H15.

Übung 4

→ SEITE 42

Kennen Sie auch diese Germanismen in der englischen Sprache?

ABB. 59
DEUTSCHE WÖRTER IN DER ENGLISCHEN SPRACHE

Übung 5

→ SEITE 124

Die 5 Lockrufe des guten Redners

Warum hören wir dem einen Menschen zu und langweilen uns bei der Rede des anderen zu Tode? Dabei ist locken besser als werben. Selbst die interessantesten Tatsachen holprig dargeboten werden nicht überzeugen. Jetzt bekommen Sie je einen Beispielsatz und versuchen es gleich selbst! Locken Sie durch gelungene rhetorische Technik!

a) Negativ-Selektion:

Bei manchen Vorträgen ist es sinnvoll, von vornherein zu klären, worum es nicht gehen wird. Unterstreichen Sie, was Sie in den Mittelpunkt Ihrer Rede stellen! Sie finden bei jeder Übung stets einen Beispielspielsatz als Anleitung.

> **IHRE NEGATIV-SELEKTION!**
> *„Ich möchte Ihnen heute etwas über die andere Seite von New York erzählen, die Sie in keinem Reiseführerführer finden werden. In meinem Fokus steht …*

b) Slogan-Technik:

Wortspiele und griffige Plakate sind witzig und weitererzählbar. Vorsicht jedoch bei krampfhaft kreativen Parolen! Überlegen Sie sich einen Slogan für Ihre Firma, Familie etc. Sie können Slogans auch in Fragen verpacken.

> **IHRE SLOGAN-TECHNIK:**
> *„Reden Sie noch oder sprechen Sie schon?"*

c) Paradoxe Intervention:

Scheinbare Widersprüche, die sich bei genauerer Betrachtung auflösen, erhöhen die Aufmerksamkeit des Publikums. Fällt Ihnen etwas Paradoxes ein?

IHRE PARADOXE INTERVENTION:
„Nur nichts kaufen ist preiswerter!"

d) Gemeinsame-Nenner-Strategie:

Diese Strategie hilft bei Menschen, die auf den ersten Blick wenig gemeinsam haben. Bestimmt finden Sie Schnittpunkte, die niemand erwartet hätte, denn: Gemeinsamkeit verbindet! Nehmen Sie drei Produkte, Arbeitskollegen und Eigenschaften als Übungsbeispiel und finden Sie einen sinnvollen gemeinsamen Nenner. Es reicht nicht, bei drei Personen festzustellen, dass sie alle Menschen sind und noch leben. Suchen Sie unter der Oberfläche des Offensichtlichen!

IHRE GEMEINSAME-NENNER-STRATEGIE:
„Was haben Bruce Springsteen, Matt Damon, Martin Sheen und Scarlett Johansson gemeinsam? Sie alle machten damals mobil gegen George W. Bush: „MoveOn.org" ist eine politische Gruppierung der US-amerikanischen Demokraten."

e) Verblüffungstechnik:

Machen Sie sich im Internet schlau. Womit können Sie Ihre Zuhörer überraschen?

> **IHRE VERBLÜFFUNGS-TECHNIK:**
> *„Wussten Sie, dass* George Michaels Weihnachtshymne „Last Christmas" ursprünglich für Ostern 1985 geplant war? „Last Easter" hätte der Song damals heißen sollen."
>
> ....
>
> ....
>
> ....

Übung 6

→ SEITE 132

Storytelling selbstgemacht

Ihr Unternehmen hat Schwierigkeiten im Marketing. Sie bringen Lösungsvorschläge und präsentieren Ihr Konzept vor versammelter Mannschaft. Um nicht nur Hirn, sondern auch das Herz der Zuhörer anzusprechen, bauen Sie bewusst eine Story ein. Eine Minute reicht – notieren Sie Stichworte für Ihre Geschichte!

BESCHREIBEN SIE DIE GESCHICHTE IN STICHWORTEN!

Wortschatz

Den Wortschatz erweitern Sie am schnellsten mit Synonymen, wortähnlichen Begriffen, oder Antonymen, das sind gegensätzliche Bedeutungen. Gute Rhetoriker verfügen über ausreichend Ersatz in beide Richtungen.

TEIL 1 DER ÜBUNG:

Finden Sie Antonyme & Synonyme:

Meistens brauchen wir mehr Synonyme als Antonyme. Deshalb reicht es, wenn Sie einen gegenteiligen und drei sinnverwandte Begriff finden. Füllen Sie die Liste aus! In den freien Zeilen geben Sie sich Ihre Aufgabe selbst: Überlegen Sie sich eigene Wörter, die Sie im beruflichen Alltag immer wieder gebrauchen. Verwenden Sie bei der gesamten Übung keine Fachtermini!

Beispiel:

Begriff	Antonym	1. Synonym	2. Synonym	3. Synonym
gehen	stehen	marschieren	stolzieren	schreiten
angenehm	unwohl	gemütlich	angenehm	wohltuend
stur	verhaltensflexibel	starrköpfig	bockig	konsequent
gelassen	unruhig	souverän	ruhig	locker
schön	hässlich	bildhübsch	attraktiv	anziehend

Begriff	Antonym	1. Synonym	2. Synonym	3. Synonym
Kopie				
	teamfähig			
		kaputt		
			liebevoll	
				ignorant

Lösungsangebote:

Antonyme von „Kopie": Original, Erstschrift, Grundlage, Quelle, Urbild, Urfassung, Vorlage, Leitbild, echtes Stück, Unikat, Bezugstext, Archetyp, Musterstück, Ausgangsobjekt, Schema, Schnittmuster, Erstentwurf, Urexemplar, Grundmodell, Erstanfertigung, Maßschneiderung

Synonyme von „Kopie": Abzug, Plagiat, Durchschlag, Zweitversion, Reproduktion, Abdruck, Nachbildung, Imitation, Klischee, Abziehbild, Nachbildung, Doppelausfertigung, Abschrift, Nachahmung, Wiedergabe, Schablone, Doublette, Blaupause, Faksimile, Nachformung, Spiegelbild, Verdoppelung

Antonyme von „teamfähig": einzelgängerisch, non-konfromistisch, gesellschaftschädigend, zeigt Außenseiter-Mentalität, einzelkämpferisch, divenhaft, exaltiert, individualistisch, sich absondernd, hat Outsider-Allüden, lebt als Eremit, einsiedlerisch, setzt Ellenbogen ein, autark, isoliert sich, wendet sich ab, igelt sich ein, eigenbrödlerisch, intriegenanfällig, besitzt Star-Allüren, Ensemble untauglich, kauzig, egozentrisch, asozial, gemeinschaftsfeindlich

Synonyme von „teamfähig": gruppentauglich, mannschaftsorientiert, integrierbar, angepasst, nicht aufmuckend, linientreu, gemeinschaftlich ausgerichtet, Ensemble erfahren, vereinsfähig, verbandorientiert, cliquenfähig, beziehungsfähig, kollektiv wertvoll, Clan suchend, gemeindeverantwortlich, paktfähig, gespanntauglich, stabtreu, kollegial, kameradschaftlich, brigadetauglich, bündlerisch, akompanierend, truppenfähig, genossenschaftlich, kommissionsverträglich, konformistisch, selbstlos

Antonyme von „kaputt": neu, unbenützt, ungebraucht, neuwertig, gut erhalten, geschont, gepflegt, instand gehalten, fahrbereit, einsatzbereit, startklar, gebrauchsfertig, betriebsbereit, kampffähig, parat, zur Verfügung stehend, repariert, gewartet, ausgebessert, gerichtet, bezugsfertig, saniert, disponible, lieferbar, abholbereit, gerüstet, funktionstüchtig

Synonyme von „kaputt": beschädigt, defekt, ausgedient, irreparabel, entzwei, zerschellt, zerteilt, zerschmettert, zerbrochen, auseinandergefallen, funktionsuntüchtig, schadhaft, baufällig, leck, angeschlagen, am Ende, ruiniert, erledigt, nicht wiederherstellbar, ramponiert, baufällig, abbruchreif, gebrechlich, undicht, löchrig, lädiert, schadhaft, angeschlagen, minderwertig, porös, zweitklassig, fehlerhaft, desolat, abgenutzt

Synonyme für „liebevoll": emotional, gefühlvoll, fürsorglich, gütig, warmherzig, beziehungsorientiert, zärtlich, Wärme spendend, barmherzig, sorgsam, anmutig, aufmerksam, bedacht, reizend, harmonisch, herzlich, einfühlsam, empathisch, intim, Nähe orientiert, sanft, partnerschaftlich, sacht, hingebend, uneigennützig, wohlgesinnt, mild, intim, rührend, großmütig, gefällig, sanft, innig, vertraulich, anmutig, charmant, herzlich

Antonyme für „liebevoll": herzlos, gefühlskalt, hartherzig, eisig, abgestumpft, barbarisch, brutal, gefühlsarm, emotionslos, unerbitterlich, gnadenlos, grausam, empfindungslos, inhuman, frostig, grob, kränkend, abwertend, geringschätzig, tyrannisch, radikal, kaltblütig, unversöhnlich, skrupellos, gewissenlos, unmenschlich, gemütsarm, emotional beeinträchtigt, lieblos, kaltherzig, unzugänglich, kaltblütig, ungerührt, steinern, empfindungstaub

Synonyme für „ignorant": gleichgültig, emotionslos, banausenhaft, ungebildet, wahrnehmungsarm, empfindungsschwach, stümperhaft, dilettantisch, achtlos, apathisch, interesselos, desinteressiert, bildungsarm, kühl, leidenschaftslos, temperamentlos, gehemmt, ungehobelt, roh, gemütsarm, ungerührt, lethargisch, teilnahmslos, stumpfsinnig, passiv, phlegmatisch, unbeteiligt, lasch, unaufgeschlossen, denkfaul, unsensibel, variantenarm, dumpf, träge, inaktiv, tatenlos, faul, kaltschnäuzig, unbeweglich, schwerfällig

Antonyme für „ignorant": leidenschaftlich, temperamentvoll, involviert, betroffen, anteilnehmend, vernarrt, erfüllt, fanatisch, glühend, angeregt, entbrannt, entflammt, engagiert, verwickelt, berührt, erfasst, weltoffen, erwartungsvoll, neugierig, enthusiastisch, euphorisch, frenetisch, kämpferisch, fleißig, handelnd, gestaltend, lebendig, aktiv, verantwortlich, arbeitswillig, teilhabend, bekennend, eifernd

TEIL 2 DER ÜBUNG:

Versuchen Sie nun selbst die „Temperatur" eines Wortes auzuloten. Sie trainieren dabei gleich zwei Fertigkeiten in einem:

1. Zuerst finden Sie mindestens sieben Synonyme zu den angegebenen Wörtern.

2. Danach ordnen Sie die Wörter nach ihrer Wort-Temperatur!

Begriff	drei kühle Synonyme	drei wärmere Synonyme	drei heiße Synonyme
wertschätzen	1.	1.	1.
	2.	2.	2.
	3.	3.	3.
besprechen	1.	1.	1.
	2.	2.	2.
	3.	3.	3.
Innovation	1.	1.	1.
	2.	2.	2.
	3.	3.	3.

Übung 8

→ SEITE 147

Kontrollieren Sie Ihre Gespräche!

Gute Gesprächsführung hat viel mit Kontrolle zu tun. Zum einen geht es darum, selbst kontrolliert zu sprechen und zum anderen auch mit dem Gegenüber konkrete Ergebnisse zu erreichen. Sichern Sie den Gesprächsverlauf und kontrollieren Sie gemeinsame Nenner! Suchen Sie sich ein Projekt aus, an dem Sie gerade arbeiten und formulieren Sie zuerst leise für sich und dann in Stichworten.

Geeignet ist diese Übung auch als Gesprächsvorbereitung: Was war die Ausgangslage? Was wurde vorweg vereinbart? Wie sehr divergiert beispielsweise das definierte Ziel vom erreichten Resultat? Vergleichen Sie diese Ergebnisse und konfrontieren Sie den Gesprächspartner bei Abweichungen.

Gesprächskontrolle (Ergebnis)	Soll	Ist	Vergleich	Lösungsvorschlag

Beispiel: „Du warst sicher, dass Du es schaffst, alleine zu lernen. Diese Note zeigt, dass Du Dich überschätzt hast. Es ist jedoch noch ausreichend Zeit, sich auf eine positive Mathe-Klausur mit professioneller Hilfe vorzubereiten. In den nächsten drei Wochen unterstütze ich Dich mit Nachhilfe."

Sie sind an der Reihe! Finden Sie ein eigenes Beispiel:

Gesprächskontrolle (Ziel)	Soll	Soll	Vergleich	Lösungsvor-schlag

Beispiel: „Ihre Abteilung hat uns eine Zieldefinition des Projektes geliefert, die vor allem bei den Kosten und dem Zeitplan von unserer Soll-Kalkulation abweicht. Die Divergenz sehe ich vor allem bei ..."

Sie sind an der Reihe:

....

....

....

....

Gesprächskontrolle (Planfortschritt)	Soll	Wird	Vergleich	Lösungsvor-schlag

Beispiel: „Wir haben uns darauf geeinigt, dass die Fliesen mit dem heutigen Tag verlegt sind. Ich sehe, dass Sie das nicht mehr bis 18.00 Uhr schaffen. Mein Vorschlag, Sie arbeiten auch am Samstag und nötigenfalls am Sonntag, dann liegen wir für die nächste Bauwoche wieder gut im Plan."

Sie sind dran:

....

....

....

....

Gesprächskontrolle (Prognose)	Wird	Wird	Vergleich	Lösungsvor- schlag

Beispiel: „Nicht nur die Meteorologen im Radio sagen schlechtes Wetter voraus auch mein Kopf spürt den Tiefdruck deutlich. Wir werden daher nicht wie geplant im Garten arbeiten können. Die Zeit nützen könnten wir meiner Ansicht nach besser indem wir Winter- und Sommer-Kleidung tauschen und verstauen."

Jetzt Sie:

....

....

....

....

Gesprächskontrolle (Prämisse)	Wird	Ist	Vergleich	Lösungsvor- schlag

Beispiel: „Du bist davon ausgegangen, dass die Autoreparatur sicher nur eine Kleinigkeit ist, jetzt wird sie laut Kostenvoranschlag eine kleine Investition. Ich empfehle daher, dass wir nicht in die Therme reisen. Sparen wir lieber das Thermenwochenende samt Zugticket ein, um das Auto wieder flott zu machen."

Ihre Übung:

....

....

....

....

Gesprächskontrolle (Stichprobe)	situative Prüfung	Soll	Vergleich	Lösungsvor-schlag

Beispiel: „Herr Maier, ich habe wahllos 10 Artikel überprüft. Vier davon waren falsch bepreist. Sie sollten Ihre Mitarbeiter besser kontrollieren. Meine Stichproben dürfen nicht zu Ihrem Qualitätsmanagement werden."

Sie sind wieder dran:

....

....

....

....

Gesprächskontrolle (Prozess)	vereinbar-ter Weg	einge-schlage-ner Weg	Vergleich	Lösungsvor-schlag

Beispiel: „Die vereinbarte Strategie war, dass wir uns defensiv verhalten. Du hast gestern den Vorstand jedoch vor allen brüskiert. Weder diente es uns noch entsprach es unserer Vereinbarung. Ich schlage deshalb vor, dass ich die Verhandlungen ab sofort wieder selbst führe."

Sie sind noch einmal dran:

....

....

....

....

Übung 9 → SEITE 156

Der Coaching-Tipp: Interview-Vorbereitung

Wie können Sie sich auf ein Job-Interview vorbereiten?

Ich selbst bin immer wieder bei Assessments und Hearings in der Kommission als Kommunikations-Profilerin. Mir ist das Spiel von beiden Seiten vertraut. In der Jury habe ich nicht zu beurteilen, ob Maier ein guter Risikocontroller ist. Das spielt für meine Bewertung auch keine Rolle – meine Aufgabe ist zu beobachten, ob Maier auch ein guter Kommunikator ist, da er als Chief Risk Officer 30 Mitarbeiter führen soll – und das gleich in mehreren Ländern.

Unsere Kunden profitieren von meiner jahrelangen Hearing-Erfahrung. Wer die größten Killerfragen kennt, kann gelassen und sympathisch reagieren. Kunden bestätigen oft, dass die gewonnenen Hearings nie so anstrengend waren wie die Trainingsstunden zuvor. Sie räumen aber auch ein, dass unsere gemeinsamen Stunden bereits die beste Vorbereitung für ihren neuen Job waren.

Trainieren Sie auch die unangenehmen Fragen und finden Sie gedanklich Antworten:

- Für welche Eigenschaft sind Sie bisher in Ihrem Leben am häufigsten kritisiert worden?

- Was war in Ihrem bisherigen Leben die Aufgabe, die am meisten Sinn gestiftet hat?

- Wären Sie Ihr eigener Coach, was würden Sie sich selbst raten?

- Was ist Ihr Plan B, wenn Sie im Hearing nicht überzeugen?

- Was sind Ihre drei Motivatoren, was Ihre größten Stressoren?

- Ist Führungs-Charisma Ihrer Ansicht nach lernbar? Wo sind diesbezüglich Ihre Lernfelder?

- Wie gehen Sie mit dem Instrument „Delegation" um?

- Für welche Position würden Sie sich in den nächsten Jahren durch die angebotene Aufgabe qualifizieren?

Übung 10

→ SEITE 164

Definieren mit Moderationspartikeln

Sprechen Sie den angegebenen Lückentext fertig! Verwenden Sie die Moderationspartikel, das sind fertige Formulierungen, die Ihnen beim Definieren im Alltag helfen, weil sie beweglich wie Versatzstücke sind. X steht immer für einen dieser Übungsbegriffe:

Glück, Luxus, Erfolg, Macht, Karriere, Bildung

Nun sind Sie dran, definieren Sie je einen Begriff!

1. X verbinden die meisten mit …

2. X wäre nicht denkbar ohne …

3. X garantiert uns …

4. X ermöglicht sogar …

5. X sollte man nicht verwechseln mit …

Übung 11 → SEITE 167

Der Coaching-Tipp: Biografisches Gold

Im Leben ist erfolgreich, wer sich *und* seine Leistungen gut verkaufen kann. Begeben Sie sich deshalb in den folgenden Übungen auf die Suche nach Ihrem „biografischen Gold". Überlegen Sie, was sind neben den beruflichen vor allem Ihre privaten Biografie-Meilensteine! Welche großen Stolpersteine mussten Sie schon überwinden? Die Reise lohnt sich. Wer seinen Lebenslauf neu formuliert, klingt frisch!

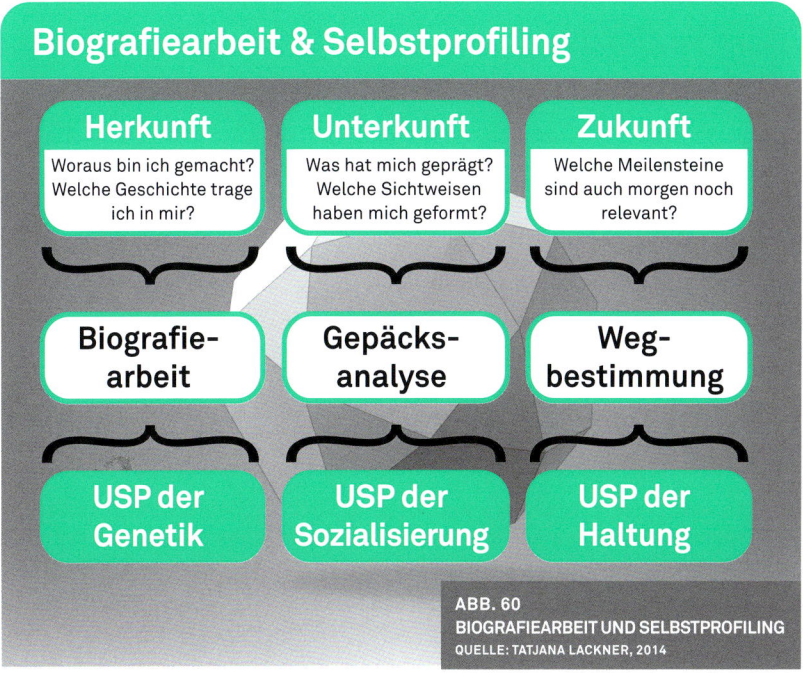

ABB. 60
BIOGRAFIEARBEIT UND SELBSTPROFILING
QUELLE: TATJANA LACKNER, 2014

1. IHRE HERKUNFT

Durch diese Self-Profiling-Übung werden Sie auf unangenehme Fragen gelassener antworten können. Zudem ist es wohltuend, die Ecken und Kanten der eigenen Biografie zu erkennen. Begeben Sie sich unbedingt schriftlich auf die Reise und klären Sie wesentliche Fragen zu Ihrer Herkunft. Woraus sind Sie gemischt, welche Ingredienzien der Eltern finden sich zu je 50 % auch bei Ihnen? Diese Übungsfragen dienen Ihnen nur zur Hilfestellung, gerne finden Sie im Selbstinterview auch eigene.

Welche Eigenschaften haben Sie an sich festgestellt, die möglicherweise Erbgeschenke waren?

....

....

....

....

2. IHRE UNTERKUNFT

Nach dem ersten Frageblock geht es jetzt um Ihre Sozialisierung. Wieder dienen Ihnen die Übungsfragen nur zur Hilfestellung. Gerne finden Sie im Selbstinterview auch eigene. Notieren Sie Fragen, Referenzbeispiele und Beweise für sich selbst – all das gehört zum autodidaktischen Self-Profiling.

Welche Werte und Traditionen haben Sie von den Eltern und Großeltern übernommen?

....

....

....

....

3. IHRE ZUKUNFT

Zum Schluss geht es um Trends, die heute in Ihrem Leben bereits erkennbar sind und sich noch in die Zukunft verlängern oder ausprägen können. Welche sind das? Jemand, der beispielsweise heute schon in einer wackligen Partnerschaft lebt, könnte morgen bereits eine völlig neue gesellschaftliche Identität bekommen: von der mutmaßlichen „Vorzeigefamilie" zur Alleinerzieherin mit Job.

Von welchen persönlichkeitsbildenden Maßnahmen profitieren Sie auch in 7 Jahren noch?

....

....

....

....

....

....

....

....

....

Erst wenn Sie einige A4-Seiten über Ihr Leben gesammelt und notiert haben, können Sie sich auch noch mit Menschen Ihres Vertrauens besprechen. Doch vergessen Sie dabei nie: Fremde Bewertungen werden von uns immer dann akzeptiert und freudig entgegengenommen, wenn sie das eigene Selbst-Konzept und damit unsere Meinungen, Werte, Vorlieben und Kaufentscheidung bestätigen. Hören Sie auch auf alles, was Ihnen zunächst sauer aufstößt.

Übung 12

Innere Lobbyisten

Nicht alle unsere inneren Stimmen harmonieren miteinander. Manchmal hilft es auch, eine Schlagzeile zu formulieren, um die inneren Lobbyisten wachzukitzeln und zum Mitmachen zu bewegen.

Beispiel:

1. Zuerst schreiben Sie in die leere Scheibe, welche inneren Lobbyisten Ihnen bewusst sind.

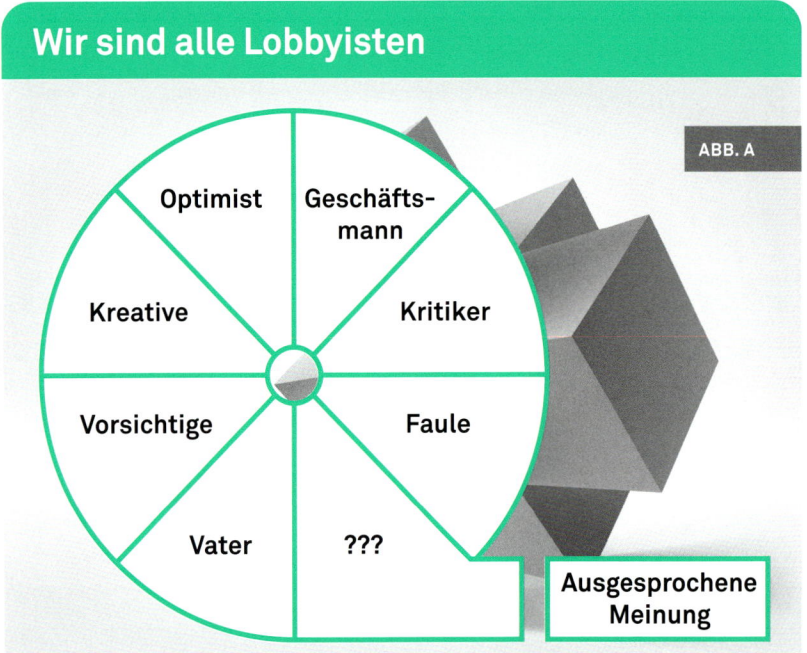

Wir sind alle Lobbyisten

ABB. A

Optimist — Geschäftsmann — Kreative — Kritiker — Vorsichtige — Faule — Vater — ??? — **Ausgesprochene Meinung**

2. Bei der Beantwortung jeder Frage benennen Sie zuerst den inneren Player und lassen ihn dann in Form einer direkten Rede antworten. Manche antworten einsilbig, andere sprudeln drauf los. Deklarieren Sie, welcher Teil in Ihnen sich bei den folgenden Eigenregiefragen zuerst meldet.

Beispiel:
Sollen wir einen Hund anschaffen?:

*Sofort meldet sich der **Faule** in mir und sagt: „Bei Wind und Wetter jeden Tag vor die Türe müssen und mit dem Handschuh den Hundekot beseitigen? Aber wirklich nicht!"*

*Der **Kritiker** pflichtet bei: „Und auf Urlaub fahren wir dann gar nicht mehr? Abgesehen von den enormen Kosten für Futter, Tierarzt, Hundepension im Abwesenheitsfall!"*

*Das **Kind** in mir widerspricht: „Gerne hätte ich schon als Kind einen Hund gehabt. Jetzt bin ich erwachsen und könnte endlich einen haben. Die Familie wäre dann erst komplett."*

Sie sind dran! Wer sind Ihre inneren Lobbyisten? Welche „Typen" finden Sie in sich?

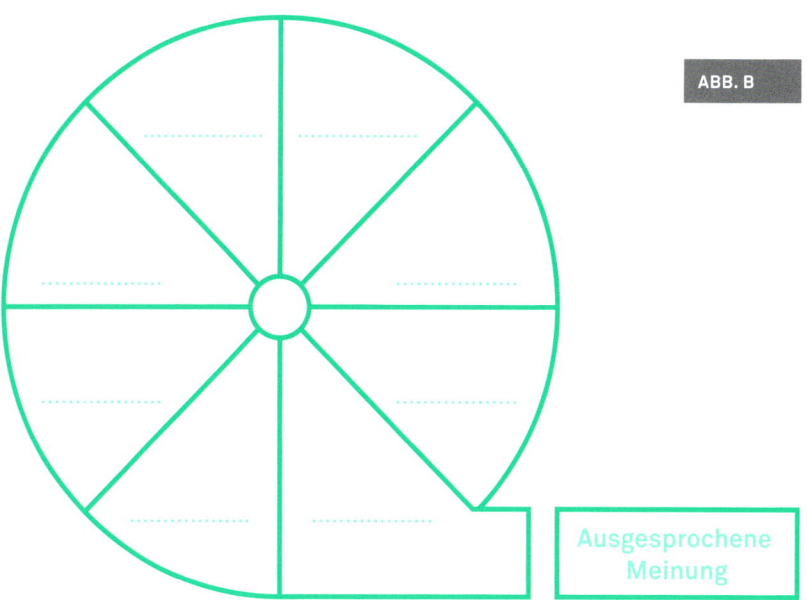

ABB. B

Ausgesprochene Meinung

- *Soll ich umziehen?*

- *Wie gut geht es mir in meiner Beziehung?*

- *Ist es Zeit für einen Jobwechsel?*

Sie sind wieder dran: Formulieren Sie selbst 5 Fragen, die in Ihrem Leben gerade relevant sind!

Übung 13 → SEITE 172

Der Coaching-Tipp:
Fünf Regeln des Business-Smalltalks

Worin sind Sie Experte? Sprechen Sie über Ihre Ansichten zur Branche, nicht nur über Offensichtliches. Haben Sie Mut zu eigenen Prognosen! Fragen helfen im Business-Smalltalk weiter. Die können Sie auch ihrem Gesprächspartner stellen, aber erst nachdem Sie selbst Antworten gefunden haben:

1. Welche Experten-Prognosen haben sich nicht bewahrheitet?

2. Wohin entwickelt sich der Markt spürbar?

3. Welche Vergleiche bieten sich mit ausländischen Unternehmen an?

4. Wer sind die Branchentrendsetter von morgen?

Neben der aufgelockerten Gesprächs-Atmosphäre geht es auch um Statusarbeit. Im Zuge eines Gespräches müssen Verkäufer, Berater und Dienstleister generell immer wieder ihren Status senken oder nach oben korrigieren. Jeder Mensch hat eine ganz individuelle Statuswirkung nach außen und ein situatives Gefühl in sich von sich selbst. So entstehen bei diesem Statusspiel vier ganz unterschiedliche Typen[307], die jeder in sich vereint. Sie werden sich im Gespräch mit einem 8-Jährigen überlegener fühlen als mit dem Vorstand. Immer wieder fühlen wir uns bei bestimmten Menschen klein, wogegen andere uns wachsen lassen. Gibt es Themen oder Gesprächspartner, bei denen Ihnen bewusst wird, dass Sie zwischen den vier Statusrollen wechseln?

1. Ich fühle innen hoch und spiele außen tief – **„der Charismatiker"**.

2. Ich fühle innen hoch und spiele außen hoch – **„der Macher"**.

3. Ich fühle innen tief und spiele außen hoch – **„der Arrogante"**.

4. Ich fühle innen tief und spiele außen tief – **„der Teamplayer"**.

---

307 Vgl. Tom Schmitt, Managementberater und Autor des Buches „Status-Spiele: Wie ich in jeder Situation die Oberhand behalte", Fischer TB Verlag, 2012, http://www.freelancerwissen.de/gruendung_selbstaendigkeit/erfolg-durch-bewusstes-status-spiel-11848.html, Stand 03/14

Übung 14

→ SEITE 163

Machen Sie folgendes Gedankenexperiment

Menschen zu etikettieren ist nicht fein. Sich selbst einmal dem Schubladen-denken von außen zu unterziehen kann jedoch aufschlussreich sein. Finden Sie Antworten auf die folgenden Fragen:

Sie und Ihre/n Partner/In würde man mit welchem „Label" versehen?

- Er ist vor allem …

- Sie dagegen kann auch … sein.

- Mühsam sind beide nur, wenn …

- Mit den beiden kann man dafür gut …

- Sie sind wenig kompatibel mit …

- Für folgende Aktivitäten kommen sie sofort in Frage: …

- In ihrer Paardynamik erinnern sie an …

- Im Tierreich könnte man die zwei vergleichen mit: …

Übung 15

→ SEITE 173

Der Coaching-Tipp:
Das rhetorische Kaleidoskop

Zu den Argumentationsarten von A – Z aus dem Glossar bietet Ihnen das **Rhetorische Kaleidoskop** zusätzlich 18 unterschiedliche rhetorische Interventionen für Ihre Meetings. Für überall dort, wo es darum geht, Ihre Ansichten und Überzeugungen zu verbalisieren. Gutes Eigenmarketing beginnt schließlich mit verbalem Charisma. Sondieren Sie deshalb auch den Markt, auf dem Sie Ihre Vorschläge „verkaufen" möchten. Verwenden Sie beispielsweise ein aktuelles Thema, an dem Sie gerade arbeiten und betrachten Sie es durch das „rhetorische Kaleidoskop"!

Rhetorische Kreativtechniken

Die folgenden rhetorischen Kreativitätstechniken helfen Ihnen, ein Thema von unterschiedlichen Seiten zu beleuchten. Nur wer Perspektiven wechselt und Blickwinkel verändern kann, ist in der Lage, ganzheitlich zu sehen und anderen Gesprächsteilnehmern seine Inhalte variantenreich darzulegen.

Wovon müssen Sie demnächst jemanden überzeigen? Überlegen Sie sich ein Übungsthema oder ein konkretes Problem!

Ein Gedanke – 18 x verbal genial!

I. Spekulieren:
Was wäre, wenn ...?

Malen Sie sich ein Bild aus oder entwerfen Sie ein konkretes Szenario.

*****

II. Paradox intervenieren:
Das Gegenteil denken. Aus der Opposition argumentieren. Was dürfen wir auf keinen Fall tun? Was ist der sekundäre Gewinn, wenn wir scheitern?

*****

III. Blinde Flecken finden:
Was haben wir übersehen? Womit können Sie verblüffen, weil die anderen diesen Aspekt nicht bedacht haben? Der Schlüssel für Faszination heißt: überraschen!

*****

IV. Retrospektive:

Wie haben wir das Problem bisher gelöst? Woran sind wir gescheitert?

*****

V. Perspektive:

Wie wird dieses Thema in wenigen Jahren zu betrachten sein? Wohin könnte uns der Weg führen? Welche Entwicklung zeichnet sich bereits ab?

*****

VI. Definieren:

Mit welchen Begrifflichkeiten haben wir es hier zu tun? Was ist überhaupt der Status quo?

*****

VII. Konkretisieren:

Welchen aktuellen Fall gilt es zu lösen? Wie stellt sich der Fall nach außen dar? Wie nach innen? Welche Akteure sind involviert? Wer den Schauplatz benennt, schafft durch Sprache Klarheit.

*****

VIII. „Tabula rasa" – Alles vergessen:

Beim Neustart werden die Karten neu gemischt. Manchmal ist es besser, mit kleinem Verlust abzubrechen, als weiteren Schaden zu nehmen.

*****

IX. Visualisieren:

Fertigen Sie Zeichnungen oder Grafiken an. Wovon gehen wir aus? Welches Bild hilft bei der Vorstellung? Wie stellen wir uns den Weg vor? Verwenden Sie sprachliche Bilder, Analogien und Metaphern als Unterstützung. Ein Buchstabenwald alleine überzeugt nicht.

*****

X. Diversifizieren:

Blicken Sie über den Tellerrand und beobachten Sie: „Wie machen es andere Teams mit ähnlichen Problemstellungen in fremden Branchen?" Wie können wir auch von den eigenen Berufsnachbarn profitieren?

*****

XI. Alphabetisieren:

A wie, B wie, C wie … Wortbilder finden. Ordnung schaffen und Strukturen verwenden hilft dem Zuhörer, komplexe Überlegungen nachzuvollziehen und zu behalten.

*****

XII. Analogien:

Das Prinzip unseres Problems ist wie … Welche Vergleiche lassen sich finden? Vorsicht: Scheinvergleiche hebeln die Analogie aus und vernichten Ihr Argument!

*****

XIII. Splitten:

Etappenziele definieren mit konkreten Zeit- oder Budgetangaben. Der Weg jedes Problems tut sich im Gehen auf. Achten Sie auf die wesentlichen Markierungen unterwegs! Das hilft Vorhaben, die zeitlich aufwendig sind, zu portionieren.

*****

XIV. Parameter ändern:

Wenn wir die Zeitachse verändern, haben wir die Chance... oder: Wenn wir unserem Projekt einen anderen Arbeitstitel geben, … oder: Wenn wir das Budget noch einmal aufstocken, erreichen wir... oder: Sobald wir die Örtlichkeit ändern, haben wir den Vorteil, dass …

*****

XV. Inspiration:

Wie würde die Natur das Problem lösen? Welche Anleihen kann man in der Mathematik oder Physik dazu finden? Wie stellt sich ein solcher Fall in der Medizin dar?

*****

XVI. Diskutieren:

Mit anderen Leuten reden, Fragen stellen, Brainstorming, Think-Tank-Ergebnisse vorlegen, …

*****

XVII. Karikieren:

Manchmal hilft es, sich lustig zu machen über die eigene Problemstellung. Sie gewinnen Abstand und kreative Prozesse kommen leichter in Gang. „Noch schlimmer wäre gewesen, wenn..." „Ich hab das Gefühl ich bin in einem Film. Titel unserer Misere: ..."

*****

XVIII. Geistesblitz:

Wer seine „Heurekas" sammelt, kommt öfter in den Genuss einer Eingebung, da unser Gehirn diesen Prozess positiv abspeichert. Frische Ideen sind nicht immer gleich zu verwenden, aber sie zu sammeln ist wertvoll. Sie erweitern so Ihr Repertoire!

*****

Übung 16

→ SEITE 184

Kontern Sie Killerphrasen

Sind Ihre Antworten sympathisch, arrogant, schnell untergriffig, witzelnd oder fehlen Ihnen die Worte. Ihre Reaktion sollte nicht länger als 3 Sekunden auf sich warten lassen.

TESTEN SIE SICH HIER:

- (bei einer VIP-Party): *„Was, Dich hat man auch eingeladen?"*

- (Ehefrau an Mann): *„Mit Dir kommt man zu nichts. Allen anderen bleibt Geld übrig!"*

- (Ehemann an Frau): *„Du wirst langsam wie Deine Mutter!"*

- (Kind an Mutter): *„Warst Du jemals jung? Du willst mir doch nur mein Leben vermiesen, weil Du selbst zu wenig Spaß hast!"*

- (vom Chef): *„Ist das nicht wieder einmal ein bisschen zu kurz gedacht? Ich hätte mir da von Ihnen definitiv mehr erwartet!"*

- (aus dem Freundeskreis): *„Na Ihr müsst ja Geld haben!"*

- (aus dem Kollegenkreis): *„Na ausgerechnet Du brauchst reden. Schließlich bist Du ja bloß verantwortlich für ..."*

- (aus der Familie): *„Glaubst Du ihr seid was Besseres?"*

5x Menschen lesen

Bei dieser Übung geht es darum, frei zu assoziieren – nicht darum, Menschen zu kategorisieren. Manchmal müssen wir dem gegenüber nur aufmerksam genug zuhören und erkennen, um welchen Killerkönig es sich handelt.

Ich habe Ihnen einen Killerkönig nach dem anderen beschrieben – fünf insgesamt – und Sie überlegen sich nun, welche Killerphrase von welchem Killerkönig stammt. Vielleicht müssen Sie spontan an einen Arbeitskollegen denken, an Ihren Chef oder es fällt Ihnen ein Name aus Ihrem Freundeskreis ein?

1. *„Studieren ist was für Leute, die zu viel Zeit und zu wenig Ziele haben im Leben."*

2. *„Wieso glaubst Du kannst du Dir das erlauben?"*

3. *„Ich finde jeder soll machen, was er für richtig hält."*

4. *„Gute Idee, lieber Freund. Ich hätte Ihren Rat im 1974er-Jahr gut gebrauchen können, als ..."*

5. *„Finden Sie nicht, dass hier längst einmal aufgeräumt werden müsste. Wir haben eine Personalführung, die ist letztklassig!"*

Wer hat was gesagt – Ordnen Sie zu! Beispielsweise: „1E", ...

A) „Der Ignoranzler", B) „der Spalter", C) „der Dampfplauderer", D) „die G'schnappige", E) „der Verharmloser"

Was ist der Sinn der Übung?

Oft machen wir uns Gedanken darüber *was* Menschen uns wie *sagen*, seltener hören wir genau hin, *wer* der Absender ist. Denn: Sprache verrät neben Milieu, Herkunft und Bildungsgrad nämlich auch, von welchem Erlebnishorizont aus jemand die Welt betrachtet. Ein ignoranter „Geht scho gemma Voigas"-Typus nervt mit anderen Platituden als der Dampfplauderer.

Lösung: 1A, 2B, 3E, 4C, 5D

Übung 18

→ SEITE 213

Sorting Gates & Kaufmotive

Überlegen Sie sich für Ihr Kerngeschäft denkbare Motive, die Ihre Zielgruppe ansprechen und überzeugen können. Natürlich werden Sie bei einem noch unbekannten Gesprächspartner nicht im Voraus wissen, welches Motiv ihn besonders stark beeinflusst. Profis bereiten deshalb gute Argumente für jede Motivkategorie vor.

Fertigen Sie nun eine Motivliste an und setzen Sie jeweils Ihre Argumente dazu.

z. B.:

Motiv: Sicherheit

Unsere Argumente: Wir haben 24-Stunden-Schnell-Dienst und Support in allen Bundesländern.

Kundengate & Kaufmotiv	Verkaufsargument

Übung 19

→ SEITE 225

Kundengespräche optimieren

Der Coaching-Tipp:

Produktpräsentation auf Video für interne Qualitätssicherung

Es ist heute einfach, kleine Video-Podcasts zu erstellen. Das funktioniert sogar schon ganz passabel auf dem iPhone und verursacht keine Extrakosten. Wenn jeder Mitarbeiter, der „am Kunden" arbeitet, seine Produktpräsentation aufzeichnet, hat das Unternehmen intern davon gleich drei Vorteile:

1. Neue Mitarbeiter erleben, wie die „alten Hasen" oder die Top-Performer eine Dienstleistung oder Produkte anbieten und erklären. Selbst bei einer Aufnahmedauer von maximal 3 – 5 Minuten sind bestimmt einige inspirierende Formulierungen oder dramaturgische Ideen für das eigene Kundengespräch dabei. Gerade junge Mitarbeiter profitieren von bewährten Argumentations-Strategien guter Verkäufer und sind selbst gute Feedbackgeber, wenn es darum geht, Routinefehler der Etablierten aufzuspüren. Schließlich ist ihr Blick noch ungetrübt und ähnelt dem Neukundenauge.

2. Der Innendienst, die Techniker oder die Geschäftsführung erfahren so, was dem Kunden „draußen" tatsächlich versprochen wird. Inhaltliche Fallstricke oder Halbwahrheiten werden auf diese Weise vermieden und die Reklamationen messbar weniger.

3. Es wird durch diese interne Video-Qualitätssicherung auch sichtbar, wie viel externen Schulungsbedarf das Team hat und wo Trainings nötig sind. Diese Weiterbildung setzt dann präzise dort an, wo tatsächlich Bedarf besteht. Das senkt die Ausbildungskosten und schafft für schwache Verkaufsmitarbeiter auch intern klare Benchmarks. Die Transparenz über das Repräsentations-Know-how hilft jedem Unternehmen, sein Reputationsmanagement selbst in die Hand zu nehmen.

Übung 20

→ SEITE 235

5x Argumentationsstrukturen

Ein Argument ist niemals eine bloße Behauptung. Immer müssen konkrete Beweise und nachvollziehbare Begründungen angeführt werden, um zu überzeugen. Zudem bedarf es einer logischen Schlussfolgerung: der Conclusio.

Der Aufbau eines Arguments ist leicht wiederzuerkennen. Ordnen Sie die folgenden fünf Aussagesätze (A – E) einer der fünf Argumentationsstrukturen (1 – 5) von oben zu.

Beispielsweise: „1A"

Grundformeln der Argumentation:

1.	**Argument =**	Begründung + Conclusio
2.	**Meinung =**	Zustimmung + Begründung
3.	**Meinung =**	Ablehnung + Begründung
4.	**Urteil =**	Meinung + Kontrolle
5.	**Vorurteil =**	Meinung - Kontrolle

A. Mein Großvater hat schon immer gesagt: *„Man darf den Bauern nicht trauen!"*

B. *„Ich mag Ägypten als Reiseland nicht, viermal hatte ich dort mit der Verdauung Probleme."*

C. *„Ich bin davon überzeugt, dass sich ein Leasingkopierer in unserer Firma rechnet. Ich habe mehrere Angebote eingeholt. Ein vergleichbares Gerät zu kaufen, ist für unseren Bedarf teurer und steuerlich weniger günstig."*

D. *„Ich habe nun alle Beteiligten angehört und bin davon überzeugt, dass es in diesem sehr speziellen Fall das Beste für das Kind ist, wenn es bei den eigenen Großeltern aufwächst."*

E. *„Ich gebe Dir recht, internationale Privatschulen sind das perfekte Investment in die Zukunft des Kindes. Lokal gefördert werden, weltoffen denken und mehrsprachig reden lernen, ist genau das, was Wurzeln und Flügeln verspricht!"*

ABB.
MEINUNGSFORMELN
QUELLE: TATJANA LACKNER, 2014

Die letzten Jahrzehnte waren geprägt von Beteuerungsarien, Gefahrenargumenten und dem Appell an das Sicherheitsempfinden der Wähler und Konsumenten. Oft nur heiße Luft. Es wird Zeit, der Verkaufsargumentation frisches Leben einzuhauchen! In der Rhetorik hat sich gezeigt, dass bestimmte Argumentationsarten den Ton angeben und andere endlich abgelöst werden, weil sie welk geworden und brachial marktschreierisch sind.

Übung 21

→ SEITE 237

Argumentieren Sie „Out of the box"

Reflektieren Sie Ihre eigene Beweisführung! Wer seinen alten, staubigen Argumentationskoffer, der randvoll ist mit 1980er-Jahre Beteuerungsfloskeln, eintauscht in ein elegantes zeitgemäßes Tablet, der wird neue Argumentationsstrategien brauchen, um im Kopf des Kunden bleibende Bilder erzeugen zu können.

Nun sind Sie an der Reihe! Überlegen Sie sich zuerst These und Antithese. Danach überraschen Sie mit einem persönlichen Blickwinkel.

Ihr gedankliches Übungsszenario: Campingurlaub

1. These:

2. Antithese:

3. Ihr Erfahrungsargument:

Der Coaching-Tipp:
Die klassische Antithese ist nicht Ihr Hauptargument, sondern der Punkt 3. – also Ihre persönliche Situation. Überzeugender punkten Sie deshalb mit einem Erfahrungsargument!

Ihre Übungsthemen:

- Lightgetränke – Sinn oder Unsinn

- Mitgliedschaft bei Facebook – Pro und Kontra

- Ist Intelligenz vererbt oder sozialisiert?

Übung 22

→ SEITE 234

Gedankenübung mit Coaching-Tipp: Eristik im Beziehungsalltag

Der Anspruch vom Partner fürs eigene *Sein* oder *Tun* alleine schon wertgeschätzt zu werden, ist relativ naiv, wenn auch verständlich. Dennoch: Der graue Alltag zeigt, mit unserem *Sein* und *Tun* allein kommen wir nicht weiter – da wir zu wenig Identifikation bieten für einen anderen Menschen. Wir müssen uns daher ganz bewusst um verbindende Momente bemühen wie beispielsweise: gemeinsames Arbeiten. Nur so werden beide Parteien stolz auf das miteinander Geschaffene sein. Egal ob es sich dabei um den angelegten Gemüsegarten oder das geplante Sanierungskonzept für den Zubau handelt, das wir in kraftvoller Teamarbeit zu Wege gebracht haben. Die Physik beweist: Doppelter Antrieb – volle Kraft voraus!

Übung 23

→ SEITE 242

Der Coaching-Tipp: Worauf achten Sie? Kommunikations-Screening

Schon aus der Begrüßung können Sie eine Menge schließen. Natürlich kann jeder profundes Kommunikations-Screening lernen. Das hat dabei nichts zu tun mit Schubladendenken und platten Vorurteilen. Hier einige Tipps, was Sie an Ihrem Gegenüber alles „lesen" können, um sich schneller einzustellen:

a) Achten Sie auf optische Signale!

Diese erzählen Bände. Mit jeder Kaufentscheidung geben Ihnen andere schließlich sichtbar ein Statement bekannt. Welche „Geschichte" erzählt Ihnen jemand durch seine verwendeten Accessoires wie Schmuck, Schreibgeräte oder Make-Up. Gibt es einen roten Faden beim optischen Beiwerk oder begegnen Ihnen an einer Trägerin z. B. Perlenohrringe neben Ethno-Ketten gemischt mit Daumenringen? Wildwuchs durch alle Stilrichtungen? Jemand, der sich von Kopf bis Fuß sichtbar überlegt hat, wie er auftritt, der erwartet auch im Gespräch von Ihnen, dass Sie Ihre Inhalte gut aufbereiten und klar strukturiert parat haben. Bereiten Sie sich Ihre Gedanken am besten anhand der fünf „W"s vor: Wer? Was? Wann? Wo? Warum?

b) Hören Sie auf Stimme und Sprache!

Vieles können Sie aus der Stimme Ihres Gegenüber – über den gesprochenen Inhalt der Worte hinweg – erkennen. Selten haben selbstbewusste Menschen Piepsstimmen. Töner hingegen sind nicht immer reflektiert, sie wollen bloß Ihre Aufmerksamkeit. Sprache gibt Ihnen zudem klare Anhaltspunkte auf: Herkunft, Milieu und Ausbildung des anderen. Worauf achten? Schnelltexter wollen nicht unterbrochen werden und können schlecht mit Pausen umgehen. Näsler raunzen und bewerten gerne. Dialektsprecher sind oft Wohlfühlrhetoriker, die sich nicht exponieren wollen. Gerade bei denen schaffen Sie mit Lokalkolorit schneller Vertrauen als mit distanzierender Hochsprache.

c) Auch der Körper spricht!

Vom Gang bis zum Händedruck können Sie viel herauslesen: Wie dynamisch präsentiert sich ein Mensch? Wofür hält er sich? Welche Schrittlänge wählt er? Die hat schließlich nicht zwingend mit der Körpergröße zu tun. Es gibt große Männer, deren Kleinkariertheit bereits in der „Politik ihrer kleinen Schritte" abzulesen ist. Beim ersten Händeschütteln lassen die Knochenbrecher keinen Zweifel daran, dass sie ihr Ziel auch mit Druck verfolgen. Wogegen die mit der lahmen Hasenpfote als Handschlag schon körpersprachlich erkennen lassen, dass sie wenige Ecken und Kanten besitzen. Gerade Frauen sollten in Geschäftsbesprechungen Verlegenheitsgesten aussparen. Wer mit Haaren und Ringen spielt, wirkt weniger ernsthaft.

d) Wortwahl die versteckte Botschaft!

Gerade beim Smalltalk können Sie Meinungen und Präferenzen heraushören. Allein durch die Wahl der Worte unterscheiden sich Linke von Rechten, Ökos von Wirtschaftern und Kosmopoliten von Provinzlern. Was kommt aus dem Mund Ihres Gesprächspartners? Sie treten garantiert ins Fettnäpfchen, wenn Sie ausgerechnet dem, der gerade noch von „schlanker Firmenführung" geschwärmt hat, Ihre neuen Ideen zum großzügigen Sozialplan vorstellen wollen. Ein Betriebsrat hätte wohl eher das Signalwort „Personalrationalisierung" verwendet. Dort wäre Ihr Vorschlag besser aufgehoben gewesen.

e) Lauschen Sie zwischen den Zeilen!

Unterscheiden Sie genau, was jemand zu Ihnen sagt (Text) und wie es derjenige tatsächlich meint (Subtext). Gedankenlesen ist bei vielen Besprechungen nützlich. Schließlich gibt es Profischwindler, Pokerfaces und sehr clevere Strategen. Achten Sie deshalb darauf, ob Ihr Gegenüber selbst bei nachprüfbaren Kleinigkeiten schwindelt und die Fakten zu seinen Gunsten verdreht. Beispiel: Sie hatten sich eindeutig für 10.00 Uhr verabredet und der andere erscheint erst um 10.30 Uhr. Stellen Sie ihm eine Fangfrage: „Wir haben halb 11 ausgemacht, nicht?" Wenn er lügt, wissen Sie woran Sie sind.

Übung 24 → SEITE 245

Gedankenübung mit Coaching-Tipp: Intelligente Pausensetzung

Stellen Sie sich einen schwerhörigen Großvater neben sich vor, der Sie bei jedem Satz fragt: *„Was hast g'sagt?"*

Jeder Satz hat einen klaren Aussage-Höhepunkt und genau bei diesen Keywords bieten sich Betonungsmöglichkeiten an. Spätestens nach thematischen Blöcken oder vor Beispielen und sprachlichen Bildern braucht Ihr Publikum Zeit, gedanklich Luft zu holen, um die Inhalte zu verdauen.

Übung 25

→ SEITE 260

Übung mit Coaching-Tipp: Prüfen Sie Ihre Rhetorik selbst!

1. Hören Sie sich beim Sprechen zu!

Schwierige Besprechungen, heikle Verhandlungen oder einfach eine Streitargumentation für zuhause – nehmen Sie diese vorher kurz mit Ihrem Handy auf. Jetzt können Sie leicht feststellen, wo es noch hapert. Am Ton vielleicht? An der Brillanz Ihrer Begründung? Oft klingen die eigenen Sätze nicht mehr ganz so „logisch" und viel unsüffiger als angenommen.

Falle: Leise formulieren lässt Sie Fehler überhören.

2. Selbstgespräche im Auto sind unverdächtig!

Sprechen Sie im Auto ruhig laut und argumentieren Sie mit Ihrem imaginären Gegenüber.

Vorteil 1: Das ist definitiv weniger ablenkend als tatsächlich zu telefonieren – schließlich bestimmen Sie alleine, wann die Kommunikation fortgesetzt wird. Jeder wird annehmen, Sie unterhalten sich mit Ihrer Freisprechanlage.

Vorteil 2: Auf diese Weise ordnen Sie Ihre Gedanken für ein Meeting und bereiten Ihre Formulierungen bereits vor. Wie beim Kartenspiel werden Argumente gereiht und sortiert. In der Echt-Situation profitieren Sie genau davon. Gelassen ziehen Sie Ihre Einwände Karte für Karte und kommen schneller zum Ergebnis.

Übung 26 → SEITE 269

Gedankenübung mit Coaching-Tipp: Lernen Sie zu urteilen!

Trauen Sie sich auch mal im eigenen Familienkreis zu urteilen. Wer ist wirklich ein wacher Geist und wer zwar sympathisch, aber eben nur ein Mitläufer ohne eigenem Profil? Selten sind die Lieben die Schlauesten! Definieren Sie für sich Sympathie und grenzen Sie den Begriff ab zu Liebenswürdigkeit, Ehrlichkeit etc. Danach definieren Sie „Komepetenz" anhand von Familienmitgliedern. Wen halten Sie für handwerklich geschickt, fachlich kompetent, sozial fähig und so weiter?!

Übung 27

Bilden Sie sich eine Meinung!

Denkanstoß: Wie lauten hier Ihre persönlichen Antworten? Vermeiden Sie einsilbige, lieblose Sätze und antworten Sie in vollständigen Sätzen mit konkreten Beispielen!

- Wohin entwickelt sich die Gesellschaft in den nächsten Jahren?

- Wie sehen sinnvolle Lebenskonzepte aus, die für nachfolgende Generationen Vorbildwirkung und ausreichend Chancen bieten?

- Was besprechen die internationalen Gestaltungsträger dieser Welt abseits von ökonomischen Themen lieber heute als morgen?

- Wie könnte ein geeintes Europa aussehen, das sich eher auf ökologische und kulturelle, denn rein wirtschaftliche und finanzielle Themen fokussiert?

Übung 28

→ SEITE 206

Assoziationen mit „Sieben"

Wie viele Redewendungen fallen Ihnen in Ergänzung zu den im Hauptteil angegebenen noch ein?

Hier sind die Lösungsangebote:

- die Zahl des Universums, des Makrokosmos

- sieben kosmische Ebenen

- sieben Himmel und Höllen

- sieben große Planeten und sieben zugeordnete Metalle (Gold, Silber, Quecksilber, Zinn, Kupfer, Eisen und Blei.)

- auf Wolke sieben vor lauter Verliebtheit schwelgen

- Sieben Farben des Regenbogens (rot, orange, gelb, grün, hellblau, indigo, violett)

- sieben Strahlen der Sonne

- sieben Lebensalter des Menschen

- sieben Säulen der Weisheit

- die „Siebte" von Beethoven

- sieben Noten der Tonleiter

- siebenköpfiger Drache (tritt sowohl in Indien, Persien, dem Fernen Osten, besonders im heutigen Kambodscha, aber auch in keltischen und Mittelmeermythen auf.)

- Gott schuf die Welt in sieben Tagen

- Über sieben Brücken sollst Du gehen

- Sieben fette und sieben magere Jahre überstehen

- Katzen haben sieben Leben

- Ein zerbrochener Spiegel bringt sieben Jahre Unglück

- sieben Zwerge hinter sieben Bergen (Schneewittchen)

- Siebenschläfer-Bauernregel: „Wenn es am Siebenschläfer (27. Juni) regnet, sind sieben Wochen mit Regen gesegnet."

- sieben auf einen Streich (Tapfere Schneiderlein)

- Der Wolf und die sieben Geißlein
- „Seven" (Film mit Brad Pitt, es geht um die Todsünden)
- „Sieben Jahre in Tibet" (Film mit Brad Pitt erzählt die Geschichte von Heinrich Harrer)
- „Die glorreichen Sieben"
- Pro 7
- Seven Up

Übung 29

→ SEITE 207

Gedankenübung mit Coaching-Tipp: Moderne Vortragsdramaturgie

In der Rhetorik verwenden wir sowohl *Inhaltssätze* als auch *Ordnungssätze*. Die einen definieren, was wir aussagen. Kernbotschaften stecken in den anderen. Die Ordnungssätze geben unserem Thema die nötige Struktur. Inhaltlich wohldosierte Portionen helfen dem Gegenüber, beim Zuhören den Überblick zu behalten. Nicht nur der Redner braucht Ordnung, auch der Rezipient. Dafür verwenden wir Aufzählungen oder Zahlenvergleiche wie: „Erstens ..., zweitens ..., und drittens ..." oder „Auf der einen Seite" ...und „Auf der anderen Seite"... Gelungenes Rede-Design wirkt dramaturgisch wohltuend. Knapp und knackig muss das Thema behandelt werden. Achten Sie auf gute Balance, damit Ihr Inhalt bei der nächsten Besprechung auch ausreichend Struktur bekommt und der rote Faden hörbar wird. Doch Vorsicht! Menschen, die nur noch in Ordnungssätzen sprechen, langweilen. Diesem Redner wird oft vorgeworfen, viel zu reden, aber nichts auszusagen.

Gedankenübung mit Coaching-Tipp:
Aktionen ändern Dinge, nicht Wünsche!

Wir alle werden an unseren Handlungen gemessen, nicht an dem, was wir uns erträumt haben. Wenn die Hypothese stimmt, dass das, woran wir glauben, unser Denken, Fühlen und Handeln beeinflusst, dann ist es besonders gefährlich, ungeprüft die Glaubenssätze von anderen Menschen zu übernehmen. Nur weil wir jemanden für seinen Erfolg in einer bestimmten Ecke des Lebens bewundern, muss seine Lebensphilosophie noch kein brauchbares Role Model für unser Daseinskonzept sein.

Das virale Marketing von Glaubenssätzen ist deshalb gefährlich, weil es durch Opinionleader – ähnlich wie ein Niesanfall – gleich mehrere Menschen auf einmal infizieren kann. Das funktioniert genauso wie bei Affirmationen, Lebensweisheiten und Führungstipps à la *„ein Manager muss einen Nagel in die Wand schlagen können!"* Niemandem ist es verboten, bodenständige Skills fit zu halten – viele brauchen das sogar als Ausgleich. Gerne „garteln" unsere Manager am Wochenende und betätigen sich handwerklich. Der Glaubenssatz vom Speaker-Kollegen ist wie ein Virus auf seine Zuhörerschaft übergesprungen. Viele waren im gleichen Alter, was Schnittpunkte in gesellschaftlichen Glaubensfragen erzeugt. Gemessen wird ein moderner Manager im 3. Jahrtausend sicher nicht mehr an seiner Fertigkeit beim Spatenstechen oder Nägel in die Wand bohren, sondern an seinen rhetorischen Strategien und an der Art, wie er Prozesse im Unternehmen optimiert.

Mit welchen Glaubenssätzen und stereotypen Zuschreibungen sind Sie groß geworden? Manchmal ist es gar nicht so leicht, sinnvolle Ratschläge von Glaubenssätzen und Binsenweisheiten zu unterscheiden.

- Bis 40 muss man …

- Eine Frau sollte …

- Als gute Mutter ist man …

- Ein ordentlicher Ehemann ist jemand, der …

- Erfolgreich wird nur, wer …

- Kinder erziehen heißt vor allem …

- Ab einem bestimmten Alter …

Übung 31

→ SEITE 253

Gedankenübung mit Coaching-Tipp: Räumen Sie auf mit Glaubenssätzen!

In einem Jahrhundert, in dem jeder mittelmäßige Sänger Popstar werden kann und jede zweite Bikiniträgerin Top-Model – ist es verführerisch zu glauben, dass platte Affirmationsregeln und Kalendersprüche unserem Selbstvertrauen reichen.

Es ist auch wenig sinnvoll, Stoßgebete ans Universum zu richten, dort befindet sich kein interstellares Arbeitsmarktservice, das unsere Wünsche erfüllt. Der Mensch wächst dem Licht entgegen. Logisch, dass wir besonders jenen Referenzerlebnissen vertrauen, die irgendwann erfolgreich für uns gelaufen sind. Das können mitunter ganz banale Handlungen oder Rituale sein. Wer die Überzeugung gewonnen hat, dass es damals vor der schriftlichen Matura half, ein Müsli zu essen, der wird sich auch später vor wichtigen Prüfungen im Studium, beim Führerschein oder sogar vor dem Assessment im Job sein Müsli zubereiten. Genauso gut könnte er den Kopf ins Klo halten. Selbst-Affirmationen, Briefe an Engeln und Autosuggestionen erfüllen einen ganz ähnlichen Zweck. Sie beruhigen das Gewissen, weil man mit sich selbst ein Ritual etabliert hat. Manche Menschen schwören auf die Kraft dieser mentalen Programmierung. Gerade im Spitzensport läuft heute ohne Mentalcoach gar nichts mehr. Die Frage ist jedoch, ob wir uns damit wirklich einen Dienst erweisen indem wir unsere mentalen Maskottchen füttern.

Übung 32

→ SEITE 175

Gedankenübung mit Coaching-Tipp: Welche Statusspiele machen Ihnen zu schaffen?

Status-Spiele finden immer und überall statt – bei Kindern und Erwachsenen. Das ist nichts Verwerfliches und hat nicht damit zu tun, sich mit einer „Rolle zu bekleiden". Bei jedem Gespräch verhandeln wir unseren Status immer wieder neu und können ihn ändern. Das Eigenmarketing zu verbessern, heißt, zuerst zu definieren:

- Welchen Status habe ich derzeit meiner eigenen Einschätzung nach?

- Welche Statuskämpfe begegnen mir immer wieder?

- Welchen Status erreiche ich schwer?

- Für welche Lebenssituation bräuchte ich eine andere Statusfacette?

Übung 33

→ **SEITE 293**

Denkrichtungen und Weltanschauungen

Wie viele davon können Sie einigermaßen definieren?

- Ein Realist argumentiert mit …
- Ein Idealist ist überzeugt von …
- Ein Empirist argumentiert mit …
- Ein Strukturalist ist jemand, der …
- Ein Konstruktivist argumentiert mit …
- Ein Rationalist ist überzeugt von …
- Ein Sensualist ist jemand, der …
- Ein Existenzialist ist überzeugt von …
- Ein Naturalist ist jemand, der …
- Ein Dualist argumentiert mit …
- Ein Positivist ist jemand, der …
- Ein Sophist argumentiert mit …
- Ein Nominalist ist jemand, der …
- Ein Humanist argumentiert mit …
- Ein Monist ist überzeugt von …
- Ein Pluralist ist jemand, der …
- Ein Epikurist argumentiert mit …
- Ein Hellenist ist jemand, der …
- Ein Hedonist ist überzeugt von …
- Ein Eudemonist argumentiert mit …
- Ein Marxist ist jemand, der …
- Ein Materialist ist überzeugt von …
- Ein Utilitarist ist jemand, der …
- Ein Solipsist argumentiert mit …
- Ein Nihilist ist jemand, der …
- Ein Theist ist überzeugt von …

- Ein Deist ist jemand, der …

- Ein Monotheist argumentiert mit …

- Ein Phanteist ist jemand, der …

- Ein Atheist argumentiert mit …

BEWERTUNG:

unter 3: Sie sollten recherchieren!

3 bis 5: ok

5 bis 7: gut

ab 7: Congrats! Sehr gut!

Glossar 1
→ SEITE 173

Argumentationsarten & rhetorisches Kaleidoskop

In der Argumentation ist immer wichtig: Nachvollziehbare Logik und gelungene Schlussfolgerung! Die folgenden Argumentationsarten anhand exemplarischer Beispiele von A – Z helfen Ihnen, in vielen Gesprächssituationen besser zu parieren.

- **A – Analogie:**
  „Animositäten zwischen gegensätzlichen Abteilungen gibt es in allen Branchen: Geiger können selten mit Bläsern, Kellner gehen nicht alle gut mit Köchen um – und bei uns hat eben die Finanzabteilung mit dem Marketing Probleme, deshalb glaube ich, dass ein Betriebsausflug unserem Teamklima hilft."

- **B – Bild:**
  „Eine Idee braucht Kritik wie die Lunge Sauerstoff. Deshalb bitten wir Sie gleich im Anschluss an unsere Präsentation, Feedback zu geben."

- **C – Circle:** (Teufelskreis ansprechen & beenden)
  „Ich denke die Debatte dreht sich im Kreis: Das Land reglementiert wie viel Müll ein Haushalt haben darf. Hat man mehr, muss extra bezahlt werden. Beschränkte Volumina bei Restmüll führen besonders auf dem Land zu illegalen Mülldeponien im Wald. Die Lösung, um aus diesem Kreislauf auszusteigen, liegt klar bei ...."

- **D – Deduktion:** (vom Allgemeinen zum Speziellen)
  „Wer sich für Elektroautos stark macht, unterstützt gleichzeitig Atomstrom. Die Testwerte unterscheiden sich zwar kaum von Normalautos, der Preis in der Anschaffung und das Risiko von schmutzigem Strom dafür massiv. Dies zeigt, dass die Autoindustrie noch einige Jahre brauchen wird. Deshalb stellen wir unsere Dienstwagenflotte heuer noch nicht auf Elektromobile um!"

- **E – Erfahrung:**
  „Tatjana Lackner weiß nach 66.000 Einzeltrainings genau, wo den modernen Menschen der Schuh drückt in der Kommunikation. Deshalb bietet sich auch für Ihr Kundenevent die Chance, mehr über die aktuellen Trends in der Kommunikationsgesellschaft persönlich von der renommierten Autorin zu erfahren."

- **F – Faktum:**

  „Laut UNICEF[308] *wurden 230 Millionen Kinder unter 5 Jahren nie registriert – etwa ein Drittel aller Kinder dieser Altersklasse weltweit. Offiziell existieren diese Kinder nicht. Geburtenregistrierung ist deshalb eine der wichtigsten Maßnahmen, um sicherzustellen, dass Kinder nicht vergessen werden, ihre Rechte gewahrt bleiben und nicht für kriminelle Machenschaften verkauft werden. (Baby-Shopping für Reiche, Organspende-Ring, …)"*

- **G – Gegenargument + Gefahr:**

  „Vorherrschendes Gegenargument: Volksabstimmung ja, aber bei „nur" 100.000 Unterschriften wittern Skeptiker keine objektive Bürgererhebung. Lieber die Hürden für direkte Demokratie anheben. Jeder, der schon einmal aktiv in die Vorbereitung und Durchführung eines Volksbegehrens eingebunden war, weiß, dass das Erreichen von über 100.000 Unterschriften ein Ziel ist, das für unabhängige Bürger und Gruppen nur mit außerordentlich viel Idealismus und Engagement zu erreichen ist. Würden wir eine bindende Volksabstimmung ab 600.000 oder 900.000 Unterschriften einführen, wäre der Sinn einer echten Volksgesetzgebung aufgehoben. Eine solche Hürde wäre in den allermeisten Fällen nur noch von Großorganisationen und Parteien bzw. mit der Unterstützung einflussreicher Medien zu erzielen. Deshalb: 100.000 Unterschriften reichen aus. – Lieber kleine Anliegen, als wieder große Lobbys!"

- **H – Historie:**

  „Bereits zu Beginn des 20. Jahrhunderts wurde an wichtigen Verkehrsknotenpunkten in großen Städten im Kreis gefahren. 1904 entstand der erste Kreisverkehr am New Yorker Columbus Circle, seit 1907 dreht sich auch in Paris rund um den Arc de Triomphe alles im Kreis. In Österreich beispielsweise haben sich Kreisverkehre erst in den letzten Jahren etabliert, nachdem sie sich als ideale Lösungen für besonders unfallträchtige und staugefährdete Kreuzungen erwiesen haben. Deshalb empfehle ich auch hier in …"

- **I – Induktion:** (vom Speziellen zu Allgemeinen)

  „Viele Menschen haben Angst vor Spinnen, Schlangen, Injektionen und Verlust. Auf der Hitliste der schlimmsten Ängste rangiert jedoch die Redeangst ganz vorne. Deshalb: Lassen Sie uns schon im Kindergarten geeignete Redeübungen einführen, um die Selbstsicherheit früh aufzubauen!"

- **J – Jetzt:**

  „Gerade jetzt, wo sich auf dem Sprechermarkt erstmals auch viele junge unbekannte Stimmen etablieren, ist es sinnvoll, in eine Sprecherausbildung zu investieren, um sich positiv abzuheben!"

---

308 Vgl. http://www.unicef.at/infos-medien/aktuelle-studien/, Stand 01/14

- **K – Konkurrenz:**

  „Mag sein, dass Schuluniformen den Konformismus stärken, bewiesen ist jedoch auch, dass sie die Konkurrenz zwischen den Schülern deutlich verringern. Gerade in milieuauffälligen Bezirken ist es von Vorteil, die sozialen Reibeflächen so schmal zu halten. Wir plädieren daher für …"

- **L – „Lieber, als …"**

  „Lieber ist mir, jemand kommt mit einer gut sitzenden Stimme und wildem Dialekt oder Slang. Umgekehrt ist die Arbeit langwieriger. Gute Alltagssprache ist schneller trainierbar, als die Stimme erst zu entwickeln. Wir achten bei den Aufnahmetests daher vor allem auf das Stimmpotenzial."

- **M – Methode:**

  *„Scheinbar hoffnungslose Fälle wurden bei uns zu selbstsicheren Rednern. Die Methode des ganzheitlichen Ansatzes: **5A: A**tem-**A**ussprache-**A**uftreten-**A**ussehen-**A**ussage hat sich eben bewährt!"*

- **N – Negativ-Selektion:**

  „Während sich die meisten Reiseführer für New York City ausschließlich auf die Highlights von Manhattan beschränken, liefert der Stadtführer des Michael Müller Verlags außerdem noch gute Informationen aller anderen Stadtteile. Wir empfehlen Ihnen daher diesen zu kaufen, dann haben Sie auch Infos über Harlem, die Morningside Heights, Brooklyn, die Bronx, Queens mit Flushing und Long Island City sowie Staten Island. Wenn man von NY redet, muss man sich nicht zwingend nur auf die Trampelpfade des Shoppingtourismus von Manhattan begeben."

- **O – Öffentlichkeit:**

  „Laut OGM-Umfrage glauben 77 Prozent von 500 Befragten, dass die Staatsbürgerschaft in Österreich käuflich ist. Die Aufgabe unseres heutigen Arbeitskreises ist daher, keine allgemeine PR-Kampagne zu lancieren, sondern die Öffentlichkeit von der Redlichkeit der österreichischen Behörden zu überzeugen – durch erfolgreich integrierte Testimonials mit Migrationshintergrund, die ihre persönliche Staatsbürgerschafts-Geschichte erzählen."

- **P – Paraphrase-Technik:**

  So funktioniert's:

  1. Wiederholen Sie die Aussage des Gesprächspartners.

  2. Dann weisen Sie daraus eine Gefahr aus und zu guter Letzt …

  3. die ungeliebte Konsequenz, die aus seinem Vorschlag entstünde.

- **Q – Qualität:**

  „Mit jedem Einkauf beeinflussen Konsumenten die Qualität des Lebensmittel-Angebotes: Sie können hochwertige Produkte zu Bestsellern machen und Waren von minderer Qualität zu Rest-Sellern degradieren. Deshalb klärt unsere Broschüre auf über Qualitätsziele für Bioprodukte, Naturbelassenheit, Nährstoffreichtum und Schadstoffarmut."

- **R – Regionales Interesse:**

  „Provinz beginnt im Kopf, nicht in der Region. Ein gelungenes Zusammenspiel von Regional- und Unternehmenskultur zeigte sich z. B. bei der Regionalwährung, die es verteilt über den gesamten deutschen Sprachraum als Erfolgsstory gibt. Lassen Sie uns deshalb auch in unserer Gemeinde von dieser Initiative profitieren. So bleibt unser Geld in der Region und stärkt die regionalen Netzwerke zwischen Kaufleuten und Einwohnern. Unsere Unterschrifteninitiative heute Abend legt dafür den Grundstein."

- **S – Sicherheit:**

  Fünf Jahre nach den Anschlägen vom 11. September 2001 wurden Überwachung der Bürger, Eindringen in die Privatsphäre durch staatliche Stellen und Auswertung der Spuren, die jeder im Internet und mit anderen modernen Kommunikationsmitteln hinterlässt, teils schleichend, teils mit Aplomb durchgesetzt – in einem Maße, das zuvor unvorstellbar war. Alles mit dem Argument, Sicherheit vor Terror zu stellen, um die Freiheit der Bürger zu schützen. Gerne wird in den USA dieser Tage Benjamin Franklin[309], Gründerväter der USA, zitiert: „Diejenigen, die ihre Freiheit zugunsten der Sicherheit aufgeben, werden am Ende keines von beiden haben – und verdienen es auch nicht." Deshalb: Wehren wir uns gegen die Verletzung der Privatsphäre und den „gläsernen Menschen."

- **T – Trugschluss:**

  „Man sollte keinen G'spritzten trinken, denn guter Wein verdient es nicht, mit Wasser gemischt zu werden, und schlechten Wein trinkt man lieber überhaupt nicht."

- **U – Umwelt:**

  „Der Alltag gibt den Kindern permanent etwas auf die Ohren. Untersuchungen des Umweltbundesamtes zeigen: Jedes achte Kind weist eine auffällige Minderung der Hörfähigkeit, jedes sechste wohnt an stark befahrenen

---

309 Vgl. http://www.goodreads.com/quotes/140634-those-who-surrender-freedom-for-security-will-not-have-nor, Stand 10/13

Vgl. Benjamin Franklins Bemerkungen über die Vorschläge (zum „Entwurf, wie eine dauernde Vereinigung zwischen England und seinen Pflanzungen bewirkt werden könnte", Januar 1775). In Dr. Benjamin Franklin's nachgelassene Schriften und Correspondenz, nebst seinem Leben. Band 3. Franklin's Leben ersten Theil enthaltend. Weimar 1818 S. 442

Haupt- und Nebenstraßen. Kinder aus Familien mit niedrigem Sozialstatus sind insgesamt stärker betroffen. Als häufige Lärmquellen identifiziert die aktuelle Studie Verkehr und Freizeitaktivitäten. Deshalb: Führen wir schon in der Volksschule Screening-Hörtests ein!"

- **V – Vorteil:**

„Viele Menschen halten es mit Ihrer Sprache wie mit der Ernährung: zu viel, zu fett, zu wahllos. Deshalb bietet der Bestseller: „Rede-Diät" auf rund 200 Seiten viele wertvolle und nachvollziehbare Tipps für Ihren Business-Alltag. Mit der Rede-Diät machen Sie Ihren Gesprächspartner hungrig, nicht satt."

- **W – Wandel:**

„Das Bewusstsein des 21. Jahrhunderts muss ein kosmopolitisches Bewusstsein sein. Es gilt viele Traditionen, Geistesrichtungen und Mentalitäten zu vereinen – ohne Straf-Ideologie, Zeigefinger und Untergangsprophezeihung. Kreativität ist gefragt, nicht mehr Sicherheitsdenken. Deshalb: Lassen Sie uns endlich unser Unternehmensleitbild adaptieren!"

- **X – der X-Faktor:**

„Worte sind wie Drogen, nur schneller und zuverlässiger in der Wirkung", meint der Psychopharmakologe Professor Dr. Walter Zieglgängsberger vom Max-Planck-Institut in München. In der Tat: Worte können unser Interesse wecken, es stimulieren und verstärken. Somit liegt es an uns, durch die richtige Wortwahl, die Botschaft und Wirkung zu beeinflussen. Daher: Entwickeln wir bei unseren Kommunikationstrainings gemeinsam Ihre paraverbalen Fähigkeiten!

- **Y – Yellow Press:**

„Wir müssen in unserer neuen Produktinformation das Alleinstellungsmerkmal für die Konsumenten klarer herauszustreichen. Gelesen wird schließlich nur, was süffig getextet und ansprechend getitelt wurde. Von der Verkaufspsychologie der Regenbogenpresse und des Boulevardjournalismus können wir hier lernen!"

- **Z – Zeit:**

„Das Problem ist unter Selbständigen ebenso bekannt wie nervend: Im Stress wird vergessen, die Arbeitszeiten genau zu erfassen. Resultat: Ungenaue Verrechnung an den Kunden und damit viele verlorene Arbeitsstunden und verlorenes Geld. Deshalb: Organisieren wir uns die mobile Zeiterfassungsapplikation fürs Smartphone, welche seit kurzem als App zur Verfügung steht. Damit wird akkurate Erfassung von Arbeits- und Projektzeiten sowie die Aufzeichnung eines Fahrtenbuchs jederzeit und schnell möglich."

Glossar 2

→ SEITE 179

Redefiguren sind dem Zeitgeschmack unterworfen. Es gibt davon unglaublich viele. Die häufigsten lassen sich auch in Fremdsprachen wiederfinden. So gibt es zum Beispiel ein mächtiges Kompendium indischer Redefiguren[310]. Den Ursprung verdanken wir den braven Sammlern aus der Antike. Allen voran Quintilan, römischer Lehrer der Rhetorik (40 n. Chr.). Seine gewaltige Archivierungsarbeit bestand darin, die vielen Redefiguren, Lehrbücher, Argumentationskniffe und Geheimnisse der Redewirkung aus der römischen und griechischen Antike zusammenzutragen und für die Nachwelt zu sichern.[311] Er sammelte Übungsreden nach dem Nützlichkeitseffekt für seine Schüler. Er war der erste staatlich besoldete Rhetoriktrainer und persönlich begeistert und beeinflusst vom Redestil Ciceros.

Bei Redefiguren[312] geht es nicht darum, sie auswendig zu lernen oder sie krampfhaft in eigene Texte einzubauen. Vielmehr wissen Sie Bescheid, wie sie gemacht werden und können gedanklich mit der einen oder anderen spielen. In der schnellsten Form der Kommunikation – unserer heutigen Werbung – findet sich viel alte Redestilistik. Diese ist gut verpackt und klingt deshalb wie neu. Welche Figur eignet sich für Ihren Rede-Alltag?

Redefiguren – exemplarisch:

1. **Was ist PARONOMASIE?**
   Ein Wortspiel zweier Begriffe, die semantisch und etymologisch nicht zusammengehören, aber klangähnlich sind.

   „zwischen Verlegenheit und Verlogenheit" (Karl Kraus)

   „mehr gunst- als kunstbeflissen" (Karl Kraus)

   „Eile mit Weile"

   „Lieber arm dran als Arm ab"

   „Wer rastet, der rostet"

---

310 Vgl. Appayyadīksita's Kuvalayānandadārikās: ein indisches Kompendium der Redefiguren, 1907

311 Vgl. Harald Hansen, „Die psychologischen Geheimnisse der menschlichen Sprache", Diplomica Verlag 2008, S. 187f

312 Vgl. http://www.rhetorik.ch/Figuren/Figuren.html#39, Stand 12/13; http://de.wikipedia.org/wiki/Liste_rhetorischer_Stilmittel, Stand 12/13

2. **Was ist CORRECTIO?**

Bei diesem rhetorischen Stilmittel „verbessert" sich der Sprechende und ersetzt einen Ausdruck, um inhaltlich nachzudoppeln.

„Er trinkt …, was sage ich: Er säuft!"

„Es war ein Erfolg - nein, ein Triumph!"

„Die Schularbeit ist schlecht, nein, geradezu miserabel ausgefallen!"

3. **Was bedeutet MONTAGE?**

das französische Wort lässt schon vermuten, dass zwei Begriffe unterschiedlicher Sprach- oder Inhaltsebene zusammengebaut werden.

„EURO" und „teurer": TEURO

„verbessern" und „Verschlimmerung": VERSCHLIMMBESSERUNG

4. **PARENTHESE – was ist das?**

Bezeichnet einen grammatikalischen Einschub, der die syntaktische Struktur nicht verändert.

„ Das ist – wie gesagt – unwichtig"

„Und damit, meine Damen und Herren, bitte ich die Musiker auf die Bühne"

„Gute Rhetorik findet – und das kann ich beweisen – zwischen den Zeilen statt!"

5. **Wie verwendet man BREVITAS?**

Die Brevitas ist eine auffällig knappe Ausdrucksweise, oft durch eine Ellipse unterstützt.

„Letzte Woche nach einem geselligen Wirtshausabend staunte ich zuhause nicht schlecht: Auto weg, Frau weg, Geld weg!"

Viele rhetorische Figuren gibt es auch in Fremdsprachen. Hier einige englische Beispiele für „*The expressing of an idea by the very minimum of essential words.*"

Looking good!

It is what it is.

Life happens!

6. **Haben Sie eine ALLUSION parat?**

Hier haben wir es mit einer Anspielung bzw. indirekten Bezugnahme auf eine Person zu tun. Es kann aber auch ein Ereignis aus Literatur oder Geschichte betreffen.

Z. B.

- berühmte Personen
- geschichtliche Ereignisse
- (griechische) Mythologie
- Literatur
- Bibel

„Die Scheidung war sein Waterloo!"

„Droht den USA ein zweites Vietnam?"

„Das Kommunikations-Screening bei ihr war CSI Rhetorik pur!"

7. **Ein ADYNATON, was ist das?**

Das Wort leitet sich aus dem Griechischen ab und bedeutet „unmöglich". Beschrieben wird die Aussage einer Situation, die niemals geschehen kann.

„Eher geht ein Kamel durch ein Nadelöhr, als dass Österreich das Nulldefizit erreicht."

„Solange nicht die Kühe Eier legen, werden wir die Umwelt weiter belasten."

„Ich werde heiraten, wenn Elvis auferstanden ist."

8. **CONCESSIO – ist was?**

Das „Eingeständnis" ist eine clevere Redefigur. Vordergründig wird zuerst dem gegnerischen Argument Recht gegeben, um es gleichzeitiger durch ein stärkeres eigenes Argument zu entkräften.

„Er mag sich unmoralisch verhalten haben, aber bestrafen kann man ihn dafür nicht."

„Sie haben vollkommen Recht, wenn Sie behaupten, dass die Wirtschaft in den letzten Jahren keinen Aufschwung erlebt hat. Das hat ja auch Ihre Fraktion zu verantworten."

9. **BATHOS kann witzig sein!**

Bathos - Wechsel von: Ernsthaft ins Lächerliche. Der Begriff wird insbesondere in der Literatur verwendet. Er trägt zur freiwilligen oder unfreiwilligen Komik eines Textes oder einer Rede bei.

„Die Explosion zerstörte alle Häuser auf der anderen Straßenseite und meinen Briefkasten."

„Edel sei der Mensch, Milchreis ist gut!"

„The ships hung in the sky in much the same way that bricks don't."

10. **ANTHROPOMORPHISMUS – die Journaille ist voll davon!**
Anthropos = Mensch, morphē = Form, Gestalt. Auch Personifikation genannt, beschreibt Anthropomorphismus die Vermenschlichung von unbelebten Gegenständen.

- „Ein grimmig dreinblickender SUV" oder „ein freundlicher Kleinwagen"

- „Der Dollarkurs liegt am Boden."

- „Der Tag verabschiedet sich."

- „Die Sonne lacht."

- „Der Himmel weint."

11. **INVOKATION – ist was?**
Die „Hineinrufung" beschwört ein Geistwesen. Bei Hexen, Magiern, Esoterikern und Religiösen ist Invokation beliebt, aber auch im Kabarett. Im römischen Katholizismus wird stets auf Intervention von „oben" gehofft und darauf, dass angerufene Helfer zupacken.

- „Oh Herr, vergib uns unsere Schuld ..."

- „Gott sei mein Zeuge!"

- „So rufe ich Engel XY auf mir zu helfen ...."

12. **DYSPHEMISMUS – meine Lieblingsdisziplin!**
Das semantische Gegenstück zum Euphemismus beschreibt eine sprachliche Verballhornung oder Schmährede. Der Nachteil: schnell kann man Menschen damit diffamieren. Tabuworte existieren. Vorteil: Die abwertende Umschreibung oder Wortschöpfung bringt Bilder, Tendenzen und Emotionen in ihre Sprache und kann amüsant sein.

- „Saftschubse" für Stewardess

- „packtieren" und „kollaborieren" statt zusammenarbeiten

- „Drahtzieher" und „Hintermänner" für Verantwortliche

13. **Was ist ein OXYMORON?**
Das Oxymoron (plural: die Oxymora) ist eine rhetorische Figur bei der eine Formulierung aus (scheinbar) widersprüchlichen Begriffen gebildet wird:

- „Hassliebe"

- „Flüssiggas"

- „Weniger ist mehr."

- „schwarzer Schnee"

Das altbekannte Nonsens-Gedicht „Dunkel war's, der Mond schien helle" besteht aus einer Aneinanderreihung von Oxymora.

14. Was bedeutet EPONOMASIE?

Bei der Eponomasie dient eine bekannte (fiktive) Persönlichkeit als Beispiel und ersetzt den eigentlich gemeinten Begriff.

- „den Guttenberg machen" statt „abschreiben"

- Er ist ein „Dagobert Duck" statt ein „Geizhals"

- „ein ungläubiger Thomas" statt einem Skeptiker

15. PLURALIS – in allen drei Formen?

Pluralis Modestiae ist die Verwendung der Pluralform als Ausdruck der Bescheidenheit: „Wir haben das geschafft." Anstatt: „Ich habe es geschafft!"

Der **Plural Auctoris** (Autorenplural) wird in wissenschaftlichen Texten verwendet, um auf die Objektivität und Allgemeinheit einer Aussage hinzuweisen. Professor: „Heute wollen wir uns mit … einmal genauer befassen."

Der **Plural Majestatis** hingegen bezeichnet die eigene Person im Zeichen der Macht. Monarchen und Würdeträger sprachen immer auch für ihre Untertanen. *„Wir, Wilhelm, von Gottes Gnaden deutscher Kaiser, weigern uns, auf einem Thron zu sitzen, der ohne „h" geschrieben wird."*

Kurzinterview mit Tatjana Lackner

Persönlicher als ein Vorwort sind private Antworten zum Schluss. Sie gewähren Einblicke und geben ein Gefühl für den Menschen hinter dem Text.

Immer wieder werde ich im Zuge meiner Arbeit zu aktuellen Kommunikationstrends befragt. Mal nach modernen Sprachmarotten in den Führungsetagen unserer Politik und Wirtschaft. Dann erkundigt sich wieder ein Karriereführer[313], welche Soft Skills der moderne Mitarbeiter besser mitbringt. Um „Rhetorische Intelligenz" geht es in fast allen Interviews, die ich im Zuge eines Jahres gebe.

Für die Buchpräsentation wurden mir die folgenden Fragen vorab geschickt, die ich gerne auch meinen Lesern beantworte.

Ihre Bestseller „Rede-Diät" und „Be Boss" haben Furore gemacht, was bedeutet Ihnen Erfolg?

Tatjana Lackner:

„Erfolg" per se bedeutet: beruflich und wirtschaftlich aufzusteigen ohne dabei im Privatleben emotional „in Konkurs" zu gehen. Ich verstehe darunter, in der eigenen Stadt mit seinem Namen für Qualität und gute Leistung zu stehen. Persönlich prüfe ich mich immer wieder, ob ich geistig, körperlich und seelisch fit bin, mich weiterbilde und den Biss bzw. das Charisma nicht verliere. Erfolgreich bleibt nur, wer die Systeme unserer Welt durchschaut, hinter die Kulissen blickt und am Puls der Zeit denkt. „Erfolg" hat jedoch auch zu tun mit „erfolgen"!

Für Unternehmer gilt: Wer die ersten drei Jahre nicht mit vollem Einsatz arbeitet macht etwas falsch, wer jedoch Jahre später noch immer so im Hamsterrad läuft, wie in der Gründungszeit, der macht es auch nicht richtig. – Arbeite hart, aber nicht für die Klinik!

Mehr als 200.000 Hits auf Youtube. Sie sind seit über 20 Jahren auf dem Trainermarkt etabliert. Was müssen Sie heute noch dafür tun, um erfolgreich zu bleiben?

Tatjana Lackner:

Wow eine flotte Frage. Gute Trainer entwickeln Menschen UND sich selbst. Das gelingt nur, wenn auch die eigene Entfaltung genug Luft hat. So wie die Lunge Sauerstoff, brauche ich Zeitfenster, um kreativ arbeiten zu können. Zwischendurch muss ich deshalb terminleer bleiben und in meinem Rhythmus schreiben, fotografieren, recherchieren, lesen und studieren.

---

313 Vgl. http://www.sprechen.com/presse/print_archiv, Stand 01/14

Geistig überwinde ich mich lieber als körperlich. (lacht) Aber auch hier wird die Disziplin besser: Seit 2007 hab ich tapfere 36 kg abgenommen, das war schon harte Arbeit. Wenigstens minus 32 kg habe ich im Endeffekt auch gehalten. Gerne möchte ich meine Fremdsprachen fit halten. Jedes Jahr organisiere ich mir Französisch- und Englischunterricht. Nachdem mein Sohn die Amerikanische Internationale Schule besucht, ist mein Englisch fast täglich im Einsatz. Was tue ich sonst noch für die mentale Fitness? Ich habe 2012 mein MBA abgeschlossen. Die nächsten Bildungsmaßnahmen suche ich im Ausland.

Was ist Ihr Motto als Unternehmerin?

Tatjana Lackner:

Mein Credo: Hirne und handle! Ich bin sowohl Denkerin als auch Praktikerin. Auch wenn ich betriebswirtschaftlich und kaufmännisch ausgebildet bin, die große Liebe zu Zahlen wird mich nie ereilen. Mein Mann ist Wahrscheinlichkeitstheoretiker. Seine Schwäche für Mathematik ist für mich nicht nachvollziehbar, aber im analytischen Denken verbindet uns ein großer gemeinsamer Nenner. Ich dagegen komme aus einem philosophischen, politisch-engagierten und künstlerischen Elternhaus, das für die Argumentation und gedankliche Querbeschleunigung hilfreich war, weniger für die Buchhaltung.

Wie schaffen Sie das alles so voller Energie? Sie haben zwei Kinder (1990 und 2005), ein renommiertes Unternehmen mit 46 Trainern, viele Vorträge im In- und Ausland, mittlerweile wurde zudem Ihre fünfte Fotoausstellung in der UniCredit Bank Austria AG eröffnet. Betrachten Sie sich selbst als erfolgreich?

Tatjana Lackner:

Es gibt Menschen, die leben lieber „gemütlich" – dort, wo ich es aufregend brauche. Ich bin schrecklich gern vielseitig, das hilft mir, mein Leben auf mehreren Kanälen zu gestalten und mehr als nur einen Blickwinkel einzunehmen. Andere sind dafür vielleicht seltener traurig oder zynisch. Ich hingegen kann am Boden zerstört sein und bin sicher ein sehr intensiver Mensch mit hohen Gefühlsamplituden. Zufriedenheit empfinde ich nur situativ und bin deshalb oft eine Getriebene.

Genial finde ich, dass ich mit meinen Kindern (Christina-Antonia und Xaver Louis) eine ganz innige Beziehung pflege. Wir sind emotional sehr eng miteinander verbunden. Da stehen unsere jeweiligen Partner sicher ein Stück weiter draußen. Den Kern der Familie bilden wir drei Lackners. Niemand bringt mich so zum Lachen wie meine Tochter. Sie ist unglaublich pointiert und kann Menschen atmosphärisch berühren. Mein Sohn ist verrückt nach seiner Schwester. Er liebt mich sehr, aber sie ist seine Number One. Nachdem er in einem sehr internationalen Umfeld aufwächst, ist seine offene Betrachtungsweise gegenüber der Welt für mich wohltuend.

Beide Kinder schaffen es, mich aus meinem Hirngefängnis zu befreien. Ich bin ein Kraftwerk und täglich neu gemischt [lacht].

Prominente Persönlichkeiten aus Medien, Wirtschaft und Politik als Kunden zu haben, ist sicher auch ein Erfolgskriterium. Gut gelungen finde ich daher meine Berufswahl.

Meine Überzeugung: der Traumjob steckt in Dir, nicht im Markt!

„Word-Rap“:

Sternzeichen: Ich glaube nicht an die Sterne. Warum? – Ich bin Widder/ Löwe☺!

5 Schwächen: *Unmäßigkeit (rauche, trinke und esse die halbe Zeit zu viel), *Intoleranz, *Schwarzmalerei, *Dominanz, *Sarkasmus

5 Stärken: *beinharte Disziplin (in der anderen Hälfte der Zeit), *„Menschen lesen können“, *Auftrittskompetenz, *Schlagfertigkeit, *Vielseitigkeit

Lieblingsautor: aus welcher Epoche? *Frédéric Beigbeder, *Rainer Maria Rilke, *Arthur Schnitzler, *Esther Vilár

Deine Stars: *Elvis Presley, *W. A. Mozart, *Bryan Adams, *Avicii, *Michael Jackson, *Whitney Houston, *Barbra Streisand

Sonntags: ins Café zum Lesen, dann ins Grüne zum Denken

Größte Angst: Verlustsorgen gepaart mit Demenzängsten

Lebenstraum: In den USA eine Firma gründen

Erstes Auto: fahr ich noch immer :-), *Citroen C8

Zeitreise: ab ins 18. Jahrhundert – in das „Museum Europas“

Interessen: *Trendforschung, *Places 2B, *Globe Travelling, *Bolivien, *Live-Pop-Konzerte, *Foto-Reisen, *Jetski, *Elektrostimulations-Training, *Badminton, *Windsurfen, *frische Perspektiven, *Kolumnen und Bücher schreiben, *Politische Analysen, *Designhotels, * Marktnischen entdecken, *Denkverbote aufspüren, *Geschäftsideen etablieren, *Rhetorikspiele erfinden, *Keynote-Speeches (D, E), *Anti-Mainstream-Thesen, *Moderne Philosophie,*außergewöhnliche Lebenskonzepte, *Wirtschafts- & Zukunftsforschung

Was mussten Sie schmerzhaft lernen?

* Autarkie

* Distanz schafft Nähe

* alles vergeht

* Geld schafft Freiraum

* Vertraue Deinen Kindern, nicht den Eltern!

Der erste Job Ihres Lebens:

Ich hatte viele Berufe und ja, ich bin auch gelernte Buchhändlerin samt ausgezeichnetem Lehrabschluss :-). Wo? In der renommierten Buchhandlung Prachner in der Wiener Innenstadt. Dort wurde ich noch vom gefürchteten alten Herrn Prachner eingestellt.

Wer hat Sie am meisten geprägt?

* Meine Großeltern

* Gespräche mit Querdenkern und vor allem

* meine zwei völlig verschiedenen Mutterrollen: bei Christina war ich 19 Jahre jung und bin mit ihr gemeinsam groß geworden. Bei Xavers Geburt war ich 35 und setze heute völlig andere Erziehungsakzente. Prägend ist die innige Verbindung zwischen meinen Kindern und mir.

Was ist Glück?

„Glück" ist nicht meine Religion. Ich möchte lieber Sinn schaffen, als Glück suchen. Wir haben uns weder den Lebensanfang ausgesucht noch ist das Lebensende üblicherweise selbstbestimmt. Warum sollte es ausgerechnet in der kurzen Zeit dazwischen nur beschwingt zugehen? Als tiefgläubige Agnostikerin kann ich mich zudem nicht hinter Gotteskonzepte flüchten.

Wer also die Unsinnigkeit des Lebens erkennt und es dennoch schafft, sich um wertvolle Momente und Qualität in Begegnungen zu bemühen, der leistet täglich Schwerstarbeit. Mit einem aufgeklärten Geist durchs Leben gehen zu müssen, ist kein Spaziergang über den Hof.

Sie verweigern?

Gott und die Ehe.

Gibt es berufliche Vorbilder?

Sofort denke ich da an Sokrates (469 v. Chr.) – ohne ihn könnten wir heute nicht so geschmeidig argumentieren. Später im 1. Jahrhundert vor Christus treffe ich meinen geschäftlichen Vorfahren: Apollonius Molon. Er gründete eine der erfolgreichsten Redeschulen auf Rhodos. Zu seinen Promi-Absolventen zählten viele Römer, wie Cicero und Cäsar.

In der heutigen Kommunikationsgesellschaft beeindrucken mich Querdenker, wie Richard Saoul Wurman. Sein Lebenswerk finde ich gut. Der scharfzüngige Designer gründete 1984 die Online-Plattform der Ted Conference. Daraus entwickelten sich TEDxTalks[314]. Immer wieder findet sich neben durchschnittlichen auch ein brillanter Redner. Kostenfrei reden alle zu unterschiedlichen Themen.

Ihre Beobachtung:

Die Charismatiker werden weltweit weniger, weil die Mehrheit nicht mehr verantwortlich zeichnet für die Qualität ihrer Gedanken. Satt wird man schließlich auch ohne geistige Anstrengung.

Ihre Überlegungen zur „Kommunikationsgesellschaft"?

Ein Teil in mir sucht rege den Gedankenaustausch mit der Welt, gestaltet tatkräftig und genießt die Bühne. Der andere Teil flieht in die eigene Gedankenwelt. Ich erlebe die Kommunikationsgesellschaft als bipolaren Epoche mit wenig symptomfreien Zeitgenossen.

---

314 Vgl. TEDx Abkürzung für Technology, Entertainment und Design. Seit 2009 ermöglicht die TED unabhängigen Organisatoren, eigene Konferenzen unter dem Namen TEDx.
Vgl. http://tedxtalks.ted.com/playlist/Most-popular, Stand 03/14

Stichwortverzeichnis

Literaturverzeichnis

Ankowitsch, Christian: Dr. Ankowitschs kleines Konversations-Lexikon, Eichborn, September 2004

Atkinson, Quentin: „Phonemic Diversity Supports a Serial Founder Effect Model of Language Expansion from Africa", Science, 2011

Bea, Franz Xaver/Haas, Jürgen: „Strategisches Management", Lucius & Lucius Verlags GmbH, 2005

Beigbeder, Frédéric: „Neununddreißigneunzig: 39,90", Piper, 2007

Bendixen, Peter: „Unternehmerische Verantwortung – die historische Dimension einer zukunftsweisenden Wirtschaftsethik", Münster et al. 2009

Bock, Petra: „Mindfuck: Warum wir uns selbst sabotieren und was wir dagegen tun können", Knaur, 2011

Bredemeier, Karsten: Schwarze Rhetorik: Macht und Magie der Sprache, Mosaik bei Goldmann, 2005

Cohn, Ruth: „Es geht ums Anteilnehmen", Herder, 2001

Dederichs, Stefan: „Servicewüste Deutschland - Begeisternd verkaufen", R.G. Fischer, 2010

Demler, Stefanie/Lanske, Solveig/Ziemer, Dörthe: „30 Minuten Power-Napping", Gabal, 2013

Ellsberg, Daniel: „Secrets: A Memoir of Vietnam and the Pentagon Papers"- Viking, 2002

Epstein, Joseph: „Neid – Die böseste Todsünde", Verlag Klaus Wagenbach, 2010

Fishman, Joshua: „Advances in the Sociology of Language", Volume I, Bacis Concepts. Theorie and Problems: Alternative Approaches. Mouton, The Haque, Paris 1971

Förster, Hans Peter: „Texten wie ein Profi", Frankfurter Allgemeine Buch, 2011

Fromm, Erich: Haben oder Sein, DTV, 1976

Fromm, Erich: „To Have or to Be?", Harper & Row Publishers, 1976

Fromm, Erich: „Wege aus einer kranken Gesellschaft: Eine sozialpsychologische Untersuchung", DTV, 2003

Gabler Kompakt-Lexikon Wirtschaft: 4.500 Begriffe nachschlagen, verstehen, anwenden", Springer Gabler, 2012

Gordon, Thomas: „Familienkonferenz". Die Lösung von Konflikten zwischen Eltern und Kind", Hoffmann und Campe, 1974

Häusel, Hans-Georg: „Think limbic! Die Macht des Unbewussten verstehen und nutzen für Motivation, Marketing, Management", Haufe, 2008

Hansen, Harald: „Die psychologischen Geheimnisse der menschlichen Sprache", Diplomica Verlag 2008,

Heinzlmaier, Bernhard: „Performer, Styler, Egoisten: Über eine Jugend, der die Alten die Ideale abgewöhnt haben", Archiv der Jugendkulturen Verlag, 2013

Hesse, Hermann: „Siddhartha", S. Fischer, 1922

Horx, Matthias: „Das Buch des Wandels: Wie Menschen Zukunft gestalten", DVA Verlag, 2009

Horx, Matthias: „Das Megatrend-Prinzip: Wie die Welt von morgen entsteht", DVA Verlag, 2011

Horx, Matthias: „Zukunft wagen – Über den klugen Umgang mit dem Unvorhersehbaren", DVA Verlag, 2013

Iacocca, Lee: „Eine amerikanische Karriere", Econ, 1995

Kahneman, Daniel: „Thinking fast and slow", Penguin, 2011

Kant, Immanuel: „Kritik der Urteilskraft", Meiner, 2006

Klein, Naomi: „Die Schock-Strategie – der Aufstieg des Katastrophen-Kapitalismus", S. Fischer, 2007

Kuvalayānandadārikās, Appayyadīksita's: ein indisches Kompendium der Redefiguren, 1907

Lackner, Tatjana /Triebe, Nika: „Rede-Diät: So halten Sie ihre Rhetorik schlank", Residenz, 2006

Lackner, Tatjana/Triebe, Nika: „Be Boss: 33 Stolpersteine beim Führen und Kommunizieren", Manz'Sche Verlags- U. Universitätsbuchhandlung, 2008

Luhmann, Niklas: „Die Gesellschaft der Gesellschaft", Suhrkamp, 1998

Luhmann, Niklas: „Das Erziehungssystem der Gesellschaft", Suhrkamp, 2010

Luhmann, Niklas: „Soziale Systeme: Grundriss einer allgemeinen Theorie", Suhrkamp, 1984

Luhmann, Niklas/Lenzen, Dieter: „Bildung und Weiterbildung im Erziehungssystem", Suhrkamp, 1997

Mikunda, Christian: „Warum wir uns Gefühle kaufen: Die 7 Hochgefühle und wie man sie weckt", Econ, 2009

LITERATURVERZEICHNIS

Neon Unnützes Wissen, Heyne Verlag, 2013

Orwell, George alias Eric Arthur Blair, „1984",Harper Collins, 1949

Philosophicum Lech, „Ich. Der Einzelne in seinen Netzen", Zsolnay Verlag 2014

Pinker, Steven: „The Blank Slate: The Modern Denial of Human Nature", Penguin, 2003

Precht, Richard David: „Anna, die Schule und der liebe Gott – Der Verrat des Bildungssystems an unseren Kindern", Goldmann, 2013

Precht, Richard David: „Liebe: ein unordentliches Gefühl", Goldmann, 2009

Precht, Richard David „Wer bin ich – und wenn ja, wie viele? Eine philosophische Reise", Goldmann, 2007

Rauda, Christian/Proner, Hanna/Proner, Patrick: „Das Handbuch des Debattierens", Pd-Verlag, 2013

Rawls, John: „A Theory of Justice", Cambridge University Press, 2009

Reble, Albert: „Geschichte der Pädagogik", Klett-Cotta, 1999

Reinhard, Wolfgang: „Unsere Lügengesellschaft. Warum wir nicht bei der Wahrheit bleiben", Murmann Verlag, 2006

Roenneberg, Till „Wie wir ticken: Die Bedeutung der inneren Uhr für unser Leben: Die Bedeutung der Chronobiologie für uns", DuMont, 2010

Sandel, Michael J.: „Was man für Geld nicht kaufen kann: Die moralischen Grenzen des Marktes", Ullstein, 2012

Schmidt, Erich/ Cohen, Jared: „Die Vernetzung der Welt", Rowohlt 2013

Schmitt, Tom: „Status-Spiele: Wie ich in jeder Situation die Oberhand behalte", Fischer TB Verlag, 2012

Schopenhauer, Arthur: „Eristische Dialektik: Die Kunst, Recht zu behalten", Insel, 1995

Schott, Ben: „Schotts Sammelsurium 2009", Bloomsbury 2008

Schott, Ben: „Schotts Sammelsurium Geld und Wirtschaft", Berlin Verlag, 2011

Schulz von Thun, Friedemann: „Miteinander reden von A bis Z: Lexikon der Kommunikationspsychologie", rororo, 2012

Seidel, Wolfgang: „Emotionale Kompetenz – Gehirnforschung und Lebenskunst", Spektrum Akademischer Verlag, 2004

Steingart, Gabor: „Das Ende der Normalität: Nachruf auf unser Leben, wie es bisher war", Piper, 2011

Toscani, Oliviero: „Die Werbung ist ein lächelndes Aas", Bollmann Verlag, 1998

Vilar, Esther: „Der betörende Glanz der Dummheit", Alibri Verlag, 2011

Von Foerster, Heinz: „The Dream of Reality, Heinz von Foerster's Constructivism", Second Edition, Lynn Segal, 1986

Die Autorin

Tatjana Lackner

- 1970 geboren, München

- 1988 Matura, Krems

- 2 Kinder, 1990 Christina-Antonia,
  2005 Xaver Louis

- gestaltete und moderierte Radiosendungen, ORF

- 1994 gründete sie die Schule des Sprechens. Die Kaderschmiede für Karriereorientierte, Führungskräfte, Politiker und Berufssprecher im gesamten deutschen Sprachraum seit über 20 Jahren

- 2012 Dipl. Betriebswirt samt MBA „magna cum laude" abgeschlossen, Wien

- 46 Trainer & Dozenten arbeiten an der Schule des Sprechens in mehr als 66.000 Einzeltrainings

- viele verkaufte Auflagen der Bestseller: „Be Boss" (Manz Verlag, 2008), „Rede-Diät" (Residenz Verlag, 2006), „Die Schule des Sprechens" (ÖBV 2000, heute: G&G), Trainer werden durch Co-Autorenschaften für Bücher und CDs gefördert und gefordert

- mehr als 200.000 Hits auf YouTube

- ein paar hundert Radiosendungen, Fernsehauftritte & Print-Interviews

- jede Woche: Vorträge, Business Breakfasts, Keynote-Speeches (D, A, CH)

- Vortragende an Universitäten und Fachhochschulen

- Auszeichnungen & Urkunden (u. a. „Beste Jungunternehmerin", „Leitbetrieb Wien", „Merkur für Innovation")

- 5 mehrjährige Fotoausstellungen für UniCredit Bank Austria, Wien

Austrian Standards plus

Austrian Standards plus ist der Verlag der neutralen und unabhängigen österreichischen Plattform für Standards.

- Fachwissen aus erster Hand
- praxisgerecht aufbereitet
- klar und verständlich

Unsere Publikationen sind auch als E-Books erhältlich.

Mehr Informationen finden Sie unter www.austrian-standards.at/fachliteratur

Standards für die Praxis

Austrian Standards bietet Ihnen umfangreiche Möglichkeiten, Standards – das sind konkret
Normen und Regelwerke – in der Praxis umzusetzen:

- Fachbücher bieten Ihnen leichten Zugang zu kompaktem Fachwissen aus der Branche.
- Seminare und Lehrgänge vermitteln Ihnen Wissen aus der Praxis zu aktuellen Themen aus der Normung.
- Zertifizierungen bestätigen Qualität und schaffen Vertrauen bei Ihren Kunden.
- Online-Lösungen erleichtern Ihnen die Anwendung von Normen und Regelwerken.
- Oder Sie ergreifen die Gelegenheit, Normen bei uns aktiv mitzugestalten!

Mehr Informationen finden Sie unter www.austrian-standards.at